세속 교회와 하나님 나라

上

세속 교회와 하나님 나라 上

발행일	2017년 11월 17일		
지은이	이 재 승		
펴낸이	손 형 국		
펴낸곳	(주)북랩		
편집인	선일영	편집	이종무, 권혁신, 오경진, 최예은
디자인	이현수, 김민하, 한수희, 김윤주	제작	박기성, 황동현, 구성우
마케팅	김회란, 박진관, 김한결		
출판등록	2004. 12. 1(제2012-000051호)		
주소	서울시 금천구 가산디지털 1로 168, 우림라이온스밸리 B동 B113, 114호		
홈페이지	www.book.co.kr		
전화번호	(02)2026-5777	팩스	(02)2026-5747

ISBN 979-11-5987-815-2 04230(종이책) 979-11-5987-816-9 05230(전자책)
      979-11-5987-817-6 04230(세트)

이 도서의 국립중앙도서관 출판예정도서목록(CIP)은 서지정보유통지원시스템 홈페이지(http://seoji.nl.go.kr)와
국가자료공동목록시스템(http://www.nl.go.kr/kolisnet)에서 이용하실 수 있습니다.
(CIP제어번호 : CIP2017029637)

세속 교회와 하나님 나라

上

로마서에 비춰진 산상수훈

이재승 지음

이 악한 시대에
성경을 살아계신 하나님의 말씀으로 믿는
모든 분들께 이 책을 바칩니다.

· 추천의 글 ·
I

　이재승 원장이 제주도에서 병원을 운영하게 되었다는 말을 몇 년 전에 처음 들었을 때, 그 일에 하나님의 의도가 개입되어 있다는 사실을 나는 전혀 알아차리지 못했다. 그러나 이제는 하나님께서 이 원장을 제주도로 인도하신 까닭을 확실히 깨닫게 되었다. 그것은 다름 아닌, 하나님이 이 악한 세대에 전하고 싶으신 '하나님의 마음'을 이 원장을 통하여 말씀하시기로 작정하셨다는 것이다. 이 원장은 진료를 보는 틈틈이 이 원고를 써내려갔고(아니 사실은 원고를 쓰는 틈틈이 진료를 했다고 표현하는 것이 옳을 것 같다), 드디어 대망의 출간을 앞두고 있다.

　자신의 원고를 읽어보고 추천의 글을 써 달라는 이재승 원장의 부탁을 받았을 때만 해도 나는 가벼운 마음으로 그러겠다고 답했었다. 그러나 원고를 읽어 가면서 나는 큰 충격을 받지 않을 수 없었다. 그 충격은 두 가지 면에서 왔다. 하나는 이 책의 내용이 내가 기대했던 것보다 훨씬 깊고도 급진적(radical)이라는 점, 다른 하나는 나의 삶의 모습이 (하나님의 말씀에 비추어 볼 때) 너무도 부족하다는 것을 일깨워주었다는 점이다. 그래서 나는 못 쓰겠다는, 추천서를 쓸 자격이 없다는 답장을 보냈다. 그럼에도 불구하고 결국 추천의 글을 쓰게 된 것은, 첫째로 이 책의 내용이 아무리 급진적이라 하더라도, 하나님의 말씀에 비추어 볼 때 한 부분도 틀리다고 반박할 수 없었기 때문이다. 둘째로는 하나님의 말씀을 자신의 필요와 유익에 따라 슬그머니 변개하여 사용하는 데 익숙한 현대 교회와 기독교계에 하나님의 경고장(?)을 보내는 이 원장의 작업에 동참하고 싶었기 때문이다.

이 책에는 성경 해석에 관한 참고문헌(reference)이 없다. 보다 정확히 말하면, 하나님의 말씀인 성경만이 이 책의 유일한 참고문헌이다. 그것은 저자가 이 책을 쓰면서 세상의 학문이나 지식에 의존하기보다는 "성경은 성경으로 풀어야 한다"는 평소의 지론에 충실했기 때문이라 생각한다. 우리 주변에는 수많은 기독교 서적들이 차고 넘친다. 따라서 저자는 '그렇고 그런' 또 한 권의 기독교서적을 이 세상에 추가하는 어리석음을 범하지 않기 위해 무던히도 노력하였음을 이 책의 곳곳에서 느낄 수 있다.

이 글을 쓰는 나(그리고 우리 모두)는 하나님 보시기에 전혀 온전하지 못하다. 그러나 하나님의 말씀을 가지고 진지하게 고민하며 하나님의 뜻을 따르려고 몸부림치는 사람에게는 하나님께서 성령을 부어 주셔서 결국은 하나님의 사람으로 변화시켜 주실 것을 믿고, 또 기도한다.

끝으로 루스 그레이엄(빌리 그레이엄 목사의 부인)의 묘비명을 소개하며 추천의 글을 마치고자 한다.

"End of construction. Thank you for your patience!"

의학 박사, 전 서울의대 성형외과 교수

김 현 철

· 추천의 글 ·
‖

어느 날 뜻밖의 카톡 메시지가 날아왔다.

이재승 박사였다. 이 박사와 나는 오랫동안의 친교가 있어온 사이지만 수년간은 서로 소식을 주고받지를 못해왔기에 너무나 반가웠다. 서로의 안부를 묻고 이 박사는 현재 제주에서 환자를 보고 있다는 것을 알게 되었다. 그로부터 수일 후 그에게서 긴 메일이 왔다.

요즘 쓰고 있다는 책의 내용이 포함된 파일이 함께 왔다.

나는 진료 틈틈이 그의 글을 읽어 내려가면서 한편으로는 놀라웠고 한편으로는 비수로 가슴이 찔리는 듯 아픔이 왔다. 놀라웠던 이유는 그의 책이 다루는 주제가 참으로 광범위하며 내용이 진지하고도 해박하였기 때문이며, 한편으로는 그가 매우 진지한 성경학도인 것은 알았지만 이처럼 해박하고 분명하게 성경에 대해 이해하고 있는 것은 몰랐기 때문이다. 비수처럼 아팠다는 것은 때로는 위선적이고도 허술한 내 신앙의 어떤 면을 정확하게 지적했기 때문이다.

이 박사는 스스로 헬라어까지 공부하여 웬만한 목사님보다 더 나은 지경이었고 오로지 성경만을 근거로 논지를 펼쳐 나갔으며 그 논지는 설득력으로 충만하였다.

소위 크리스천이라 하면서, 대형교회의 교인이라 하면서 지탄을 받고 있고 교회를 세습하고 교회를 사고파는 일이 벌어져 안타깝게도 비그리스도인들로부터 모욕적인 비난을 받으면서 우리를 위해 십자가에 달리신 예수님 마저 모욕을 주는 일이 자주 있는 세상을 향한 울분과 탄식이 그의 글에서 느껴진다.

그는 왜 한국의 기독교계가 이런 비난을 받게 되었는지, 무엇이 잘못된 것인지를 깊은 사색과 공부를 통하여 밝혀내고 있다.

한마디로 오늘날 그리스도인들이라 자처하는 많은 목회자와 신도들이 복음의 핵심을 놓친 채 겉도는 믿음, 허울 좋은 믿음으로 스스로를 기만하고 신도들을 오도하고 있기 때문이라고 진단한다.

그의 글은 매우 방대하다. 그러나 신학자들의 논문형식이 아닌 예리한 지성으로 쓴 깊은 주제의 수필처럼 읽히기도 한다. 그러나 읽다 보면 수긍이 가고 '아멘' 소리가 절로 나온다.

이 박사는 내게 서평을 써주기를 간청했다. 나는 그럴 위치에 있기를 않고 그럴 자격이 없다고 여러 번 고사를 하였다. 믿음도 부족하고 그의 글을 평하기에는 실력도 비교가 안 되는 내가 서평을 쓴다는 것부터가 가당치 않을 일이었지만, 그의 글을 읽어본 미천한 독자의 한 사람으로서 독후감 정도로 쓰는 것은 이 박사의 책을 가볍게 만들지는 않을 것이라 생각해 글을 쓰기로 했다.

환자를 보면서 언제 이렇게 깊은 책을 쓸 수 있는지… 그의 비범한 능력과 끈기, 탐구력, 예리한 지성과 양심, 그리고 신앙에 바르게 서고자 하는 헌신의 정신 때문에 가능했으리라 믿는다.

이 책은 감히 말하건대 그냥 쓰여진 책이 아니다. 하나님께서 이 박사를 영감으로 인도하신 결과라고 믿는다. 혼탁한 교계와 세상에 하나의 귀중한 선물을 하나님께서 이 박사를 통하여 주셨다고 믿는다.

많은 진리를 갈구하는 사람들에게 이 책은 참으로 큰 도움과 깨달음과 신앙의 자세를 바르게 하는 데 도움을 줄 수 있다고 믿어 추천 겸 독후감으로 글을 마친다.

진료실의 창밖으로 푸른 하늘을 보며
의학박사, 소아청소년과 전문의
민 정 식

· 책 머리에 ·

　따스한 봄볕에 피어나는 꽃들이 그렇게 아름다웠던 이유는 오직 사람의 눈을 즐겁게 하기 위한 것이었다. 아침이면 창문 너머로 지저귀는 새 소리마저도 그래서 예뻤었다. 이 단순한 이치를 깨닫는 데 왜 그렇게 오랜 시간이 걸렸을까? 항상 누리는 하나님의 은혜를 은혜로 생각하지 못하는 것은 우리가 특별히 그것의 필요를 느끼고 구하지 않아도 하나님께서 주시기 때문일까? 하나님께서는 너무 겸손하셔서 우리들에게 무한한 은혜를 베푸시고도 생색을 전혀 내지 않으셔서 그런지도 모른다. 고작 사람의 입술에서 나오는 공치사를 듣기 위해서 우리들에게 은혜를 베푸실 분도 아니시다. 하나님께서는 주시기를 기뻐하시고 그것을 받는 자가 그로 인해 기쁨을 누리는 것을 기뻐하신다. 자신의 아픔까지 감수하고도 주시기를 기뻐하시는 하나님의 본성은 십자가에 너무나도 명백히 기록되어 있다. 그러나 전지전능하신 하나님도 사람이 진심으로 받기를 원하지 않으면 주실 수 없는 것이 있다. 그것은 바로 하나님 자신이다. 아담은 하나님과 하나가 된 상태로 태어났었고 그랬던 하나님께서는 아담의 선택으로 인류에게서 떠나 계실 수밖에 없었다. 그러나 그분께서는 아담을 떠나시는 순간부터 지금까지 사람들 각자의 선택으로 사람과 다시 하나 되기를 간절히 원하셨다. 하나님 자신은 생명의 근원이시기 때문에 하나님께서 우리 안에 내주(內住)하시는 것이 우리에게는 생명이고 이렇게 되는 일이 죄와 사망으로부터의 구원이다. 이 생명은 하나님께서 영원하신 것처럼 영원하다. 적어도 사람에게 있어서 생명은 하나님과 분리되어서 존재할 수 없기에 인격적 요소를 내포하고 있다. 그래서 '생명'은 단지 목숨이 붙어있는 '생존'과는 다른 것이다. 인간은 그렇게 지음을 받았다. 예수를 믿는다고 하는 많은 사람들은 생명을 **비인격적 자연 현상으로서** 이해하고 있기 때문에 하나님의 뜻이 내 안에서 이루어지는 일과 관계없이 생명에 들어가는 것이 가능하다고 믿고 싶어한다. 그러나 사람은 영적인 동물로 지음을 받았기 때문에 성령의 내주가 없으면 선(善)함이 없는 다만 지혜로운 짐승일 뿐이다. 그 결과 하나님께서 그분의 본성과 뜻에 따라 세우신 선(善)한 영적인 질서를 파괴하는 일을 할 수밖에 없고 결국은 서로를 미워하고 질투하고 죽이는 고통 속에서 살게 된다. 이런 일을 죄라고 부른다. 그 죄의 결과가 얼마나 끔찍한 것인지는 인류의 역사가 증거하고 있다. 그리고 그 안에 생명이 없으므로 죄의 종국은 사망이다. 성경에서 예언하고 있는 지구 종말 내지는 최후의 심판이라는 개념은 결국 '죄와 사망의 종말'을 말하고 있는 지극히 당연한 하나님의 섭리다.

사람의 심령 안에 성령께서 거하시면 하나님의 뜻대로 사는 삶이라는 열매가 맺힌다. **그 사람의 본성이 거룩하게 변화되는 일이 자연스럽게 일어나기 때문이다.** 이를 가리켜 성경에서는 '거듭남', 즉 '다시 태어남'이라고 하는데 여기서 '태어남'이라는 표현을 사용하는 이유는 아담이 하나님의 아들로 태어나던 날 성령의 내주하심을 입었기 때문이었다. 아담의 출생에는 두 가지 요소가 있었는데 육적인 일과 영적인 일이었다. 아담이 지음을 받던 여섯째 날 이 두 가지가 동시에 하나님의 뜻대로 일어났고 그렇게 아담은 하나님과 하나가 되었으므로 영존하는 존재로 지음을 받은 것이다. 아담이 하나님의 형상을 따라 창조되었다 함은 하나님과 영적으로 완전히 하나였기 때문에 하나님의 본성을 소유한 존재였고 따라서 하나님의 아들이요, 영(靈)은 아니지만 성령과 교통하고 성령께서 거하시는 성전이었고 성령의 일을 할 수 있는 영적인 존재였다는 의미다. 그러나 타락 이후 하나님의 영은 아담을 떠나셨고 그 후손들은 성령 없이 육적인 요소만 가지고 태어났다. 하나님의 아들과 딸들로 지음을 받았던 사람은 단지 지능이 높은 짐승의 반열에 놓이게 되었다. 태초의 아담과는 달리 육(肉)에서 난 육(肉)들이었다. 온 우주에서 존재의 근원이신 하나님의 본성과 그에 따른 뜻만이 곧 진(眞), 선(善), 미(美)이기 때문에 하나님을 떠나보내고 육체만 남은 인간에게 선함은 없어졌다. 그 결과 인간의 계획과 생각들은 하나님 눈에는 아름답지도 않고 옳지도 않게 되었다. 그래서 죄(罪)라는 것은 '선(善)함이 없는 지혜'라고도 정의할 수 있다. 그렇기 때문에 구원은 선하지 않았던 지혜에 선함을 불어넣는 일이고, 이 일은 그 지혜의 소유자가 진정으로 원할 때 하나님과 하나가 됨으로써 일어나는 일이다. 결국 구원은 아담이 태초에 소유했었다가 훼손시켰던 영적인 요소를 다시 회복하는 일이다. 이를 성령의 임재와 내주라고 부른다. 아담의 창조는 흙으로 아담을 지으시는 일과 성령께서 내주하시는 일을 동시에 하심으로써 이루어졌지만 타락 후에 태어난 우리들은 우리의 육신을 모태에서 만드시는 일과 성령께서 임재하시는 일 사이에 시간을 두고 그 사이에 우리의 선택에 따라 성령을 주신다는 차이가 있을 뿐이다. 그러므로 지금 우리가 살고 있는 이 시간들은 하나님의 창조의 과정 속에 있는 시간이라고 할 수 있고 하나님께서 주시고자 하시는 성령을 구하고 받는 일은 하나님의 창조 사역에 동참하는 일인 셈이다. 구속사(救贖史)를 단순하게 말하자면 태초에 6일 만에 완성하셨던 창조 사역을 아담의 타락으로 말미암아 그 후 6,000년[1](?)에 걸쳐 다시 창조하시는 역사다. 그리고 사람은 성령(말씀)을 사모하고 구함으로써 그 재창조의 사역에 동참할 수 있는 기회를 가졌다고 할 수 있다. 그러므로 구원은 영적으로 말하자면 성령과 하나 되는 일이요, 심리적으로 말하자면 품성이 예수님과 같은 하늘의 품성으로 거듭나는 일이요, 윤리적으로 말하자면 성령의 열매를 맺고 죄를 이기는 일이다. 또한 법률적으로 말하면 죄 사함을 입는 일이고 생명적으로 말하자면 일시적 생존의 상태에서 영원한 생명에 들어가는 일이다. 이렇게 하나님과 단절되었던 죄인이 하나님과 하나가 되는 일인 '구원'이 우리가 살아있고 우리의 자유의지가 있을 때 오직 진실한 믿음을 통해서만 이루어지는 것은 하나님은 영(靈)이시기 때문이다. 구원은 많은 기독교인들이 생각하는 것처럼 어떤 자격이 있는 사람들에게 죽은 후에 일어나는 일이 아니다. 다만 살아서 하나님과 하나가 된 사람은 죽어도 무덤에서 잠자는 것일 뿐 예수님 재림하실 때 다시 살리심을 입을 것이다. 그리고 영이신 하나님과 하나 됨을 우리가 인식할 수 있는 유일한 길은 '본성의 거듭남'이다.

예수님께서 니고데모에게 "물(말씀)과 성령으로 거듭나지 아니하면

---

1) 성경 상의 인류의 역사는 지금까지 대략 6,000년이다. (성경에 지구의 역사가 얼마나 되는지는 기록되어 있지 않다) 이 역사가 정확히 언제 끝날지는 아무도 모르지만 시대 상황을 보면 얼마 남지 않은 것은 분명해 보인다. 그러나 시한부 종말론은 어떤 형태든 잘못된 가르침이다.

하나님 나라를 볼 수 없다"(요 3:3, 5[2])고 말씀하신 것이 위와 같은 이유에서이고, 이런 구원의 개념을 이스라엘의 선생으로서 알지 못했던 니고데모를 책망하신 것은 이런 가르침이 이미 구약성경 전체에 걸쳐 계시된 바이기 때문이었다. 그렇기 때문에 모든 이방 종교의 교리가 신구약성경에서 말씀하는 구원의 섭리와 근본적으로 다른 점은 사람에게 본성의 변화를 요구하고 있지 않다는 점이다. 이방 종교는 공통적으로 본성의 변화 없이 어떤 종교 행위가 구원에 이르게 하는 것처럼 사람들을 미혹하고 있다. 결국 본성의 거듭남이 구원인데 이를 심각하게 요구하고 있지 않기 때문에 구원의 개념도 다를 수밖에 없다. 기독교 안에서도 많은 교파와 많은 이론이 있지만 이 가운데 사단이 만들어서 교회 안에 퍼뜨린 가라지 복음의 구별법도 동일하다.

하나님의 십계명 자체는 그것을 다른 율법 조항들과 함께 깊이 묵상해 보면 우리들에게 본성의 변화를 요구하고 있다는 것을 알 수 있다. (이 문제를 본서에서 자세히 다룰 것이다) 예수님께서 **"생명에 들어가려면 계명을 지키라"**고 하셨는데 이는 다른 말로 하면 '거룩한 본성으로 거듭나라'는 명령이다. 왜냐하면 십계명은 죄 된 본성의 개혁 없이는 결코 지킬 수 없는 법이기 때문이다. 겉으로 드러난 행위 자체와 그 행위를 하게 하는 동기, 곧 본성의 문제를 자세히 비교·설명하신 교훈이 산상수훈의 주제라고도 할 수 있다. 사도 바울이 강조한

---

2) 헬라어 원어로 요한복음 3장 3절의 '거듭남'은 '위로부터 태어남'이라는 뜻 (γεννηθῇ ἄνωθεν)이고 위로부터 태어나는 것은 말씀과 성령으로부터 나는 것이라고 요한복음 3:5에서 예수님께서 설명하셨다. '하나님의 나라를 볼 수 없다'는 것의 원어를 직역하면 '하나님의 통치하심을 알 수 없다'는 뜻이다. 하나님의 통치하심 안으로 들어가는 일(요 3:5, 원어 성경)이 구원이다. 죄는 하나님의 통치하심 밖에 있는 상태다.

'믿음으로 말미암는 의(義)[3](롬 9:30, 10:6)에 관한 교리 또한 우리의 품성이 의롭게 거듭나는 길은 행위가 아닌 오직 믿음이라는 방법론이 그 핵심이다. 소위 세대주의에서는 구약시대는 율법을 지켜서 구원을 받고 은혜시대는 믿음으로 구원을 받는다고 가르치는데, 이런 주장은 대표적인 가라지 복음이다. 구약시대나 신약시대나 믿음 없이 율법을 지킬 수 있는 사람은 본래 하나도 없을 뿐만 아니라 위에 언급한 "계명을 지키라"는 예수님의 가르침과도 정면으로 상반되기 때문이다. 계명을 지킬 능력이 없는 우리가 예수님의 명령대로 계명을 지키기 위해서는 품성의 거듭남이 요구되는데 이 일은 계명의 법조문을 지키려는 노력(율법의 행위)으로 되는 일이 아니라 믿음으로 하나님의 의(義)를 사모하고 구(求)할 때 성령의 임재와 내주로써 이루어진다. 그렇기 때문에 예수를 믿어야 하는 것을 전혀 모르고 만든 교리다. 예수님은 하나님의 의(義) 자체가 육신이 되신 분이시기 때문에 '예수의 이름을 믿는다'는 것은 하나님의 의를 사모하고 구한다는 것이고 이는 곧 악한 본성의 거듭남을 구하는 것이지 신앙 고백이나 교회에 출석하는 등의 종교 행위를 말하는 것이 아니다. 구약시대 사람들은 하나님의 의(義)를 법률로 표현한 율법을 통해 의를 깨달아야 했고 신약시대 사람들은 그 의(義)의 화신(化身)이신 예수님을 통해 문자로 표현된 율법보다 더 쉽고 더 온전하게 하나님의 의를 알게 된 차이가 있을 뿐 결국 '그 의를 사모하고 구하는 믿음에 의한 성령의 내주'가 구원의

---

3) '믿음으로 말미암는 의'는 원어로는 'δικαιοσύνη(의) ἐκ(-로부터 나오는) πίστεως(믿음)'이고 영어로는 righteousness by faith로 번역했다. 믿음으로 의(義)에 도달했다는 뜻이지 의롭게 간주한다는 말이 아니다. 롬 9:30에는 "이방인들이 믿음에 의해 의를 얻었다"고 말하고 있다.

요체인 것은 동일하다. 그래서 구약시대 사람들의 구원에 관해서도 "의인은 믿음으로 말미암아 살리라"고(합 2:4) 하였고 사도 바울도 로마서 서론에서 "복음에는 하나님의 의(義)가 처음부터 끝까지 믿음에 의해 드러난다"(롬 1:17, NIV)고 한 것이다.

예수를 믿기 때문에 죄 가운데 있는 사람을 하나님께서 의롭다고 간주하신다는 '칭의' 이론도 마찬가지로 교묘한 오류이다. (성경 말씀을 부분적으로 인용하기 때문에 교묘하다. 이 문제 또한 본서에서 자세히 다룰 것이다) 칭의(稱義)라는 용어 자체가 품성의 변화까지는 신경 쓸 필요가 없다는 메시지를 이미 내포하고 있을 뿐 아니라 믿음이라는 것이 무엇인지 명확히 말하고 있지 않기 때문이다. 일반적으로 신자들은 성실한 교회 출석과 그에 따른 종교 행위가 믿음이라고 믿고 있다. 그렇기 때문에 이런 이론을 하나님의 복음이라고 믿고 교회를 수십 년을 다니지만 품성의 변화는 있을 수가 없고 계속 죄 가운데 살게 될 수밖에 없다. 다른 복음이 성령의 열매를 맺지 못하는 것은 당연한 결과다. 이런 믿음을 통해서는 하나님께서 그 사람을 거듭나게 하실 수 없기 때문에 하나님께서 의로 여기시는 믿음도 아니다. 이방 종교의 종교 행위에서 그 대상을 예수로 바꿔 놓은 것에 불과하다. 고목나무 앞에 정화수를 떠 놓고 절하면서 소원을 빌던 사람이 새벽에 십자가 형상 앞에서 같은 내용을 기도하면 그 사람의 품성에 변화가 일어나겠는가? **하나님께서 의로 여기시는 믿음은 그 믿음을 통해 하나님께서 그 사람 안에 거하실 수 있고 그래서 거룩하게 거듭나게 되는 그런 믿음이다.** 우리의 믿음을 통해 우리 안에 거하시는 그리스도가 우리의 의(義)이기 때문이다. 그리고 그리스도께서 우리 안에 거하시게 되는 일이 바로 거듭남이다. 그러므로 하나님께서 의로 간주하시는 믿음을 소유한 사람은 반드시 그의 삶에 '하나님의 의'라는 열매가 맺히게 되어 있다. 그렇기 때문에 사도 바울은 **'그리스도의 복음은 모든 믿는 자를 구원에 이르게 하는 하나님의 권능'**(롬 1:16, 흠정역)이라 했고 이것이 그가 복음을 부끄러워하지 않는 이유라고 했다. 만일 복음이 현대 기독교의 가르침처럼 믿는 사람에게 죄를 이길 능력을 주지 못하고 계속 죄 가운데 머물게 하면서 다만 의로 간주되게 하는 것이라면 바울은 복음을 부끄러워하지 않았을까? 그러나 바른 복음을 믿는 바른 믿음은 반드시 의(義)의 열매를 맺게 하므로 그런 믿음을 하나님께서 의로 여기시는 것이다. 사람에게는 의(義)라는 것이 전혀 없기 때문에 그것을 하늘로부터 받아들이는 믿음이라도 하나님께서 의로 여기실 수밖에 없다. 그래도 다행인 것은 자신이 하늘의 품성으로 거듭나지 못한 사람은 자신이 그 사실을 잘 알도록 성령께서 역사하신다는 것이다. 그렇다면 이러한 성령의 역사에 순종하여 자신이 '예수를 믿는다'는 것의 의미를 재점검하고 또한 말씀의 깊은 묵상을 통해 하나님의 의를 중심으로 사모하고 구한다면 거듭나는 경험에 이르게 하실 것이다. 이 일을 하시기 위해서 하나님께서 사람이 되시고 십자가에 달리셨다. 그러므로 갈보리 언덕의 십자가는 우리의 거듭남의 보증서다.

하찮은 새의 울음 소리까지도 사람의 귀에 맞춰서 창조하신 분께서 우리 사람의 영원한 행복을 위한 계획과 뜻을 예비하지 않으셨을 리가 없다. 그것은 하나님의 뜻과 나의 심령이 하나가 되는 일이고 이 일이 곧 나의 생명이요, 복이다. 그러나 하나님의 뜻은 영적이라서 하나님과 단절된 상태에서 육체만 가진 사람은 아무리 노력해도 결코 그것을 이룰 수 없다. 그렇기 때문에 사람을 향한 하나님의 확고하신 뜻은 하나님께서 친히 사람 안에 내주하시는 것이다. 그리고 이 일은 곧 하나님의 의(義)가 그 사람에게 이루어지는 일로 드러난다. 그러나 많은 사람들은 하나님께서 자기 안에 내주하시게 하는 일을 제외한 나머지 모든 일을 온 마음을 다해서 열심히 한다. 그리고 그런 자기의 노력과 열심을 스스로 '믿음'이라고 믿고 이를 하나님께서 귀하게 보시고 영생을 주실 것이라고 생각한다. 그러나 하나님께서 우리에게 바라시는 것은 우리가 하나님 자신을 받아들이는 것이다. 사람들은 하나님께 무엇을 드리지 않아서 구원을 받지 못하는 것이 아니라 하나님을 받아들이지 않아서 구원을 받지 못한다. 하나님 자신이 생명이시기 때문이다.

우리가 인식할 수 있는 영이신 하나님의 정체성은 하나님의 의(義), 곧 선하심이기 때문에 율법과 성육신(成肉身)을 통해 계시해 주신 하나님의 의를 사모하고 구하는 일이 바로 성령의 내주를 구하는 일이다. 예수님께서 이르신 말씀이 곧 성령이요, 생명이라는 것이 이 뜻이다(요 6:63). 성령의 임재와 내주는 가슴이 뜨거워지거나 환상을 보거나 방언을 하는 것이 아니라 하나님의 말씀이 나의 심령에 새겨지는 일이고 악한 본성이 거룩하게 거듭나는 일이므로 하나님의 자녀가 되는 권세를 누리는 일이다. 믿어 순종하는 자에게 이 일을 이루어주신다는 약속이 새 언약이다(히 8:10). 그리고 믿음은 진리를 구하는 마음으로 순수한 말씀을 묵상할 때만 생기는 것이지 기적을 보거나 현란한 웅변을 듣고 생기는 것이 아니다. 믿음은 호감과는 다른 것이다. 순수한 하나님의 말씀과 변질된 말씀은 그 두꺼운 성경을 다 읽지 않아도 구별할 수 있다. 그것은 그 말씀의 메시지가 우리에게 겉으로 드러나는 선한 행동을 요구하는 것이 아니라 중심(본성)으로부터 선해지라는 요구를 하고 있는가이다. 본성의 변화에는 관심도 없으면서 사람들 보기에 선한 일을 하는 것은 가식이고 하나님께서 제일 싫어하시는 일이다.

구원은 하나님의 은혜를 따라 하나님의 능력으로 이루어지는 일이기 때문에 바른 믿음만 있으면 반드시 이루어지는 일이지만 옳지 않은 믿음을 가지고 있으면 절대로 이루어질 수 없는 일이기도 하다. 옳지 않은 믿음은 결국 다른 복음을 믿는 일이다. 그리고 이런 변질된 복음들의 특징은 성경 말씀을 인용하면서 그 교리를 전파하기 때문에 그럴듯하면서도 우리들의 본성의 변화를 요구하고 있지 않아서 죄된 본성을 지닌 우리들이 받아들이기 쉽다. 자아(自我)가 죽을 필요가 없기 때문이다. 사랑하는 죄를 떠나지 않고 하늘에 갈 수 있을 것 같다. 그리고 이런 식으로 사람들의 악한 본성에 아부하는 설교를 듣고 그것을 받아들이면 기분이 좋아진다. 이런 좋은 기분을 '은혜받았다'고 착각하기도 한다. 그러나 가짜 복음들은 하나님의 정확한 말씀 앞에서 무너질 수밖에 없다. 정직한 양심을 따라 성경 말씀을 주의 깊게 보면 이런 유사 복음을 얼마든지 분별해 내고 그것을 물리칠 수 있다. 그렇기 때문에 우리들은 바른 믿음을 갖기 위해서 먼저 성경 그대로의 복음을 정확히 아는 일부터 해야 한다. 사실 복음을 온전히 받아들이고 나면 '희락'이라는 열매가 맺히지만 복음을 받아들이는 과정은 즐겁기만 한 일은 아니다. 오히려 고통스럽다. 자아(自我)가 죽어야 하기 때문이다. 그래서 예수님께서는 "애통하는 자가 복이 있다"고 하신 것이고 애통하기 전에 먼저 '애통해야 할 죄' 가운데 있는 자신의 비루함을 볼 줄 아는 영적 눈이 있어야 한다. 이런 눈을 가진 자가 "심령이 가난한 자"인 것이다. 이러한 과정을 통해 그 사람은 하나님의 의를 갈망하게 되고 그는 성령의 내주(內住)로써 의인(義人)으로 거듭나는 경험을 하게 된다. 그러므로 의롭다고 간주되는 것이 아니라 하나님께서 그를 의롭다고 선언하시게 된다. 예수님께서도 "의에 주리고 목마른 자는 의에 배부를 것"이라고 하셨지 의가 있는 것으로 간주할 것이라고 하시지 않았다. 성경에 계시된 생명의 길은 하나님의 성품처럼 아주 단순하고 명확하다. 이 길을 거절한 것에 대해 심판 날에 핑계치 못할 것이다. 우리가 거짓말에 속는 가장 큰 이유는 그 거짓말을 믿고 싶어하는 거짓된 마음이 우리 안에 도사리고 있기 때문이다. 그러나 성령의 세미한 음성은 우리들 자신의 그런 거짓됨을 지적한다. 우리가 이 음성에 귀 기울이고 성경 말씀을 주의 깊게 읽고 묵상할 때 하나님께서 우리들을 바른 길로 반드시 인도하실 것이다.

이러한 경험을 우리 모두가 하게 되기를 하나님께서는 지금도 바라시고 또 기다리고 계신다. 이 놀랍고도 은혜로운 구원의 섭리와 그것에 따른 바른 복음을 **오직 성경만을 근거로** 보다 명확하게 전달하는 데 본서가 작은 역할이나마 할 수 있기를 기도한다.

2017년 11월

이 재 승

목차

Ⅰ. 율법과 복음　　　　　　　　　　　51

Ⅱ. 영혼불멸설과 죽음　　　　　　　　275

III. 옛 언약과 새 언약

몇 가지 고려해야 할 문제들

언약들(약속들)

옛 언약과 새 언약(예레미야 31장, 히브리서 8장)

IV. 율법의 요구와 성령의 내주(內住)

율법과 성육신과 구원

심령에 말씀을 새김: 하나님의 성전이 됨

복음: 악한 본성을 거룩하게 하시겠다는 약속

믿음으로 포장된 율법주의: 세속화된 교회의 실상

칭의(counted for righteousness)와 득의(得義, made righteous)

"의롭다 하신다"의 본 뜻

· 서문 ·

지금부터 약 2,000년 전 어느 날 예수님께서는 갈릴리 지방의 어느 산에 올라가 앉으셨고 제자들도 그분을 따라 올라왔다. 그리고 예수님께서는 그분을 따르던 제자들에게 수백 년 동안 왜곡되고 오해되어 왔었던 하나님의 법(율법)에 관한 교훈을 주셨다. 말씀의 요점은 복(福)이란 결국 하나님의 법이 사람의 마음에 새겨지는 것이고 따라서 그 법이 궁극적으로 사람에게 요구하는 바는 법조문의 외적 준수(율법의 행위)가 아닌 그 정신이라는 것이었다. 그리고 이 교훈은 새로운 것이 아니라 이미 오래 전 예레미야의 입을 통해 말씀하신 **'새 언약'**(렘 31:33)의 요체였고 사실은 모세의 율법에도 포함되어 있었던 교훈이었다. '산상수훈'이라고 칭하는 이때의 말씀은 결국 자신의 백성과 새 언약을 맺으러 이 땅에 오신 예수님께서 하나님과의 언약 자체의 본질을 설명하신 것이었다. 율법의 정신을 강조한 이 교훈의 말씀에는 과거 시내산에서 맺었던 언약이 파기되어 '옛 언약'이 되어 버린 근본적인 이유는 이스라엘 백성이 그 언약을 마음에 새기지 않고 법조문의 외적 준수에만 매몰되었기 때문이라는 책망도 암묵적으로 포함되어 있었다.

이때 예수님께서는 복받는 과정과 경험, 즉 하나님의 법을 마음에 새기는 경험을 8가지로 단순화하여 제시하셨는데, 후대 사람들은 복의 의미도 잘 모르면서 이걸 가리켜 '팔복'이라 불렀다. 사실 당시 유대인들은 어릴 때부터 그들 선생(랍비)들에 의해 왜곡된 율법의 해석만을 배워 왔기 때문에 예수님의 율법에 관한 이 말씀은 전혀 새로운 것으로 들렸다. 예수님은 사실 이때로부터 1,500년 전에는 신성(神性)으로 시내산에 임하셔서 모세를 통해 율법을 주셨던 바로 그분이셨다. 율법을 그분의 택하신 백성에게 주셨던 이유는 그것을 지키는 자들에게는 상을 주시고 지키지 않는 자들에게 벌을 주시기 위해서가 아니라 인간이 타락 후 잃어버렸던 하나님의 본성(품성)을 알려 주시기 위함이었다. 이는 곧 아담이 소유했었다가 잃어버린 본래 사람이 가져야 할 품성이었다. 율법의 모든 문구는 단 **하나의 정신 내지는 원리**[4]를 가리키고 있는데 그것은 바로 하나님의 본성이었다. 이는 곧 그들의 품성을 그렇게 다시 창조하시기를 원하신다는 것을 보여 주는 설계도일 뿐 그 율법이 사람의 악한 품성을 변화시킬 수는 없는 것이었다. 율법을 통해 그들이 자신들에게는 없는 하나님의 본성의 선함과 아름다움을 깨닫고 그것을 사모하고 구하는 것은 그 설계도에 따라 성령으로 다시 태어나기를 소원하는 일이었고(이를 신약에서 믿음이라고 한다), 이런 과정을 통해 그들의 심령 안에 하나님의 품성을 회복시켜 주시는 것이 구원이었다. 이러한 구원의 섭리는 놀랍게도 창세 전에 이미 예정된 일이었다.

---

4) 이 원리를 사도 요한은 요한 복음 1:1에서 로고스(λογος)라 하였는데 우리말 성경에서는 이를 '말씀'이라고 번역해서 약간의 혼동을 주고 있다. 요한은 로고스가 곧 하나님이라고 하였고 예수님께서는 당시 바리새인들이 그들 안에 로고스가 없기 때문에 예수님을 믿지 않는다고 하셨다(요 5:38).

하나님이 미리 아신 자들을 또한 **그 아들(예수님)의 형상을 본받게 하기 위하여 미리 정하셨으니** 이는 그(예수님)로 많은 형제 중에서 맏아들이 되게 하려 하심이니라 (롬 8:29)

예수님은 창세 전에 아버지 하나님과 성령님과 함께 "**우리의 형상**을 따라 **우리의 모양**대로 **우리가** 사람을 만들자"(창 1:26)라고 하시고 하나님의 형상대로 아담과 하와를 창조하시고 그들에게 복을 주셨던 분이었다(창 1:28). 아담이 받았던 복(福)은 산상수훈을 통해 주시고자 하셨던 복과 동일한 것이었다. 영(靈)이신 하나님의 형상은 바로 하나님의 본성이었고 아담은 창조될 때 성령의 내주(內住)하심으로 하나님의 본성을 소유하게 되었다(창 2:7). 아담은 이토록 존귀하게 하나님의 형상으로 지음을 받았던 하나님의 아들이었다. 그렇게 아담과 하와는 하나님의 뜻 안에서 삶을 기쁨으로 영위할 수 있도록 육적인 것은 물론 영적인 조건까지 완전히 제공 받았었는데 이러한 누림이 바로 복이었다. 하나님께서 영원하신 것처럼 그 아들로서 지음을 받았던 아담 역시 생명을 영원히 영위하도록 의도된 **복** 받은 존재였지만 우리 최초의 조상은 그 복을 거절하였다.

영적인 존재로서 지음을 받았던 아담이 스스로 결정해야만 했던 유일한 복의 조건이 있었는데, 그것은 성령과 함께 함으로써 하나님의 뜻 안에 머문다는 영적인 조건이었다. 눈에 안 보이는 이 영의 일은 눈에 보이는 선과 악을 알게 하는 나무의 열매에 관한 언약으로 대신하였고 아담 부부는 그 언약을 파기함으로써 성령을 거절하였다. 그 후 하나님의 형상은 인류에게 있어서 영원한 생명과 함께 잃어버린 바 되었다. 본래 죄가 없었던 첫째 아담은 자신의 선택으로 하나님의 아들로서의 지위와 속성을 상실하게 되었고 이렇게 하나님으로부터의 단절된 상태가 바로 죄(罪)였다. 그러나 이를 불쌍히 여기신 하나님께서는 **사람들의 양심 속에**[5] 그리고 모세를 통해 주신 율법 가운데 하나님의 형상을 기록해 놓으시고 이를 사모하는 사람에게 다시 그 형상을 회복시켜 주심으로써 사람들을 다시 자녀 삼아주시기를 간절히 원하셨다. 그러나 사람이 마땅히 사모하고 구했어야 할 하나님의 형상, 곧 '선(善)'하심을 하나님의 백성들이 잘 보지도 못하고 구하지도 않음을 보시고 하나님께서는 탄식하셨다. 사실 하나님의 율법의 정신은 인류의 잃어버린 영(靈)의 고향이었다.

> *내가 저(이스라엘 백성)를 위하여 내 율법을 만(萬) 가지로 기록하였*
> *으나 저희가 관계 없는 것으로 여기도다* (호 8:12)

그래도 그들을 포기하지 않으시고 하나님(롬 9:5, 요 1:1)께서는 친히 인간이 되셔서 죄 없는 둘째 아담으로 이 땅에 오셨다. 이 얼마나 은혜롭고 자비로운 일인가? 본래 하나님께서 계획하셨던 타락 이전의 첫째 아담의 삶을 그분의 생애를 통해서 아담의 후손들에게 보여 주셨고 이는 곧 하나님의 본성을 확실하게 눈에 보이게 보여 주신 일이었다. 하지만 어둠에 빛이 비추었으나 어둠이 빛을 기뻐하지 않았다 (요 1:5). 그분은 인간이 되시되 인간의 몸을 입고 구름 타고 하늘에서 내려오시는 방법 대신 우리와 같이 어느 한 여인의 자궁 속에 단세

---

5) 율법을 소유하지 않은 이방인들이 본성을 통해 율법 안에 들어 있는 것들을 행할 때에 이런 사람들은 율법을 소유하지 않아도 자기에게 율법이 되나니 이런 사람들은 또한 자기 양심이 증언하며 자기 생각들이 서로 고소하고 변명하는 가운데 자기 마음속에 기록된 율법의 행위를 보이느니라 (롬 2:14, 15, KJV)

포로 임하셔서 열 달을 계시다가 그 여인의 다리 사이로 이 세상에 오시는 수모를 택하셨다. 그리고 역시 우리와 같은 성장 과정을 거치셨고 비로소 성인이 되셨을 때 대중들에게 자신을 드러내시고 입술로는 율법을 설명하시고 몸으로는 율법을 행하는 삶을 사셨다. 그것은 본래 하나님께서 계획하셨던 아담의 모습이었다. 그리고 그분은 십자가에서 대속(代贖)의 죽음을 통해서 하나님의 가슴을 온 우주와 천사들 앞에 밝히 드러내 보이심으로써 하나님을 영화롭게 하셨다. 그것은 하나님 가슴 깊이 품고 계신 죄인을 향한 측량할 수 없는 사랑과 죄 자체에 대한 무한한 증오심이었다. 이는 죄로 눈이 먼 우리들에게는 일견 서로 다른 것 같아 보이는 하나의 본성이요, 원칙이다. 생명 자체이신 하나님을 거절하는 것이 죄일진대 자기가 사랑하는 자를 사망으로 끌고 가는 죄를 어찌 하나님께서 증오하시지 않을 수 있겠는가? 죄를 증오하심은 결국 죄인을 사랑하시기 때문이었고 그 사랑하시는 죄인과 죄를 분리시키시기 위해 먼저 그 죄의 형벌인 사망을 스스로 당하시기를 원하셨다. 하나님께서는 십자가에서의 자신의 희생보다 그로 인해 죄인이 죄를 떠나 누릴 영원복락을 더 크게 여기셨다.

그러므로 하나님의 본성을 드러낸 율법의 원칙은 사랑이라 불리는 **섬김의 원칙**과 사랑을 거절하는 것이 곧 사망이라는 **공의의 원칙** 이 두 가지 측면으로 우리들에게 제시될 수밖에 없다. "사랑은 생명이다"라는 명제는 다른 말로 하면 "사랑이 없으면 생명이 없다"는 말과 같은 명제다. 사랑의 법칙이 무시되고 파괴된 곳에는 생명의 법칙이 거절되었으므로 그곳에는 생명이 없는 것이고 따라서 이러한 상태를 가리켜 '사형이 언도되었다'고 표현하는 것일 뿐 하나님은 산 자를 죽이시는 분이 아니다. 생명 주기를 원하시는 하나님을 거절한 자들은 본래 죽어 있는 자들이기 때문에 사실은 굳이 죽일 필요도 없다. 심판의 실상은 **죽은 자들**[6]이 하나님을 거절함으로써 계속해서 죽은 자들로 남아 있기를 선택한 것이다. 이 일을 사형이라 표현하고 공의라고 부를 뿐 이는 결국 '사랑은 곧 생명'이라는 법칙의 이면일 뿐이다. 섬김의 원칙이 우리의 품성에 실현되는 것이 곧 생명이므로 이를 가리켜 '복'이라고 하고 복을 거절하므로 사망에 이르는 것을 '공의의 집행' 또는 '저주'라고 부른다. 하나님께서는 우리들 앞에 '복'과 '저주'의 길 두 가지를 두셨는데 선택권은 우리들에게 전적으로 주어져 있다(신 11:26-28[7]). 이 두 가지의 길은 동일한 하나님의 본성, 곧 율법의 정신에서 나온 길이다.

또한 이런 의(사랑)와 죄(사랑의 거절)와 심판에 대한 율법의 원칙과 더불어 십자가는 "율법은 천지가 없어지기 전에는 폐할 수 없는 것"(마 5:18)이라는 가장 확실한 하나님의 선언이자 증거가 되었다. 율법을 폐하거나 수정할 수 있었다면 하나님의 사랑을 거절하여 율법을 범한 인간들의 죄를 속죄하기 위한 십자가의 죽음은 필요 없었을 것이기 때문이다. 율법의 근본이신 하나님의 속죄의 죽음 자체는 율법의 엄위함과 불변성을 우리들에게 역설적으로 말해 주고 있다. 그리

---

6) 생물학적으로 살아있더라도 그 안에 생명이신 하나님이 없는 자들은 곧 무덤으로 들어가 흙으로 돌아갈 것이기 때문에 영원하신 하나님의 눈에는 죽은 자들인 것이다. 아담의 후손들은 태어날 때부터 죽은 자들이었다. "이르시되 죽은 자들로 자기의 죽은 자들을 장사하게 하고 너는 가서 하나님의 나라를 전파하라 하시고"(눅 9:60)

7) 내가 오늘 복과 저주를 너희 앞에 두나니 너희가 만일 내가 오늘 너희에게 명하는 너희의 하나님 여호와의 명령을 들으면 복이 될 것이요 너희가 만일 내가 오늘 너희에게 명령하는 도에서 돌이켜 떠나 너희의 하나님 여호와의 명령을 듣지 아니하고 본래 알지 못하던 다른 신들을 따르면 저주를 받으리라

고 율법이 폐해졌다면 십자가에서의 죽음을 불법(不法)이 지배하는 세상의 권세에 대한 승리라고 부를 이유도 없을 것이다. **구원은 율법을 무시하는 방법으로 죄를 사하여 죄인들을 하늘에 데려가시는 것이 아니다. 오히려 율법은 일점일획도 폐할 수 없기 때문에 율법을 범한 죗값을 하나님께서 대신 치르신 뒤 그런 하나님(예수님)을 믿는 사람의 심령 안에 예수님께서 친히 임하셔서 율법의 요구 곧 하나님의 의를 이루시는 일이다.** 그렇기 때문에 그리스도의 피가 십자가에 달리셔야만 했던 예수님을 믿는 우리를 모든 죄에서 깨끗하게 하시는 것[8]이라고 성경은 선포하고 있다. 결국 성육신의 목적은 우리들의 죄를 없이 하시기 위해서 하나님께서 이 세상에 오신 것이었다(요일 3:5[9], 히 9:26[10]). 이 일을 사람 안에 개인적으로 이루시기 위한 **수단**으로서 사람에게 요구되는 것이 믿음일 뿐 믿음 자체가 목적은 아니다. 죄인을 향하신 하나님의 유일한 최종 **목적**은 죄인의 심령 안에 의(義)를 이루시는 일이다. 그리고 그 의(義)는 바로 우리 안에 계신 그리스도이시다. 이것이 경건의 능력이요, 비밀이고 구원의 신비이다.

하나님의 의(義)의 현현(懸懸)이신 예수님에 대한 믿음은 입술로 말하는 신앙 고백이 아니다. 하나님의 의(義)를 중심으로 사모하고 구하는 일이며 그것을 **하나님의 능력으로 자기 안에 이루어 주실 것을 믿**

---

8) 그가 빛 가운데 계신 것 같이 우리도 빛 가운데 행하면 우리가 서로 사귐이 있고 그 아들 예수의 피가 우리를 모든 죄에서 깨끗하게 하실 것이요 (요일 1:7)

9) 그가 우리 죄를 없애려고 나타나신 것을 너희가 아나니 그에게는 죄가 없느니라

10) 그리하면 그가 세상을 창조한 때부터 자주 고난을 받았어야 할 것이로되 이제 자기를 단번에 제물로 드려 죄를 없이 하시려고 세상 끝에 나타나셨느니라

는 일이다. 이런 믿음은 교회를 출석하면서 종교 활동을 하는 차원의 믿음이 아니다(이런 믿음은 과거 바라새인들도 가지고 있었고 중세시대 교황, 사제들도 가지고 있었던 믿음이다. 그렇게 열심히 하나님을 믿고 경배했던 그들은 인간이 되신 하나님을 죽였고 성경을 영어로 번역한 사람을 화형시켰다). 옛날 아브라함이 100세나 되어서 90세가 된 자기 아내에게 아들을 주실 것이라고 믿었던 것과 같이 하나님의 의(義)를 구하고 주실 것을 믿는 믿음이다. 왜냐하면 죄인들의 심령 안에 하나님의 의(義)가 이루어지는 일은 90세 할머니의 자궁에 아이가 들어서는 일과 같은 이적이기 때문이다. 여기서 복음의 핵심 진리가 아브라함이 이삭을 얻는 과정에 함축되어 계시되어 있다. 믿음의 조상 아브라함은 자식이 없었고 자식을 갖는 것이 자연 법칙 안에서는 불가능하였다. 하지만 자식 갖기를 소원했고 하나님께서 그렇게 해 주실 것을 믿었다. 이와 마찬가지로 하나님의 의(義)가 없을 뿐 아니라 육(肉)으로 난 우리들은 자연 법칙의 안에서는 스스로 하나님의 의에 도달할 능력이 없다. (그래서 사람들은 자신의 노력으로 '사람의 의'를 만들어서 하나님께 그리고 사람들에게 인정받으려고 한다) 그러나 이러한 우리들도 하나님의 의가 우리 안에 이루어지기를 소원하고 하나님의 은혜와 능력으로 그렇게 해 주실 것을 믿는 믿음이 있으면 반드시 성령의 임재하심과 내주하심으로 새 생명으로 다시 태어나는 경험을 하게 될 것이다. 이것이 성령의 약속(갈 3:14[11])이다. 하나님께서는 이러한 믿음만을 의로 여기시는 것이지(창 15:6, 롬 4:5) 종교 행위를 하게 하는 정도의 믿음을 의로 여기시지 않는다. 왜냐하면 아브

---

11) 이는 그리스도 예수 안에서 아브라함의 복이 이방인에게 미치게 하고 또 우

라함과 같은 믿음을 통해서만 하나님께서 그 사람의 심령에 임하셔서 그를 새로운 피조물로 재창조[12]하시기 때문이다. 이것이 구원의 본질이요, 복음의 요체이다. 하나님의 의(義)를 사모하지도 구하지도 않고 죄 가운데 있으면서 종교 활동을 열심히 하니까 나를 의롭게 여기실 것이라고 믿는 믿음은 하나님께서 요구하시는 믿음이 아니고 자기 최면에 불과하다. 현대 기독교 안에 편만하게 퍼져 있는 이런 류의 가르침은 예수님께서 전하신 것과는 다른 복음이다. 오히려 사람들을 계속해서 편안한 마음으로 죄 가운데 머물게 하는 "바벨론의 음행의 포도주[13]"라고 할 수 있다. 음행은 예수님의 아내가 사단과 바람 피우는 것을 말한다. 다른 말로 하면 예수님을 사랑한다고 하면서 계명에 순종하지 않고 죄 가운데 머물러 있는 일이다. 포도주는 가르침 내지는 교리를 말하고 바벨론은 하나님께서 아브라함에게 떠나라고 명하셨던 본토 친척 아비의 집이 있던 갈대아 우르 지역이다. 이곳은 아브라함 이전에는 바벨탑이 세워졌던 곳이고 아브라함 당시에는 우상 숭배의 중심지였고 훗날 우상 숭배 국가였던 바벨론의 영토가 된 곳이다.

리로 하여금 믿음으로 말미암아 성령의 약속을 받게 하려 함이라

12) 그런즉 누구든지 그리스도 안에 있으면 새로운 피조물이라 이전 것은 지나갔으니 보라 새 것이 되었도다 (고후 5:17)

13) 또 다른 천사 곧 둘째가 그 뒤를 따라 말하되 무너졌도다 무너졌도다 큰 성 바벨론이여 모든 나라에게 그의 음행으로 말미암아 진노의 포도주를 먹이던 자로다 하더라 (계 14:8)
힘찬 음성으로 외쳐 이르되 무너졌도다 무너졌도다 큰 성 바벨론이여 귀신의 처소와 각종 더러운 영이 모이는 곳과 각종 더럽고 가증한 새들이 모이는 곳이 되었도다 그 음행의 진노의 포도주로 말미암아 만국이 무너졌으며 또 땅의 왕들이 그와 더불어 음행하였으며 땅의 상인들도 그 사치의 세력으로 치부하였도다 하더라 (계 18:2-3)

'믿음'이라는 단어를 들으면 사람마다 하는 생각이 다르고 이는 실제로 다양한 의미를 내포하고 있다. 그러나 예수님 말씀 중에 **'종교활동'과 '믿음'을 동일시하신 말씀은 전혀 없다. 오히려 예수님께서는 '믿음'을 예수님을 사랑하는 것과 동일시하셨고 예수님을 사랑하는 증거는 계명에 순종하는 것이라고 하셨다. 예수님을 사랑하는 것은 곧 계명의 정신을 사랑하는 것과 같은 일이기 때문이다.**

> *나의 계명[14]을 지키는 자라야 나를 사랑하는 자니 나를 사랑하는 자는 내 아버지께 사랑을 받을 것이요 나도 그를 사랑하여 그에게 나를 나타내리라 (요 12:21)*

구원의 실상은 죽어서 육체와 분리된 혼령이 천당에 가는 것이 아니라 하나님의 은혜를 따라 바른 믿음을 통해서 죄인의 심령 안에 율법의 요구가 이루어지는 일[15]이다. **그러므로 율법을 지키는 것은 구원의 조건이 아니다. 율법을 지킬 능력을 하늘로부터 받게 되는 것 자체가 구원이다.** 율법을 범하는 것이 죄[16]이므로 성령의 내주하심

---

14) 예수님께서 신명기의 말씀을 인용하시면서 "하나님과 이웃을 사랑하라는 것이 율법과 선지자"(마 22:37-40)라고 하셨고 또한 "내 계명은 이것이니 너희가 서로 사랑하라"(요 15:12)고 하셨으므로 율법이 곧 예수님의 계명이라는 것을 알 수 있다. 예수님의 계명과 모세의 율법이 다른 것이라고 오해하는 이유는 율법의 부분적인 문자만을 보고 전체적으로 그 법 정신은 이해하지 못했기 때문이다.

15) 육신을 좇지 않고 그 영(성령)을 좇아 행하는 우리에게 율법의 요구(δικαίωμα, 의)를 이루어지게 하려 하심이니라 (롬 8:4, 개역 한글)

16) 죄를 짓는 자마다 불법을 행하나니 죄는 불법이라 (요일 3:4, 개역 한글)
누구든지 죄를 범하는 자는 율법도 범하나니 죄는 율법을 범하는 것이니라 (요일 3:4, 한글 KJV)

으로 율법의 요구가 이루어지는 것이 곧 죄로부터의 구원이고 성령으로 거듭나는 일이다. 이렇게 변화된 사람은 죽은 후 무덤 속에서 쉬다가 마지막 때 예수님의 약속대로 그분께서 다시 살리셔서 영원히 복락을 누리면서 살게 될 것이다.[17] 이 일을 하시기 위해 예수님께서 친히 먼저 십자가에 달리셔서 우리의 죗값을 지불하셨다. 그리고 죄인들의 삼령 안에 임하시기 위해서 그들의 마음 문을 지금도 두드리고 계신다. 그러므로 죄 사함이란 성령으로 거듭나기 전의 죄를 간과하시는 일[18]이지 항상 범하는 죄를 수시로 용서하시는 일이 아니다. 아직 죄를 이기지 못했다면 거듭남을 위해 말씀을 묵상하고 성령을 구하는 기도를 할 일이지, 거듭남에는 관심이 없으면서 죄를 용서해 달라는 기도를 드리는 것은 의와 죄와 구원에 대해 그 본질을 모르고 있는 것이다. 거듭나지 않은 상태에서 죄 사함을 받는 것은 의미가 없다. 왜냐하면 아직 죄 가운데 있고 앞으로도 계속 죄를 범할 것이기 때문이다. 거듭난 사람은 죄를 이기는 사람이고 범죄할 수도 없다는 것을 성경에서는 분명히 말씀하고 있고[19] 예수께서는 죄를 범하는 자마다 죄의 노예라고 하셨으며 사도 요한은 죄를 짓는 자는 마귀에

---

17) 내 아버지의 뜻은 아들을 보고 믿는 자마다 영생을 얻는 이것이니 마지막 날에 내가 이를 다시 살리리라 하시니라 (요 6:40)

18) 이 예수를 하나님이 그의 피로 인하여 믿음으로 말미암는 화목 제물로 세우셨으니 이는 하나님께서 길이 참으시는 중에 전에 지은 죄를 간과하심으로 자기의 의로우심을 나타내려 하심이니 (롬 3:25)

19) 하나님께로부터 난 자마다 죄를 짓지 아니하나니 이는 하나님의 씨가 그의 속에 거함이요 그도 범죄하지 못하는 것은 하나님께로부터 났음이라 (요일 3:9)
     그(예수님) 안에 거하는 자마다 범죄하지 아니하나니 범죄하는 자마다 그를 보지도 못하였고 그를 알지도 못하였느니라 (요일 3:6)

게 속한 자라고 하였다.[20] 의(義)와 죄의 문제는 행위의 문제가 아니라 사람의 품성에 관한 문제이기 때문이다. 하나님 앞에서 무슨 일을 하는가의 문제가 아니라 하나님 앞에 어떤 사람인가의 문제이다. 그러므로 사람이 하나님 앞에 의롭다고 판결받는 길은 육체의 행위로 되는 일이 아니고 오직 믿음으로만 되는 것이다(롬 3:20, 28). 성령으로 거듭나는 일은 오직 올바른 믿음으로만 되기 때문이다. 우리들은 지금 어떤 사람들인가?

이제 예수님은 그분의 공생애(公生涯) 초반부, 그분이 성장하여 사시던 갈릴리 지역 어느 산에서 그분의 제자들과 마주 앉으셨다. 그들이 알던 하나님의 율법은 유대의 랍비(선생)들이 수백 년 동안 왜곡해서 만들어낸 허례허식들이었을 뿐이었다. 그들은 율법을 통해 하나님의 형상을 발견해 본 적도 없었고 또 그럴 수 있다는 것도 모르던 사람들이었다. 도대체 창세기 1장에 기록된 하나님의 형상이라는 것이 무엇인지 관심도 없었다. 그런 그들에게 예수께서는 랍비들이 고안해 낸 계율의 허구성과 그들에 의해 변질되기 전 본래의 율법 정신을 대비시켜 보여 주셨다. 예수께서는 랍비들의 전통을 파괴하시고 그 뿌리를 뽑아 내시고(렘 1:10) 오래 황폐되고 역대의 파괴된 하나님의 율법을 다시 완전하게 세우고 계셨다(사 58:12). 그리고 (진정으로) 율법을 지킨다는 것은 율법 조문을 행동으로 옮기는 것이 아니라 그들의 심령 가운데 율법의 정신인 하나님의 형상이 온전히 회복되는 것이라는 것과 이것이 '온전함'의 본질임을 보여 주셨다. **결국 본성의 거듭남**

---

20) 죄를 짓는 자는 마귀에게 속하나니 마귀는 처음부터 범죄함이라 하나님의 아들이 나타나신 것은 마귀의 일을 멸하려 하심이라 (요일 3:8)

이 온전함이요, 곧 구원의 요체라는 말씀이었다. 이 온전함을 선지자 예레미야는 "하나님의 법을 사람의 속에 두고 마음에 새긴다"(렘 31:33)고 표현했다. 갈릴리의 어느 산에서 행하셨던 인류 역사에 길이 남은 이 명설교의 핵심 주제요, 결론인 "너희 아버지의 온전하심 같이 너희도 온전하라"(마 5:48)는 말씀은 명령이면서도 사람의 능력으로 는 결코 그렇게 될 수 없기에 또한 우리를 그렇게 만들어 주시겠다는 **약속**이기도 하였다. 산상수훈을 주신 목적은 제자들은 물론 후대에 예수님을 따르는 모든 자들을 흠도 티도 없는 온전한 자들로 세우시 기 위함이었다(엡 5:27[21]). 그리고 하나님의 형상이 회복된 그들의 심 령이 바로 그들 가까이에 임해 있었던 천국의 실상이라는 것도 보여 주셨다. 천국은 현실 정치의 개혁으로 실현되는 것이 아니라 사람의 심령 안에 이루어지는 것[22]이었고 이를 이루는 일이 그들이 오해하 던 메시아(그리스도)의 실제 사명이었다. 이 세상 정치의 모습들은 세 상 사람들의 품성의 결과일 뿐 품성의 변혁 없이 제도만을 개선해서 는 천국이 올 수 없는 것이었다. 만물 가운데 유일하게 더럽고 부패해 서 개혁되어야 할 것은 오직 사람의 마음뿐이기 때문이다(렘 17:9). 죄 된 품성의 개혁이 바로 거듭남이고 거듭남이 없이는 아무도 천국 에 들어갈 수 없는 것이다.

그때 이 율법에 관한 교훈의 말씀을 경청하던 제자 중 한 사람인 요

---

21) 자기 앞에 영광스러운 교회(불러낸 무리)로 세우사 티나 주름 잡힌 것이나 이 런 것들이 없이 거룩하고 흠이 없게 하려 하심이라

22) 바리새인들이 하나님의 나라가 어느 때에 임하나이까 묻거늘 예수께서 대답 하여 이르시되 하나님의 나라는 볼 수 있게 임하는 것이 아니요 또 여기 있 다 저기 있다고도 못하리니 하나님의 나라는 너희 안에 있느니라 (눅 17:20)

한은 훗날 노년(?)이 되어서 예수님이야말로 (1)율법의 정신, 곧 말씀(logos)이 육신이 되신 분이요(요 1:14), (2)아담부터 시작해서 자기 조상들에게까지 처음부터 말씀하셨던(요 8:25[23]) 그분이요, (3)"나는 스스로 존재하는 자"(요 8:24[24])라고 모세에게 자신을 소개하셨던 바로 그 여호와 하나님이라는 것(요 8:28[25] 사 40:3-5[26])을 깨닫고 이를 주제로 한 복음서를 집필하였다. 요한 복음이 집필되던 당시는 사랑이 충만했던 초대 교회가 그 처음 사랑을 잃고(계 2:4) 세속화되기 시작하던 시점이었다. 이를 어느 신학자는 기독교가 **종교화**되던 시기라고도 표현하였다. 믿음이 형식화되어 가던 당시의 교회 풍토를 보면서 요한은 그들이 믿는 바 예수님은 "육신이 되신 하나님"이라는 관점에서 그들의 믿음을 다시 재정비하고자 하였다. 요한은 그의 복음서의 초반부에서 구원은 믿음을 통해 성령으로 다시 태어나는 것이라고(요 1:12-13 요 3:6) 대전제를 하고서 복음서 전체에 걸친 7가지 이적에 관한 에피소드를 통해 거듭남의 비밀을 보여 주고 있다. 38년 된 앉은뱅이가 걷게 되는 일이나 날 때부터 소경인 자가 보게 되는 기적

---

23) 저희가 말하되 네가 누구냐 예수께서 가라사대 나는 처음부터 너희에게 말하여 온 자니라

24) 너희가 만일 내가 그인 줄(원어에는 '그'가 없이 'I am'이라고 되어 있다. 이는 스스로 존재한디는 뜻이다 ἐγώ εἰμί) 믿지 아니하면 너희 죄 가운데서 죽으리라

25) 너희는 인자를 든 후에 내가 그인 줄(ἐγώ εἰμι)을 알고 또 내가 스스로 아무것도 하지 아니하고 오직 아버지께서 가르치신 대로 이런 것을 말하는 줄도 알리라

26) "외치는 자의 소리여 가로되 너희는 광야에서 여호와의 길을 예비하라 사막에서 우리 하나님의 대로를 평탄케 하라" 이 말씀은 예수님을 받아들이도록 백성의 마음을 준비시키는 세례 요한의 사역을 말하고 있는데 예수님을 여호와라고 말씀하고 있다.

들은 참된 사랑을 할 수 없는 우리 죄인들이 거듭남으로써 원수를 사랑하게 되고 자기에게 죄 지은 자를 용서하는 마음을 갖게 되는 영적인 기적을 육적인 기적으로 보여 주신 표적(sign)에 불과하였다. 우리는 날 때부터 영적으로는 앉은뱅이요, 소경들이었다. 죽은 지 나흘이나 되어 썩는 냄새가 나던 나사로의 시체와 같이 탐욕과 질투와 분쟁의 악취를 풍기던 영적으로 죽은 자들이었다. 이런 자들이 영적으로 걷게 되고 보게 되고 심지어 그리스도의 향기를 내게 되는 일은 **물(말씀)과 성령으로 거듭남**[27]을 통해서 이루어지는 기적이고 성령의 내주는 우리가 믿음으로 그리스도와 함께 죄 된 자아(自我)가 십자가에 못 박혔을 때 그 빈 자리에 임재하심으로 이루어지는 것이었다.

그러나 이 명백하고 확실한 구원의 길에서 벗어나서 얼마나 많은 기독교인들은 자아(自我)가 죽는 경험 없이 거듭남을 주장하고 다만 종교 행위에 매몰되어 그것이 믿음이고 하나님께 영광을 돌리는 일이라고 찬송을 부르며 죄 가운데 살고 있는가? 하나님께 영광을 돌리는 일은 종교 행위에 있지 않고 죄인이 하나님의 은혜로써 거듭나고 죄

---

27) 물과 성령으로 거듭난다는 말씀은 에스겔 서의 다음 말씀을 요약해서 하신 말씀이었다. 그렇기 때문에 이스라엘의 선생으로서 구약에 이미 나와 있는 '거듭남'의 교훈을 알지 못했던 니고데모를 책망하셨다. 그리고 여기서 물은 침례(세례)가 아니라 하나님의 말씀임을 알 수 있다. 우리가 침례나 세례를 받는다고 해서 거듭나지는 않는다.
맑은 물을 너희에게 뿌려서 너희로 정결하게 하되 곧 너희 모든 더러운 것에서와 모든 우상 숭배에서 너희를 정결하게 할 것이며 또 새 영을 너희 속에 두고 새 마음을 너희에게 주되 너희 육신에서 굳은 마음을 제거하고 부드러운 마음을 줄 것이며 또 내 영을 너희 속에 두어 너희로 내 율례를 행하게 하리니 너희가 내 규례를 지켜 행할지라 (겔 36:25-27)
너희는 내가 일러준 말로 이미 깨끗하여졌으니 (요 15:3)
이는 곧 물로 씻어 말씀으로 깨끗하게 하사 거룩하게 하시고 (엡 5:26)

를 떠나 의를 행하게 되는 일이다.

너희가 열매를 많이 맺으면 내 아버지께서 **영광을 받으실 것이요**
너희는 내 제자가 되리라 (요 15:8)

그들이 걸어가는 평탄하고 넓은 길의 종착지는 그들이 도달하기를 원하는 곳이 아님이 분명해 보인다. 그 평탄하고 넓은 길에 사단이 뿌려 놓은 향기로운 장미꽃들을 그들은 하나님의 축복이라고 착각하고 있는 것 같다. 문제가 있을 때는 항상 기본으로 돌아가서 다시 시작해야 하듯, 교회 안에서는 세속화와 미신화가 급속도로 진행되고 교회 밖에서는 차마 입에 담기도 더러운 죄악이 극도로 만연해 있는 이 마지막 시대에, 필자는 우리 기독교인들은 복음의 요체라고 할 수 있는 산상수훈(山上垂訓)부터 그 의미를 다시 점검해 보고 이 말씀에 나를 비춰 보아야 하겠다는 생각에서 산상수훈을 다시 연구하기 시작했다. 산상수훈을 통해 예수님께서 보여 주신 하늘 헌법(율법)의 더할 나위 없이 고결한 도덕의 표준은 결국 하나님의 품성의 그림자였고 이러함에 죄인이 도달하는 것이 바로 '죄로부터의 구원'이었다. 이렇게 되는 길은 오직 참된 믿음을 통해서만 가능하고 한낱 보잘것없는 육체에 불과한 죄인이 진실한 믿음을 갖는다면 그 믿음을 통해 하나님께서는 이 일을 이루어 주실 것이라는 놀라운 약속이 복음의 핵심이라는 것을 필자는 깨달았다. 수많은 신학자들이 마치 믿음만 있으면 죄 가운데 있어도 의롭게 봐 주신다고 해석하기를 좋아하는 로마서는 그들의 해석과는 반대로 우리가 죄를 이기고 의(義)에 도달하는 방법을 논리적, 분석적, 심리학적으로 서술한 책이고 산상수훈은 죄를 이긴 사람의 모습, 곧 천국의 실상을 보여 주는 상호보완의 위치에 있었다. 다시 말해 로마서의 총론이라 할 수 있는 전반부는 구원에 이르는 방법론을, 로마서의 후반부와 산상수훈은 구원에 이른 사람의 모습과 그렇지 못한 사람들의 모습을 비교해서 보여 주고 있다. 로마서가 **믿음으로 의(義)에 이르는 진리를 선포하기 전에 제시한 대전제 세 가지**가 있는데 이것들을 먼저 이해하는 것이 로마서의 전체 맥락을 이해하는 데 매우 중요하다. 그 대전제의 첫째는 사람이 마지막 심판의 날에 하나님 앞에서 의롭다는 판결을 받으려면(δικαιόω, 디카이오오, 의롭게 만들다, 의롭다고 선언하다) 현세에서 율법을 지켜야 한다(롬 2:13, 16[28])는 것이고 둘째는 율법을 지키는 것은 율법의 법조문을 문자적으로 행하는 것이 아니라 마음의 할례[29]를 받아 그 정신을 성취하는 것이라는 것이다. 결국 거듭남을 통해서 율법의 의[30]를 성취하는 것이 율법을 지킨다는 뜻이다. 그리고 셋째는 성령으로 거듭남(마음의 할례) 없이 그 육체만을 가지고 율법을 지킬 수

---

28) 하나님 앞에서는 율법을 듣는 자가 의인이 아니요 오직 율법을 행하는 자라야 의롭다 하심을 얻으리니(의롭다는 판결을 받다) 곧 나의 복음에 이른 바와 같이 하나님이 예수 그리스도로 말미암아 사람들의 은밀한 것을 심판하시는 그 날이라

29) 그런즉 무할례자가 율법의 규례(δικαίωμα 의로운 행동, 의)를 지키면 그 무할례를 할례와 같이 여길 것이 아니냐 또한 본래 무할례자가 율법을 온전히 지키면 율법 조문과 할례를 가지고 율법을 범하는 너를 정죄하지 아니하겠느냐 오직 이면적 유대인이 유대인이며 할례는 마음에 할지니 영에 있고 율법 조문에 있지 아니한 것이라 그 칭찬이 사람에게서가 아니요 다만 하나님에게서니라 (롬 2:29)
유다인과 예루살렘 주민들아 너희는 스스로 할례를 행하여 너희 마음 가죽을 베고 나 여호와께 속하라 그리하지 아니하면 너희 악행으로 말미암아 나의 분노가 불 같이 일어나 사르리니 그것을 끌 자가 없으리라 (렘 4:4)

30) 롬 2:26에서 'τὰ δικαιώματα τοῦ νόμου'를 '율법의 제도'라고 번역했다. 본래

있는 사람은 하나도 없기 때문에 하나님 앞에 의로운 **육체(성령 없는 사람을 지칭하는 용어)**가 없다는 것이다(롬 3:20[31]). 이 세 가지 이유 때문에 육(肉)으로 난 사람이 하나님의 법정에서 **의롭다는 판결을 받으려면**(δικαιόω) 믿음을 통해 성령의 내주가 일어나야 하고 이런 방법으로 육신의 소욕을 죽이고 성령을 좇아 삶으로써 율법을 지킬 수 있게 된다는 것을 선포하고 있다(롬 3:28[32], 8:4[33]). 그러므로 구원은 믿음으로만 되는 일이라는 결론을 맺고 있다. 이 일을 생명의 성령의 법이 죄와 사망의 법에서 우리들을 해방하는 일이라고 말하고 있다(롬 8:2). 그리고 믿음이라는 것은 관념적인 일도 아니고 종교 행위도 아니고 구체적으로 육신의 소욕(=옛 사람)을 그리스도와 함께 십자가에 못 박는 것임을 로마서 6, 7장에서 자세히 설명하고 있다. 바울이 믿음의 본질적 실체를 이렇게 자세히 설명한 이유는 3, 4, 5장에서 믿음으로 말미암아 의롭게 된다는 것을 강조한 것 때문에 믿음과 죄를 범하지 않는 것은 별 관계가 없다는 생각을 할 수도 있기 때문이었다(롬 6:1, 2). 구원에 이르는 수단인 믿음이 구원 그 자체인 것처럼 생각하는 현대 기독교의 시류는 아마도 잘못된 믿음 때문에 삶 가운데 구원의 열매가 없으므로 수단만을 강조하여 구원의 본질을 호도하고

는 '율법의 의(義)'라는 뜻이다.

31) 그러므로 율법의 행위로 그의 앞에 의롭다 하심을 얻을 육체가 없나니 율법으로는 죄를 깨달음이니라

32) 그러므로 사람이 의롭다 하심을 얻는 것은 율법의 행위에 있지 않고 믿음으로 되는 줄 우리가 인정하노라

33) 육신을 따르지 않고 그 영을 따라 행하는 우리에게 율법의 요구(δικαίωμα 의로운 행동, 의)가 이루어지게 하려 하심이니라

있는 일인지도 모른다. 또한 죄인이 예수님과 같은 품성으로 변화하게 되는 구원을 죽어서 그 혼령이 천국에 가는 것처럼 오도하여, 현재의 잘못된 믿음에 대해 성찰할 필요성을 못 느끼게 만든다. 그렇다면 사람이 죽어서 천국이나 지옥에 가 있으면 선한 사람이나 악한 사람이나 죽은 자는 모두 다 무덤에서 예수님의 음성을 듣고 부활[34]할 것이라고 하신 예수님은 거짓말하시는 분이란 말인가?

우리들에게 필요한 것은 순수한 하나님의 말씀뿐이지 이를 인간 학문의 관점에서 해석한 사람의 이론들이 아니다. 말씀과 관련해서 꿈을 꾸거나 이적을 체험하는 등의 주관적인 사람의 경험은 더더욱 아니다. 이런 것들은 세상의 초등학문(갈 4:3, 9)과 사단의 미혹일 뿐이다. 성경은 공부를 많이 한 학자들이 보라고 쓴 글이 아니라 일반 대중을 대상으로 쓴 글이다. 하나님의 말씀인 성경을 진리를 순수하게 사모하는 마음과 정직한 양심으로 읽으면 그 뜻이 그렇게 어려운 것만은 아닌데도 불구하고 성경이 어렵게 느껴지는 것은 우리가 죄 때문에 눈이 가려져 있기 때문이다. 또한 눈 먼 신학자들이 해석한 이론들이 우리들의 성경 이해를 방해하고 있기도 하다. 여기에 더해서 성경 번역의 부분적인 오류도 이런 방해를 약간은 돕고 있다. 예수님 당시에도 예수님의 말씀을 단순하게 받아들이고 순종했던 사람들은 당시 신학교라 할 수 있는 랍비 학교를 졸업한 종교 지도자들이 아니라 세상 공부를 많이 하지 않았어도 말씀을 순순하게 듣고 예민한 양심을 가지고 그 말씀을 묵상했던 가난한 민초들이었다. 공부를 많이

---

34) 이를 놀랍게 여기지 말라 무덤 속에 있는 자가 다 그(예수님)의 음성을 들을 때가 오나니 선한 일을 행한 자는 생명의 부활로, 악한 일을 행한 자는 심판의 부활로 나오리라 (요 5:28, 29)

했던 사도 바울도 자기 스승인 가말리엘 문하에서 배운 율법에 대한 인간의 이론을 버리고서야 율법을 깨달았다. 바울이 세상의 초등학문을 버리는 데는 스테판의 순교와 예수님과의 만남이 큰 역할을 하기도 했다. 당시 창녀와 세리도 이해하고 순종했던 똑같은 예수님의 말씀을 오늘날의 수많은 기독교 지도자들은 이해하지도 못하고 순종하지도 못한다. 아니 이해하기 싫은 것인지도 모른다. 예를 들어 "생명에 들어가려면 계명을 지키라"(마 19:16)는 분명한 예수님의 명령을 그대로 믿고 강조하여 가르치는 지도자를 찾아보기 힘들고 따라서 계명을 지키는 기독교인들은 거의 없는 세상이 되었다. 대부분의 교회에서는 믿으면 하나님께서 의롭게 봐 주신다고 가르친다. 이 말은 교회만 잘 다니면 계명을 범해도 순종하는 것으로 간주하신다는 해괴한 가르침이다. 그렇기 때문에 하나님의 말씀을 가볍게 여기고 '하나님을 진실로 두려워하라'는 예수님의 경고는 아예 기억도 하지 못한다. 여기서 한발 더 나가서 일군의 기독교 지도자들은 계명을 범하고 있는 신자들에게 죄책감을 버리라고까지 설교하고 있는 현실이다. 말세는 분명히 말세인 것 같다. 그러나 예수님께서는 죄를 범하고 있는 형제에게 권면하여 죄를 떠나게 하라고 하셨고 그래도 죄를 고집하면 하나님을 안 믿는 사람처럼 생각하라고까지 하셨다(마 18:15-17[35]). 심지어 오른 눈이 **범죄하도록 유혹하면**(σκανδαλίζω, 티락하게 유혹하다, 올무를 놓다) 그 눈을 빼 버리라고까지 하셨다(마 5:29). 그렇기

---

35) 네 형제가 죄를 범하거든 가서 너와 그 사람과만 상대하여 권고하라 만일 들으면 네가 네 형제를 얻은 것이요 만일 듣지 않거든 한두 사람을 데리고 가서 두세 증인의 입으로 말마다 확증하게 하라 만일 그들의 말도 듣지 않거든 교회에 말하고 교회의 말도 듣지 않거든 이방인과 세리와 같이 여기라

때문에 물(말씀)과 성령으로 거듭나서 그 본성이 변하지 아니하면 하나님의 나라에 들어가지 못할 것이라고 하신 것이다(요 3:5). 우리는 누구의 말씀을 믿고 따라야 할까? 당시 가난하고 그리 유식하지 않은 민초들은 예수님의 말씀을 듣고서 순종하지 않고는 견딜 수 없는 열정을 가졌었는데 오늘날 많은 기독교 지도자들은 말씀에 부분적으로만 순종하면서 온전히 죄를 버리지 않아도 영생 얻을 방법을 사도 바울의 글에서 열심히 찾고 있는 것 같이 보인다. 부분적 순종은 법조문의 부분적 순종이며 결국은 율법주의일 뿐이다. **왜냐하면 우리에게 요구되는 계명의 정신은 오직 하나이므로 나의 정신이 그것과 하나가 되었느냐 안 되었느냐 둘 중 하나만 있기 때문이다. 그리고 이것이 심판의 기준이다.** 죄를 이길 자신이 없는 것은 예수님을 의지하지 않고 자신의 능력으로 죄를 이기려고 하기 때문이다. 그래서 차선책으로 그들은 버리지 못하는 죄를 합리화하는 이론을 만들어서 자신과 교인들을 위로하려고 한다. (이 문제를 본서에서 자세히 다룰 것이다) 그러나 죄를 가지고 생명에 들어가는 길은 없다. 죄를 떠나는 일 자체가 생명에 들어가는 일이기 때문이다. 죄를 본인의 선택과 상관없이 강제로 버리게 하시는 일도 없다. 그럴 것이었으면 에덴 동산에 선악과도 두지 않으셨을 것이다. 무한히 지혜로우신 하나님께서는 하나님을 거절하고(罪) 영접하는 일(義)을 온전히 우리들의 선택에 맡기셨다. 예수님께서 재림하실 때 우리가 죄로부터 정결해진다는 가르침은 다른 말로 하면 재림하실 때 강제로 우리 안에 예수님께서 들어오신다는 말이다. 예수님께서 강제로 내 안에 들어오실 때까지 지금 버리기 싫은 죄를 계속 가지고 있으라는 가르침이다. 그러나 예수님께서 강제로 우리 안에 들어오시는 일은 결코 없을 것이다. 우리는 자의(自

意)로 예수님을 영접해야만 하고 그때가 바로 지금이다. 예수님을 영접하는 것을 다른 말로 하면 예수님을 나의 심령 안으로 모셔 들이는 일이다. 신앙 고백이 아니다. 이 일은 죄를 버리는 일과 동시에 일어난다. 예수님은 우리 안에서 죄와 함께 계실 수 없는 분이기 때문이다. 어두운 방 안에 빛이 들어오면 어둠은 자연스럽게 소멸된다. 방이 계속 어둠 안에 있으면 빛이 그 방에 들어온 것이 아니다. 예수님을 오랜 세월 믿었는데 아직 죄 가운데 있다면 그것은 예수님을 아직 자기 심령 안으로 모셔 들인 것이 아니라 마음 문 밖에 서 계시게 하고 마음 속의 죄는 그대로 간직하고 있는 것이다. 이런 사람들은 예수님을 받아들일 생각은 하지 않고 마음 밖에 계신 예수님께 무언가를 드려서 그것으로 인정받기를 원한다. 이렇게 받아 기뻐하는 것은 사람의 본성이고 사람의 영광이다. 그러나 예수님은 우리들에게 무엇을 받으려고 하시지 않고 우리가 예수님 자신을 받아들이길 기다리신다. 자신을 주시고 그분을 받아들이는 자가 기뻐하는 것이 하나님의 영광이다. 그러려면 자기 안에 있는 죄의 욕망을 버리고 그 안으로 예수님을 모셔야 하는데 이것이 진정 예수님을 영접하는 일이다. 자기를 부인하고 자기 십자가를 지고 예수님을 좇는 것이나(마 16:24) 죄 된 육신의 소욕을 십자가에 못 박는다(롬 6:6)는 의미가 바로 이 뜻이다. 참 믿음의 본질은 자기부인(自己否認)이다. 악한 자아(自我)와 예수님의 품성은 서로 상반되기 때문에 '예수님의 이름을 믿는다'는 것은 예수님의 품성과 반대되는 본성을 가진 자기를 부인하는 것과 동일한 일이다. 그러므로 하나님과 그의 보내신 자 그리스도를 알아야만(요 17:3) 자기를 부인할 수 있는 것이다.

우리가 알거니와 우리의 옛 사람이 예수와 함께 십자가에 못 박힌
것은 죄의 몸이 죽어 다시는 우리가 죄에게 종 노릇 하지 아니하려
함이니 (롬 6:6)

그래서 죄를 온전히 버리지 못한(사실은 죄를 사랑하여 버리기 싫은) 그들은 예수님의 말씀과 신약성경에 대하여 할 말이 많은 것 같다. 우리는 하나님의 말씀을 알아야 할 뿐 말씀에 대한 사람의 생각은 알 필요가 없다. 예를 들어 우리는 복음을 반드시 알아야 하지만 '복음주의'라는 신학적 용어를 알 필요는 없다. 제대로 알아야 할 것은 오직 성경뿐이다. 우리가 영생을 위해 알아야 할 유일한 대상은 하나님과 그의 보내신 자 그리스도인 것이다(요 17:3). 하나님과 그리스도에 관한 종교적, 역사적 사실 관계를 아는 일이 그리스도를 아는 것을 대신하지 못한다. 그리스도를 아는 것은 그리스도의 본성을 알고 그것을 정말로 알기 때문에 마땅히 그 본성을 구하여 자기 안에 받아들이는 일이다. 그 본성이 바로 태초부터 계셨던 로고스이고 태초에 아담 안에 계셨으나 아담이 거절했던 바로 그 하나님이시다. 그러므로 구원은 하나님과 내가 하나가 되는 일이다.

본서를 집필한 목적은 변질된 복음이 만연한 이 시대에 오로지 하나님과 예수님을 정확히 알게 되는 데 도움을 주는 것뿐이다. 그러기 위해 사람의 해석과 권위가 아닌 인간의 정직한 양심과 보편적 이성에만 호소해서 성경을 이해해 가는 법을 본서를 통해 간접적으로 보여 주고 싶었다. 본서에서 인용한 글은 성경 말씀뿐이다.

세속 교회와 하나님 나라 上

I.
율법과 복음

구원해야 할 존재가 됨

1) 하나님의 형상을 잃어버림

인간은 태초에 하나님의 형상으로 계획되었고 그렇게 창조되었다. 하나님께서는 사람의 눈에 보이지 않는 영(靈)이시기 때문에 '하나님의 형상'이라는 것은 우리가 볼 수 있는 어떤 모양이 아니고 본질적으로는 하나님의 본성(품성)을 말하고 있다. 또한 이차적으로는 하나님의 속성을 말한다고 할 수도 있을 것이다. 첫째, 아담은 하나님의 본성을 소유한 존재로 지음을 받았다. 그러므로 하나님과 동일한 선하고 의로운 본성을 지닌 하나님의 아들이었다. 둘째, 아담은 하나님처럼 영(靈)은 아니지만 영(靈)이신 하나님과 교제할 수 있는 영적인 존재로서 지음을 받았다는 뜻이다. 셋째, 하나님께서 우주를 통치하시는 왕인 것처럼 아담 또한 이 땅을 정복하고 다스리는 통치자로서, 즉 왕으로 지음을 받았다는 뜻이다. 뿐만 아니라 아담은 영적으로도 자기의 삶을 자기가 결정하고 책임지는 완전히 자유로운 존재, 즉 노예가 아닌 왕으로서 지음을 받았다. 신약성경의 다음 구절들에서도 '하나님의 형상'이라는 단어가 '하나님의 본성'이라는 의미로 사용되고 있음을 알 수 있다.

*하나님이 미리 아신 자들을 또한 **그 아들의 형상**을 본받게 하기 위하여 미리 정하셨으니 이는 그로 많은 형제 중에서 맏아들이 되게 하려 하심이니라* (롬 8:29)

*그 중에 이 세상의 신이 믿지 아니하는 자들의 마음을 혼미하게 하여 그리스도의 영광의 복음의 광채가 비치지 못하게 함이니 그리스도는 **하나님의 형상**이니라* (고후 4:4)

*나의 자녀들아 너희 속에 **그리스도의 형상**을 이루기까지 다시 너희를 위하여 해산하는 수고를 하노니* (갈 4:19)

*새 사람을 입었으니 이는 **자기를 창조하신 이의 형상**을 따라 지식에까지 새롭게 하심을 입은 자니라* (골 3:10)

하나님께서 우주를 통치하시되 하나님의 뜻(품성, 법)을 따라 통치하시듯이 아담도 같은 방법으로 지구를 통치하도록 왕으로 세움을 받았다. 결국 하나님께서는 아담을 통치하시고 아담은 하나님의 뜻 안에서 지구를 통치하도록 창조되었다. 하나님께서 하나님의 뜻에 따라 통치하시는 곳이 천국이기 때문에 타락 이전의 지구는 천국이었다. 또한 아담 자신도 천국, 곧 하나님의 나라이고 하나님께서 친히 거하시는 성전이었다.

하나님의 뜻에 따라 통치하심의 본질은 하나님께서 정하신 올바른 관계, 즉 올바른 인간과 하나님과의 관계, 그리고 올바른 인간과 인간과의 관계를 설정하시고 유지하시는 일이므로 **하나님의 뜻이라는 것은 궁극적으로 올바른 '관계'에 있다.** 그리고 관계라는 것은 물질과 물질 사이에 성립될 수 있는 문제가 아니다. 이는 지극히 영적인 일이다. 선과 악이라는 문제도 영의 문제이고 결국은 '관계'의 문제이다. 선과 악은 관계에 관한 사람의 성향 내지는 태도라고 할 수 있다. 선과 악을 알게 하는 나무의 열매에 관한 언약도 그 본질은 아담과 하나님과의 관계에 대한 언약이었다. 아무리 악한 사람이라도 무인도에서 혼자 열매 따 먹고 살면 그 사람의 악이 드러나지 않는다. 그 사람이 다른 존재와 관계를 맺을 때 그 사람에게 내재되어 있는 악(惡)이 비로소 드러나게 된다. 선(善)도 마찬가지다. 이스라엘 백성들이 그렇게 자부심을 느꼈던 성전과 성전 봉사 제도도 하나님과 인간의 깨어진 관계를 회복해 가는 과정과 회복된 상태를, 상징물과 제사 의식을 통해 눈에 보이게 보여 주신 일종의 시청각 교재였다. 구원의 문제는 결국 하나님과 인류 사이에 깨어진 관계를 개인적으로 회복하는 문제다.

선과 악의 기준, 곧 올바른 관계의 기준은 하나님의 본성이다. 하나님은 존재의 근원이시기 때문에 그분의 본성은 곧 존재의 법칙이라고도 할 수 있다. 따라서 그분의 본성에 따른 올바른 관계가 선(善)이고 그것에서 벗어난 모든 것이 악(惡)이며 따라서 선과 악의 문제는 궁극적으로는 존재의 문제라고 할 수 있다. 선(善)이 하나님의 뜻에 따라 움직이는 질서라면 악(惡)은 무질서 내지는 변질된 질서다. 그렇기 때문에 선(善)은 하나님의 통치하심 아래 있는 상태이고 악(惡)은 하나님의 통치하심 밖에 있는 상태이다. 선을 의(義)라고도 하고 악을 죄(罪)라고도 하는 것뿐이다. 전자를 빛에 비유하고 후자를 어둠에 비유하는 것도, 어둠은 빛이 없는 상태를 말하는 것이지 어둠이라는 실체가 따로 있는 것이 아니기 때문에 그런 것이다. **그러므로 선하지 않은 것이 악이다.** 이 우주에서 오로지 하나님 한 분만 선하시므로 하나님과 관계가 없는 모든 생각과 계획은 악일 수밖에 없다. 그러나 죄 가운데 태어난 우리들은 온전한 선(善)이라는 것을 경험해 보지 못했기 때문에 악(惡)이 무엇인지 정확히 모른다. 그러므로 선(善)이라는 것은 절대적인 가치이지 상대적인 가치가 아니다. 내가 남들보다 선하다는 생각은 사람의 생각일 뿐이고 하나님 앞에서는 의미 없는 일이다. 이런 하나님과 관계 없는 사람들 사이의 상대적 의(義)를 '사람의 의(義)'라고 부른다. 그러나 사람이 하나님과 바른 관계를 회복하면 그 사람 안에는 하나님의 의(義)가 이루어진다. 하나님과의 바른 관계란 그 사람 안에 하나님께서 거하시게 되는 관계다. 선과 악에 관한 이러한 성경적 이해는 우리의 구원을 위한 필수적인 지식이다. 하나님의 기준에 따라 내가 악하다는 것을 깨닫지 못하면서 어떻게 회개가 가능하겠는가? 하나님께서 규정하신 선과 악을 모르면서 어떻게 통회의 눈물을 흘리겠으며 어떻게 대속의 피 흘리심에 대한 진정한 감사가 있을 수 있겠는가? 예수님께서 오른 눈이 죄를 범하면 그 눈을 빼 버리라고 하실 정도로 죄에 대해 단호하셨던 이유는 죄가 하나님의 질서 밖에 있는 것이기 때문이다. 이 질서가 사람의 심령 안에서 회복되는 일이 구원이다.

창세 이전의 지구는 하나님께서 창세 때 부여하신 창조의 질서 안에 아직 있지 않았고 성경에서는 이런 지구를 묘사하기를 "땅이 혼돈하고 공허하며 흑암이 깊음(=심연=무저갱=abyss=$\check{\alpha}\beta\upsilon\sigma\sigma\circ\varsigma$) 위에 있다"(창 1:1)고 말씀하고 있다. 이러한 창조의 질서 밖에 있는 상태는 곧 '죄'라는 영적 무질서의 상태를 표상하고 있다. 이러한 무질서의 상태는 '생명'의 관점에서 보면 '사망'에 해당한다. 우리 몸도 생명의 질서가 깨지면 병들고, 이 병을 다스리지 못하면 결국 죽음에 이른다. 이러한 영적 무질서, 곧 죄 가운데 태어난 우리들이 한 번 죽는 것은 하나님께서 정하신 당연한 섭리인지도 모른다.[36] 그래서 하나님께서는

---

36) 한 번 죽는 것은 사람에게 정해진 것이요 그 후에는 심판이 있으리니 (히 9:27)

이 세상 끝에 "사단을 **무저갱**에 가두고 결박한다"(계 20:1, 2)고 하신 것 같다.

　태초에 하나님께서 창조하신 이 세상 중에 보시기에 좋지 않은 것은 아담이 독처하는 것뿐이었다(창 2:18). 아담이 관계할 사람이 없었기 때문이었다. 아담은 배필과의 올바른 관계를 맺으며, 또 앞으로 태어날 무수히 많은 자손들과 올바른 관계를 맺으며 그들을 통치하도록 의도된 존재였다. 그리고 이러한 사람들 사이의 올바르고 수평적인 관계는 아담과 하나님과의 수직적인 관계가 올바로 서 있을 때만 가능한 것이었다. 왜냐하면 모든 선(善), 즉 올바른 관계를 맺는 능력은 오직 하나님께로부터만 오기 때문이다. 그러므로 아담에게 허락된 이 모든 영원복락의 삶에는 단 하나의 조건이 있었는데, 그것은 아담 자신이 하나님의 통치 아래에 항상 자신을 두되 자의적으로 둔다는 대전제였다. 아담은 하나님의 형상으로 지음을 받았지만 하나님은 아니었기 때문이다. 그 역시 그를 창조하신 창조주의 뜻에 자신을 복종해야만 했다. 아담에게는 이 지구를 다스릴 막대한 권력이 주어졌지만 온전히 자신만의 뜻대로 다스릴 수 있는 '절대 권력'은 주어지지 않았다. 이러한 대원칙을 아담에게 항상 상기시켜 주고 그럼으로써 성령의 역사에 자신을 굴복하게 하는 제도가 있었는데, 그것이 선악을 알게 하는 나무의 열매를 먹지 말라는 금령(禁令)이었다. 선악을 알게 하는 나무의 열매를 먹지 말라는 금령은 '절대 권력'의 금지를 표상하는 것이었고 이를 다른 말로 하면 본질상 흙인 아담 안에는 선한 것이 없으므로 그 안에 하나님께서 거하셔야만 선한 질서 속에서 영원히 행복을 누릴 수 있다는 뜻이기도 하다. 아담이 이 나무의 열매를 먹지 않는 것은 하나님의 통치 아래 자신을 두는 것이고 다른 말로 하면 자의에 의해 하나님과 영원히 하나 되어 생명을 영위하되 생명의 법칙 안에서 기쁨으로 영위하는 일이었다. 그렇기 때문에 선악을 알게 하는 나무는 아담과 그 후손의 영생복락을 보장하는 매우 단순하고 유익한 장치였고 따라서 동산 중앙에 있었던 이 나무는 하나님의 아담에 대한 무한히 지혜롭고 완전한 사랑의 징표였다. **그러나 사단은 이러한 하나님의 사랑의 징표를 질시와 견제의 징표로 바꾸어서 하와에게 제시함으로써 하나님과 아담 부부의 관계를 이간시키는데 성공했다. 이렇게 파괴된 하나님과의 관계가 죄의 기원이었다.**

> *너희가 그것을 먹는 날에는 너희 눈이 밝아져 하나님과 같이 되어*
> *선악을 알 줄 하나님이 아심이니라* (창 3:5)

이 단순한 거짓말에는 수많은 거짓이 동시에 함의되어 하와와 아담에게 전달되었다. 그 거짓의 내용을 들여다보면 다음과 같다. ① 아담과 하와는 하나님께서 질투할 정도로 하나님과 견줄 만한 존재라고 부추기고 있다. 이는 그들이 하나님과 같이 절대 권력을 가질 수 있는 존재라고 암시하는 것이고 이런 욕망은 바로 사단이 오래 전부터 품고 있었던 정신이었다. ② 그렇다 하더라도 하나님은 자신과 비슷한 존재를 질투하는 품성을 지닌, 그렇게 선하지는 않은 분이라고 역시 거짓말을 하고 있다. 또한 ③ 선악과를 먹으면 아담 부부에게 내주하시는 하나님과 단절됨으로써 악을 모르던 그들이 악을 알게 되는 것인데 이를 숨기고 마치 열매의 어떤 성분이 사람을 지혜롭게 만든다는 거짓을 내포하고 있다. ④ 이러한 거짓말에는 하나님께서 그들이 지혜롭게 되기를 원하지 않는다는 뜻도 포함되어 있었다. ⑤ 뿐만 아나라 위의 거짓말을 하기 전에 먼저 했던 "너희가 결코 죽지 아니하리라"(창 3:4)라고 한 거짓말은 "하나님은 곧 생명"이라는 진리를 부정하는 거짓말이었다. 선악과를 먹음으로써 하나님께서 그들을 떠나신다면 생명의 근원을 그들이 거절하는 것이고 그것은 곧 죽음을 의미하는 것이었기 때문이다. 그래서 하나님께서는 아담에게 "선악을 알게 하는 나무의 열매는 먹지 말라 네가 **먹는 날에는 반드시 죽으리라**"(창 2:17)라고 경고하셨던 것이다.

그리고 사단은 이러한 거짓 사실들을 기반으로 하와에게 스스로 높이려는 사단 자신의 정신을 불어넣었다. 거짓말(왜곡된 fact)을 믿은 하와는 사단의 자고(自高)하는 정신에 매력을 느꼈고 그 결과 금단의 열매를 아담과 함께 먹게 되었다. 그 순간 하나님의 영은 그들을 떠나셨고 그들은 그들이 지음을 받던 날 부여 받았던 성령을 소멸시킴으로써 **성령 없는 육신, 곧 죽은 영혼(존재)**[37]이 되었다. 그 후 아담의 후손들은 하나님으로부터 단절된, 단지 육신(肉身)에서 난 육신(肉身)들이었다. 그래서 사단은 처음부터 사람에게 거짓말한 자요, 살인한 자였다(요 8:44). 그리고 인류는 지금도 사단의 거짓말에 속고 있으며 그는 지금도 죽은 존재(영혼)로 태어난 사람이 생명이신 하나님을 만나고 그분의 뜻대로 살려고 할 때 이 일이 이루어지지 못하도록 하나님의 이름을 훼방하고 있다.

---

37) 영혼(네페쉬, 프쉬케, soul)이라는 단어는 제2장에서 자세히 다루겠지만 존재, 생명체, 생명 등의 뜻이지 육체와 분리되는 어떤 실체를 의미하지 않는다. 이런 의미로 성경에 사용된 곳은 전혀 없는데 많은 사람들은 '네페쉬'라는 단어를 원칙 없이 주관에 따라 '영혼'이라고 번역해 놓고 그렇게 믿고 읽는다. 예를 들어 창세기 1:20, 21, 24의 새, 물고기, 짐승 등을 가리켜서 '생물'로 번역한 단어도 같은 히브리어 '네페쉬'이다.

창세기에는 하와와 아담이 선악을 알게 하는 나무를 먹은 과정이 매우 간략하게 기록되어 있어서 무심코 성경을 읽으면 아담 부부가 너무 쉽게 우발적으로 하나님께 범죄한 것 같아 보이고 단지 과일 하나 따 먹은 작은 실수를 가지고 하나님께서 너무 가혹하실 정도로 엄격하시다는 생각이 들기도 한다. 그러나 이 단순한 기록들을 묵상해 보면 여기에는 우리가 배울 중요한 교훈이 있고 이 교훈은 우리의 생명을 결정하는 말씀에 대한 우리의 태도를 깊이 살피게 한다.

성경에는 기록이 없으므로 아담 부부가 선악과를 몇 살에 먹었는지는 알 수 없다. 그러나 어느 정도 범위 안에서 추정을 할 수는 있다. 셋(아담의 세 번째 아들)을 낳았을 때 아담의 나이가 130세였고 셋을 보기 이전에 카인과 아벨이 장성하여 각자 제사를 지낼 정도의 나이였으며 딸 하나 둘 정도는 낳았을 것이므로 선악과를 먹었을 나이는 아무리 많아야 100세 이전이라고 추정할 수 있다. 그리고 창세기 3장과 4장의 성경이 기록된 분위기로 보아 선악과를 먹고 에덴에서 추방되고 카인을 낳기까지의 시간은 그리 길어 보이지는 않는다. 그렇다면 아담 부부가 선악과를 먹은 나이는 **많아야** 100세 전후일 것 같다. 적어도 에덴에서 2~3년 살다가 선악과를 먹은 것 같지는 않다. 그렇다면 아담 부부는 자기들이 선한지도 모르면서 선한 삶을 행복하게 100년 가까이 살았을 것이다. 그러면서 항상 동산의 중앙에 있는 선악과를 보았을 것이다. 그것을 하나님께서 금하신 이유를 처음에는 명료하게 알았겠지만 시간이 가면서 점점 더 희미하게 마음에 담고 있었다. 이러한 심각한 사실은 뱀의 질문에 대한 하와의 대답을 보면 알 수 있다.

> 여자가 뱀에게 말하되 동산 나무의 열매를 우리가 먹을 수 있으나
> 동산 중앙에 있는 나무의 열매는 하나님의 말씀에 너희는 먹지도
> 말고 **만지지도 말라** 너희가 **혹 죽을까 하노라** 하셨느니라 (창 3:2-3)

하와의 이 대답과 하나님의 다음 말씀을 비교해 보면 다른 곳이 세 곳이나 있다.

> 여호와 하나님이 그 사람에게 명하여 이르시되 동산 각종 나무의
> 열매는 네가 **임의로** 먹되 선악을 알게 하는 나무의 열매는 먹지 말
> 라 네가 먹는 날에는 **반드시 죽으리라** 하시니라 (창 2:16, 17)

우선 하나님께서 하신 다른 실과를 "**임의로**" 먹어도 된다는 말씀을 삭제했고 "**만지지 말라**"는 말씀은 하신 적이 없는데 이 말을 하와가 첨가했다. 그리고 "**반드시 죽을 것**"이라는 말씀을 "죽을까 하노라"라고 변조했다. 하나님의 말씀이 변질되는 전형적인 과정, 즉 삭제, 첨가, 변조라는 세 가지의 과정이 하와의 마음속에서 이미 일어났음을 알 수 있다. 물론 하와가 고의로 하나님의 말씀을 변개해서 뱀에게 말한 것이 아니다. 하와의 마음속에 남아 있었던 하나님의 말씀이 희미해지고 변질되었던 것이다. 이는 본질적으로 믿음의 문제였다. 하나님의 말씀을 가감 없이 그대로 마음에 새기는 것이 믿음이므로 하와의 믿음이 희미해졌거나 없어졌음을 알 수 있다. **사실 믿음이 없다는 것은 하나님과 관계가 없다는 것이고 이것이 죄의 본질이다. 하나님은 영이시기 때문에 하나님과의 올바른 관계는 하나님의 말씀을 마음에 바르게 새길 때만 성립된다. 그리고 바른 믿음이 반드시 순종의 열매를 맺듯이 불신도 언젠가는 불순종의 열매를 맺기 마련이다.**

성경에 하나님께서 아담 부부에게 하신 말씀의 모든 것이 다 기록되어 있지는 않지만 선악과를 먹는다는 것이 어떤 의미인지 그리고 그것을 먹으면 왜 먹는 그날에 죽는지에 대한 설명은 당연히 있었을 것이다. 그러나 100년 가까운 세월이 흐르면서 하나님의 말씀을 마음에 정확히 담아 놓지 않고 대충 엉성하게 담고 있었음을 알 수 있다. 이런 일은 현대의 기독교인들의 하나님의 말씀에 대한 태도와 크게 다르지 않다. 결국 믿음의 문제다. 이런 하와의 영성(靈性)은 선악과를 먹기 이전에 이미 자신 안에 거하시는 하나님을 반쯤 마음 문 밖으로 밀어낸 상태라고도 할 수 있었고 이런 불완전한 믿음은 선악과를 먹을 준비가 되어 있는 상태였다. 그렇기 때문에 이때 사단이 나타나서 하와에게 믿음의 허점을 찌르는 질문을 한다.

> 하나님이 참으로 너희에게 동산 **모든 나무의 열매를** 먹지 말라 하시더냐? (창 3:1)

하나님께서는 모든 나무의 실과를 금하신 적이 없다는 것을 사단이 모를 리가 없었다. 그랬으면 아담 부부는 벌써 굶어 죽었거나 영양실조에 걸렸을 것이다. 그렇기 때문에 이런 확연한 거짓 질문은 자연스럽게 하와의 답변을 유도했다. 그러나 하와는 온전한 하나님의 말씀 대신 위 인용한 바와 같이 부분적인 진리, 즉 변질된 하나님의 말씀으로 대답하였다. 하와의 이러한 대답은 사단의 그 다음 거짓말을 믿을 준비가 되었음을 드러내었고 사단은 하와가 하나님의 말씀을 왜곡한 것처럼 선악을 알게 하는 나무의 의미를 왜곡하여 제시했다. 그리고 하와는 그 거짓말에 기초해서 자고(自高)하고자 하는 사단의 정신에 매료되어 선악을 알게 하는 나무의 열매를 먹었다.

아담 부부는 이 나무의 열매를 먹음으로써 피조물이 지켜야 할 자리를 떠났다. 이들은 사단이 과거에 그랬던 것처럼 하나님과 같은 위치에 서려는 '절대 권력'에 대한 욕망을 품었고 이렇게 함으로써 하나님의 통치 아래 있기를 거절하였다. **하나님이 아니면서 하나님과 같은 위치에 서려는 욕망은 결국 하나님을 자기 안으로부터 내어 쫓고 하나님으로부터 독립을 하려는 마음이다. 이는 생명의 근원으로부터의 단절을 의미하고 하나님께서 부여하신 선한 영적 질서의 소멸을 의미한다. 이것이 죄의 본질이다.** 창조주로부터 단절된 피조물이 죄인이다. 그러므로 죄인이라는 표현은 하나님의 형상을 잃어버린 사람을 의미한다. 이렇게 하나님과 동등 됨을 취하려는 정신은 아담이 태어나기 전부터 있었던 모든 죄의 근원이 되는 정신이고 이는 사단의 정신이었다.

> 너 **아침의 아들 계명성(사단을 빗대어 일컫는 명칭)**이여 어찌 그리 하늘에서 떨어졌으며 너 열국을 엎은 자여 어찌 그리 땅에 찍혔는고 네가 네 마음에 이르기를 내가 하늘에 올라 하나님의 뭇 별 위에 내 자리를 높이리라 내가 북극 집회의 산 위에 앉으리라 가장 높은 구름에 올라가 지극히 높은 이와 같아지리라 하는도다 그러나 이제 네가 스올 곧 구덩이 맨 밑에 떨어짐을 당하리로다 (사 14:12-15)

2) 죄의 노예가 됨

결국 성령께서 떠나신 그 자리에 선악을 알게 하는 나무의 열매를 먹도록 유혹했던 사단의 영이 들어왔다. 이 우주에 사단이라는 악한 영이 없었어도 아담은 성령을 거절하였으므로 그 자체로 악하게 된 것이었다. 그러나 아담보다 먼저 아담의 길을 걸어갔었던 영(사단)이 아담에게 같은 길을 걸어가도록 유혹했고 아담은 그 사단의 정신에 매료되어 그 길을 택했다. 그래서 아담의 육체는 사단의 처소가 된 것이었다. 악령이라는 것을 우리는 귀신 나오는 영화에서 보는 것처럼 뿔 달리고 흉악한 존재로 오해하고 있지만 사단은 거룩한 천사의 모습으로 우리 앞에 나타나는, 우리와 비슷한 품성을 지닌 지성이 뛰어난 존재다. 우리가 우리보다 훨씬 더 흉악한 존재로 사단을 오해할 때 우리는 사단에게 속을 준비가 된 것이다.

사단의 정신을 사모하여 하나님을 거절한 아담과 그의 후손들은 사탄의 영에게 지배를 받는 사단의 가족이 되었다. 하나님의 자녀로 지음을 받았던 그들은 품성적으로는 사단의 후손이 되었고 의의 왕으로 지음을 받았던 그들은 죄의 노예가 되었다. 이렇게 하나님의 통치하심 밖에 있는 상태가 죄(罪)이고 이런 상태는 그것이 정상으로 회복되지 않으면 이 우주에서 영원히 지속될 수 없는 상태이므로 죄의 삯은 사망이다. 이렇게 하나님의 통치 밖에 머물러 있으면 사람은 스스로의 노력으로 의(義)로울 수 없기 때문에 죄 가운데 있을 수밖에 없는 죄의 노예인 것이다. 죄의 노예가 되어버린 실상은 의가 무엇인지 죄가 무엇인지도 잘 알지도 못하고 알게 된다 하더라도 의로워지기를 원하지도 않고 그저 타고난 육신이 요구하는 대로 살기를 원할 뿐이었다. 육신은 성령의 요구와 반대되는 일을 요구하기 때문에 사람은 본성적으로 하나님의 말씀을 싫어하게 되었다. (하나님의 말씀을 진정으로 알게 되면 자신의 본성을 미워하게 될 텐데 왜 그토록 많은 사람들은 이 일을 게을리 하는지 안타깝다) 그러나 하나님께서는 모든 수단을 동원하셔서 하나님의 길을 사람들에게 보여 주셨다. 심지어 친히 사람이 되셔서 자신의 본성과 그에 따른 삶의 길을 보여 주셨다. 그리고 죄인이 자기를 부인하고 다시 하나님의 통치 아래로 들어오기를 기다리실 뿐 아니라 그동안 죄 가운데 있었던 형벌을 대신 받으시면서까지 다시 하나님 품 안으로 들어오기를 호소하고 계신다. 그러므로 하나님 밖에서 태어난 우리들이 태어나서 구해야 할 유일한 궁극적 가치는 하나님의 통치하심의 의미와 가치와 그 안에서 느끼는 기쁨을 깨달아 알고 그 안으로 들어가는 여정뿐이다.

선악을 알게 하는 나무의 열매를 먹은 그날 아담은 영적으로 죽은 존재가 되었다. 아담이 생명이신 하나님과 함께 하기를 거부하고 하나님과 단절된 상태에 자신을 두었기 때문에 죽은 자가 된 것이다. 아담은 아직 **생존**해 있었으나 **생명**은 없는 존재가 되어 버렸다. 이러한 처지에 처한 사람의 상태를 하나님께서는 "사람이 **육신**이 됨"(창 6:3)이라고 하셨다. 타락 이전에는 살아있는 영혼(생령, 창 2:7)이라고 불리던 사람은 타락 후 고기 덩어리의 수준으로 전락한 것이다. 예수님께서도 아담의 육신의 유전자만을 물려받아 태어난 그의 후손들을 '육(肉)에서 난 육(肉)'이라 하셨다(요 3:6). 아담의 이러한 상태가 다름 아닌 바로 우리가 예수님을 영접하기 이전의 우리들의 상태이다. 그 후 하나님께서 아담의 후손들과 함께하실 수 없었으므로, 범죄 이전에 하나님께서 설정해 놓으신 모든 올바른 관계가 무너졌고 시간이 흐르면서 선함이 없는 열매가 맺혀가고 있었다. 그 결과 이 땅에는 폭력이 충만하게 되었다. 선악과를 먹은 후 에덴의 모습에서(창세기 3:10-14) 본래는 그렇지 않았던 올바른 관계들이 성령의 소멸로 인해 파괴된 것을 볼 수 있다. 하나님과 아담과의 바른 관계, 아담과 하와의 바른 부부관계가 무너진 모습을 보게 된다.

하와가 선악과를 먹기 전, 하와에게 들었던 생각은 그 금단의 열매가 보암직도 하고, 먹음직도 하고 지혜롭게 할 만큼 탐스럽기도 하였다는 것이다. 즉, 탐심이 들었다. 이런 탐심 내지 정욕을 느낀 것은 사단의 거짓말을 믿고 사단의 정신에 매력을 느꼈기 때문이다. 그러나 아직 행동으로는 죄를 짓기 전이었다. 다시 말해 이런 탐심은 사탄이 불어 넣어 주는 것이지만 이런 탐심을 느끼는 것 자체는 죄가 아니다. 그리고 사탄은 탐심을 인간에게 불어 넣는 것까지만 할 수 있지 강제로 이 탐심에 복종시키지는 못한다. 그러나 사람이 이 탐심에 매료되어 그것에 따라 행동을 하기로 결심하는 순간부터 죄(罪)라고 할 수 있다. 이러한 결심은 성령께서 내주하시는 아담의 입장에서는 그 하나님을 거절하여 내어 쫓는 행위이고 아직 성령의 내주가 일어나지 않은 사람의 입장에서는 그에게 역사하시는 성령님을 거스르는 행위이다. 이것이 죄의 요체이다. 결국 믿음이 없는 것이요, 그 결과 말씀에 순종하지 않는 것이다. 그래서 사도 바울은 믿음으로 하지 않는 모든 것이 죄라 하였다.[38] 인간은 죽을 때까지 하나님의 말씀과 육신의 소욕이라는 서로 다른 두 가지의 요구 가운데 선택을 해야 하는 존재가 되었다. 우리가 육신의 소욕을 죽이고 말씀을 따라가기를 선택하면 이 과정에서 성령께서 우리들의 심령에 하나님의 본성을 기록하셔서 그 길을 가는 것이 점점 더 쉬워지고 나중에는 그 길이 자신의 본성의 길이 된다. 이것이 거듭남이다. 그러나 우리가 탐심에 굴복

---

38) 의심하고 먹는 자는 정죄되었나니 이는 믿음으로 좇아 하지 아니한 연고라 믿음으로 좇아 하지 아니하는 모든 것이 죄니라 (롬 14:23)

하여 행동하면 할수록 성령의 음성은 점점 더 들리지 않게 되고 사탄을 향한 우리 영혼의 문은 점점 더 활짝 열리게 되어 사탄은 자신의 뜻대로 우리를 강제로 이끌어 간다. 우리는 공관 복음서에서 이렇게 귀신(사단과 그의 수하들, 악한 영들)에 의해 완전히 지배되었던 사람들에 관한 기록을 본다. 사도 요한은 이런 정욕 내지는 탐심을 크게 세 종류로 분류하였다.

> 이는 세상에 있는 모든 것이 **육신의 정욕과 안목의 정욕과 이생의 자랑**이니 다 아버지께로부터 온 것이 아니요 세상(사탄)으로부터 온 것이라 (요일 2:16)

이 세 종류로 분류된 정욕은 하와가 에덴 동산에서 선악과의 열매를 보면서 느꼈던 정욕과 정확히 일치한다. **보암직도 하고**(안목의 정욕), **먹음직도 하고**(육신의 정욕) **지혜롭게 할 만큼 탐스럽기도**(이생의 자랑) 하였다는 하와의 탐심이 사탄에게로 온 것이 분명해진다.

그러나 우리가 이렇게 사탄이 불어넣는 정욕을 느끼더라도 여기에 굴복하지 않을 힘을 하늘로부터 얼마든지 받을 수 있다. 사단이 불어넣는 정욕 내지 자고(自高)하고자 하는 욕망은 우리가 거짓말을 믿을 때 더 강력하게 우리 영혼을 집어삼킨다. 악한 정신은 항상 거짓말과 협력하여 우리 영혼을 공격한다. 세계와 그 질서에 대한 잘못된 인식은 사단이 우리에게 악한 정신을 불어넣기 전에 먼저 하는 일이다. 하와에게도 그랬었다. 사단은 지금도 하나님의 본성과 그분의 섭리에 대해 사람들이 정확하게 아는 것을 싫어한다. 진리의 말씀 위에는 사단의 정신이 발붙일 곳이 없기 때문이다. 그러므로 우리가 하나님의 말씀을 통해 올바른 세계관을 갖는 것은 얼마나 중요한 일인가? 이 일이 얼마나 중요했으면 예수님께서는 "성경에서 영생을 얻는 줄 알고 성경을 상고하라"(요 5:39)고 하셨겠는가? 죄에 대해 의에 대해 심판에 대해서는 물론 창조의 목적과 내세, 십자가의 의미, 과거 구약시대에 주어졌던 제사와 성소(성막) 제도 등에 관해 정확한 지식을 가지고 있어야 사단의 정신에 매력을 느끼지 않게 된다. 과거 이스라엘 백성의 대부분이 구원을 받지 못한 이유를 하나님께서는 그들이 말씀(율법)을 알지 못하기 때문이라고 하셨다.

> 내 백성이 **지식이 없으므로 망하는도다** 네가 **지식을 버렸으니** 나도 너를 버려 내 제사장이 되지 못하게 할 것이요 네가 네 하나님의 **율법을 잊었으니** 나도 네 자녀들을 잊어버리리라 (호 4:6)

예수님께서도 "영생은 곧 유일하신 참 하나님과 그가 보내신 자 예수 그리스도를 **아는 것**"(요 17:3)이라고 하셨다. 이렇게 거짓말을 사실로 받아들일 때 악한 정신에 매력을 느끼게 되듯이 반대로 진리를 알고 받아들이면 선한 정신 곧 하나님의 품성에 매력을 느끼고 이를 소유하기를 소망하게 된다. **"거짓말과 악한 정신"**이 우리를 계속해서 사망 가운데 머물게 하는 반면 **"진리(말씀)와 성령(선한 정신)"**은 우리를 생명으로 인도한다. 그러므로 참으로 진리를 알면 진리는 우리를 죄로부터 자유케 한다(요 8:32).

사단이 갔던 동일한 길을 택한 아담은 이제 악한 영의 거처가 되었고 그 정신은 사단의 정신과 동일하게 되었다. 이렇게 악하게 된 아담은 하나님과 자기 아내에게 자신의 잘못을 탓하는 열매를 맺는다.

아담이 이르되 하나님이 주셔서 나와 함께 있게 하신 여자 그가 그 나무 열매를 내게 주므로 내가 먹었나이다 (창 3:12)

이 단순한 말 한 마디에서 우리는 죄 안에 갇히게 된 사람의 형상을 본다. 아담이 이 말을 할 때 자신이 악하다는 것을 잘 몰랐을 것이다. 우리도 우리가 악한지 잘 모른다. 왜냐하면 선이 무엇인지를 모르기 때문이다. 그러나 진리를 알면 우리는 내가 갇혀 있는 감옥의 울타리를 보는 눈이 생기고 그곳을 빠져나가기를 간절히 원하게 된다. 그리고 그는 하나님께 자기를 구원해 주실 것을 구하게 될 것이다. 사람이 이러한 죄의 감옥에서 벗어나는 유일한 방법은 그의 심령 안에 하나님께서 임하시는 것뿐이다. 선과 악은 영의 문제이고 영이신 하나님만 선하기 때문이다. 사람이 하나님을 배제한 상태에서 아무리 노력을 하고 교양을 쌓아도 선해질 수 없는 것은 인생은 육체일 뿐이기 때문이다. **그러므로 그 하나님께서 육신이 되셔서 사람들 가운데 찾아오신 예수님은 우리의 마음 문 앞까지 찾아오신 하나님의 영을 눈에 보이게 보여 주신 것이요, 우리 곁에 가까이 와 있는 하나님의 나라를 보이신 것이었다.**

3) 성령에 의한 죄로부터의 해방: 구원

하나님께서는 우리가 완전한 자유 가운데서 하나님께 복종하기를 원하시고 그렇게 할 때 하나님께 복종하는 우리는 완전한 행복을 느끼게 된다. 그러나 우리가 하나님과 관계를 맺고 있지 않으면 우리의 행동을 결정하는 근본적인 동력은 우리가 가지고 있는 육신의 소욕들일 수밖에 없다. 육신의 욕망은 단순히 식욕과 성욕만이 아니라 이기심, 자존심, 탐심과 같은 모든 악한 정신적 정욕들까지 총칭하는 말이다. 우리들이 습관적으로 또는 통속적으로 육체와 정신을 구별해서 생각하는 것은 이 둘의 본질적인 실체가 서로 다른 것이어서가 아니라 우리가 느끼기에 다르게 느껴지기 때문일 뿐이다. 그러나 정신이라는 것도 육체의 일부인 뇌세포 안에서 일어나는 생명 현상일 뿐 육체와 분리된 별개의 실체가 아니다. 육신이 없으면 정신도 없다. 뇌를 다치거나 뇌세포가 약물에 중독된 사람의 정신을 보면 뇌세포와 정신이 별개가 아니라는 것을 명백히 알 수 있다. 그러므로 성경에서는 하나님과 단절되었기 때문에 선하지 않은 정신적 욕망도 육신의 욕망이라고 부른다(이런 이유로 성경에서 우리 '몸'을 '성령의 전(殿)'이라고 말씀한 부분은 있어도 몸과 분리한 '마음'을 따로 '성령의 전'이라고 표현한 곳이 없다). 그리고 이러한 정신은 선(善)함이 없는 지성(知性)에서 나오는 자연스러운 욕망이고 그렇기 때문에 사단의 정신과도 동일한 정신이다. 사단은 하나님께서 창조하신 거룩한 영(靈, 천사)이었으나 하나님으로부터 독립을 선언하여 하나님과 단절된 영이므로 우리와 마찬가지로 '거룩함이 없는 지성'의 소유자이고 그 지성의 정도는 사람의 그것과는 비교도 되지 않을 정도로 지극히 뛰어나다. 오죽했으면 한때 창조주이신 하나님과 대적하려고 했겠는가? '사탄'이라는 단어는 '대적하는 자'라는 뜻이다. 그러나 문제는 그 뛰어난 지성에 선함이 없다는 것이다. 모든 선(善)의 근원은 하나님이시기 때문에 하나님과 단절된 것들 중에 선한 것은 하나도 없다. 그러므로 사람은 우리와 같은 품성을 지니고 있고 우리보다 훨씬 더 지적인 존재이면서 공간을 초월한 능력 있는 영(靈)인 사단의 노리개 내지는 노예의 처지에 있다고 할 수 있다. 뿐만 아니라 사단은 **적어도 6,000년 이상** **39)**을 살아서 하나님께서 이 지구에 아담을 지으시는 그 경이로운 장면은 물론 아담의 범죄 후에 타락한 인류를 다루시는 모든 역사와 사람의 모든 실수를 직접 목도한, 경험이 아주 많은 존재이다. 사단은 성령이 없이 태어난 사람들의 영에 거하면서 사람들의 악한 본성에 아부하는 각종 악한 영감을 직접 준다. 예를 들어 유다가 예수님을 팔 생각을 한 것도 사단의 아이디어였다. 그러나 유다는 그 생각이 자기 생각인 줄 알았을 것이다.

> 저녁 식사가 끝날 무렵에 이제 **마귀가** 시몬의 아들 가룟 **유다의 마** **음속에 그분을 배반하여 넘겨주려는 생각을 넣었더라** (요 13:2)

이런 방식으로 세상의 수많은 종교와 철학이 생겨나고 또한 기독교 안에도 수많은 거짓 이론들이 들어왔다. 창조주 하나님과 그분의 뜻을 부정하거나 왜곡하는 모든 종류의 세계관은 사단으로부터 온 것이다. 그렇기 때문에 오로지 하나님의 오염되지 않은 정확한 말씀만을 온전히 신뢰하기 전에는 사람은 하나님과 단절된 상태에 머물게 되고 따라서 육신의 욕망에 자신도 모르게 끌려가게 되어 있다. 이러한 육체의 노예 상태에 있는 사람에게 사단은 계속해서 하나님의 말씀과는 다른 생각들을 불어넣는다. 아담이 그 육체 안에 거하시는 성령을 거절한 이후 지금까지 사람은 육신의 노예가 되었고 그 육신은 사단의

---

39) 하나님께서 사단을 언제 창조하셨는지는 알 수 없지만 적어도 지구에 아담을 지으시기 이전임은 분명하다.

처소가 되었다. 이렇게 육신의 소욕들이 사람의 말과 행동의 동기가 되고 있는 사람의 처지를 사도 바울은 '육신과 결혼한 상태'라고, 즉 육신이 우리들의 남편이라고 비유하고 있다. 그리고 이러한 육신의 욕 망을 죽이고 성령과 하나 되는 일을, 남편이 죽었으므로 새로운 남편, 곧 예수님과 결혼한 상태라고 그의 편지에 다음과 같이 쓰고 있다.

> 남편 있는 여인이 자기 남편이 살아있을 때에는 법에 의해 그에게 매여 있으나 만일 **남편이 죽으면 그녀가 자기 남편의 법에서 벗어나 느니라** 그런즉 만일 그녀가 자기 남편이 살아있을 때에 다른 남자와 결혼하면 간부(姦婦)라 불릴 터이나 **그녀의 남편이 죽으면** 그녀가 그 법에서 해방되나니 그러므로 그녀가 다른 남자와 결혼할지라도 간부가 되지 아니하느니라 그러므로 내 형제들아 너희도[40] 그리스 도의 몸으로 말미암아 **율법에 대하여(율법에 의해)[41] 죽게 되었나 니** 이것은 너희가 다른 분 곧 죽은 자들로부터 일으켜지신 분과 결 혼하게 하려 함이요 또 우리가 하나님께 이르는 열매를 맺게 하려 함이라 **우리가 육신 안에 있었을 때에는 율법으로 말미암은 죄들의 활동[42]**이 우리 지체 안에서 일하여 사망에 이르는 열매를 맺게 하

---

40) 이 부분이 혼동을 주는 표현이지만 문맥의 전후로 보면 여기서 '너희'는 '너 희의 남편', 즉 육신 내지는 육신의 소욕을 말하고 있음을 알 수 있다. 아니면 '육신 안에 있는 너희'라고 이해해도 의미가 명확해진다. 이를 6:6에서는 '우 리의 옛 사람'이라고 표현하고 있다.

41) 원어에는 τῷ νόμῳ (3격)으로 되어 있는데 3격의 명사는 '율법에게, 율법 안 에서, 율법에 의해' 등으로 해석할 수 있다.

42) '율법으로 말미암은 죄'라 함은 율법의 문자적 규율은 지키지만 그 정신은 성취하지 못하는 상태를 말한다. 즉, 율법의 문자적 규정의 틈새 사이로 역 사하는 죄의 정욕을 말하고 있고 이런 정욕을 그대로 가지고 있으면서 율법 의 문자만 지키는 것을 6절에서 "글자의 낡은 것으로 (하나님을) 섬긴다" 고 말하고 있다. 결국 사도 바울이 예수님을 알기 전 바리새인 시절의 경험 을 얘기하면서 당시 예수님을 거절한 유대인들의 처지를 말하고 있다는 것 을 알 수 있다.

였으나 **우리를 붙들던 것**[43] 안에서 죽었으므로 이제 우리가 율법에서 구출되었나니 이것은 우리가 영의 새로운 것 안에서 섬기고 글자의 낡은 것 안에서 섬기지 아니하게 하려 함이라 (롬 7:2-6, 흠정역)

죄의 육신(우리의 옛 사람)이 그리스도와 함께 십자가에서 율법의 정죄를 받아 그리스도의 은혜로 죽임을 당했기 때문에 우리는 육신의 욕망으로부터 자유로워지고 따라서 율법의 정죄로부터 해방되는 원리를 설명하고 있다. 그리고 나서 **예수님과 하나가 되어 (결혼하는 것으로 표현) 성령의 열매를 맺는 것이 우리의 육신(의 소욕)이 십자가에 못 박힌 목적**이라는 것이다. 바울은 육신의 소욕이 십자가에 못 박히기 전의 상태를 **'육체와 결혼한 상태'** 또는 **'우리가 육신 안에 있었을 때'**라고 표현하고 있다. 옛 남편(육신)은 죄 가운데 있기 때문에 육신이 살아있으면 그 아내인 나는 죄를 따라 살게 되고 따라서 율법의 정죄를 받을 수밖에 없지만 육신이 십자가에 못 박히면(롬 6:6) 율법의 정죄를 벗어나므로 '율법(의 정죄) 아래 있지 않다'(롬 6:14, 15)고도 하였고 '죄에서 벗어났다'고도(롬 6:7, 18) 하고 있다. 그리고 이렇게 육신이 죽기 전에는 율법의 정신은 소유할 수 없고 다만 율법의 문자만을 지켰지만(글자의 낡은 것으로 섬겼다) 이제 육신이 십자가에 못 박히고 우리 안에 성령께서 임하셨으므로 율법의 정신을 소유하고 율법의 영직 요구를 성취할 수 있게 되었다고 말한다(영의 새로운 것으로 섬긴다).

---

43) 육신 내지는 육신의 소욕을 말하고 있다. 이렇게 3절에서는 '육신(남편)'이 죽은 것에 비유했다가 4-6절에서는 육신 안에서 '우리'가 죽었다고 표현하고 있어서 비유에 일관성이 없어 보인다. 그러나 그 의미는 우리가 충분히 알 수 있다.

그렇기 때문에 사도 바울은 율법의 정신(로고스)이 육신이 되신 예수님을 통해 율법을 깨닫고 자신의 더러움을 알고 예수님께 자신을 완전히 맡기기 이전의 경험을 '육신에 속하여 죄 아래 팔렸다'고(롬 7:14) 말하고 있다. 예수님을 알기 전에는 율법의 요구하는 바 그 정신은 알지 못했고 다만 율법의 법조문만을 문자적으로 행하는 것이 의로운 것인 줄 알았지 자신의 내면 깊은 곳에서 꿈틀거리는 죄의 더러운 욕망들을 죄라고 느끼지도 못했고 따라서 죄책감도 없었다. 바울은 이러한 율법의 문자적 규정의 틈새로 파고 들어 율법의 진정한 요구를 깨닫지 못한 자기를 집어삼켰던 죄의 욕망을 다음과 같이 표현하고 있다.

> 그러면 우리가 무슨 말을 하리요? 율법이 죄냐? 결코 그럴 수 없느니라. 아니라, 오히려 율법을 통하지 않고서는 내가 죄를 알지 못하였으리니 율법이, 너는 탐내지 말라, 하지 아니하였더라면 내가 탐욕을 알지 못하였으리라[44] 그러나 죄가 계명을 통해 기회를 타서 내 안에서 온갖 종류의 욕정을 이루었나니 이는 율법이 없으면 죄가 죽었기 때문이라. 전에 율법이 없었을 때에는 내가 살아있었으나 계명이 오매 죄가 되살아나고 나는 죽었도다 생명에 이르게 하려고 정하신 계명이 사망에 이르게 하는 것인 줄 내가 알았나니 죄가 계명을 통해 기회를 타서 나를 속이고 그것으로 나를 죽였느니라 (롬 7:7-11)

이렇게 율법을 그 조문들의 문자적 의미만으로 인식하고 있던 자신

---

44) 이런 부분이 로마서 7장의 해석에 혼동을 준다. 사도 바울은 현재의 입장과 과거의 입장을 왔다 갔다 하면서 자기의 처지를 서술하는데 시제는 같은 시제를 사용하고 있기 때문이다. 7절의 이 서술은 율법을 깨달은 지금 입장에서 율법에 관해 말하고 있는 것이지 과거에 자기가 율법을 통해 죄를 온전히 깨달았다는 것이 아니다. 그렇다면 '율법이 없었다'고 말하는 8절, 9절과 모순이 된다. 율법을 깨닫지 못했을 때의 경험을 말하는 것이 8절이고 9-11절은 율법을 깨닫게 되면서 자신이 죽은 존재였다는 것을 알게 된 것을 고백하고 있다.

의 처지를 가리켜 **"율법이 없었다"**고 말하고 있다는 것에 주목할 필요가 있다. 율법을 그 정신으로 받아들이지 않고 문자적 의미만으로 받아들이던 과거의 바울에게 죄의 욕정들이 역사하고 있던 상태를 '율법이 없는 상태'라고 한 것이다. 예를 들면 '살인하지 말라'는 계명은 문자적으로 명시되어 있지만 '남을 미워하지 말라'는 법 조항은 율법에 없었기 때문에 다른 사람을 그 사람의 단점 때문에 무시하고 미워하는 감정은 가지고 있어도 그것이 죄인 줄을 몰랐다는 것이다. 그리고 이렇게 율법이 없는 처지에 있던 바울 자신에게 **"죄가 죽었다"**고 말하는 건 **그 당시 자기가 죄 가운데 있었다는 사실도 깨닫지 못했다**는 것을 의미한다. (이 죄가 로마서 7:5의 '율법으로 말미암는 죄'이다) 이런 영적인 무지함을 예수님께서는 '소경'이라고 표현하셨다. 그러므로 그 다음에 나오는 구절인 로마서 7:14-24에서 **"생각으로는 선을 행하기를 원했지만 자신이 원하지 않는 죄를 행했다"는 고백은 그 당시에 바울이 죄 가운데 있는 자신의 내면을 보고 있었다는 뜻이 아니라 이 글을 쓰는 지금의 바울이 과거의 자신을 볼 때 그랬었다는 뜻이다.** 만일 당시에 자신이 원하지 않는 죄를 행하고 있다는 것을 인식하고 있었다면 '죄가 죽었다'고 말할 수 없는 것이다. 왜냐하면 **"자신은 육신에 속하여** 죄 아래 팔렸던"(롬 7:14) 경험을 얘기하고 있기 때문이다. 육신에 속하여 죄를 깨닫지 못하고 있는 사람이 어떻게 "오호라 나는 곤고한 자라 이 사망의 몸에서 누가 나를 건져내랴?"라고 탄식할 수 있겠는가? 그뿐만 아니라 그는 **"자기가 행하는 바를 알지 못했다"**고도 하고 있다(롬 7:15). 이러한 고백 역시 지금의 바울이 과거의 자기를 볼 때 자신이 악을 행하면서도 무엇을 행하는지 알지 못하고 있었다는 뜻이다. 그 당시의 바울은 자신이 선을 행하고 있고 의로운 줄 알고 있었다. 즉, **자기가 행하는 바를 알지 못하는 것도 모르고 있었다.** 그래서 지금 볼 때 죄의 노예인 곤고한 사람이었다는 것이다.

결국 육신에 속해서 율법의 영적인 요구는 깨닫지 못하고 율법을 육신의 한계 안으로 가지고 들어와서 그렇게 해석하고 따라서 문자적 요구만을 행하던 과거 자신의 처지는 이 글을 쓸 당시의 유대인들의 처지와 동일한 처지라는 것이다. 예수님을 거절했던 당시의 유대인들은 자신들이 죄 가운데 있다는 것을 과거의 바울처럼 당연히 모르지 않았겠는가? 다만 바리새인으로서 이론적으로 선을 행하려고 생각만 하고 있었지만 진정으로 죄가 무언지 선이 무언지도 깨닫지 못하고 있었고 그래서 자신이 선을 행하지 않고 악을 행하고 있는 것을 알지 못했다고 고백하고 있는 것이다. 이런 처지가 율법이 없고 죄가 죽은 상태이고 그렇기 때문에 지금 생각해 보면 자신은 육신에 속하여 악을 행했기 때문에 율법은 영적이고 선하다는 것을 인정한다고 말하고 있다. **결국 율법의 외연은 성령 없는 인간의 세계관보다 더 높은 차원의 얘기를 하고 있다는 것이다.** 그러나 율법을 깨달았을 때 그는 자신은 선함이 없는 육신의 노예라는 것을 알았고 그래서 자신이 죽은 존재라는 것을 비로소 깨달았다. 즉, 계명이 오매 죄가 살아나고 나는 죽었다고 토로하고 있다. 이런 자신에게 성령을 주셔서 죄와 사망의 법으로부터 해방시켜 주신 그리스도의 은혜에 감사한다고 고백하고 있다. 당시의 처지[45]를 다음과 같이 돌이켜 묘사하고 있다.

우리가 알거니와 율법은 영적이나 나는 육신적이어서 죄 아래 팔렸

---

45) 많은 신학자들은 로마서 7장14절-24절의 사도 바울이 묘사하고 있는 이런 죄를 이기지 못하고 있는 형편을 예수님을 영접한 이후의 형편으로 해석하고 가르침으로써 우리로 하여금 계속 죄 가운데 머물러 있는 것이 당연한 것

도다. ***내가 행하는 것을 내가 알지 못하노니*** 이는 내가 원하는 것 즉 그것은 내가 행하지 아니하고 내가 미워하는 것 즉 그것을 내가 행하기 때문이라 그런즉 만일 ***내가 원치 아니하는 그것을 내가 행하면 율법이 선하다는 사실에 대해 내가 율법에 동의하노니***[46] 그런 즉 이제 그것을 행하는 자는 더 이상 내가 아니요 내 안에 거하는 죄니라 내 안에 곧 내 육신 안에 선한 것이 거하지 아니하는 줄을 내가 아노니 원함은 내게 있으나 ***선한 그것을 어떻게 행할지는 내가 찾지 못하노라***[47] 이는 내가 원하는 선은 내가 행하지 아니하고 도리어 내가 원치 아니하는 악을 곧 그것을 내가 행하기 때문이라 이제 내가 원치 아니하는 그것을 내가 행하면 그것을 행하는 자가 더 이상 내가 아니요 내 안에 거하는 죄니라 그런즉 내가 한 법을 발견하노니 곧 내가 선을 행하기 원할 때에 악이 나와 함께 있는 것이로다. 내가 ***속사람***[48]을 따라 하나님의 법을 즐거워하나 내 지체들 안에서 다른 법이 내 생각의 법과 싸워 내 지체들 안에 있는 죄의 법에게로 나를 사로잡아 가는 것을 내가 보는도다 오 나는 비참한 사람이로다! 이 사망의 몸에서 누가 나를 건져 내랴? (롬 7:14-24, 흠정역)

처럼 여기게 만든다. 그리고 이런 해석을 하는 글들은 매우 현학적이어서 일반 대중이 보면 무조건 믿고 따라가기 쉽다. 그러나 사도 바울은 죄의 노예인 형편에 있는 자기를 구원하여 성령에 복종시키시는 분이 예수님이라고 간증을 하고 있다. "오호라 나는 곤고한 사람이로다 이 사망의 몸에서 누가 나를 건져내랴 우리 주 예수 그리스도로 말미암아 하나님께 감사하리로다 그런즉 내 자신이 마음으로는 하나님의 법을 육신으로는 죄의 법을 섬기노라 그러므로 이제 그리스도 예수님 안에 있는 자들에게는 정죄함이 없나니 그들은 육신을 따라 걷지 아니하고 성령을 따라 걷느니라"(롬7:24-8:1, 흠정역)

46) 나는 육적이고 율법은 영적이라는 사실에 동의한다는 뜻. 다시 말해 '육적인 것'의 특징은 원치 아니하는 그것(악)을 행한다는 사실이다.

47) 한글 개역 성경은 ASV(American Standard Version)을 기본으로 번역한 것이고 ASV는 19세기 말 Westcott과 Hort등에 의해 변질된 사본을 번역한 것이라서 본래 성경에 있는 문구를 삭제한 곳이 수백 곳이나 된다. 이 부분도 스테판 원어 사본에는 있는 οὐχ εὑρίσκω(발견하지 못했다)를 생략해서 의미를 흐리고 있다.

48) 이 글에서 '나'와 '육신' 외에 또 하나의 주체가 있는데 그것은 '속사람'이다. '속사람'은 우리 안에 역사하시는 성령이다. 속 사람을 거듭난 사람으로 이해하면 바울의 메시지가 뒤죽박죽이 된다. 이것은 중요하다.

여기서 혼동을 줄 수 있는 것은 "내가 행하는 것을 내가 알지 못하노니"(7:15)라고 말하는 시제가 현재 시제라고 해서 지금의 바울을 말하는 것이 아니라는 것이다. 이는 바울이 과거 자신의 처지에 자신을 가져다 두고서 그 당시를 묘사하는 표현에 불과하다. 7:14에 육신에 속해서 죄 아래 팔렸던 경험을 묘사하고 있다고 전제를 하고 있기 때문이다. 사도 바울의 이 고백에서 짚고 넘어가야 할 것은 행하는 주체와 원하는 주체가 다르다는 점이다. 원하는 주체는 **'나' 또는 '내 생각'**으로 표현하고 있는데, 이는 선(善)을 원하고 있는 주체이지 이를 행동에 옮길 능력은 없는 주체이다. 그리고 여기서 '내가' 행하기를 원하고 있는 선(善)은 막연히 '선'이라는 것이지 율법에서 말하는 선과 악을 깨달아서 율법의 요구대로 선을 행하기를 원한다는 뜻이 아니다. **선이 무엇인지 모르면서 선을 행하려고 하기 때문에 자기도 모르게 악에 끌려간다는 것이다. 그러므로 율법은 영적이어서 선하고 자신은 육신적이어서 자기 안에는 선함이 없었다고 고백하고 있다.** 왜냐하면 육신에 속해 죄에 팔려 있었고(롬 7:14) 율법은 없고 죄는 죽어 있는 상태(롬 7:8)였기 때문이다. 죄를 알지 못하면 선(善)도 알 수 없다. 당시 바리새인들도 그들의 생각으로는 선을 행하기를 원했지만 결국은 악을 행하고 있었다. 그리고 이 죄는 곧 **내 육신(=내 안=지체)**에 거하는 죄인데 **이 죄는 바로 선한 것이 없는 상태**를 말하고 있다. 육신은 하나님과 단절되어 있기 때문에 선한 것이 없으므로 선한 것을 어떻게 행할지도 알 수 없다. **육신에 속해 있으면 선과 악을 모르면서 육신 안의 죄에 끌려가는 것이다.** 뿐만 아니라 우리 육신은 과거 에덴에서부터 성령께서 떠나신 후 사단의 처소가 되어 버려 사태가 더욱 심각해졌다. 결국 육신과 사단의 노예라는 의미이다. 위 사도 바울의 고백의 핵심은 **육신의 소욕이 십자가에 못박히고 그 육신에 성령께서 임하셔서 육신이 하나님의 성전이 되기 전 곧 '육신에 있을 때'의 처지**를 심리학적으로 자세히 서술하고 있는 것이다. 요약하자면 14-21절은 율법을 모르던 시절의 이야기이고 22-25는 율법을 깨달은 뒤 자신이 그리스도 없이는 죄의 노예라는 것을 한탄하는 내용이며 결과적으로 8:1에서는 그리스도로 말미암아 육신의 죄의 법으로부터 해방되어 성령을 따라 살고 육신의 죄 아래로 끌려가지 않으므로 다시는 정죄함이 없다고 선언하고 있다.

> 예수 그리스도 우리 주를 통하여 내가 하나님께 감사하노라 그런즉 이와 같이 내 자신이 생각으로는 하나님의 법을 섬기되 육신으로는 죄의 법을 섬기노라 그러므로 이제 **육신을 따라 살지 아니하고 성령을 따라 살아가는**[49] 그리스도 예수 안에 있는 자들에게는 정죄함이 없나니 (롬 7:25, 8:1,[50] 스테파누스 원어 성경 필자 번역)

육신의 노예의 처지에 있는 우리는 예수님의 은혜로써 마음 속의 사단이 쫓겨 나가고[51] 육신의 소욕이 십자가에 못 박힌 후 성령께서 우리 안에 거처를 정하시기 전에는 죄의 노예인 것이다. 결국 율법을

---

49) 'μὴ κατὰ σάρκα(육신을 따르지 않고) περιπατοῦσιν(걸어가는, 살아가는, 분사형), ἀλλὰ κατὰ πνεῦμα(성령을 따라)' 우리말 성경에는 이 부분이 빠져 있다.

50) 우리들이 보는 성경의 '장(章)'은 13세기 어느 주교가, '절(節)'은 16세기 '스테파누스'라는 인쇄공이 나눈 것이며, 사도 바울이 나누어서 쓴 것이 아니다. 본래 저자가 나눈 단락은 성경에 'O'로 표시되어 있다. 따라서 7장 25절과 8장 1절을 한 단락으로 붙여서 읽으면 그 의미가 더욱 명확해지는데 중세 시대에 이것을 임의로 나누어서 이해를 방해하고 있다.

51) 그러나 내가 하나님의 성령을 힘입어 귀신(사탄)을 쫓아내는 것이면 하나님의 나라가 이미 너희에게 임하였느니라 (마 12:28)

깨닫지 못하고 막연히 선을 행하려는 생각으로는 죄를 이길 수 없고 율법을 깨달아서 죄와 의가 무엇인지를 확실히 알고 자신을 완전히 예수님께 맡기는 믿음을 통해 성령으로 거듭나게 되어 죄를 이기는 경험을 말하고 있다. **믿음을 통해 거듭난다는 것은 믿음 통해 자아가 죽는다는 것을 전제로 한다. 결국 믿음은 율법과 성육신을 통해 선과 악이 무엇인지를 깨달아서 더러운 자아를 보게 되고 고결하신 하나님의 품성을 발견하는 일이면서 그 결과 더러운 자기를 부인하고 하나님의 품성을 사모하고 구하고 또 그것을 주실 것을 신뢰하는 일이다.** 이렇게 믿음이 없어서 죄 가운데 있었던 경험을 자세히 서술하고 있는 이유는 3:28에서 선언한 바, 우리가 믿음으로 하나님 앞에 의롭게 되는 것이 어떻게 이루어지는가를 자세히 설명하기 위해서다. 결국 믿음으로 성령을 받아 거듭난 사람은 더 이상 죄를 범하지 않는다는 로마서 6:1, 2[52]의 선언을 자세히 설명하는 내용이다. 그러므로 우리가 생각으로는 하나님의 법을 섬기기 때문에 나 자신을 그리스도 안에 묻고 죄의 법을 섬기는 육신을 그리스도와 함께 십자가에 못 박으면 육신을 따라 살지 않고 성령을 따라 살게 된다는 것이다. 이것이 죄로부터 자유하게 되는 것이요, 율법의 정죄로부터 벗어나는 일이다. 그래서 사도 바울은 이러한 믿음을 '그리스도 **안으로** 침례받는다'고 표현하고 있다. 침례를 받을 때 물에 잠기는 의식은 자아(自我)가 죽는 것을 의미하고 그 물 속에서 일어나는 것은 성령의 새 생명으로 거듭나는 것을 상징한다. 물론 침례 자체가

---

52) 그런즉 우리가 무슨 말을 하리요 은혜를 더하게 하려고 죄에 거하겠느냐 그럴 수 없느니라 죄 대하여 죽은 우리가 어찌 그 가운데 더 살리요 (롬 6:1, 2)

우리를 거듭나게 하는 것은 아니다.

> **예수 그리스도 안으로 침례를 받은(baptized into Jesus)** 우리가
> 다 그분의 죽음 안으로 침례를 받은 줄을 너희가 알지 못하느냐? 그
> 러므로 우리가 그 **죽음 안으로 침례를 받아(baptized into his**
> **death)** 그분과 함께 묻혔나니 이것은 그리스도께서 아버지의 영광
> 을 힘입어 죽은 자들로부터 일으켜진 것 같이 우리도 생명의 새로
> 움 속에서 걷게 하려 함이라 (롬 6:3, 4, 흠정역)

　　우리가 하나님의 뜻대로 사는 것은 순종(順從)이라고 하여도 육신
을 따라 사는 것은 순종이라고 하지 않는 것은 육신의 정욕대로 사는
것에는 믿음과 그에 따른 결심이나 의지가 필요 없기 때문이다. 이렇
게 육신과 사탄의 노예로 사로잡힌 상태에 처할 인간과 사탄의 관계
에 대해 하나님께서 아담의 범죄 직후에 다음과 같이 말씀하셨다.

> 여호와 하나님이 뱀에게 이르시되 네가 이렇게 하였으니 네가 모든
> 가축과 들의 모든 짐승보다 더욱 저주를 받아 배로 다니고 **살아있**
> **는 동안 흙을 먹을지니라** (창 3:14)

　　여기서 흙은 성령이 소멸된 사람, 곧 앞으로 육신만 물려받아 태어
날 아담의 후손들을 말하고 있다. '아담'이라는 이름의 어원도 '흙'을
뜻하는 히브리어 '아다마'에서 기원한 것처럼 성령께서 함께 하지 아니
하시는 인간의 본질은 흙인 것이다. 실제로 흙을 먹고 사는 뱀은 없
다. 뱀은 개구리나 다른 동물을 잡아 먹고 산다. 그렇기 때문에 위 말
씀은 본질상 흙인 사람, 곧 성령 없는 육체가 사단의 처소가 되었음
을 선언하고 계신 것이다. 이렇게 사람이 성령을 잃어버리고 단지 육
신이 되어 죽은 영혼이 되자 그 육신에 사단이 깃드는 것이 마치 우리

가 죽어 시체가 되면 그 사체에 부패 균이 번식해서 사체의 죽은 세포를 먹고 악취를 풍기는 것과 같다. 우리의 시기, 증오, 탐심, 이기심, 자존심 같은 악한 마음과 계획들은 하나님 보시기에 우리가 죽어서 시체가 되어 부패되면서 풍기는 악취와 같을 것이다. 이렇게 사람은 타락 이전에는 완전한 자유를 누렸지만 타락 후에는 죄(사단)의 노예가 되었으므로 속량(해방)되어야 할 존재가 되었다. 아담은 하나님을 거절하는 것이 당시에는 자유로 느껴졌겠지만 사실은 왕으로 세움을 입었던 아담이 죄의 노예가 되는 비참한 일이었다. 위 사도 바울의 묘사처럼 **사람에게는 선을 行할 능력이 없어졌기 때문이다.** 그리고 뱀이 배로 기어 다니는 것은 실제 현실과 맞지만 후반부가 비유이기 때문에, 이를 비유로 해석한다면 사탄은 하늘에서 쫓겨났지만(계 12:7-9) 이 지구의 아담은 너의 편을 들었으니 너의 활동 범위는 지구로 제한한다는 의미로 해석될 수 있다.

> 예수께서 이르시되 사탄이 하늘로부터 번개 같이 떨어지는 것을 내가 보았노라 (눅 10:18)

> 하늘에 전쟁이 있으니 미가엘과 그의 사자들이 용과 더불어 싸울새 용과 그의 사자들도 싸우나 이기지 못하여 다시 하늘에서 그들이 있을 곳을 얻지 못한지라 큰 용이 내쫓기니 옛 뱀 곧 마귀라고도 하고 사탄이라고도 하며 온 천하를 꾀는 자라 그가 땅으로 내쫓기니 그의 사자들도 그와 함께 내쫓기니라 (계 12:7-9)

하나님께서는 이렇게 육신과 사탄의 포로가 된 우리 안에 다시 임하셔서 우리를 그 죄의 포로에서 자유케 하시기를 원하신다. 그리고 사단의 포로에서 벗어난 후 하나님의 포로가 되는 것을 바라시는 것이 아니라 완전한 자유 의지로 하나님과 재결합하기를 원하신다. 이 것을 구원, 구속, 속량, 죄 사함, 거듭남 등등으로 표현하고 있다. 이 놀라운 구원으로 초청하는 말씀이 곧 회개하고 하나님의 말씀(=법= 뜻)에 순종하라는 명령이다. 순종은 믿음으로 하나님과 재결합할 때 만 가능하기 때문이다. **로마서 7:14-24의 사도 바울의 상태는 막연히 선을 행하기를 생각으로 원하는 정도에만 머물러 있는 것을 알 수 있 다. 그뿐만 아니라 율법을 그 법조문을 따라 피상적으로만 알았으므 로 선과 악이 무엇인지도 정확히 잘 모르고 있었다. 잘 모르는 선을 막연히 행하기를 원하는 정도로는 육신의 노예인 상태를 벗어날 수 없다.** 이는 예를 들어 담배를 끊기 원하는데 계속 담배의 노예인 상태 에서 벗어나지 못하는 것과 비슷하다. 이런 육신의 노예인 상태를 실 제로 벗어나기 위해서는 단순히 선을 행하기를 원하는 차원이 아니라 선이 무엇인지를 확실히 깨닫고 선(善) 그 자체이신 예수님께 자신을 온전히 맡기는 믿음과 그에 따른 결심이 필요하다. 이 일은 하나님의 의를 사모하고 구하여 자신을 예수님께 의탁하는 일이다. 이런 사람 을 예수님께서는 결코 지나치지 않으시고 그를 사망의 몸으로부터 건 져 내신다. 예수님께서는 그 사람에게 성령을 주셔서 그의 옛 자아(自 我)를 십자가에 못 박으시고 새 생명으로 다시 태어나시게 하신다. 이 렇게 되는 일을 예수님께서는 **"위로부터 태어남**(요 3:3)"[53]이라고 하

---

53) '거듭남'이라고 번역된 이 부분의 원어는 ἄνωθεν인데 이 단어의 본래 뜻은 '위 로부터'이다. '다시'라는 뜻도 있지만 이런 뜻은 거의 사용되지 않는다고 사전 에 나와 있다. 니고데모가 사람이 늙었는데 어떻게 날 수 있느냐고 물었다고 해서 ἄνωθεν을 '다시'로 해석해야 한다는 주장도 있지만 니고데모의 질문의 요지는 '다시'에 있지 않고 '태어남'에 있다. 오히려 니고데모는 어떻게 모태 에 '다시' 들어가느냐고 반문함으로써(요 3:4) ἄνωθεν(위로부터)의 의미를 일

셨고 이 일은 더 구체적으로 "말씀(물)과 성령으로 태어나는(요 3:5)" 일이라고 명시하셨다. 위로부터 태어나는 일은 사람이 말씀을 따라 그 말씀의 정신, 곧 '로고스'를 구하게 되면 그 사람은 자연스럽게 더러운 자신의 육적 욕망을 부정하게 되고 이렇게 그 사람이 자신을 부인하고 비운 그 자리에 그리스도의 영께서 임하셔서 그 사람과 하나가 되는 역사이다. 사도 요한은 이 일을 "혈통으로나 육신과 사람의 뜻으로 나지 아니하고 **오직 하나님께로서 나는 일**"(요 1:13)이라고 했고 이것이 바로 **예수님을 영접하는 것**이라고도 했다(요 1:12). 그러므로 예수님의 십자가에서의 죽음과 부활은 우리들의 옛 자아가 죽고 성령으로 태어나는 구원의 과정을 보여 주시는 모델이기도 하다. 신비로운 일이다. 이것이 은혜와 구원의 본질이다. 이 일을 위해 예수님께서는 사람이 되시고 십자가에 달리셨다. 이 일은 실제로 일어나야 하는 일이고 이 일이야말로 구원의 실체다. 사도 바울은 예수님을 통해서 죄의 몸의 노예에서 해방되어 성령과 하나가 되어 성령을 좇아 살게 된 실제의 경험을 다음과 같이 토로하고 있다.

> 그러므로 이제 그리스도 예수 안에서 **육신을 좇지 않고 성령을 좇아
> 사는**[54] 자에게는 결코 정죄함이 없나니 이는 그리스도 예수 안에 있

부러 무시한 듯하기도 하다. 그래서 예수님께서도 의도적으로 '말씀과 성령'이라고 하시지 않고 에스겔 36:25-27에 나와 있는 표현인 '물과 성령'으로 태어나야 한다고 하시고 구약성경에 이미 계시된 이런 구원의 개념을 몰랐든지 아니면 모르는 척했던 니고데모를 책망하신 것으로 보인다.

54) 개역 한글 성경에는 없지만 변질되지 않은 원어 사본에는 있는 표현이다. 실제 사도 바울이 쓴 편지에 있는 내용이다. KJV에는 번역이 되어 있다. 이 구절 하나로 로마서 7:14-24의 경험은 7:14의 고백대로 성령을 좇지 않고 육신을 좇아 살았던 삶을 말하고 있다는 것이 명백해진다. 그래서 이 구절을 Hort가 의도적으로 생략한 것 같다.

는 생명의 성령의 법이 **죄와 사망의 법에서 너를 해방하였음이라** 율법이 육신으로 말미암아 연약하여 할 수 없는 그것을 하나님은 하시나니 곧 죄로 말미암아 자기 아들을 죄 있는 육신의 모양으로 보내어 육신에 죄를 정하사 육신을 따르지 않고 그 영을 따라 행하는 우리에게 **율법의 요구**[55](=義)가 이루어지게 하려 하심이니라. 육신을 따르는 자는 육신의 일을, 영을 따르는 자는 영의 일을 생각하나니 육신의 생각은 사망이요 영의 생각은 생명과 평안이니라 (롬 8:1-6)

결론적으로 로마서 7:14-24의 경험은 바울이 그리스도에 대한 믿음 없이 이론적으로 율법을 공부하고 막연히 선을 행하기를 원했던 바리새인 시절의 경험임을 알 수 있다. 율법은 사람에게 거룩해지라는 영적인 요구를 하고 있지만 사람을 거룩하게 만들 수는 없다. 왜냐하면 사람은 육신의 한계 안에 갇혀 있기 때문이다. 그러나 육신을 그리스도와 함께 십자가에 못 박아 버리고 육신을 좇지 않고 성령을 따르는 사람에게는 하나님께서 율법의 요구, 곧 율법의 의를 이루신다는 선언이다. 공관 복음서에 보면 예수님께서 천국 복음을 전하실 때 이를 받아들이는 사람들에게 나타나는 **표적**은 귀신(사탄)이 쫓겨 나가고 질병이 치유되는 이적이었다. 육체의 질병은 영의 질병인 죄의 상징이요, 귀신은 실제로 그 죄인의 영에 기생하고 있는, 이를테면 시체를 먹고 살면서 악취를 풍기는 부패 균에 해당한다. 이러한 표적은 죄의 노예인 처지로부터 해방(속량)되어 의(義)를 행할 능력을 하늘로부터 받

---

55) 여기서 '율법의 요구'라고 번역된 헬라어 τὸ δικαίωμα τοῦ νόμου는 '율법의 의(義)'라는 의미이다. 이 말씀만 보아도 의(義)가 실제로 믿는 사람 안에서 이루어지는 것이라는 것을 알 수 있다. 많은 신학자들의 주장처럼 실제로 의로워지는 것이 아니라 다만 의(義)가 전가(轉嫁)된다는 신학적 이론은 이 말씀과 정면으로 상충된다.

는 은혜와 이적을 눈에 보이게 보여 주는 일이었고 그래서 표적(sign)이라 하였다. 이렇게 죄, 곧 육체 안에 갇혀 있음으로 율법의 정죄 아래 있는 인간들을 그들의 죄로부터 속량(해방)하실 뿐 아니라 **그들 안에 성령께서 내주하심으로써** 죄의 노예였던 그들이 의(義)에 도달하게 되는 일을 사도 바울은 다음과 같이 표현하고 있다.

> *그러므로 율법의 행위로는* **어떤 육체도 그분 앞에서 의롭게 될 수 없나니(의롭다고 인정받을 수 없나니)** *율법으로는 죄를 알게 되느니라. 그러나 율법과는 별도로 이제 율법과 선지자들이 증언하고 있는 하나님의 의가 명확히 드러났으니 이는 곧 예수 그리스도를 믿는 믿음으로 말미암아* **믿는 모든 자들 안에 그리고 그들 위에 임하는 하나님의 의니 차별이 없느니라** *(롬 3:20-22,* [56] *Textus Receptus 스테파누스 원어 성경, 필자 사역)*

바울이 여기서 믿음을 통해 하나님으로부터 성령을 받지 못한 사람을 '**육체**'[57]라고 표현하고 있음에 주의할 필요가 있다. 여기서 '육체'는

---

56) 로마서 이 부분의 우리 말 성경과 대부분의 영어 성경은 번역이 부실(?)해서 로마서의 중요한 의미 전달을 훼손하고 있다. (이는 슬픈 현실이다) 그 결과 '의(義)의 전가(轉嫁)' 또는 '칭의(稱義)' 같은 오류가 교회 안에 발붙일 틈을 주고 있다. 로마서의 번역에서 빠지거나 잘못된 부분만 교정해도 이런 거짓 이론은 발붙일 곳이 전혀 없다. 우리말 성경에서 '의롭다하심을 얻는다'는 표현은 헬라어 동사 δικαιόω의 수동태로 δικαιόω는 'make righteous(의롭게 만들다)' 또는 'declare to be righteous(의롭다고 선포하다)'라는 뜻이다. 이 단어를 한글 KJV은 정확히 표현하고 있다. 의롭지 않은데도 불구하고 거짓말로 의롭다고 선언한다는 의미는 아니다. 또한 '믿는 자에게 미치는 의'의 '미치다'라는 동사는 원어 성경에는 없고 다만 '모든 사람'이라는 단어 앞에 εἰς(into)와 ἐπί(upon)이라는 전치사가 사용되었다. 하나님의 의가 믿는 모든 사람에게 임해서 그 사람 안으로 들어간다는 의미이다.
δικαιοσύνη(의) δὲ θεοῦ(하나님의) εἰς πάντας(모든 사람) καὶ ἐπὶ πάντας(모든 사람) τοὺς πιστεύοντας(믿는)

57) 영혼불멸설에 따르면 사람은 육체와 그리고 육체와 분리되는 영혼으로 구성

거듭남과 상관없이 단순히 사람을 지칭하는 단어가 아니다. 예수님께서도 거듭난 사람을 육(肉)이라 하지 않으시고 영(靈)이라 하셨다(요 3:6). 율법의 요구는 영적인 것이기 때문에(롬 7:14) 성령 없는 육체가 율법의 법조문들을 육체로 지키는 것은 진정으로 율법의 의를 성취하는 것이 아니다. 실제로 선과 악, 의와 죄의 문제는 영의 문제이지 육체가 행하는 어떤 행위의 문제가 아니다. 그러므로 성령과 관계를 맺지 않고 있는 육체가 율법을 행하는 것은 그 율법의 법조문을 행하는 것 이상일 수 없고 따라서 이런 행위는 하나님의 눈에는 의가 아니다. 율법을 진정으로 행하는 것은 영으로써 율법의 정신을 성취하는 것이기 때문에 **믿음을 통해 하나님으로부터 성령을 받아서 의(義)에 도달해야** 한다는 원칙을 말하고 있다. 이런 방법으로 하나님의 의에 도달한다는 증언은 이미 구약성경에서도 여러 차례 언급된 바였다. 뿐만 아니라 성소의 구조물이나 그 안에서 매일 행해졌던 성전 봉사의 의식들 자체가 거듭남의 진리를 이스라엘 백성에게 1,500년 동안 말해 주고 있었다. 예를 들어 다음 에스겔의 증언은 물(말씀)과 성령으로 거듭나지 아니 하면 율법을 성취할 수 없다는 증언이다.

> **맑은 물(=말씀)**로 너희에게 뿌려서 너희로 정결케 하되 곧 너희 모든 더러운 것에서와 모든 우상을 섬김에서 너희를 정결케 할 것이며 또 **새 영**을 너희 속에 두고 새 마음을 너희에게 주되 너희 육신에서 굳은 마음을 제하고 부드러운 마음을 줄 것이며 또 **내 신(성령)**을 너희 속에 두어 너희로 **내 율례(율법)를 행하게 하리니** 너희가 내 규례를 지켜 행할지라 (겔 36:25-27)

되어 있기 때문에 사람을 '육체'라고 한 표현은 바울이 잘못 말한 것이 된다. 뿐만 아니라 예수님도 사람을 '육'에서 나온 '육'이라고 하셨다. 영혼불멸설을 믿고 이 문장을 읽으면 왜 하나님 앞에 의로운 육체가 없는지 이해할 수 없다.

결국 위 로마서 말씀에서 **하나님의 의가 믿는 모든 사람 안에 그리고 그들 위에 임한다는 것은 곧 성령을 받는다는 의미이고 예수님께서 내 안에 오셔서 나의 의(義)가 되신다는 뜻이다.** 예수님의 표현으로 함면 육으로부터 태어난 육이 성령으로부터 태어난 영이 되는 일이다. 그리고 이 일은 구약성경(율법과 선지자)에 이미 반복적으로 선언되어 있는 일이라는 것이다. 믿음을 통한 하나님과의 '하나 됨'이 구원의 요체요, 복음의 능력이라는 것이 결국 로마서의 교리적 주제라고 할 수 있다. 그러므로 성경에서 말씀하시는 '믿음'은 영적(靈的)인 일이지 지적(知的)인 일이 아님을 알 수 있다.

4) 의와 공도를 행하게 하시기 위해 아브라함을 부르심

순종과 구원과의 관계를 아브라함의 예에서도 볼 수 있다. 하나님께서 죄악의 중심 도시 바벨론(갈대아 우르 지역)에서 아브라함을 변방으로 불러내신 목적은 아브라함으로 하여금 하나님의 뜻대로 살게 하시기 위함이었다. 그리고 이것이 아브라함과 그 후손들에게 가나안 땅을 주신다는 조건[58]이기도 하였다. 아브라함을 하나님의 뜻대로 살게 하신다는 것은 아브라함을 죄로부터 구원하시겠다는 의미였다. 구원은 하나님의 뜻대로 살 수 있는 능력을 받게 되는 일이다. 이는 아브라함을 구원하심은 물론 그의 후손으로 오실 그리스도를 통해

---

58) 일반적으로 하나님께서 무조건적으로 아브라함에게 복을 주시고 가나안 땅을 약속하셨다고 말하지만 결코 그렇지 않다. 이 문제는 제3장에서 자세히 논의할 것이다.

수많은 사람들을 또한 구원하시기 위함이었다. 그리고 이렇게 믿음으로써 구원받을 사람들이 진정한 아브라함의 후손[59]일 것이었다. 구원은 사람이 하나님의 통치 안으로 들어가는 일이고 하나님의 통치 아래 있다는 것은 그 사람이 하나님의 법에 순종한다는 의미이고 하나님의 뜻대로 산다는 뜻이다. 하나님의 뜻은 사람이 의와 공도를 행하는 것이다. 이 일을 가리켜 하나님께서 그 사람의 하나님이 되시고 그 사람은 하나님의 백성이 된다고도 한다. 아브라함에게 복을 주시는 조건은 하나님과 언약 관계에 있는 모든 백성과 마찬가지로 하나님의 뜻을 행하는 것이었다. **사실은 하나님의 뜻이 내면화되어서 자연스럽게 그것을 행하는 것 자체가 복이요, 생명이었다.**

> 내가 그로 그 자식과 권속에게 명하여 **여호와의 도를 지켜 의와 공도를 행하게 하려고** 그를 택하였나니 이는 나 여호와가 아브라함에게 대하여 말한 일을 이루려 함이니라 (창 18:19)

여기서 의와 공도는 히브리어로 '제다카'와 '미슈파트'인데 이 두 단어는 구약성경에서 자주 같이 쓰인다. '제다카'는 의(義), 사랑, 정의(定義) 등으로 번역되는데 종국적으로는 올바른 관계를 지칭하는 단어이다. 하나님과의 수직적인 관계와 사람 간의 수평적인 관계를 모두 내포하고 있고 이 '제다카'를 열 개 조항으로 간략하게 규정하고 있는 것

---

59) 이스라엘에게서 난 자들이 다 이스라엘이 아니요, 또한 그들이 아브라함의 씨라고 해서 다 자녀들은 아니기 때문이라 (롬 9:6, 7)
너희가 그리스도의 것이면 곧 아브라함의 자손이요 약속대로 유업을 이을 자니라 (갈 3:29)

이 십계명**60)**이다. 처음 네 계명은 올바른 하나님과의 수직적인 관계를, 나중 여섯 계명은 올바른 사람 간의 수평적인 관계를 규정하고 있다. 여기서 중요한 것은 선악과 제도에서 보듯이 수직적인 관계가 바르게 정립되지 못하면 수평적인 관계도 올바르게 정립될 수 없다는 것이다. 우리는 먼저 하나님과의 바른 수직적인 관계를 통해 올바른 관계를 맺을 수 있는 능력 곧 '은혜'를 받아야 한다. 그리고 하나님과 올바른 관계를 맺는 영적 행위가 바른 '믿음'이다. 예수님께서는 '제다카'를 다음과 같이 매우 간단한 원리로 설명하셨는데 결국은 바른 관계를 규정하신 말씀이다.

> 무엇이든지 남에게 대접을 받고자 하는 대로 너희도 남을 대접하라
> 이것이 율법이요 선지자니라 (마 7:12)

---

60) 십계명을 비롯한 율법의 성문화된 여러 조항들은 아브라함의 부르심보다 430년 후인 시내산에서 주어졌으나 아브라함의 때에도 다른 형태의 (구전이든 성문화든 알 수 없지만) 하나님의 뜻에 입각한 규범이 있었다는 것을 다음 말씀에서 알 수 있다. 또한 아브라함이 하나님의 계명을 지키는 것이 그와 그의 후손이 복 받는 조건이라는 것도 명시되어 있다.
네 자손을 하늘의 별과 같이 번성하게 하며 이 모든 땅을 네 자손에게 주리니 네 자손으로 말미암아 천하 만민이 복을 받으리라 이는 아브라함이 내 말을 순종하고 내 명령과 내 계명과 내 율례와 이는 아브라함이 내 말을 순종하고 내 명령과 내 계명(미쯔바)과 내 율례(후카)와 내 법도(토라)를 지켰음이라 하시니라 (창 26:5)
또한 그랄 왕 아비멜렉이 아브라함의 아내를 그의 누이인 줄 알고 취할 뻔했다가 하나님께서 그에게 현몽하시어 아내로 삼지 못하게 하셨을 때 아비멜렉은 이것이 죄인 줄 알았다. 이는 타인의 아내를 취하면 안 된다는 하나님의 법도를 알고 있었고 또한 지키고 있었다는 사실을 말해 주고 있다.
아비멜렉이 아브라함을 불러서 그에게 이르되 네가 어찌하여 우리에게 이렇게 하느냐 내가 무슨 죄를 네게 범하였기에 네가 나와 내 나라가 큰 죄에 빠질 뻔하게 하였느냐 네가 합당하지 아니한 일을 내게 행하였도다 (창 20:9)

남에게 대접을 받고자 하는 대로 남을 대접하는 것이 올바른 관계, 즉 의(義)이다. 우리는 하나님과 이웃에게 사랑과 관심을 받기를 원한다. 그러므로 우리는 하나님과 이웃을 사랑해야 한다. 섬김과 사랑은 하나님께서 규정하신 올바른 관계의 모습이다. 그래서 '제다카'를 다른 방식으로 요약하면 다음과 같다.

> 네 마음을 다하고 목숨을 다하고 뜻을 다하여 주 너의 하나님을 사랑하라 하셨으니 이것이 크고 첫째 되는 계명이요 둘째도 그와 같으니 네 이웃을 네 자신 같이 사랑하라 하셨으니 이 두 계명이 온 율법과 선지자의 강령이니라 (마 22:37-40)

'미슈파트'는 판결, 공도, 규정, 조례, 심판 등으로 번역되는데 이는 올바른 관계 속에 살면서 주변에서 일어나는 여러 모양들의 관계를 보고 이것의 옳고 그름을 판단해 주고 바로잡아 주는 행위라고 볼 수 있다. 모세는 물론 이스라엘의 족장들의 하는 일의 대부분은 백성들 사이에서 일어나는 크고 작은 분쟁에 관해 재판하는 일이었는데 이를 올바르게 하는 것이 '미슈파트'이다. 결국 '미슈파트'는 '제다카'를 개인의 삶과 사회 규범에서 실현하는 것이라고 할 수 있다.

모세의 율법을 그 법조항의 성격에 따라 도덕법, 시민법(재판 법을 포함), 제사법 등으로 분류하는데 도덕법은 십계명으로 요약되는 법으로서 하나님의 본성을 계시해 주는 법이고 시민법은 십계명의 정신을 십계명이 온전히 지켜지지 않는 사회 안에 최대한 구현하기 위한 법이다. 결국 도덕법은 '제다카'를 제시한 법이고 시민법은 '미슈파트'를 실현하기 위한 법이다. 사실 거듭나지 못한 죄인의 입장에서 보면 십계명은 너무 멀리 있고 시민법은 가까이 있다. 그러므로 시민법을 통해서 백성들은 도덕법의 중심으로 갈 수 있는 깨달음을 얻을 수 있었다. 그러므로 모세 당시의 재판 법을 포함한 시민법을 이해하는 것은 결국 하나님을 알아가는 첫 단계였다. 정확한 판단(심판)부터 구원이 시작된다. 예수님께서는 이 땅에 오신 목적을 다음과 같이 설명하시기도 한다.

> 예수께서 이르시되 내가 **심판(judgement)하러 이 세상에 왔으니 보지 못하는 자들은 보게 하고 보는 자들은 맹인이 되게 하려 함이라** (요 9:39)

예수님께서는 당시 유대인들이 하나님과 또 동료 인간들과 올바른 관계를 맺지 못하고 있다는 사실을 보여 주시는 일로부터 그들의 구원을 시작하시려고 하셨다. 이런 자신의 잘못된 관계를 깨닫게 되는 사람은 **맹인**이었다가 보게 된 사람들이고 이런 잘못된 관계 속에 살고 있으면서 계속 잘못된 것이 없다고 생각하는 사람들이 바로 예수님에 의해 드러난 맹인이 된 **보는** 자들이다. 이들은 자기 자신이나 주변 사람들 생각에 영적 깨달음이 있는 보는 자인 줄 알았는데 사실 이들이 맹인이라는 것을 예수님께서 드러내신 것이다. 이렇게 자기가 소경인 줄 모르던 바리새인들에게 예수님께서는 이렇게 말씀하셨다.

> 너희가 맹인이 되었더라면 죄가 없으려니와 **본다고 하니 너희 죄가 그대로 있느니라** (요 9:41)

바리새인들은 자신의 처지에 관한 정확한 판단, 즉 심판을 받지 못했으므로 죄를 없이 할 수 있는 첫 번째 단계도 밟을 수 없었던 것이다. 그러므로 우리가 우리의 구원, 곧 죄 없이 함을 받기 위해 가장 먼저 할 일은 은혜의 보좌로 나가서 심판(판단)을 받는 것이다. 61) 그리하여 보아야 하는 것이다.

우리들은 과거 아브라함처럼 이렇게 하나님의 뜻대로 살도록 은혜롭고도 엄숙한 초청을 받았다. 제다카와 미슈파트를 행하도록 부름을 받았다. 이는 우리가 구원받으라는 초청이요, 또한 명령이다. 하나님의 뜻대로 산다는 것은 현상을 말하는 것이고 본질을 말하자면 하나님과 단절된 채로 태어난 내가 최초의 인류의 조상이 지음받던 때처럼 하나님과 하나가 되는 일이다. **하나님 뜻대로 살지 못하던 사람이 믿음으로 은혜를 받아 변화함을 입고 하나님의 뜻대로 살게 되는 것이 구원이라고 정의할 수도 있지만 더 단순한 용어로 말하자면 구원은 하나님과 하나가 되는 것이다.**

우리는 하나님과 하나가 되기 전에는 하나님의 뜻대로 살 수 없다. 영이신 하나님의 뜻은 영적인 일이다. 사도 바울이 "율법이 신령하다"(롬 7:14)고 말한 것이 바로 이 뜻이다. 율법의 요구가 바로 하나님의 뜻이기 때문이다. 그러므로 성령이 없는 육체는 율법의 영적인 요구를 성취할 수 없다. 육체가 어떻게 영의 일을 행할 수 있겠는가? 하나님의 뜻인 '제다카'와 '미슈파트'를 행하는 전제 조건은 우리가 하나님과 영으로 하나가 되는 것이다. 이 일을 위해 먼저 우리는 우리가 타고난 본성을 가지고는 하나님의 뜻을 성취할 수 없다는 진실을 깨달

---

61) 그러므로 우리는 긍휼하심을 받고 때를 따라 돕는 은혜를 얻기 위하여 은혜의 보좌 앞에 담대히 나아갈 것이니라 (히 4:16)
    은혜의 보좌로 나가는 일은 실제로 말씀을 묵상하고 기도하는 일이다.

아야 하는데, 이를 위해 주신 것이 율법이다. 이는 나의 본성과 율법 또는 예수님의 생애[62]를 통해 드러난 하나님의 본성을 비교해 보면 알 수 있다. **이때 우리는 계속 나의 본성을 가지고 살 것인지 아니면 나를 부인하고 예수님의 품성을 가지고 살 것인지를 결정해야 하는 위치에 도달하게 된다.** 후자의 삶을 살기로 결정을 하면 우리는 예수님의 은혜로써 죄의 노예인 자아(自我)를 십자가에 못 박고 그 자리에 성령을 모심으로써 하나님의 품성을 부여받게 되는데 이것이 "죄로부터의 구원"(마 1:21)인 것이다. 이로 보건대 죄를 다른 말로 표현하면 성령과 아무런 관계가 없는 바로 인간의 본성이다. 그것이 죄인 이유는 사람이 정한 어떤 규율을 범해서가 아니라 하나님의 본성과 다르기 때문이다. **그러므로 구원은 인간의 본성에 의해 지배받던 사람이 하나님의 본성을 소유하게 되는 일이다. 이 일을 '위로부터 태어남' (거듭남)이라고 하셨다.** 그러나 인간의 본성은 하나님의 본성과 상반되므로 후자를 소유하기 위해서는 전자를 버려야 한다. 이 일마저 하나님의 능력에 의지해야 이루어진다. 이 일을 사도 바울은 우리의 육신을 십자가에 못 박는 것이라고 하였다. 이렇게 인간의 본성을 버려야 하는 일과 그것을 버리기 위해 하나님께 의지하는 것을 교육하는 것이 십자가 이전 시대의 제사 제도였다. 까만 까마귀가 하얀 백조를 보고 그 순결함에 반해서 백조의 하얀 깃털을 사모하고 자기도 하얗게 되기를 소원한다면 그것은 자신의 까만 깃털을 부인하는 것이다. 하나님의 의에 관한 모든 계시는 궁극적으로는 우리의 더러움을 보여

---

62)   예수님은 말씀(=율법)이 육신이 되신 분이기 때문에 예수님의 생애를 묵상하는 것은 율법을 묵상하는 것과 동일한 일이다.

주시는 일이고 우리가 더럽다는 비참한 진실은 우리를 십자가로 인도한다. 그러므로 그리스도의 십자가는 죄는 이 우주에서 결코 용납할 수 없다는 것과 하나님께서 그 죄와 하나가 된 우리를 사랑하시되 그 죄의 형벌은 하나님 자신이 받으실 정도로 우리를 사랑하신다는 것을 처절하게 보여 주고 있다. 이러한 진실에 영혼이 녹은 우리들은 우리의 옛 자아를 십자가에 매달고 기꺼이 죽기를 구하게 될 것이다. 그 결과 우리의 옛 자아가 죽은 그 빈 자리에 하나님께서 임하시는 것이다. 이런 일들은 하나님의 은혜를 따라 하나님의 능력으로 이루어지므로 이것을 **믿음으로 붙드는 것이 사람의 할 일이다. 이렇게 구원은 하늘의 능력으로 이루어지므로 구원은 은혜다.**

자기 본성을 부인하고(=육신을 좇지 않고) 성령을 좇아 살게 되는 이 구원을 성경에서는 다양한 측면에서 묘사를 하고 있다. 방법론적으로, 결과론적으로, 구속의 영적 섭리로, 법률적으로, 생명과 사망으로, 질병과 치유로, 부자(父子) 관계로, 부부(夫婦) 관계 등으로도 설명을 하고 있다. 구원에 관한 다양한 성경의 표현은 결국 하나님께 믿음으로 순종하여 하나님의 본성을 가진 자로 거듭나게 되는 것을 매우 여러 가지 언어로 기록하고 있을 뿐이다. 이런 과정을 통해 하나님의 본성을 소유하게 되었기에 하나님의 자녀가 되는 일이라고 하였고 이렇게 성령을 받음으로써 하나님의 성품을 소유할 수 있게 되는 일을 사도 요한은 '**권세**[63]'라고도 하였다. 수많은 사람들이 쉽게 인용하는 '거듭남'이란 '위로부터 남'이라는 의미이지 본질의 변화 없이 다만 발전

---

63) 영접하는 자 곧 그 이름을 믿는 자들에게는 하나님의 자녀가 되는 권세를 주셨으니 (요 1:12)

하고 향상된다는 의미가 아니다. 죽고 다시 태어나는 것은 본질이 바뀌는 것이다. 육으로 난 자가 영으로 다시 나는 엄청난 일이다.

그런데 구원에 관한 성경의 표현이 매우 다양한 것처럼 세상에는 사단이 만든 종교도 많고 또한 교회 안에 들어온 사단의 가르침도 다양하다. 수많은 영적 가르침이 혼재되어 있어서 사람들에게 혼란을 주는 것은 사실이지만 우리는 성경의 말씀을 상고함으로써 하나님께로 온 것과 세상으로부터 온 가르침을 넉넉히 분별할 수 있다. 그리고 이러한 옳고 그름의 분별은 구원에 이르기 위한 필수적인 관문이다. 사실 성경의 모든 가르침은 이 일을 위해 주어졌다고 해도 과언이 아니다. 본 장에서는 교회 안팎에 퍼져 있는 하나님과 구원에 관한 몇 가지 대표적인 오해를 설명함으로써 하나님의 구속의 섭리와 뜻을 이해하는 실마리를 풀고자 한다. 사단이 만든 세상의 종교 내지는 기독교 안에 들어와 있는 세상적 원리와 하나님께서 우리에게 계시해 주신 하나님의 뜻과 구속의 섭리 사이의 몇 가지 근본적인 차이부터 고찰해 본다.

구속의 섭리에 관한
몇 가지 오해들

1) 사람의 노력, 하나님의 은혜

세상의 다른 모든 종교는 인간의 노력으로 구원을 이룬다는 원칙 위에 교리가 서 있지만(구원의 개념도 다르다), 성경에서 가르치는 구원은 오직 하나님의 은혜로 거저 주어지는 것이다. 다른 종교에서는 깊은 산속에 들어가 수행을 한다거나, 고행을 한다거나, 선행을 쌓는다거나(적선) 하는 등등 인간의 어떤 행위에 의해 구원이 이루어진다고 가르친다. 그러나 실제로 구원은 진정으로 원하는 사람에게 하나님께서 몸소 그 값을 치르시고 값 없이 나누어 주시는 것이다. 구원의 실상은 하나님께서 자신을 주시고 사람이 그분을 자기의 심령 안으로 받아들이는 일이다. 이렇게 하나님께서 하나님을 거절한 인류에게 자신을 주실 수 있기까지는 하나님의 무한한 희생이 있었다. 그러므로 구원은 하나님의 은혜다. 성경의 구원에서 인간의 노력이 완전히 배제되는 것은 아니지만 사람의 그 작은 노력이 구원의 대가는 결코 아니다. 구원은 철저하게 하나님의 신성(神性)에 속한 영적인 일이기 때문에 피조물인 우리가 구원 자체를 위해 할 수 있는 일은 전혀 없다. **다만 우리가 할 일은 하나님께서 주시는 구원을 '받는' 일뿐이다.** 구원을 주시는 건 하나님의 일이지만 그것을 받는 건 사람의 일이다. 주셔도 받지 않으면 구원은 나의 것이 아니다. 영(靈)의 일인 구원을 '받는' 일을 성경에서는 '믿음'이라고 한다. **믿음은 구원을 받는 수단일 뿐이지 그것이 구원의 대가도 구원 그 자체도 아니다.** 구원은 하나님께서 나의 심령 안으로 들어오셔서 내 안에 거처를 정하시는 일이고 믿음은 하나님께서 내 안으로 들어오시도록 영(靈)의 통로를 만드는 영적인 일이다. 믿음을 통해 하나님과 내가 하나가 되면 내 안에 하나님의 나라[64]가 있게 되는 것이다. **이렇게 하나님의 나라는 바로 우리 곁에 가까이 와 있다.** 우리는 그것을 믿음으로 잡으려는 **노력**을 해야 한다. 아니, 바른 믿음을 갖으려는 노력이 더 정확한 표현일지도 모르겠다. 바른 믿음이란 하나님께서 그 믿음을 통해 내 안에 임하실 수 있는 그런 믿음이다.

어떤 사람이 사과 나무 아래에 있다고만 해서 그 사과가 그 사람의 뱃속으로 들어가 그 사람의 몸에 필요한 영양분이 되지 않는다. 그 사과가 그 사람에게 유용한 영양소로서의 역할을 하려면 그는 사과를 적극적으로 따든지 아니면 떨어진 사과라도 주워서 그것을 입에 넣고 씹어 삼키는 일을 해야 한다. 여기까지가 사람이 할 일이다. 이렇게 사람이 할 일을 하나님께서 대신 해 주시지 않는다. 하나님께서 하시는 일은 그 사과나무를 만드시고 햇빛과 비를 내리셔서 그 사과나무가 열매를 맺게 하시는 일, 그 사람을 만드시는 일, 그 사람에게

---

64) 바리새인들이 하나님의 나라가 어느 때에 임하나이까 묻거늘 예수께서 대답하여 이르시되 하나님의 나라는 볼 수 있게 임하는 것이 아니요 또 여기 있다 저기 있다고도 못하리니 하나님의 나라는 너희 안에 있느니라 (눅 17:20)

사과 열매를 알아보는 눈과 그것을 딸 수 있는 팔과 힘을 주시는 일, 그것을 씹을 치아와 근육과 삼키는 근육을 주시는 일, 사과가 잘게 씹혀서 배 속으로 들어 왔을 때 그 사과 열매를 소화하는 소화액을 분비시키시는 일, 그렇게 소화된 영양소가 소장의 점막을 통해 흡수되도록 그 점막을 만드신 일 등등 헤아릴 수 없다. 그 사람이 그 사과를 맛있게 먹을 수 있도록 미각을 주신 분도 하나님이다. 그렇다면 그 사람이 사과를 맛있게 먹고 그 사과의 영양소가 그 사람의 생명을 유지하는 데 기여를 한 일은 사람의 노력으로 된 것인가? 하나님의 은혜인가? 물론 하나님의 은혜이다. 여기서 사람이 한 일과 하나님께서 하신 일은 그 차원이 다른 일들이어서 논할 가치도 없다. 사람이 한 일은 하나님께서 주신 은혜를 받아 누린 것뿐이다. 그러나 그 누림을 위해 사람의 입장에서 사람이 할 일은 사람이 해야 한다. 구원도 이와 같다. 구원은 하나님께서 모든 사람에게 주시기를 원하시지만 그것을 믿음을 통해 받아들이는 일은 사람의 몫이다. **그러나 믿음은 예수님을 구주로 인정하는 지적인 동의와 수락[65]에서 끝나는 일이 아니라 자아(自我)를 부인하고 말씀에 순종하고 인내하는 일을 총체적으로 일컫는 용어이다.** 그렇기 때문에 진정한 믿음은 자기 부인, 결심 그리고 그에 따른 행동을 수반한다. 이러한 결심, 인내, 순종 등의 일

---

[65] 현대 기독교에서는 하나님의 은혜만을 강조하다 보니까 마치 사람이 할 일이 없는 것처럼 느끼기 쉽고 실제로 이렇게 가르치는 지도자들이 많다. 그래서 믿음이라는 것을 지적인 차원의 일로만 생각하는 경향이 있다. 사실 믿음은 단순한 지적 동의(intellectual agreement)가 아니라 하나님의 의(義)를 사모하는 마음을 전제로 하기 때문에 어떻게 보면 지적이라기보다는 감성적인 측면이 더 강하다. 그래서 진정한 믿음은 '순종'이라는 행위의 열매를 맺게 되어 있다. 의(義)를 사랑하는 자가 불의(不義)를 행할 수는 없기 때문이다.

들이 일견 인간의 노력으로 보이기도 하지만 그 바탕에는 하나님에 대한 믿음이 그 근본 동기로 자리잡고 있기 때문에 이러한 일련의 일들을 성경에서는 **믿음**이라는 한 단어로 말하고 있다. 사실 순종과 인내라는 행위는 진실한 믿음의 자연스러운 산물일 뿐이다. 그래서 성경의 어느 부분에서는 믿음을 강조하고 어느 부분에서는 순종을 강조하지만 둘은 같은 것을 말하는 것이다. 여기서 우리가 간과하기 쉬운 사실이 있다. 그것은 순종할 수 있는 능력은 **사람에게는 없고** 오로지 믿음을 통해 하늘로서 온다는 사실이다. **왜냐하면 진정한 순종이라는 것은 말씀(율법)의 정신을 행하는 것이기 때문이다.** 만일 육체의 능력으로 말씀의 정신에 순종할 수 있다면 구원은 은혜가 아닐 것이다. 그리고 성령을 받기 위한 믿음도 필요가 없고 그리스도의 십자가도 필요 없었을 것이다. 그렇지만 믿음을 통한 순종이 믿음이 없는 사람들의 눈에는 구원을 얻기 위해 사람이 치러야 할 대가라고 보이기 쉽다. 이는 사람이 사과를 따서 씹어 먹으면 그 따 먹는 행위의 대가로 그 사과의 영양소가 그 사람의 생명 유지에 일조를 한 것으로 생각하는 것과 같은 생각이다. 사과를 따 먹을 수 있는 힘을 주신 분도 하나님이라는 사실을 사람들은 잊고 살면서 자기가 한 일만 생각하기 때문이다. 구원도 마찬가지이다. 사과의 영양소가 사람의 몸에 들어가기 위해서 하나님께서 모든 것을 준비하셨어도 사람이 그 사과를 따 먹는 일을 꼭 해야 하듯이 구원도 하나님께서 모든 일을 다 해놓으셨지만 하나님을 사모하여 영접하는 믿음을 통해서만 나의 것이 된다. **그러므로 믿음을 통해 성령을 받는 일이 구원의 요체이다.** 믿어 순종하는 것(롬 1:5, 롬 16:26)이 구원의 조건이나 대가가 아니라 구원의 여정 내지는 그 자체라고 할 수 있다.

믿음은 우리 곁에 와 있는 천국을 붙잡기 위한 사람의 할 일이지만 그 알량한 노력이 구원의 대가일 수 없다. 구원을 받기 위해 인간이 그 대가로 하나님께 드릴 것이 있을 수 없다. 머리부터 발끝까지 모두 하나님께서 주신 것인데 우리가 드릴 것이 있을까? 심지어 선과 악을 선택하는 자유의지와 이를 분별하는 능력 그리고 영원을 사모하는 마음까지 하나님께서 주신 것이다. 우리가 무엇인가를 하나님께 드려야 한다는 발상 자체가 악(惡)이고 이는 하나님 보시기에 딱하고 서글픈 일이다.

믿어 순종하는 것 외에는 사람이 할 일이 없다. 그리고 이것만이 하나님께서 사람에게 요구하시는 전부이다. 믿어 순종하는 것 역시 넓은 의미에서는 하나님께서 이미 주신 구원을 받아 누리는 행위의 일부이다. 죄(罪)는, 여러 가지 측면에서 다양한 방법으로 표현할 수 있지만, 사람이 하나님께 무엇을 드리지 않는 것이 아니라 하나님께서 사람에게 주시고자 하시는 것을 받지 않고 거절하는 행위이다. 그리고 놀라운 사실은 하나님께서 사람에게 주기를 원하시는 바는 바로 하나님 자신이라는 것이다. **선과 악을 알게 하는 나무의 열매를 먹은 행위도 아담과 영원히 함께 하시길 원하셨던 하나님을 거절한 행위였다.** 우리는 습관적으로 "예배 드린다"라고 말하지만 예배는 우리가 하나님께 예를 갖춰 경배를 **드리는** 행위라기보다는 본질적으로는 하나님께 은혜를 **받는** 행위이다. 그 경배를 드리는 경건한 마음가짐이 우리로 하여금 은혜를 받을 수 있는 상태로 마음을 준비시키는 것뿐이다. 그러나 우리는 사람의 본성으로 하나님의 섭리를 생각하기 때문에 하나님께서 사람들에게 경배를 받으셔서 기뻐하시는 줄 알고 그 경배가 하나님께 영광을 돌리는 것이라고 오해한다.

그러나 하나님께서 진정으로 바라시고 기뻐하시는 일은 우리가 하나님 자신을 우리 안에 받아들이는 것이다.

우리 인간은 창세기 3장에서 보았듯이 영적으로 사단의 포로다. 인간은 영적인 존재로 지음을 받았기 때문에 성령이든 악령이든 영과 관계를 맺으며 또 그 관계 맺은 영의 영향을 받으며 살 수밖에 없는 존재이다. 그러나 태어날 때 우리는 사단의 자식으로서 태어난다. 아담은 자의에 의해 사단의 품 안으로 들어갔고 그때 우리는 아담의 허리에 있었기 때문이다. **그래서 사람은 날 때부터 죄인이고 구원[66]을 해야 할 존재들이다.**

> 너희는 너희 아비 마귀(사단)에게서 났으니 너희 아비의 욕심대로 너희도 행하고자 하느니라 그는 처음부터 살인한 자요 진리가 그 속에 없으므로 진리에 서지 못하고 거짓을 말할 때마다 제 것으로 말하나니 이는 그가 거짓말쟁이요 거짓의 아비가 되었음이라 (요 8:44)

아담의 불순종으로 사단의 가족이 되어 버린 인류를 하나님의 자녀로 다시 찾아오는 일이 구원이다. 하나님의 자녀가 된다는 것은 하나님께서 그 사람의 심령에 거하신다는 말이다. 이것을 다른 말로 하면 그 사람은 하나님의 백성이 되고 하나님께서는 그 사람의 하나님이 되신다는 뜻이다. 그런데 여기에는 두 가지 조건이 있는데 하나는 사단에게서 다시 찾아오기 위해서 그 사람을 점령하고 있는 사단을

---

66) 구원 역시 여러 방법으로 표현할 수 있지만 구원은 사단의 포로로부터 해방시킨다는 뜻이다. 사단의 포로로부터 해방되어 하나님과 하나가 되는 일이 구원이고 구원받기 전에는 사단의 품성대로 살기 때문에 죄의 열매를 맺고 하나님과 하나가 된 후에는 성령의 열매를 맺는다. 그렇기 때문에 구원을 '죄로부터의 건짐'이라고 표현할 수도 있다.

쫓아내는 것인데 여기에는 대가를 지불해야 한다. 그 이유는 아담이 하나님을 거절한 이후 모든 아담의 후손들은 사탄에게 합법적으로 점유되었기 때문이다. 그 대가는 그 동안 인류가 죄 가운데 있었던 대가, 곧 죽음의 형벌이었다. 이 형벌을 하나님께서 대신 받으셨기 때문에 사단은 하나님께 자신이 점유하던 그 자리를 내어 주지 않을 명분이 없어졌다. 둘째는 되찾아 오는 그 대상(인간)이 하나님을 새 주인으로 맞기를 진심으로 원하는 일이다. 전자는 하나님의 일이요, 후자가 사람과 하나님의 일이다. 전자는 사람의 의지와 상관없이 사람 밖에서 일어난 일이고 후자는 사람 안에서 그 사람의 의지를 따라 하나님의 은혜와 능력의 역사로써 일어나는 일이다. **믿음은 결국 하나님을 새 주인으로 맞기를 사모하고 구하는 일이다. 전능하신 하나님도 믿지 않는 자를 구원하실 방법은 없다.** 그래서 구원은 하나님과 인간의 협력으로 이루어진다고도 표현하기도 하지만 이런 표현이 구원 자체에 사람의 역할이 있다는 의미는 아니다.

아담 스스로 원해서 사단의 소유가 되어 버린 인류를 하나님께서 다시 찾아오시는 대가는 하나님의 생명이었다. 이 일은 십자가에서 이루어졌다. 이런 영적인 섭리 내지는 원칙의 관점에서 구원을 '구속(redemption)'이라고도 한다. 구속은 '다시 구입하다(repurchase)'는 뜻이다. 구입한다는 것은 무엇인가 값을 지불한다는 의미다. 다른 말로 '속량(emancipation, 노예 해방)'이라고도 한다. 또는 '속죄(atonement, 죗값을 치르다)'라고도 하는데 이 역시 죗값을 대신 치렀다는 뜻이다. 이렇게 예수님의 대속의 희생으로 말미암아 하나님께서 우리들에게 성령을 주실 수 있게 되었다는 점을 예수님께서도 분명히 하셨다. 다음 말씀은 십자가에 달리시기 직전에 제자들에게 하신 말씀이다.

그러나 내가 너희에게 실상을 말하노니 *내가 떠나가는 것(십자가에* *달리시는 것)이 너희에게 유익이라* 내가 떠나가지 아니하면(십자가 *의 희생이 없으면)* 보혜사(성령)가 너희에게로 오시지 아니할 것이 요 가면 내가 그를 너희에게로 보내리니 (요 16:7)

이는 그를 믿는 자들이 받을 성령을 가리켜 말씀하신 것이라 *[예수* *께서 아직 영광을 받지 않으셨으므로(십자가에 달리시지 않으셨으* *므로)* 성령이 아직 그들에게 계시지 아니하시더라] (요 7:39)

이런 구속의 섭리를 구약시대의 수많은 제사제도에 기록해 놓으셨 지만 유대인들은 하나님께서 소와 양의 기름을 좋아하시는 줄로 알 았던 것 같다. 이러한 제사 제도 외에도 예를 들면 토지의 **'무르기'** 제 도에도 구속의 섭리를 기록해 놓으셨다. 그 규례가 다음과 같다.

너희 기업의 온 땅에서 그 토지 무르기를 허락할지니 만일 네 형제 가 가난하여 그의 기업 중에서 얼마를 팔았으면 그 **근족(nearest** **relative)이 와서 그 동족의 판 것을 무를 것이요** (레 25:24-25)

어떤 자가 가난하여 자기에게 주어진 토지를 팔았으면 그 가까운 친척이 와서 대신 그 토지의 값을 주고 토지를 다시 찾아오게 하셨 다. 그 사람에게 주어졌던 토지는 가나안 땅에 정착할 때 무상으로 분배받은 몫으로 우리 각자 사람에게 주어진 생명을 상징한다. 따라 서 타인에게 팔린 그 토지는 죄에 팔려 버린 우리의 생명을 상징한다 고 할 수 있다. 이 규례는 예수님의 성육신과 대속의 죽으심을 예표하 는 것이었다. 아담의 범죄로 인해 죄 아래 팔려 사탄의 백성이 된 우 리 인간을 사탄으로부터 다시 사 오시기 위하여 **하나님께서는 먼저** **우리의 근족이 되셔야 했다. 그리고 이 일을 위해서라도 인성을 쓰셨**

다. 그리고 그 생명을 속전으로 지불하시고 우리를 속량, 곧 구속하셨다. 그러므로 우리에게 주어진 구원은 우리에게는 거저 주시는 은혜인 것이지만 하나님 입장에서 구원받은 사람들은 엄청난 값을 치르시고 사신 아주 소중한 존재들임이 틀림없다.

두 번째 조건은 사람이 하나님을 새 주인으로 맞이하기를 원해야 하는 것인데 (하나님께서는 강제하시지 않기 때문에), 이러한 마음을 믿음이라고 한다. **그런데 사람은 하나님을 새 주인으로 맞이하기를 원하기 전에 당연히 하나님이 어떤 분인지를 알아야 한다. 하나님이 어떤 분인지 모르면서 하나님을 새 주인으로 맞기를 원한다는 것은 진정으로 원하는 것이 아니다. 결국 거짓말이다. 그렇기 때문에 진정한 믿음의 전제는 하나님의 본성을 아는 일이다.** 하나님의 본성은 말씀을 통해 계시되었고 우리는 그 말씀을 통해 하나님을 알게 되고 또한 사모하게 된다. 그리고 **하나님을 진정으로 사모하는 것은 하나님의 본성과 반대되는 본성을 가진 나 자신을 부인하는 일과 동일한 일이다.** 이렇게 나 자신이 부인되고 그 자리에 하나님을 모셔 들이는 것을 예수님을 영접한다고 하고 이런 과정을 통해 사람은 하나님께서 친히 거하시는 성전으로 거듭나게 되는데 이런 상태가 창세 때 하나님께서 계획하셨던 사람의 형상이고 이는 곧 하나님의 형상이다. 그래서 사람은 본래 하나님의 자녀로 계획되었던 존재들이었고 구원은 잃어버린 하나님의 형상을 사람 안에 회복하는 일이다.

구원을 받는 과정과 섭리를 묵상해 보면 결국 구원의 은혜를 믿음으로써 받는 것만이 사람이 할 일인데 이를 거절하는 것이 얼마나 큰 죄인가를 깨닫게 된다. 이 은혜받기를 거절하는 이유는 영적으로 깊이 들어가 보면 의(義)보다는 죄(罪)를 사랑하기 때문이다. 까마귀가 백조를 보고 그 순결한 백색에 반하지 않고 자신의 까만 깃털을 계속 가지고 있기를 원하는 일이다. 그러나 사람들은 자신이 이런지도 잘 모른다. 그리고 하나님, 곧 예수님을 믿지 않는 여러 가지 이유를 댄다. 아니면 하나님을 믿는다고 하면서 성경의 하나님과는 다른 하나님을 믿는다. 이 또한 복음을 거절하는 일이다. 이 두 가지 경우 모두 다 그들의 마음 깊은 곳에서 하나님의 품성대로 사는 것보다 본래 자신의 품성을 가지고 살기를 원하기 때문이다.

이 외에도 또 다른 유사 복음이 있는데, 그것은 예수님을 믿지 않고 '예수님은 하나님의 아들이요, 우리의 구원자'라는 **명제를 믿는 것**이다. 예수님에 대한 어떤 사실 관계를 믿는 것만으로는 우리의 옛 사람을 십자가로 인도하지 못하고 따라서 예수님께서 우리 안에 임하시지 못한다. 우리는 예수에 관한 사실이 아니라 **예수님을** 믿어야 한다. 예수님의 품성에 나의 영혼이 녹아야 한다. 예수님은 2,000년 전에 살았던 어떤 사람의 이름이 아니라 하나님의 구원자라는 보통 명사다. 예수님은 하나님의 의(義) 그 자체이시기 때문에 예수를 믿는 것은 예수님의 생애와 말씀을 통해 하나님의 의(義)를 깨달아 알고 그것이 선하고 옳은 것이라고 믿고 그것을 사모하고 구한다는 뜻이다. 이런 믿음은 불의(不義)한 나를 부인하는 일이다. **십계명이 '~를 하지 말라'는 부정어로 되어 있는 것은 그 금지된 것들을 하고 싶어하는 '나'를 부인하라는 뜻이다.** 이렇게 나 자신이 완전히 부인되고 버려질 때 나는 완전해질 준비가 된다. 나와는 전혀 다른 품성인 성령께서 내 안에 임하셔서 내 안에 거하시게 되고 나를 거룩하게 하시기 때문이다. 이것이 구원이다. 그러므로 다음과 같은 공식이 성립된다.

1. 예수 믿음 = 자기 부인 = 성령의 내주 = 위로부터 남(거듭남) = 구원
2. 육체(죄인) + 성령 = 거듭난 사람

　그러므로 우리를 향한 하나님의 뜻은 우리의 거룩함이다. **성경의 하나님은 우리들에게 자기부인을 분명히 요구하고 있다. 이는 우리들 본성의 거룩한 변화가 곧 구원이기 때문이다.** 이렇게 부인되고 버려져야 할 나의 품성은 곧 사단의 품성이다. 현대 기독교가 세속화되어 가는 데 결정적인 역할을 한 교리의 오류는 **본성의 변화 없이** '오직 믿음으로 의롭다 하심을 얻는다'고 주장하는 로마서 3:28의 왜곡된 가르침에 있다. 그리고 이런 가르침은 자기 부인이 필요 없으므로 수많은 사람들이 기쁨으로 받아들이고 있다. 인류의 역사에서 사람들 사이에 진리가 인기를 누린 적은 단 한 번도 없다. 지금도 마찬가지이다. 이스라엘의 역사에서도 죽은 선지자는 칭송을 받아도 살아서 진리를 전하는 선지자가 환대받은 적은 없다. 그들은 선지자들을 돌로 쳐서 죽였고 그들 조상이 죽인 선지자들은 칭송했다. 그리고 이런 일은 세상 끝 날까지 계속될 것인데 이를 요한 계시록이 우리에게 증거하고 있다. 사도 바울이 로마서 3:28에서 **'믿음으로 의롭게 된다'**[67]고 선포하는 것은 **육체의 행위가 아닌 영의 행위라 할 수 있는 믿음으로만** 성령을 받아 우리의 본성이 선하게 변화된다는 진리를 선포하는

---

67)　'의롭게 된다'라고 번역된(한글 KJV) 헬라어 δικαιόω를 '의롭다고 선언하다'로 번역해도 같은 의미이다. 하나님께서는 의로운 자를 의롭다고 하시지 불의한 자를 의롭다고 거짓말하시는 분이 아니다. 그러나 현대 교회에서는 하나님께서 믿음 때문에 불의한 자를 의롭다고 하는 거짓말하시는 분으로 만들어 놨다.

것이다. 선함이 없는 육신이 성령을 받아서 선하게 변화되는 방법은 오직 믿음이라는 영적 통로뿐이고 이렇게 믿음으로 성령과 하나 되었을 때 비로소 하나님께서 이 사람을 의롭다고 선언하신다는 뜻이다. **그리고 여기서 사도 바울이 말하는 성령을 받을 수 있게 하는 믿음의 실상은 신앙 고백의 차원이 아닌 자기를 부인하는 일이다.** 이러한 **자기 부인의 믿음[68]**을 구체적으로 로마서 6:6에서는 '옛 사람이 십자가에 못 박힌다', '죄의 몸을 멸한다' 등으로 표현하고 있다. 이는 본성이 성령으로 변화되기 전에 먼저 죄 된 자아(自我)가 부인되어야 함을 말하고 있다. 그리고 자아를 부인하기 위해서는 자기와는 차원이 다르고 더 좋고 더 아름답고 더 고귀한 하나님의 품성을 알고 사랑하는 믿음이 있어야 한다. '침례(baptism)'라는 의식도 이를 상징하고 있다. 물속에 잠기는 것은 자아가 죽어 장사 지내는 것이요, 그 물속에서 일어나는 것은 새 생명, 곧 성령으로 다시 태어남을 상징한다. 거듭남이라는 것은 죽음을 전제로 하고 있다. 그러나 죄를 사랑하는 일부 신학자들은 믿음과 자기 부인을 별개의 일로 만들었다. 그래서 죽지 않고 거듭나는 법을 교회 강단에서 선포하고 사람들은 이를 좋게 여긴다. 이런 거짓 교리를 좋아하는 수많은 소위 기독교인들은 자아를 십자가에 못 박은 일이 없기 때문에 성령을 받아 의롭게 변화되지 못했는데도 불구하고 자신이 하나님을 믿기 때문에 하나님께서 의롭게 봐 주신다고 항변하고 있다. 그들의 죄는 치료받지 못한 채로 그대로 있는데 하나님께서는 그들의 믿음 때문에 치료된 것으로 여긴다고 주장한

---

68) 자신의 본성과는 다른 본성을 가지신 예수님을 믿는다는 것은 더러운 자기를 부인하는 것을 전제로 한다.

다. 그러나 그런 일은 결코 없을 것이다. 하나님의 눈에 그들은 여전히 죄를 사랑하고 있고 그들의 믿음은 의를 이루기 위해 하나님께 의지하는 믿음이 아니라 욕망을 실현하기 위해 하나님의 능력을 구걸하는 믿음이다. 빛보다 어둠을 사랑하는 믿음이다. 그들이 진정으로 빛을 사랑했으면 어둠인 자신을 부정했을 것이고 그랬다면 이미 빛이 그들 안에 들어갔을 것이다. 하나님께서 요구하시는 믿음은 ① **먼저 의를 사랑하고** ② **자기를 부인하여 그 의를 자기 안에 이루기를 구하고** ③ **그렇게 해 주실 것을 믿고** ④ **그 하나님께 자기를 맡기는** 믿음이다.

> 그를 믿는 자는 심판을 받지 아니하는 것이요 믿지 아니하는 자는 하나님의 독생자의 이름을 믿지 아니하므로 벌써 **심판을 받은 것이니라** 그 정죄는 이것이니 곧 **빛이** 세상에 왔으되 사람들이 **자기 행위가 악하므로 빛보다 어둠을 더 사랑한 것이니라** (요 3:18,19)

> 이 백성들의 마음이 완악하여져서 그 귀는 듣기에 둔하고 눈은 감았으니 이는 눈으로 보고 귀로 듣고 마음으로 깨달아 돌이켜 **내게 고침을 받을까 두려워함**이라 하였느니라 (마 13:15)

인간의 노력은 인간의 구원 자체에 기여할 여지도 능력도 가치도 없다. 구원은 전적으로 하나님의 은혜의 산물이다. 하나님께서 사람과 하나가 되시기 위해 먼저 피를 흘리시고 우리를 찾아오셨기 때문이다. 우리의 할 일은 이런 하나님을 먼저 알고, 사모하고, 받아들이는 일이다. '하나님은 사랑이시다'라고 인정하는 것만으로는 부족하다. '하나님은 사랑이시기 때문에 나는 그것을 믿기만 하면 하나님께서 알아서 나를 구원하신다'라고 억지로 믿는 것도 소용없는 일이다. 구원은 하나님과 내가 하나가 되는 일이기 때문에 하나님께서 내 안으로 실제로 들어오실 수 있는 조건을 만들어야 한다. 이 일은 사랑이신 하나님의 본성을 깨달아 알고 그것을 사랑하는 것이고 그 결과로 하나님의 본성과 다른 나의 본성을 부인하는 일이다. 그러나 나의 본성이 부인되고 십자가에 못 박히는 일은 하루 아침에 일어나는 일이 아니다. 이 사실에 동의하지 않을 독자는 한 사람도 없을 것이다. 우리의 타고난 죄의 본성은 너무 강력하여 몇 마디 신앙 고백으로 쉽게 죽지 않는다. 지속적인 말씀의 묵상과 기도가 요구되는 일이요, 묵상과 기도는 처절한 자아 성찰이 전제되지 않으면 의미 없는 공염불에 불과하다. 그러나 이 일을 통해 죄인은 반드시 거듭나게 될 것을 성경에서 약속하고 있다. 그래서 성경을 주셨고 항상 기도하라고 명하셨다. 이런 일들이 거저 주시는 구원의 은혜를 붙잡기 위한 사람의 노력이라 할 수 있다. 이러한 구원에 이르기 위한 사람의 노력을 사도 바울은 **"경건의 연습"**(딤전 5:7)이라고도 하였다.

2) 드리는 제사, 받는 제사

세상의 종교에서 그렇듯이 우리 인간들의 일반적인 생각으로는 신은 위대하고 초자연적인 능력이 있어서 그 신에게 잘 보여서 신으로부터 무엇인가를 얻어내는 것을 당연하게 생각을 하고 있다. 그래서 그 신에게 잘 보이는 방법으로 교회나 절에 열심히 다니고, 헌금도 성의껏 많이 하고, 남들에게 선행을 베푸는 등등 결국 사람의 것(?)을 제물로 신에게 드림으로써 그 신에게 인정을 받으려고 한다. 이런 사고 방식은 인간적으로 너무 당연하다. 또 우리 인간의 사회에서 일어나는 인지상정의 도리와도 같은 원리이다. 역설적으로 이렇게 인간적이기 때문에 이러한 원리 위에 세워진 종교는 하나님께로부터 온 진리가 아니라는 반증을 하고 있는지도 모른다.

성경에서 말씀하는 하나님께서 받으시는 진정한 제물은 짐승도 아니고 인간의 소유물도 아닌 바로 하나님 자신이다. 실제로 하나님께서 대속의 제물이 되셨기 때문에 우리는 그 제물이 되신 하나님을 내 안으로 영접할 수 있게 되었다. 그러나 내 안으로 하나님을 영접하기 위해서는 나의 전 존재 또한 제물로써 드려야 한다. 전자의 제물은 죄인의 구원을 위한 대속의 제물이고 후자의 제물은 부패한 죄인이 무한히 거룩하신 하나님을 더러운 자기 안으로 받아들이기 위한 자기 부인(否認)의 제물이다. **전자의 제물은 속죄를 위해서 무한한 가치(하나님의 생명)를 희생하는 일이므로 이것이 진정한 의미의 제물[69]이고 후자는 진정한 가치를 얻기 위해서 그동안 얽매였던 가치 없는 것을 버리는 일일 뿐이다. 사실 제물로서의 가치도 없는 것을 버리는 일이다.**

---

69) 사실 '예수님께서 속죄 제물이 되셨다'는 개념을 우리 인간들의 문화 속에 있는 제사 제도에 비유하기에는 십자가의 지평이 너무 넓고 심대하다. 인류의 문화 가운데 이어져 온 모든 형태의 제사 제도의 기원은 십자가와 자기 부인이라는 구원의 섭리를 교육하시기 위해 하나님께서 아담에게 주신 비유였다. (이 문제는 본서 제3장을 참조하라) 그러나 그 제사를 통해 계시하신 구원의 원리는 잊혔으며, 사람의 것으로 하나님께 무엇을 드린다는 의미로 제사의 의미는 변질된 지 오래다. 따라서 이렇게 변질된 의미만 가지고 있는 인류의 제사 제도를 통해 십자가를 이해하기는 불가능하다. 예수님을 십자가에 달아 죽인 주체는 사단이지(요 13:2) 하나님이 아니다. 그렇다면 사단이 하나님의 구속 사업을 도왔다는 얘기로 해석될 수도 있다. 필자가 이해하기로는 사단은 우리와 함께 하시기 위해서 오신 예수님을 인류 역사상 가장 잔인한 방법으로 처형함으로써 우선은 우리와 더 이상 함께 하시지 못하게 하였다. 한편 예수님은 사단의 이러한 계획을 뻔히 다 아시면서도 인간이 되시고 십자가에서 죽기까지 우리를 사랑하셨으며 하나님의 이름을 드러내시는 일을 멈추지 않은 것이다. 그래서 십자가는 하나님과 예수님께서 영광 받으

그러나 죄인이 집착하여 그 노예가 되어 왔던 육신의 소욕을 버리는 일은 하나님을 받아들여 거룩함에 이르는 준비를 하는 일이므로, 하나님께서는 그 버리는 대상이 아니라 그것을 버리는 일 자체를 소중하게 보신다. 하나님께서 우리의 육신을 소중하게 보시는 것이 아니라 그동안 나를 얽어 맸던 육신을 버리는 나를 귀하게 보시는 것이다.

대속의 제물은 2,000년 전 갈보리 언덕의 십자가에서 바쳐졌고 죄인의 구원을 위한 이런 제사의 원칙은 창세 전부터 예정되어 있었다(predestination). 우리 인간들의 모든 소유와 그 존재 자체가 하나님께로부터 거저 받은 것이기 때문에 논리적으로라도 인간은 하나님께 무엇을 드려서 하나님을 기쁘시게 할 수 없다. 우리에게는 그 제물도 준비할 능력이 없다. 이런 구속의 섭리를 우리들의 믿음의 조상은 깨닫고 있었다는 것은 놀라운 사실이다.

> *And Abraham said, my son,* **God will provide himself a lamb**
> **for a burnt offering** [70](창 22:8, KJV)
> *하나님께서 친히 번제에 쓸 어린양을 준비하시리라*

시는 일이다. 죽임을 당할 것을 아시면서 적진에 들어 오셔서 우리에게 하나님 나라의 아름다움을 보여 주셨다. 그래서 십자가는 결과적으로 죄인을 위한 대속의 희생이 된 것이다. 그 결과 사단의 거처가 되어 버린 사람이 진정으로 하나님의 성전이 되기를 원할 때 하나님께서 그 처소의 주인인 사단을 쫓으시고 친히 그곳에 임하실 수 있다. 이때 십자가를 법률적 근거 내지는 명분을 삼으실 수 있기에 십자가를 '대속의 피'라고 하는 것으로 이해한다 그러나 십자가를 값을 지불한 하나의 사건으로 이해하면 인간의 죗값과 하나님의 생명의 가치 교환이라는 난센스에 이르게 되고 십자가 이전에는 구원이 없었다는 결론에 도달한다.

70)   이 부분을 한글 흠정역에서는 하나님께서 자신을 제물로 드릴 것으로 해석했다. 결국 영어 흠정역의 himself를 대명사로 보느냐 부사로 보느냐의 차이다.

하나님께서 사람으로부터 받으셔서 기뻐하실 것은 아무것도 없고 오히려 하나님께서는 사람이 하나님으로부터 받아서 기쁨을 누리기를 바라신다. 우리가 받아야 할 것은 사실은 하나님 자신이다. 하나님께서 실제로 원하시는 것은 내 안에 들어오시는 것이기 때문에 이를 위해 죄 된 나를 비우라는 것이고 이렇게 부인된 자아(自我)를 십자가에 못 박을 때 나의 옛 자아를 제물로써 받아들이신다고 표현하는 것일 뿐 **실제로 하나님께서 받으시는 것은 하나님을 위해 비워진 나이다.** 왜냐하면 나의 본성과 하나님의 본성은 서로 상충하기[71] 때문에 하나님께서 내 안에 거처를 정하시기 위해서는 나의 본성이 십자가에 못 박혀야 하는 것이다. 이렇게 나의 본성을 십자가에 못 박는 일은 예수님을 믿고 그 결과 말씀에 순종하는 것이다.[72] 순종이라는 개념 자체에는 나의 욕망을 죽인다는 의미가 내포되어 있다. 말씀의 요구하는 바는 결국 하나님의 본성에 따른 것이고 이는 우리의 본성과는 반대되는 것을 요구하므로 순종을 하기 위해서는 나의 전 존재를 제물로 드리는 믿음이 있어야 한다. 이는 알고 보면 매우 단순한 이치이다.

'나를 드린다' 함은 내가 하나님께서 받으실 만한 가치가 **있어서 하나님께서 나를 받으신다는 의미가 아니라** 나의 육신의 소욕들, 곧 하나님의 본성과 반대되는 본성들을 십자가에 못 박았기 때문에 내가

---

71) 육신의 생각은 하나님과 원수가 되나니 이는 하나님의 법에 굴복하지 아니할 뿐 아니라 할 수도 없음이라 (롬 8:7)
육체의 소욕은 성령을 거스르고 성령은 육체를 거스르나니 이 둘이 서로 대적함으로 너희가 원하는 것을 하지 못하게 하려 함이니라 (갈 5:17)

72) 순종이 제사보다 낫고 듣는 것이 숫양의 기름보다 나으니 (삼상 15:22)

하나님을 받아들일 준비가 됐다는 의미이다. 사실 하나님께서 나를 받으신다는 표현은 '드리는 신앙'에 익숙한 우리들의 방식으로 내가 하나님을 받아들이는 영적 사건을 표현하고 있는 것이다. 이렇게 나의 자아(自我)가 죽은 그 자리에 하나님을 받아들여 하나님과 하나가 되는 것이 구원이다. 이렇게 하나 된 상태를 내가 하나님 안에 있고 하나님께서 내 안에 계신다고 하는 것이다. 하나가 되었다는 뜻이다.

나의 구원을 위해 필요한 두 가지를 다시 정리해 보면, 우선은 하나님께서 내 안에 거처를 정하시기 전에 사단의 노예인 나를 사단으로부터 속량하시는 것이다. 이를 위해서 하나님의 생명이 지불되었다. 이 일은 하나님의 일이고 이미 이루어졌다. 둘째는 내가 하나님을 새 주인으로 모셔 들이기를 진실로 자원해야 하는데 그것은 바로 하나님의 본성과 반대되는 품성을 가진 '나'를 비우는 일이다. **현대 기독교의 시류는 과거에 이루어진 첫째 일을 너무 강조하면서 우리가 예수님과 함께 십자가에 못 박혀야 하는 일을 강조하지 않는다. 예수님의 과거의 공적을 찬송하는 일도 중요하지만 더 중요한 것은 그런 예수님께서 지금 내 안에 들어오셔서 나를 거룩하게 하시는 일을 하실 수 있도록 그 통로를 예수님께 제공하는 일이다.** 그 통로는 바로 자아(自我)를 죽이는 믿음이다. 이렇게 나를 비우는 일을 성경에서는 "옛 사람이 그리스도와 함께 십자가에 못 박힌다"(롬 6:6), "자기를 부인하고 십자가를 진다"(눅 9:23), "나의 몸을 산 제물로 드린다"(롬 12:1) 등으로 표현하고 있다. 이렇게 자기 몸을 쳐 순종하는 것을 사도 바울은 "나는 날마다 죽는다"(고전 15:31)고 했다. "거듭나야 한다"는 말씀도 거듭나기 전에 이미 옛 사람이 죽었다는 전제를 내포하고 있다. 죽지 않았는데 어떻게 다시 태어나겠는가? 자신의 전 존재를 부인하고 비우는 일은 결국은 하나님을 내 안에 받아들이기 위함이다. 그리고 나 자신을 부인할 정도로 하나님을 받아들이기 원하는 것이 진심으로 하나님을 원하는 것이고 이를 믿음이라고 부르고 있다. 그러므로 믿음으로 "성령을 구한다"는 것은 자기를 부인하는 일이다.

이로 보건대 구약의 제사 제도에서 희생제물은 첫째, 그리스도의 대속의 죽음을 의미하고, 둘째, 첫째의 의미를 믿고 받아들인 사람이 하나님을 받아들이기 위해 자기 자신을 부인하고 내려놓는 일을 제물로 상징한다. 그러므로 그리스도의 십자가와 부활은 예수님만이 가셔야 했던 길이 아니라 우리도 가야만 하는 길이었다. 첫째 제물도 사람이 하나님께 드리는 제물이 아니고 둘째의 제물 역시 사람이 하나님께 나를 드리는 것이 아니라 사실은 사람이 그 안에 하나님을 받아들이는 준비를 하는 것뿐이다. 결국 하나님께 무엇을 드리는 것이 아니라 하나님을 받아들이기 위한 영적 준비가 하나님의 기뻐하시는 진정한 제사인 셈이다. 이러한 깨달음은 사도 바울의 다음 권면에 명확히 드러나 있다.

> 너희 **몸을 하나님이 기뻐하시는 거룩한 산 제물로 드리라** 이는 너희
> 가 드릴 영적($\lambda o \gamma \iota \kappa \acute{o}\varsigma$, 말이 되는 합리적인) 예배니라 (롬 12:1)

여기서 예배라고 번역된 헬라어 $\lambda \alpha \tau \rho \epsilon \acute{\iota} \alpha$(라트레이아)는 구약 시대에 성전 안에서 행해졌던 제사 의식을 말하는 단어로서 '제사'라고 번역되어야 그 의미가 정확하다. 신약성경 다른 곳에서 '예배'라고 번역된 부분에는 '무릎을 꿇어 이마를 땅에 대다', '존경의 표시로 손에 입맞추다'라는 의미의 $\pi \rho o \sigma \kappa \upsilon \nu \acute{\epsilon} \omega$(프로스퀴네오)라는 단어가 사용되었

다. (신약성경 전체에서 예배로 번역된 λατρεία는 두 번 사용되었고 위 로마서 12:1 외에 로마서 9:4에서도 사용되었는데, 이때 역시 '제사'라고 번역해야 옳다) **사도 바울이 이 말씀에서 몸을 산 제물로 드리는 것이 영적인(또는 합리적인) 제사[73]라고 선언하고 있는 것은 구약시대의 제사 제도의 의미를 해석하고 있는 것이다.** 즉, 제사 제도 자체를 계승할 필요는 없지만 그 제사의 정신은 구약시대나 신약시대나 다를 것이 없다는 뜻이다. 성전 안에서 희생된 수많은 희생제물은 우리들의 옛 사람, 곧 육신의 소욕을 의미한다는 것이다. 그래서 신약시대에는 짐승을 잡아 제사 드릴 필요는 없지만 육신의 소욕을 제물로 드려야 하고 이것이 우리가 드릴 합리적이고 영적인 제사라는 의미이다. 우리는 예수님을 하나님의 어린 양이라고만 생각해서 제사 제도의 모든 희생 제물을 예수님의 십자가의 희생으로만 생각하고 자신의 육신의 소욕을 성전 안의 번제단 위에서 불로 태워야 한다는 사실은 생각해 보려고도 하지 않는다. 그러나 구약시대의 제사의 종류는 매우 다양해서 그 의미도 다양하다. (사실 이러한 제사제도의 표상들에 대해서 아직도 신학적으로 연구가 충분히 되어 있지 않다) 예를 들어 매일 조석으로 드리던 제사, 유월절, 오순절, 속죄일, 초막절 등에 드리던 제사에서의 희생제물은 그리스도의 희생을 상징하지만 속죄세, 화목제, 속건제, 번제 등 제사의 제물은 그 제물에 죄인이 안수함으로

---

73) λατρεία(라트레이아)를 굳이 예배라고 번역을 하려면 λογικός를 '합리적인'으로 번역해야지 우리말 성경처럼 '영적인'으로 번역하면 의미가 불분명해진다. 로마서 11장까지 바울이 설명한 바 의롭게 되는 방법인 '믿음으로 육신의 소욕을 십자가에 못 박는 일'을 구약의 제사 제도에 비유를 해서 '몸을 산 제물로 드리라'는 표현을 한 것인데 이것을 영적인 예배라고 번역을 하면 그 의미가 연결되지 않는다. 본래 예배는 영적인 예배여야 하며 육적인 예배는 없다.

써 죄인 자신을 표상하는 의미가 더욱 크다고 할 수 있다. 예를 들어 화목제 제물의 기름을 놋칼로 도려내서 번제단 위에 불 태울 때 하나님과의 화목이 이뤄지는 것은 말씀의 칼로 죄인의 죄를 도려내어 그 죄를 성령의 불로 소멸했기 때문이다. 제물의 이런 의미를 깨달은 사도 바울은 몸(육신의 소욕)을 제물로 드리는 것이 진정한 제사라고 선언하고 있는 것이다. 여기서 육신의 소욕을 제물로 드리는 것은 드리는 것 자체가 목적이 아니라 전술하였듯이 육신의 소욕이 죽은 그 자리에 성령을 받기 위한 준비이다. **결국 구약시대의 제사 제도는 거듭남에 이르게 하는 믿음이라는 것이 무엇인가를 교육하는 제도라고 할 수 있다.** 그렇기 때문에 예수님께서는 이렇게 모세의 율법에 계시되어 있었던 거듭남의 비밀을 이스라엘의 선생이면서도 모르고 있었던 니고데모를 책망하신 것이었다(요 3:10).

하나님과의 올바른 관계는 하나님께 드리는 제물에 대한 올바른 이해에서부터 시작된다. 하나님께서 제사 제도를 통해 올바른 하나님과의 관계의 회복 방법을 계시하셨기 때문이다. 구약에 계시된 제사 제도의 패러다임에서 십자가를 이해해야만 그 의미를 정확히 알 수 있고 구약의 제사 제도 역시 십자가를 통해서 바라볼 때 그 의미가 완전해진다.

3) 사람이 원하는 기도, 하나님께서 원하시는 기도

세상의 종교에서 그 신에게 기도를 하는 목적은 하나다. 그 신에게 3,000배를 하든 금식기도를 하든 성의 있는 태도와 진실된 마음을 보이면서 그 신의 마음을 나에게 호의적인 방향으로 돌려 신으로부터 무엇인가를 얻어내려는 것이다. 이런 방식 역시 우리 인간들에게는 너무나 익숙하여 아무런 이의가 없다. 성경에서 사람에게 요구하는 기도도 일견 이런 것 같아 보이지만 하나님의 전지전능하심과 자비와 공의로우심을 깨닫고 보면 사람이 하나님께 기도 드리는 목적은 **하나님의 마음을 돌리려는 것이 아니라 기도하는 사람이 변하는 것이라는 것을 알 수 있다.**

'기도하다'라고 번역된 헬라어는 προσεύχομαι(프로슈코마이)인데 이 단어는 προσ라는 전치사와 εύχομαι(유코마이, 원하다, 바라다)라는 동사의 합성어이다. προσ는 '~로 향하여', '~ 와 하나가 되어'라는 뜻이다. 결국 성경에서의 기도(祈禱)는 우리 말의 의미처럼 인간보다 능력이 뛰어나다고 생각하는 어떠한 절대적 존재에게 (육신의) 원하는 바를 비는 행위를 말하는 것이 아니다. 이런 의미의 기도는 토속 신앙이나 불교 등 이방 종교에서 하는 기도다. 이런 이방 종교의 기도의 개념을 교회 안으로 가지고 들어와서 하는 기도는 대상이 부처나 조상 신에서 하나님으로 바뀌었을 뿐 내용과 목적은 동일하다. 이런 류의 기도는 자신이 변하려는 것이 아니라 하나님을 내 뜻에 맞게 변화시키려는 의도이다. **그러나 성경의 기도는 기도하는 사람이 하나님을 향하여 가까이 가서 하나님과 하나가 되고 하나님의 뜻이 나의 뜻이 되게 하는 영적인 간구와 소원을 표현하는 일이다.** 그러므로 예수님께서 가르쳐 주신 기도는 사람의 뜻이 하나님의 뜻과 하나가 되게 하기 위한 기도일 수 밖에 없었다(마 6:9-13). 그러나 당시 바리새인들을 위시한 유대인들도, 현대의 많은 기독교인들도 하나님께 육적인 필요를 채워 달라고 큰 소리로 기도한다. 그러나 하나님께서 기다리시는 기도는 영적인 필요를 채워 달라는 기도이다. 하나님 안에 있으면 육적인 필요는 하나님께서 알아서 책임지신다. 이 문제는 기도의 제목이 아니다. 아담을 생각해 보자. 아담에게 필요한 모든 육적인 필요는 하나님께서 아담을 지으시기 전에 모두 예비하셨다. 아담이 구하거나 원해서 예비하신 일이 아니었다. 아담이 자의로 구했어야 할 것은 하나님께서 계속 그 안에 거하시는 영적인 일뿐이었다. 지금도 하나님께서는 사람보다 하찮은 새도 먹이시고 아궁이에 던져질 들꽃 한 포기도 아름답게 입히신다. 하물며 사람이 하나님 안에 있다면 육적인 필요는 언급할 필요도 없다. 그러나 대부분의 사람들은 육적인 부족함은 예민하게 깨닫지만 자기 심령의 가난함을 모른다. 그래서 영의 필요성을 느끼지도, 구하지도 못한다. 그 결과 하나님과 하나게 되게 해 달라고 했어야 할 간구가 육신의 필요를 채워 달라는 빎으로 전락했다. 그래서 예수님께서는 육을 위한 기도는 이방인들의 기도라고 하신 것이다.

하나님께서는 "변함도 없으시고 회전하는 그림자도 없으시다"(약 1:17) 자신의 죄를 놓고 하나님과 기도로 씨름하면서 통회의 눈물을 흘리는 것은 그 사람의 죄를 사하여 주시는 것은 물론 그 사람의 마음을 정결하게 해 달라는 기도이지 벌 주시려는 하나님의 마음을 다만 기도함으로써 복 주시는 마음으로 바꾸려는 목적이 아니다. 만일 그 기도를 통해서 죄 사함이 이루어졌다면 이는 그 기도 소리를 듣고 하나님께서 그 사람의 죄를 사하여 주신 것이 아니라 그 사람이 기도를 통해 중심으로 하나님의 자비하심을 깨달아 알고 변화되었기 때문이다. 하나님께서 용서를 하셨다기보다는 이미 하신 용서를 그 사람이 중심으로 깨닫고 받아들임으로써 **용서가 이루어진 것이다.**

하나님께서는 창세 전에 이미 우리 죄를 용서하셨다. 문제는 하나님께서 주신 용서와 죄 사함을 우리가 중심으로 받아들이느냐 안 받아들이느냐의 문제이다. 누가복음 15장 11-32절에 나오는 탕자의 비유를 보아도 이러한 하나님의 자비하심을 알 수 있다. 탕자가 집을 나갈 때 아버지는 이미 그 아들을 용서하고 그 아들이 돌아오기를 기다릴 뿐이었다. 그러므로 멀리서 오는 아들을 아버지가 먼저 보았고 먼저 달려 나갔다. **그 아들이 집에 돌아와서 용서를 비니까 그때 비로소 마음을 돌려 용서한 것이 아니다.** 아들에 대한 아버지의 마음은 처음부터 한결같았다. 하나님의 죄인에 대한 죄 사하심도 이와 같다. 탕자가 집에 돌아와서 아버지에게 용서를 빈 행위는 본질적으로는 이미 하신 아버지의 용서와 그 사랑을 아들이 비로소 깨닫고 받아들인 것이다. **우리는 이것을 회개라고 부르지만 회개를 해서 용서를 한 것이 아니다. 이미 하신 아버지의 용서를 아들이 중심으로 받아들이는 것이 회개이다.** 이렇게 하나님의 용서를 중심으로 받아들이는 과정에는 죄를 미워하게 되는 일이 수반된다. 그러므로 진실한 회개는 죄를 떠나는 결과를 가져온다. 그러나 이러한 죄 사함과 회개의 과정을 사람의 악한 본성으로 바라보면 하나님께 싹싹 빌고 회개하니까 하나님께서 비로소 용서하신 것처럼 보이는 것뿐이다. 만일 하나님께서 벌을 주시려다가 복을 주시려고 마음을 바꾸셨다면 그것은 단순히 그 사람이 간절히 기도해서가 아니라 그 사람이 기도를 통해 죄를 미워하게 되는 회개를 했으므로 매를 들 필요가 없어졌기 때문이다. 하나님께서 사람의 기도로 마음이 변한 것이 아니라 진심으로 기도한 사람이 변한 것이다. 하나님의 통치 원칙과 인간에 대한 자비와 사랑은 기도 전이나 후나 변함이 없다. 인간에게 요구하시는 바도 기도하기 전과 후가 다를 것이 없다. 하나님께서 인간에게 요구하시는 바대로 그 기도하는 그 사람이 기도를 통해서 변화되기를 기다리실 뿐이다. 하나님의 뜻에 따라 하는 기도는 이런 이유로 응답을 받을 수밖에 없는 것이다. **하나님께서는 우리에게 복 주시기를 항상 원하시기 때문에, 대부분의 경우 기도로써 굳이 복 주시기를 요청할 필요가 없다. 다만 우리가 그 주시고자 하는 복을 받을 준비가 될 수 있도록 우리 자신을 정결하게 해달라는 기도가 필요한 것이다.**

> 그러므로 염려하여 이르기를 무엇을 먹을까 무엇을 마실까 무엇을 입을까 하지 말라 이는 다 이방인들이 구하는 것이라 너희 하늘 아버지께서 이 모든 것이 너희에게 있어야 할 줄을 아시느니라 그런즉 **너희는 먼저 그의 나라와 그의 의를 구하라** 그리하면 이 모든 것을 너희에게 더하시리라 (마 6:31-33)

하나님의 나라와 의를 구하는 것은 바로 **내 안에** 하나님의 나라가 이루어지고 **나의 삶에** 하나님의 의가 드러나기를 구하는 기도를 말한다. 주기도문을 보라. 복을 줄까 말까 하고 망설이시는 하나님께 복을 달라고 비는 문구가 있는가? 우리의 심령을 깨끗하게 하시고 또한 깨끗하게 지켜주시기를 기도하는 내용일 뿐이다. 결국 하나님의 나라와 하나님의 의를 구하는 내용이다. 일용할 양식을 달라는 기도는 육신에 필요한 빵을 달라는 기도가 아니라 영적인 양식인 말씀을 깨닫게 도와달라는 기도이다. 사람이 말씀을 깨달아야 하는 목적 역시 기도하는 사람의 마음을 정결하게 하기 위함이다. 이렇듯 예수님께서 가르쳐 주신 기도의 저변에는 자신이 하나님의 뜻에 맞게 변화되고 복(생명)을 받을 영적인 준비가 되고자 하는 소망이 있어야 된다는 교훈이 있다. 그리하여 하나님의 뜻이 우선은 내 안에서 이루어지게 되고, 나아가 결국에는 그 뜻이 이 땅에서도 이루어지기를 간절히 기도하라는 것이다. 그리고 더욱 감사한 것은 하나님께서는 자신의 뜻과 같은 뜻을 갖기를 간구하고 그렇게 해달라고 하나님 앞으로 나아 오는 자들을 기다리고 계실 뿐 아니라 그 일을 기뻐하시고 그 일을 위해서 사람이 되시고 대속의 피를 흘리셨다는 엄연한 사실이다. 그래서 우리는 십자가를 바라볼 때 은혜의 보좌 앞으로 담대히 나갈 수 있는 믿음이 생기는 것이다.

> *그러므로 우리는 긍휼하심을 받고 때를 따라 돕는 은혜를 얻기 위하여 은혜의 보좌 앞에 담대히 나아갈 것이니라* (히 4:16)

4) 사람의 명령, 하나님의 명령

세상의 종교는 그 신이 인간에게 무엇을 명령할 때, 그 명령을 성실히 잘 수행했는가를 보고 그 결과에 따라 상벌을 준다. 인간적으로는 너무 당연한 얘기이다. 그러나 이러한 원칙 역시 하나님의 뜻과는 너무도 거리가 먼 것이다. 하나님께서는 인간들에게 명령을 하실 때 인간의 능력을 벗어나는 일을 명하시고, 명령을 받은 인간이 믿음으로 그 명령에 순종하려고 의지를 사용할 때, 그 명령을 수행할 능력을 주신다. 사람이 **할 수 있는 일** 중에서 선한 일을 하는 것이 하나님의 뜻이고 그렇게 하여 인간의 구원이 이루어진다면 십자가의 은혜가 필요 없을 것이다. 사람이 자기 능력으로 선한 일을 하면 되기 때문이다.

예수님께서 십자가에 달려 돌아가시는 치욕을 당하실 필요도 없었을 것이다. 쉽게 예를 들어, 나에게 잘해 주는 사람에게 잘해 주고 나를 미워하는 사람을 미워하는 것이 하나님의 명령이라면 우리는 하나님과 관계를 맺을 이유가 없다. 그러나 하나님께서는 우리 같은 죄인에게 그 능력을 벗어나는 일을 명하신다. "너희 원수를 사랑하며 너희를 핍박하는 자를 위하여 기도하라"고 명하신다. 우리는 원수를 내 몸처럼 사랑하고 나에게 죄 지은 자를 용서하는 삶을 살아야 하기 때문에 우리에게는 예수님의 은혜가 필요한 것이다. 이런 일들은 우리의 본성으로는 할 수 없는 일이기 때문이다. 그래서 우리들은 본래 죄인이고 그래서 **구원되어야 할** 존재들이다. 예수님께서 베드로의 발을 씻기지 아니하시면 예수님은 베드로와 상관이 없으시다는 말씀이 이 뜻이다(요 13:8).

우리는 포도나무 가지이고 예수님은 그 포도나무다. 가지가 나무에 붙어 있을 때는 열매를 맺지만 가지가 나무와 떨어져 있으면 열매를 맺을 수 없게 된다. 이 포도나무 가지의 비유는 우리가 예수님으로부터 능력을 항상 받지 않으면 열매를 맺을 수 없다는 것을 가르쳐 주고 있다. 그러나 가지가 나무에 붙어 있기만 한다면 열매를 맺을 것이라는 **약속**이기도 하다. 이 가지가 포도나무에 붙어 있는 일이 바로 믿음이다. 우리가 하나님의 명령을 순종해서 붙어 있게 되는 것이 아니라 붙어 있어야만 명령에 순종할 수 있게 된다. 포도나무가 나무 본체에서 떨어져 나간 가지들에게 열매를 맺으라고 명령하신 내용들이 바로 율법의 요구들이다. 그 가지는 율법을 행하기 위해 어떻게 해야 하겠는가? 다시 나무에 가서 붙어 있어야 한다. 그래야만 열매를 맺을 수 있다. 원수를 사랑하라고 하신 명령은 가지가 포도나무에 붙어 있기만 하면 원수를 사랑할 능력을 주시겠다는 약속이다. "하늘에 계신 너희 아버지의 온전하심과 같이 너희도 온전하라"(마 5:48)는 명령의 말씀도 우리를 온전하게 만들어 주시겠다는 약속의 말씀이다. 그러므로 오직 믿음으로 구원에 이르는 것이다.

이스라엘 백성과 여호와 하나님 사이에 맺은 언약을 묵상해 보면 매우 흥미로운 사실을 깨달을 수 있는데, 그것은 이스라엘 백성과 여호와 하나님의 언약의 내용이 이스라엘 백성의 능력으로 지킬 수 없는 것이었다는 점이다. 그 언약의 내용은 바로 하나님의 율법이었다. 하나님의 율법은 하나님의 품성을 가지고 사는 길을 규정한 것이기 때문에 하나님의 품성을 소유한 자만이 지킬 수 있는 것이었다. 그러나 이스라엘 백성은 그것을 깨닫지 못했다. 이스라엘 백성은 율법을 먼저 지키기 전에 율법의 정신이 나의 정신이 되도록 하나님을 의지하는 일을 먼저 했어야 했다. 그러나 그들은 율법의 문자적 조항을 지키는 데만 인간적 노력을 했을 뿐 그 율법의 정신이 왜 자신들의 정신과 다른가는 고민을 해 보지 않았던 것이다. 그러나 하나님께서는 율법만을 주시지 않고 율법을 주신 후에 이스라엘 백성이 하나님의 의(義), 곧 율법의 정신을 소유하기 위해 하나님께 의지하는 방법을 가르쳐 주셨다. 그것은 바로 성막(성소)과 제사에 관한 제도이다. 성소 제도는 눈에 보이지 않는 하나님의 은혜를 받아 율법의 정신을 완전히 소유하게 되는 과정을 자세히 보여 주는 시청각 교재였다. (이 문제는 추후에 다시 간단하게나마 다룰 것이다) 그곳에서 매일 조석으로 죽어가는 양은 앞으로 올 그리스도의 대속의 희생이면서 그 자비와 희생에 자기의 영혼이 녹은 사람이 드려야 할 '자기의 본성'이라는 제물이기도 하였다. 이렇게 자기 본성이 제물로 드려지고 그 빈자리에 성령께서 임하실 때 율법을 지킬 수 있는 능력을 소유할 수 있다는 계시였다. 지성소에 있는 법궤 안에 두었던 십계명 돌 비는 바로 하나님께서 이스라엘 백성들의 마음 판에 기록하시기를 원하셨던 율법의 정신이었고 율법을 담는 상자인 법궤는 바로 그들 자신이어야 한다는 것을 그들은 깨닫지 못했다. **이러한 성소와 제사 제도를 주셨다는 자체가 바로 구원은 성령을 배제한 상태에서 육체의 행위로 되는 것이 아니라 믿음으로 된다는 진리를 계시하신 것이다.**

우리가 예수님을 항상 바라보고 의지하면서 하나님의 말씀에 순종하려고 우리의 의지(意志)를 사용하면 하나님께서는 우리에게 말씀을 행할 능력을 주신다는 진리가 모세의 율법에 이렇게 성소제도를 통해 기록되어 있었다는 것은 놀라운 사실이다. **그러므로 하나님의 모든 명령은 그 명령을 수행할 수 있는 능력을 주시겠다는 약속이다. 그러므로 사람이 마땅히 할 일은 그 약속을 믿음으로 붙잡는 일이다. 그러므로 믿음은 순종이라는 열매를 맺는다.** 이 얼마나 은혜로운 일인가? 이 모든 일들을 묵상하여 보자. 도대체 우리의 구원을 위하여 우리가 할 수 있는 것은 하나님의 말씀을 단순히 믿고 그 믿음에 따라 순종하는 것 외에 도대체 무엇이 있을 수 있단 말인가?

의인(義人)은 믿음으로 말미암아 살리라 (합 2:4)

5) 사람의 영광, 하나님의 영광

이 세상 우리 주변을 돌아 보면 인간이 만든 수많은 물건들이 있다.

자동차, 건물, 선풍기, 가구 등등 이런 모든 물건들은 저절로 생긴 것이 단 하나도 없고 사람이 어떤 목적을 가지고 만든 작품들이다. 사람은 무엇을 만들 때는 그 만든 물건을 이용해서 자신의 유익을 위해 얻기 위해서 만든다. 그렇지 않은 물건 역시 하나도 없다. 그러나 하나님의 인간 창조는 이런 인간의 동기와는 정반대이다. 하나님께서는 자신의 유익을 위해서 인간을 만들지 않으시고 만드실 그 인간 자체를 위해 인간을 창조하셨다. 다시 말해 인간의 행복을 위해 인간을 창조하셨다. (우리는 이렇게 해 본적도 이렇게 할 능력도 없기 때문에 이러한 하나님의 의도가 쉽게 이해되지는 않는다) 그러므로 아담이나 하와가 하나님을 위해 한 것이 하나도 없는데 "하나님 보시기에 지으신 모든 것이 심히 좋았다"(창 1:31)라고 기록된 것은 하나님의 창조의 목적을 이해하고 보면 너무나 당연한 것이다. 아담이 행복하라고 아담을 지으셨고 그 아담이 행복해하니 하나님 보시기에 좋았던 것이다. 이러한 창세기의 기록은 **하나님의 은혜로 인한 무한한 피조물의 행복이 바로 하나님의 영광이라는 것을 우리에게 가르쳐 준다. 그리고 이것이 하나님의 본성이다. 그러므로 하나님의 본성 자체가 하나님의 영광이라고도 할 수 있다.**

세상 종교의 신은 그 신이 능력 있고 위대하기 때문에 높임을 받는 것이 당연한 것이고 이것이 그 신에게 영광을 돌리는 것이지만, **하나님의 영광은 하나님께서 능력이 많고 높으시기 때문에 높임을 받는 것이 아니라 스스로 낮추셨기 때문에 피조물들이 유익함을 얻고 그렇게 은혜를 입음으로 행복하게 된 피조물들이 영광을 하나님께 돌리게 되는 것이다.** 그리고 이러한 하나님의 본성과 그에 따른 통치의 원칙이 모든 피조물을 위해 가장 좋다는 것이 드러날 때 하나님께서 영광받으신다. 그렇기 때문에 이러한 원칙 위에서 피조물들이 살면서 완전한 행복을 느낄 때 따로 영광을 돌리지 않아도 이 자체가 또한 하나님께 영광인 것이다. '말씀 하나님'[74](예수님)께서 인류의 대속물이 되기 위하여 인성을 쓰시던 날, 온 우주를 지으시고 다스리시는 하나님께서 인성을 쓰시고 이 세상에 오시는 그 치욕을 당하시던 날, 천군천사들은 이렇게 자신을 낮추신 하나님, 곧 예수님의 품성과 희생을 "하나님께 영광"(눅 2:14)이라고 노래했다. 심지어 사도 요한은 예수님께서 십자가에서 인간이 견딜 수 없는 온갖 치욕과 모멸을 당하시면서 운명하신 일을 "영광받으셨다"(요 7:39)고 표현하고 있다. 그렇기 때문에 인간이 되신 하나님께서 사람에게(유다에게) 자기를 팔아 넘길 것이면 속히 그 일을 행하라고 명하신 일을 "예수님과 아버지 하나님께서 영광을 받으셨다"고 하신 것이었다(요 13:31). **이렇게 하나님의 영광과 인간의 영광이 그 본질부터 다른 것은 하나님의 본성과 인간의 본성이 다른 것과 마찬가지이다.** 그러나 죄로 인해 눈이 먼 우리들은 자꾸만 우리들의 본성의 잣대로 하나님의 영광을 논하므로 하나님께 실제적인 욕을 돌리고 있는 일이 얼마나 많은지 모른다. 우리는 하나님께 영광을 드린다고 생각하면서 하나님께 욕을 드린다. 하나님의 영광은 하나님의 본성을 근거로 한 영광이다. 하나님의 본성은 곧 하나님의 의(義)이다. 하나님의 의를 드러내는 일이 하나님께 영광 돌리는 일인 것을 사람들은 잘 모르는 것 같다. 화려한 교회 건물을 짓는 것, 입술로 예배와 찬송을 드리는 것, 헌금을 많이 하는 것, 사회 봉사 활동 자체, 전도를 해서 교회에 신도 수를 늘리는 것

---

74)   요 1:1, 14.

등등 우리가 혼히 하나님께 영광이라고 생각하는 일들은 하나님의 의(義)와는 본질적인 관련은 없다. 오히려 의롭지 못한 사람들이 자신이 의롭다는 것을 보여 주기 위해 할 수 있는 좋은 일들이기 쉽다. 이런 일들을 하면서 계속 선한 삶을 살지 않는다면 이는 하나님께 영광이 아니라 욕을 돌리는 일이다. 선하지 못한 자들이 이런 종교적인 행위를 자신의 선함의 증거로 삼는 일은 예수님께서 제일 싫어하시는 일이다. 예수님께서도 이런 일들을 통해 하나님께 영광을 돌리지 않으셨다. 예수님께는 아버지의 이름(품성)을 세상에서 택하신 제자들에게 드러내신 것이 아버지께 영광이라고 하셨다(요 17:4, 6). 안식일을 잘 지키고 제사를 잘 지내고 십일조를 잘해서 하나님께 영광을 돌리셨다고 말씀하신 적이 없다.

"너희 중에 누구든지 크고자 하는 자는 너희를 섬기는 자가 되고 너희 중에 누구든지 으뜸이 되고자 하는 자는 모든 사람의 종이 되어야 하리라"(막 10:43-44)고 하신 말씀 속에 하나님의 본성, 곧 율법의 원칙이 드러나 있다. 이러한 '섬김의 정신', 곧 하나님의 품성을 내면화 하는데 간접적으로 도움을 주는 것이 종교 의식일 뿐이다. 사실 하나님과의 '하나 됨'과 '분리 됨'의 문제는 영(靈)의 일이기 때문에 우리가 직접 느낄 수도 볼 수도 없는 일이다. 그러나 이러한 눈에 보이지 않는 영의 일들이 생명과 사망에 관한 본질의 문제이다. 그렇기 때문에 하나님께서는 이런 눈에 보이지는 않으나 우리에게 가장 중요한 궁극적이고 본질적인 문제를 눈에 보이는 방법으로 계시하셔서 우리들이 바른 선택을 하기를 기다려 오셨다. 선악과의 언약, 양의 희생을 통한 자기 부정의 교육, 율법(인간의 언어)를 통한 하나님 본성의 계시, 성소(성전)과 제사 제도, 각종 절기들, 시민법들, 선지자들의 경고,

성육신과 십자가의 희생. 이 모든 것들의 최종 목적은 하나님과 관계 없던 사람과 하나님의 '하나 됨'이었다. 현대 기독교에서의 모든 종교 행위들 역시 하나님과의 '하나 됨'에 관해 우리들에게 항상 상기시켜 주어 그렇게 되도록 도와주는 간접적인 수단일 뿐이지 그것들이 하나님의 의(義) 자체는 아니다. 예수님을 '믿는 것'도 수단이다. 우리가 예수님을 믿어야 하는 이유는 그것이 죄인이 하나님과 하나가 되는 유일한 방법이기 때문이다. 눈에 보이게 나타나신 하나님의 선하신 생애와 말씀을 믿지 않고 하나님과 하나가 될 방법은 없다.

성경 전체에는 우리 죄인들이 쉽게 이해하기 어려운 패러독스가 관통하고 있다. 성경의 패러독스가 패러독스인 이유는 인간 본성의 관점으로 하나님의 본성이 드러난 일을 해석하기 때문이다. 인류의 역사에 계시된 이러한 패러독스의 절정이 십자가이다. 십자가에는 우주에서 가장 강한 증오와 사랑이 동시에 나타나 있다. 또한 십자가에는 가장 낮아짐이 곧 가장 높아짐이라는 오묘가 기록되어 있다. 하나님의 죽음이 인류의 생명이라는 신비도 드러나 있다. 그렇게 사랑하시는 인간이 그렇게 증오하시는 죄와 하나가 되어 있으므로 하나님께서는 인간을 대신하여 십자가에 달리심으로써, 죄에 대한 하나님의 증오와 인간에 대한 무한한 사랑을 드러내셨다. 이와 동시에 인간이 하나님과 영원히 동행하기 위해서는 죄와 영원히 분리되어야 함을 십자가를 통해 온 우주에 선포하고 있다. 그러나 죄를 버리기 싫은 이기적이기만 한 인간들은 십자가의 의미를 생각할 때 예수께서 우리를 대신하셔서 속죄의 죽음을 죽으신 것만 생각하고 그 속죄의 죽음이 죄인들에게 호소하고 있는 '이제까지의 죄값은 내가 치렀으니 이제 제발 죄를 떠나라'는 엄중한 요구에는 귀를 닫고 눈을 감는다. 그러면서 하나님의 은혜를 찬송하고 십자가를 높인다. 그것도 모자라서 십자가의 형상을 만들어서 교회 지붕과 강단 뒤에 달아 놓았다. 그들의 생각과 삶은 죄인의 모든 죄를 정결하게 하는 십자가의 능력을 부인하고 능멸하고 있다. 그러나 죄인이 죄를 떠나기로 결심을 하면 하나님께서 그 능력을 주실 것을 약속하신 장소가 바로 십자가이다. 왜냐하면 십자가의 대속이 없이는 하나님도 사단이 **합법적으로 점령**하고 있는 인간을 사단으로부터 강제로 해방시킬 수가 없기 때문이다. 십자가를 통해 인간이 죄를 떠나기로 결심하고 예수님을 구주로서 자신의 심령 안으로 받아들일 때 비로소 예수님께서는 합법적으로 사단을 그 사람의 마음에서 쫓아내시고 새로운 마음을 창조하신다. 이렇게 하나님의 능력으로 사람의 마음을 의롭게 재창조하시는 일에 원어 성경에서는 헬라어 단어 δικαιόω(dikaiow)를 사용하고 있다. 그리고 이 단어는 법정적 용어이기도 해서 의롭게 변화된 자를 의롭다고 선포한다는 의미도 가지고 있다. 이러한 구속의 원리를 사도 바울은 다음과 같이 고백하고 있다.

> 그리스도 예수님 안에 있는 구속(救贖)을 통해 하나님의 은혜로 값 없이 **의롭게 되었느니라.** 그분을 하나님께서 그분의 피를 믿는 믿음을 통한 화목 제물로 세우셨으니 이것은 하나님께서 참으심을 통해 과거의 죄들을 간과하심으로써 자신의 의를 밝히 드러내려 하심이요, 내가 말하거니와 이때에 자신의 의를 밝히 드러내사 자신도 **의로우시며** 또 예수님을 믿는 자를 **의롭게 만드시는 이**가 되려 하심이라 (롬 3:24-26, 스테판 원어성경 필자 사역)

그러므로 십자가에는 하나님께서 십자가의 위치까지 자신을 낮추심으로써 그 십자가 발 아래에 무릎 꿇은 사람을 하나님의 아들과 예수님의 친구의 위치, 곧 신(神)의 자리까지 그 사람을 높이시는[75) 오묘가 감추어져 있는 것이다.

하나님께서는 인간을 창조하실 때 인류가 하나님을 떠나 사탄의 편에 설 가능성이 있고 만일 그렇게 된다면 사탄의 노예가 된 인류를 죄로부터 구원하기 위하여 하나님의 생명이 요구된다는 것을 아시면서 창조를 결정하시고 행하셨다. 그리고 우리 유한한 인간의 이해력으로는 이해가 되지 않지만 아마 하나님께서는 아담이 타락할 것을 미리 아셨을 것 같다. 이렇게 창세 이전에 인류가 타락한다면 그 타락한 인류를 하나님 자신의 생명을 희생하더라도 구속하기로 이미 결정이 되어 있었는데 이것을 '예정(predestination)'이라 한다. 예정이라는 것은 창세 전부터 누구를 구원하고 누구를 멸망시킬까를 미리 정했다는 그런 유치한 사상이 아니다. (이러한 칼빈의 예정론은 요 3:16에 기록된 대로 **"믿는 자는 누구든지 구원하시려는"** 하나님의 뜻과 정면으로 상반되는 이론이다) 하나님의 길은 인간의 길보다 이렇게 높다. 하나님의 뜻은 인간의 뜻보다 헤아릴 수 없이 높다. 하나님께서는 자신의 생명을 희생해서라도 피조물들의 일부라도 영원한 복락을 누릴 수 있다면 당신께서 감당하실 고통보다는 피조물들이 누릴 기쁨을 더 크게 생각하신다. 그래서 예수님께서 십자가에 달리신 일이 영광받으신 일이다. 그러므로 십자가에서 대속의 피를 흘리시기 위해 예수님께서 인간으로 세상에 오신 날 이 소식을 전하던 천사들이 "큰 기쁨의 좋은 소식"(눅 2:10)이라고 한 것도 놀라운 역설의 기쁨이었다.

인간의 영광은 내가 높임을 당하고 타인으로부터 칭송을 듣고 다

---

75) 내가 말하기를 너희는 신들이며 다 지존자의 아들들이라 (시 82:6)

른 사람이 나를 위해 봉사를 할 때 이를 영광으로 여긴다. 이는 현저한 사단의 정신이다. 그러나 하나님의 영광은 하나님의 희생을 통해서라도 피조물에게 은혜를 베푸시고 그로 인해 피조물이 행복할 때 그리고 그러한 하나님의 뜻과 길이 의롭다는 것이 온 우주에 밝히 드러날 때 이 모든 것들이 하나님의 영광인 것이다.

> 내 이름으로 불려지는 모든 자 곧 **내가 내 영광을 위하여 창조한 자를** 오게 하라 그를 내가 지었고 그를 내가 만들었느니라 (사 43:7)

하나님께서는 자신의 영광을 위해 사람을 지으셨다고 선포하신다. **여기서 하나님의 영광을 우리 인간들의 영광 정도로만 생각하면 하나님은 자신의 노리개로 인간을 창조하신 매우 이기적인 분이 되어 버린다.** 그리고 실제로 이렇게 생각하는 사람들이 상당히 많이 있다. 그러나 피조물들이 기쁨으로 삶을 영위할 때 그것이 하나님께 영광이다. **하나님께서는 하나님의 영광을 위하여 사람이 되시어 십자가에 달리셨다.** 그런데 사람들은 자신들이 받고 싶은 영광을 하나님께 드리려 한다. 찬송을 드리고 헌금을 드리고 재능을 드리고 시간을 드리고… 끝없이 무얼 드릴 때 하나님께서 기뻐하시고 영광받으신다고 생각한다. 이런 식의 영광은 이방 종교의 신들이 받는 영광이다. 하나님께 영광은 하나님께 우리가 은혜를 받아서 기쁨을 누리는 것이다. 찬송 자체가 하나님께 영광이 아니라 찬송이 자연스럽게 나올 정도로 하나님의 뜻 안에서 기쁨을 누릴 때 그것이 하나님께 영광이다. 스데반처럼 죄 없이 순교를 당하면서도 마음에 평강을 느낀다면 이것이 하나님께 인간이 돌릴 수 있는 가장 큰 영광일 것이다. 악한 우리 인간들도 자기의 자식이 건강하고 행복하게 사는 것이 부모인 자신들에게 영광일진대, 하물며 인간들이 누리는 진정한 행복이 어찌 하나님께 영광이 안 되겠는가? 그렇기 때문에 우리는 그런 하나님을 더욱 사랑하게 되고 그 분을 위해 생명도 버릴 수 있는 경지까지 오게 되는데 이 또한 하나님께 영광인 것이다. **그러나 생명을 영위하는 진정한 기쁨은 하나님의 뜻대로 살 때만 완전하게 이루어진다. 왜냐하면 그렇게 지음을 받았기 때문이다.** 휘발유로 움직이는 자동차는 그렇게 만들어졌기 때문에 휘발유를 넣어야만 제대로 작동하고 엔진에 문제가 없다. 휘발유 자동차에 석유를 넣으면 일단은 움직이는 것 같지만 곧 엔진이 고장 나서 자동차를 못 쓰게 된다. 휘발유 대신 석유를 넣고 다녀서 고장 나고 못쓰게 된 자동차는 죄의 품성으로 살다 죽어가는 우리의 인생들과 얼마나 비슷한가?

하나님의 품성(뜻)대로 삶을 영위하면서 진정한 마음의 평화와 행복을 누리는 것이 하나님께 영광을 돌리는 삶이다. 다른 사람을 위해 자신을 희생하더라도 그것이 그 사람에게 기쁨이 될 때 하나님께서는 영광을 받으신다. 이런 자연스러운 방법으로 하나님의 뜻이 의로운 길, 옳은 길이었다는 것이 드러나는 것이 결국 하나님께 영광이다. 스테판은 하나님께 영광을 돌리기 위해 억울하고 분한 마음이 가득 찼는데도 일부러 평화로운 표정을 짓지 않았다. 이 세상의 끝 예수님의 재림 직전에 영적 바벨론과 여자(교회)의 남은 자손과의 마지막 영적 전쟁이 있을 것인데 물론 여자의 남은 자손의 승리로 끝이 난다. 그 전쟁의 승리 후에 그들이 부르는 노래는 다음과 같다.

*짐승과 그의 우상과 그의 이름의 수를 이기고 벗어난 자들*이 유리 바다 가에 서서 하나님의 거문고를 가지고 하나님의 종 모세의 노래, 어린 양의 노래를 불러 이르되 주 하나님 곧 전능하신 이시여 하시는 일이 크고 놀라우시도다 만국의 왕이시여 **주의 길(계명)이 의롭고 참되시도다** 주여 누가 주의 이름을 두려워하지 아니하며 **영화롭게 하지 아니 하오리까** 오직 주만 **거룩하시니이다** 주의 의로우신 **일이 나타났으매** 만국이 와서 주께 경배하리이다 (계 15:2-4)

이 세상 끝에 하나님의 뜻과 길이 옳았다는 것, 하나님의 계명이 피조물들의 행복을 보장하는 울타리였다는 것이 온 우주와 천사들 앞에 명명백백하게 드러날 것이고 이로 인해 하나님께서 영광받으실 것을 예언하고 있다. 만일 죄를 범하면서 기쁨을 느낀다면 이는 사단에게 영광을 돌리는 것일 것이다. 그러나 그것이 일시적인 기쁨이고 결국에는 인간에게 불행인 것은 곧 증명이 된다. 이미 인류 역사가 이를 증명하고 있다. 하나님을 떠나 사단의 뜻대로 살아 왔던 인류는 얼마나 불행한 역사를 이루어 왔는가? 인류의 역사를 한마디로 요약하면 그야말로 증오와 싸움의 역사이다. 그리고 불행했던 인류의 역사는 지금도 같은 방식으로 반복되고 있고 이제 그 불행한 역사의 종말을 인류는 눈앞에 두고 있다. 그러므로 이 세상의 종말은 멀쩡히 잘 먹고 잘사는 인류를 단지 하나님을 믿지 않는다는 이유로 멸망시키는 것이 아니라 불행과 폭력과 증오의 역사를 더 이상 참을 수 없어서 끝내시는 것이다. 지옥[76]이 따로 있는 것이 아니다. 서로 증오하고 싸

---

76) 성경에 지옥이라고 번역된 단어가 있을 뿐이 이 지옥이라고 번역된 단어가 통속적으로 생각하는 죽어서 육체와 분리된 혼령이 가는 곳이라는 말은 없다. 서로 다른 여러 단어들을 '지옥'이라고 번역해 놓고 그렇게 생각하고 믿고 가르친다. 어리석은 일이다. 천국과 지옥의 문제는 다른 장에서 더 자세히 다루기로 한다.

우면서 사는 이 세상이 지옥이라면 지옥이다. 이 세상의 종말은 결국 지옥의 종말을 의미한다.

그러나 사람들은 진정한 행복이 하나님으로부터 가르침을 받고 성령을 받고 하나님의 뜻대로 사는 것임을 잘 모르고 또한 그러기를 원하지 않는다. 이것이 문제다. 사단은 사람들을 속여서 무가치한 일을 가치 있게 보고 평생을 무가치한 일을 위해 헌신을 하다가 무덤으로 가게 온 세상을 미혹해 왔다. 우리들은 눈이 멀어서 일신의 안락을 누리고 타인으로부터의 칭송(그것이 비록 가식일지라도)을 듣는 것이 행복인 줄 알고 산다. 그러나 소수가 부(富)를 누릴 때 가난에 허덕이는 다수를 생각하면 그들이 누리는 부가 그들을 행복하게 해 줄 수 없을 것이다. 그러나 그들은 행복을 느낀다. 왜냐하면 어쩌면 그들이 부를 부당하게 많이 차지했기에 가난해진 주변의 가난한 사람들에 대해 눈을 감을 수 있는 악한 마음을 가졌기 때문이다. 그러나 이런 마음이 악한 마음인지도 그들은 모른다. 대부분 사람들이 그런 마음을 가졌기 때문이다. 그리고 수많은 돈을 사랑하는 사람들은 부자를 칭송하고 그들에게 아부한다. 심지어 어떤 교회 지도자들은 그들에게 그들이 하나님의 은총으로 부자가 되었다고 아부를 한다. 그래서 부자들은 또 한 번 더 행복을 느낀다.

> 그러나 화 있을진저 너희 **부요한** 자여 너희는 너희의 위로를 이미 받았도다 화 있을진저 너희 **지금 배부른** 자여 너희는 주리리로다 화 있을진저 너희 **지금 웃는** 자여 너희가 애통하며 울리로다 **모든 사람이 너희를 칭찬하면** 화가 있도다 그들의 조상들이 거짓 선지자들에게 이와 같이 하였느니라 (눅 6:24-26)

사단에게 속아 잘못된 세계관과 가치관을 가지게 되면 하나님의 뜻에서 벗어난 삶을 살 수밖에 없고 하나님께 영광이 될 수 없다. 하나님께서는 우리에게 구원을 주시기를 원하시는데 사람들은 그것을 받지 않는다. 생명을 주시기를 원하는데 그것을 받지 않는다. 성령을 주시기를 원하는데 그것을 받지 않는다. 이것이 죄의 요체이다. **아담이 선악을 알게 하는 나무의 열매를 먹은 행동도 그 본질은 받지 않은 행위였다.** 아담 안에 계셔서 아담을 영원히 거룩하게 하시려는 은혜를 받지 않은 것이다. 하나님께서 우리에게 생명을 주시기를 얼마나 원하시는가는 십자가에 기록되어 있다. 예수님께서 십자가에 달리신 유일한 이유와 목적은 인간에게 생명을 주시는 것이었다. 우주의 주인이신 그분께서 인성을 쓰시고 이 땅에 오셔서 십자가에서 돌아가실 정도로 우리에게 생명을 주기를 원하신다. 하나님의 뜻과 길이 이토록 높다.

> 이는 내 생각이 너희의 생각과 다르며 내 길은 너희의 길과 다름이니라 여호와의 말씀이니라 이는 하늘이 땅보다 높음 같이 내 길은 너희의 길보다 높으며 내 생각은 너희의 생각보다 높음이니라 (사 55:8,9)

6) 사람의 의(義), 하나님의 의(義): 성경에서 말하는 죄

우리는 어릴 때부터 선하고 악한 것을 겉으로 드러난 행위에 의해 규정을 하는 것을 보고 배우고 살아 왔다. 가령 어떤 사람이 도둑질을 했으면 도둑질이라는 행위를 죄(罪)라고 규정을 짓는다. 그래서 그

도둑질을 한 사람은 '도둑질'이라는 죄를 범했기 때문에 악인 또는 죄인이라고 생각한다. 그 반대로 어떤 사람이 고아들을 위하여 자기의 재산의 일부를 기부하였으면, 그 기부 행위를 선행이라고 규정을 하고 그 사람은 그 선행 때문에 선한 사람 또는 의인이라고 부른다. 이러한 식의 선과 악 그리고 악인과 의인에 대한 세속적인 사고 방식 때문에 우리는 성경 말씀을 읽을 때, 죄에 대해, 회개에 대해 더 나아가 구원에 대해 명확한 개념을 갖지 못하는 경우가 많다. 선(善)과 악(惡) 또는 죄(罪)와 의(義)에 대한 하나님의 말씀은 이러한 인간 사회 안에서의 선과 악의 개념과는 다르다. 선악에 관한 성경상의 정의를 알기 위해 다음 말씀을 이해할 필요가 있다.

> *어떤 관리가 물어 이르되 선한 선생님이여 내가 무엇을 하여야 영생을 얻으리이까? 예수께서 이르시되* **네가 어찌하여 나를 선하다 일컫느냐 하나님 한 분 외에는 선한 이가 없느니라** (눅 18:18-19)

일반적인 선과 악에 관한 사고 방식으로는 도저히 이해가 안 가는 말씀이다. 그래서 어떤 주석가는 이 질문을 한 관리가 예수님께 아부하려고 한 '선한 선생님'이라는 말을 예수님께서 책망하신 것이라고 생각한다. 그러나 이 또한 인간의 본성으로 예수님의 말씀을 해석한 것이다. 오히려 이 말씀은 '네가 선(善)이라는 것을 어떻게 생각하고 나를 선하다고 하느냐?'는 반문이다. 성경 자체에도 선한 사람들의 기록이 많은데 어찌해서 선한 분은 하나님 한 분밖에 없다는 것일까? 그러면 예수님도 선한 분이 아니란 말인가? 이런 질문들이 자연히 생기게 된다. 우리는 이 문제를 해결하기 위해 좀 더 근본적인 질문을 던질 필요가 있다.

가령 내가 옆집 사람의 재산을 취하기 위해서 그 사람을 죽였다고 가정을 하자. 이 세상의 모든 사람 중에 이런 살인 행위를 선(善)하다고 생각하는 사람은 한 사람도 없을 것이다. 반대로 내가 길을 가다가 강물에 빠져 허우적거리는 사람을 발견하고 나의 위험을 무릅쓰고 강에 뛰어들어 그 사람을 구하다가 죽었다고 하자. 이런 행동을 보고 악(惡)이라고 생각하는 사람 역시 이 세상에 한 사람도 없을 것이다. 이는 기독교인이든 불교신자든 이슬람교도든 무신론자든 상관이 없다. 그러면 누구에게나 있는 이런 '선과 악'에 관한 보편적인 규정은 누가 한 것인가라는 근원적인 질문을 우리는 하지 않을 수 없다. 이에 대한 대답은 성경 외에는 없다. 바로 위의 말씀이다. 이 말씀에서 예수님께서는 모든 선의 기준과 근원은 하나님이라는 것을 선포하고 계신 것이다. 하나님께서 일부러 '이러이러한 것은 선(善)으로 하자'라고 하신 적은 없지만 하나님의 본성 자체가 바로 선(善)이기 때문에 그분의 본성에 따른 그분의 뜻도 선한 뜻이며 그 선한 뜻이 사람에게 '양심'이라는 형태로 계시되어 있다. **'양심'은 사람들이 자기의 마음속에 있는 것으로, 자기의 생각으로 느끼지만 양심은 우리의 마음이 아니다. 왜냐하면 우리는 100% 양심대로 살지 않기 때문이다.** 우리는 우리의 육신의 욕망을 따라 행동하기를 원하지만 양심의 소리를 듣고 일부는 억제를 하고 일부는 양심의 소리를 무시한다. 어떤 사람들은 양심의 소리에 예민하게 반응하고 어떤 이는 양심의 소리에 완전히 귀를 닫음으로써 아예 양심이 없는 것처럼 보이기도 한다. 사실 '양심'은 우리 마음 속에 있는 것이 아니라 우리의 마음 밖에서 우리 마음을 향해 끝없이 호소하는 '무엇'이다. 그러면 우리가 이 '양심'이라고 부르는 모든 인류에게 있는 실체는 무엇이겠는가? 그것은 바로 모든 사람의 마음에 호소하시는 성령의 음성이다. 천국에서 먼 사람과 가까운[77] 사람이 있듯이 양심에 예민한 사람과 둔한 사람이 있을 뿐이다. 사람들 간의 선악의 기준은 물론 이 양심을 근간으로 하지만 100% 양심대로 사는 사람은 거의 없기 때문에 보편적으로 양심과 타협하는 평균의 정도를 선악의 기준으로 삼는다. 예를 들어 사회생활을 열심히 해서 사람이 만든 법률의 틀 안에서 경쟁하고 성공해서 치부를 한다면 이것을 악으로 생각하는 사람은 거의 없다. 그러나 하나님의 눈에는 악이다. 왜냐하면 그 안에 선한 정신, 곧 자기 희생과 섬김의 정신이 없기 때문이다. 사람들의 시각으로는 무엇인가 눈에 보이고 당장 남들에게 직접적인 피해를 주는 행동이라야 악이라고 느끼고 그렇게 정의하지만 영원하신 하나님의 눈에는 자기를 희생하여 타인을 섬기지 않는 정신은 모두 악이다. 선하지 않은 정신을 가지고 있으면 당장 그것이 행동으로 드러나지 않더라도 환경이 형성되고 시간이 흐르면 반드시 서로에게 피해를 주고 서로를 죽이는 죄의 열매가 맺히게 되어 있다. 그렇기 때문에 선하지 않은 것이 악이다. 중간은 없다. 이런 선악에 관한 잠재되어 있는 성향과 시간에 따라 반드시 맺히는 그 열매들에 관한 교훈 역시 인류의 역사에 기록이 되어 있는데, 바로 홍수 심판 이전의 인류의 역사이다. 노아의 홍수 이전의 사람들의 평균 수명은 900년 이상이었다. 사람이 악한 성향을 가지고 이렇게 오래 살면서 이룬 것은 오로지 그 악한 열매들뿐이었고 결국 하나님의 홍수 심판을 자초하였다. 인류가 1,000년 가까이 살았던 결

---

77) 예수께서 그가 지혜 있게 대답함을 보시고 이르시되 네가 하나님의 나라에
    서 멀지 않도다 하시니 그 후에 감히 묻는 자가 없더라 (막 12:34)

과 홍수 심판 당시 구원받을 수 있었던 사람은 겨우 8명 밖에 되지 않았다. 홍수 이후 사람의 수명을 120년으로 줄이신 것은 하나님의 은혜였다. 그러나 사람들은 스트레스와 부절제와 여러 가지 질병으로 이 나이까지도 살지 못하는 경우가 대부분이다.

> 여호와께서 이르시되 나의 영이 영원히 사람과 다투지 아니하리니 이는 그들이 육신이 됨이라 그러나 **그들의 날은 백 이십 년[78]이 되리라** 하시니라 (중략) 여호와께서 **사람의 죄악이 세상에 가득함과 그의 마음으로 생각하는 모든 계획이 항상 악할 뿐**임을 보시고 땅 위에 사람 지으셨음을 슬퍼하시며 마음에 근심하시고 이르시되 내가 창조한 사람을 내가 지면에서 멸하되 사람으로부터 가축과 기는 것과 공중의 새까지 그리 하리니 이는 내가 그것들을 지었음을 슬퍼하기 때문이라 하시니라 (창 6:3-7, 흠정역+개역 개정)

아무튼 자기 희생의 섬김을 요구하는 것이 우리들 양심의 세미한 음성인데 보통 이런 호소에는 귀를 닫고 오랜 세월을 살았기 때문에 잘 인식하지 못할 뿐이다. 이렇게 사람들이 일반적으로 생각하는 의와 죄의 기준은 하나님의 본성에서 출발하였지만 하나님과 단절된 상태에서 오래 살았기 때문에 본래 하나님의 정하신 바에서 벗어나 있고 변질되어 있다. 그래서 사람들 마음 가운데 희미해진 본래의 선과 악의 기준을 깨닫게 하시기 위해 율법을 주셨다. 하지만 그것도 언어의 한계 때문에 불완전하므로 친히 사람이 되셔서 그 의를 완전하게 보여 주셨다.

그렇기 때문에 구원을 또 다른 말로 표현하면 이렇게 나의 마음 밖에서 호소하던 양심이 내 마음 안으로 들어와서 나와 하나가 되는 일

---

78) 이 말씀을 인간의 수명을 120년으로 줄이시겠다는 뜻으로 해석하는 견해와 120년 후에 홍수 심판이 있을 것이라는 예언으로 보는 견해가 있다.

이라고도 할 수 있다. **사도 바울은 이렇게 마음을 향해 선한 호소를 하고 있는 양심을 '속 사람'이라고 했다.** 그래서 어떤 주석가는 바울의 말한 바 **'속 사람**[79]**'**을 '내 안에 계신 예수님'이라고 설명하기도 한다. 구원은 밖에서 마음의 문을 항상 두드리시던 예수님[80]께서 내 마음 안으로 들어오시는 일이다. 이렇게 예수님께서 나의 심령 안으로 들어 오시도록 마음의 문을 여는 행위가 바로 회개이다. 타락 이전의 아담은 자신의 마음에 호소하는 양심이라는 것이 따로 없었다. 왜냐하면 그 양심이 자기 안에 있어서 자기와 하나였기 때문이다. 양심의 가책이라는 것도 있을 수 없었다. 항상 그 양심대로 살았기 때문이다. 그러나 타락은 아담과 하나였던 그 양심을 마음 밖으로 쫓아낸 일이었다. 타락 이후 항상 사람들의 마음 밖에서 사람들 마음에 호소하는 양심의 소리를 누구나 느낀다는 것은 어쩌면 우리가 죄인이라는 가장 강력한 증거다. 양심은 우리 안에는 없고 우리 마음 밖에 있기 때문이다. 반대로 생각하면 이는 또한 하나님께서 우리를 아직 완전히 포기하지 않으시고 우리와 관계를 맺기를 원하신다는 은혜로운 증거이기도 하다. 이런 성령의 음성을 계속적으로 거부하는 인간에게 계속 옳은 길을 가

---

79) '속 사람'이라는 표현은 성경 전체에 다음과 같이 세 번 나온다. 이 말씀들을 종합해 볼 때 속 사람의 의미는 '우리의 양심, 우리 마음 문을 두드리시는 예수님, 우리 안에 역사하시는 성령님' 등으로 이해하면 별 무리가 없을 것으로 보인다.
내가 속사람을 따라 하나님의 법을 (함께) 즐거워하며 (롬 7:22, 흠정역)
그러므로 우리가 낙심하지 아니하노니 우리의 겉 사람은 낡아지나 우리의 속 사람은 날로 새로워지도다 (고후 4:16)
그의 영광의 풍성함을 따라 능력의 강건함을 너희에게 주셔서 속사람으로 살게 하시며 (엡 3:16, 스테판 원어 성경 필자 사역, 우리말 성경은 오역됨)

80) 볼지어다 내가 문 밖에 서서 두드리노니 누구든지 내 음성을 듣고 문을 열면 내가 그에게로 들어가 그와 더불어 먹고 그는 나와 더불어 먹으리라 (계 3:20)

라고 호소하시는 것을 성령께서 사람과 싸운다고 표현하고 있고 그래서 사도 바울은 하나님과 사람이 심지어 원수라고도 하고 있다.

> 여호와께서 가라사대 나의 영(my Spirit, 성령)이 영원히 **사람과 다투지 아니하리니** 이는 그들이 육체가 됨이라 (창 6:3, 흠정역+한글 개역)

> 육신의 생각은 **하나님과 원수**가 되나니 이는 하나님의 법에 굴복하지 아니할 뿐 아니라 할 수도 없음이라 (롬 8:7)

위의 말씀들은 성령께서 사람의 마음 밖에 있다는 전제 하에 하시는 말씀들이다. 그러므로 양심의 소리에서 옳다고 하는 것은 성경에서 옳다고 하는 것과 그 방향이 완전히 일치한다. 다만 사람에 따라 그 정도의 차이가 있을 뿐이다.

진화론자들이 아무리 그럴듯하게 인류의 기원을 설명하여도 인간에게만 보편적인 옳고 그름의 기준이 있다는 엄연한 사실은 진화론으로 설명할 수 없다. 물질에 어떻게 옳고 그름이 있을 수 있겠는가? 선과 악의 문제, 곧 옳고 그름의 문제는 물질의 문제가 아닌 영적(靈的)인 문제이다. 유물론자들의 주장대로 영의 세계를 부정하고 보면 물질로만 구성된 우리 인간들에게 그 사람의 종교나 학식에 관계없이 보편적인 선악의 기준이 있다는 것은 설명이 불가능한 놀라운 사실이 아닐 수 없다. **결론적으로 우리가 선(善)이라고 생각하고 악(惡)이라고 생각하는 것의 기준은 우연히 생긴 것이 아니라 하나님의 품성을 기준으로 하나님께서 규정하신 것이고 이는 양심[81]의 형태로 모든**

---

81)   율법 없는 이방인이 본성으로 율법의 일을 행할 때에는 이 사람은 율법이 없어도 자기가 자기에게 율법이 되나니 이런 이들은 그 양심이 증거가 되어 그

사람에게 계시되어 있다. 모든 선(善)의 근원은 하나님 한 분뿐이고 이에서 벗어난 모든 것이 죄(罪)요, 악(惡)이다. 선(善)한 그분의 품성은 인간의 언어로 말씀(율법)에 드러나 있고, 예수님의 생애에도 드러나 있고 또한 우리의 양심에도 새겨져 있다. 그리고 이 아름다운 세계에도 새겨져 있어 항상 우리의 눈에 보이고 있다. **따라서 모든 선(善)의 근원은 하나님이신 것이다.** 그 하나님의 말씀대로 사는 것이 선한 삶이고 올바른 삶이다. 그런 사람을 의인(義人) 내지는 선인(善人)이라고 부른다. 악인이 하나님의 은혜로 의인이 되는 일이 구원이다. 그러므로 예수님을 알지 못했을지라도 마음속의 양심을 따라 하나님 말씀의 정신을 사모하고 소유했다면 이는 회개에 해당하고 구원에 이른 것이다. 물론 이런 일은 하나님 사람의 전도가 없이 이루어지기가 쉽지는 않았을 것이다. 예수님께서도 이렇게 말씀하셨다.

> 심판 때에 니느웨 사람들이 일어나 이 세대 사람을 정죄하리니 이는 그들이 요나의 전도를 듣고 회개하였음이거니와 요나보다 더 큰 이가 여기 있으며 심판 때에 남방 여왕이 일어나 이 세대 사람을 정죄하리니 이는 그가 솔로몬의 지혜로운 말을 들으려고 땅 끝에서 왔음이거니와 솔로몬보다 더 큰 이가 여기 있느니라 (마 12:41-42)

니느웨는 고대 앗시리아의 수도를 말한다. 그곳 시민들은 하나님의 율법도 몰랐을 것이고 창조주 하나님에 대한 구체적인 지식도 없었을 것이다. 다만 이웃 나라 이스라엘이 섬기던 신이라고만 소문을 들었을 것이다. 그러나 이스라엘의 신 여호와가 선지자 요나를 통해서 그

생각들이 서로 혹은 고발하며 혹은 변명하여 그 마음에 새긴 율법의 행위를 나타내느니라 (롬 2:14, 15)

들에게 요구하는 도덕의 표준은 그들의 양심의 소리와 일치했다. 그러므로 그들은 요나의 전도를 듣고 왕부터 시작해서 일반 백성에 이르기까지 그들의 악행을 회개하고 하나님의 말씀을 그들 심령 안으로 받아들였다. 그리고 그들이 구원받았고 영광스러운 생명의 부활에 참여할 것을 예수님께서 선포하고 계신 것이다. 그러므로 "예수 천국, 불신 지옥"이라고 외치는 자들의 주장은 예수님의 말씀과도 정면 배치된다는 것을 볼 수 있다.

하나님께서는 왜 금단(禁斷)의 나무를 '선악(善惡)을 알게 하는 나무'라고 하셨을까?

> 에덴 동산에서 여호와 하나님이 그 사람에게 명하여 이르시되 동산 각종 나무의 열매는 네가 임의로 먹되 **선악을 알게 하는 나무**의 열매는 먹지 말라 네가 먹는 날에는 반드시 죽으리라 하시니라 (창 2:16, 17)

아담이 만약 에덴 동산에서 하나님의 명령대로 선악과를 먹지 않고 영원히 살았다면 아담은 하나님의 품성대로 선한 삶을 영원히 살았을 것이다. 그런데 아담은 자기의 하는 행동과 말이 선(善)하다는 것을 알 수 없었을 것이다. 왜냐하면 선(善)이라는 것은 악(惡)과 대비될 때 명확히 정의할 수 있는 개념이지, 악은 없고 오직 선한 것만 있는데 그것을 선(善)이라고 부를 이유가 없기 때문이다. 그러나 금단의 열매를 먹고 아담의 마음속에 거하시던 하나님께서 떠나신 후에는 아담 안의 선한 동력이 사라졌다. 이렇게 선함이 없어져 버린 후에는 과거에 아담을 지배했던 하나님의 정신을 선(善)이라고 규정지을 수 있고 또 그 선한 정신과 다른 원리로 작동하는 선함이 없는 지성(知性)을 악(惡)이라고 규정하게 되는 것이다. 그래서 그 금단의 나무는 '선악을 알게 하는 나무'인 것이다. 만일 이 나무 이름을 바꿔 '하나님과 결별하는 나무'라고 해도 같은 의미이다. 영이신 하나님과 하나 되고 단절되는 일은 육신을 가진 사람이 감각 기관을 통해 볼 수도 만질 수도 없는 일이다. 그러나 선과 악의 문제를 통해 지적으로 인식할 수 있다. **반대로 선하게 되고 악하게 되는 문제는 사람의 수양이나 교육의 문제가 아니라 본질적으로 오직 하나님과의 관계의 문제일 뿐이다. 그러나 사람들이 선악의 문제를 사람의 노력, 교육, 의지 등의 문제로 보는 이유는 선악을 사람들 사이의 상대적 기준으로 바라보기 때문이다. 이는 다른 말로 하면 우리는 선악을 알지 못한다는 의미다.** 아담은 타락 이전에는 선한 사람이면서도 자신이 선하다는 것을 몰랐듯이 우리는 태어날 때부터 죄 가운데 태어나고 자랐기 때문에 악하지만 악한지 모른다. 결국 우리도 선악을 모른다. 그래서 우리는 날 때부터 소경들이었다. 하나님께서는 이렇게 보지 못하는 우리들에게 선악을 정확히 알려주시기 위해서 율법을 주셨고 친히 사람이 되셔서 선함이 무엇인지 더할 나위 없이 명확히 보여 주셨다. 그러므로 '예수를 믿는다'는 것은 선(善)과 악(惡)을 명확히 알게 되어 선을 사랑하는 것이고 악한 자신을 부인(否認)하는 것이다.

그 금지된 나무의 열매를 먹는다는 것은 아담을 지배하던 하나님의 영을 아담의 의지로 내쫓는 행위이고 또한 다른 영을 허락하는 행위인데 이를 신학자들은 '타락'이라고 부른다.[82] 하나님만이 생명의 근

---

82) 일반적으로 사람들은 선악과를 먹은 아담의 죄를 '과일 하나 따먹은 죄'라고만 생각해서 하나님은 너무 가혹하시다고 말하기도 한다. 심지어 이런 생각을 하는 신학자들도 있다. 이는 죄(罪)의 영적인 원리를 모르고 죄라는 것은 단순히 악행을 행하는 행위의 문제로만 생각하기 때문에 도달한 결론이다.

원이시기 때문에 그와 함께 하시던 하나님을 거절한 아담은 그날에 영적으로 죽은 존재가 되었다. 사람이 생물학적으로 죽으면 그 시체에 부패균이 번식하기 시작해서 부패 균의 밥이 되고 그 과정에서 악취가 나게 되는데 이렇게 죽은 육신에서 일어나는 일은 영적으로 죽은 아담에게서 일어난 일과 동일하다. 즉, 성령께서 떠나신 그날에 아담이 죽은 존재가 되자 죽은 아담에게 부패 균에 해당하는 사단이 들어왔고, 아담을 자신의 처소로 삼은 것이다. 그 후 사람은 썩어 가는 시체처럼 악독과 시기와 질투와 분쟁과 탐심과 이기심의 악취를 뿜으면서 잠시 살다가 결국 흙으로 돌아가는 존재들이 되었다. 이렇게 아담의 타락은 아담이 도둑질을 하거나 살인을 해서 된 일이 아니라 선(善) 그 자체이신 하나님을 거절했기 때문에 된 일이었다. 선함이 없어진 아담이 선하지 않은 영(靈), 곧 악령(惡靈)의 노리개가 되어 하나님과는 다른 정신이 그를 지배하는 것을 우리는 다음 기록에서 알 수 있다.

> 이르시되 누가 너의 벗었음을 네게 알렸느냐 내가 네게 먹지 말라 명한 그 나무 열매를 네가 먹었느냐 아담이 이르되 **하나님이 주셔서 나와 함께 있게 하신 여자 그가 그 나무 열매를 내게 주므로** 내가 먹었나이다 (창 3:11-12)

아담은 자신이 하나님의 명령을 범한 이유를 하나님께 돌리고 있다. 이런 정신이 바로 사단의 정신이다. 또한 우리 죄인들의 정신이기도 하다. 여기서 아담이 남의 탓을 하고 있기 때문에 죄인이 아니라 죄인이기 때문에 남의 탓을 하고 있는 것이다. **아담에게는 이제는 선함이 없기 때문에 아담은 이미 죄인이다.** 남의 탓을 하는 행동으로 그 정신의 열매가 맺혔을 뿐이다.

> 선한 사람은 마음에 쌓은 선에서 선을 입으로 내고 악한 자는 그 쌓
> 은 악에서 악을 내나니 이는 마음에 가득한 것을 입으로 말함이니
> 라 (눅 6:45)

입으로 악한 말을 할 때는 이미 마음이 악한 것이지, 악한 말을 했기 때문에 그 마음이 악하게 된 것은 아니다. 즉, 죄인이기 때문에 죄를 범하는 것이지 죄를 범해서 죄인이 된 것은 아니다. 이런 죄인과 죄의 관계를 예수님께서는 나무와 그 열매로 비유를 하신다.

> 이와 같이 좋은 나무마다 아름다운 열매를 맺고 못된 나무가 나쁜
> 열매를 맺나니 좋은 나무가 나쁜 열매를 맺을 수 없고 못된 나무가
> 아름다운 열매를 맺을 수 없느니라 (마 7:17-18)

나쁜 열매를 맺어서 나쁜 나무가 아니라 나쁜 나무이기 때문에 나쁜 열매를 맺는 것이다. **구원이라는 것은 나쁜 나무가 좋은 나무로 변화함을 입는 것이다.** 나쁜 나무는 그 안에 성령이 계시지 않아서 육신의 소욕에 의해 지배를 받는 사람이고 좋은 나무는 하나님의 영에 의해 지배를 받는 사람을 의미한다. 이러한 죄인이 의인으로 **재창조되는 것**이 구원이다. 이는 성령의 내주(內住)로써 이루어지는 일이다. 다음 구절을 보면 사도 바울도 죄 자체와 죄의 열매에 대해 같은 견해를 가지고 있음을 알 수 있다.

> **또한 그들이 마음에 하나님 두기를 싫어하매 하나님께서 그들을 그 상실한 마음(하나님께서 안 계신 마음)대로 내버려 두사** 합당하지

못한 일을 하게 하셨으니 곧 모든 불의, 추악, 탐욕, 악의가 가득한
자요 시기, 살인, 분쟁, 사기, 악독이 가득한 자요 수군수군하는 자
요 비방하는 자요 하나님께서 미워하시는 자요 능욕하는 자요 교만
한 자요 자랑하는 자요 악을 도모하는 자요 부모를 거역하는 자요
우매한 자요 배약하는 자요 무정한 자요 무자비한 자라 (롬 1:28-30)

위 말씀을 보면 그들의 마음에 하나님이 없는 것이 죄의 본질이고 그런 상실한 마음(하나님이 없는 마음)을 가진 자가 맺히는 악한 열매들이 나열되어 있는데 우리는 이런 열매들을 일반적으로 죄라고 부를 뿐이다. 그러므로 **죄의 본질은 마음에 하나님이 계시지 않는 것이고 행위로 드러난 죄의 악한 열매들은 현상인 것이다.**

이렇게 마음에 하나님을 두지 않은 사람들에게 (마음에 하나님이 없기 때문에) 육신의 소욕에 지배되어 하고 싶어지는 것들을 항목별로 금지한 규정이 십계명이다. 십계명을 잘 들여다보면 사람이 양심을 거슬러서 하고 싶은 충동을 느끼는 모든 일들을 10가지로 요약해서 금지하고 있다. (부모를 공경하라는 제5계명도 불효를 금지한 계명이다) 이는 사람의 마음 안에 본래 하나님이 없다는 증거이기도 하다. **그리고 이러한 금지어(禁止語)로 표현된 십계명 자체는 악한 일을 하고 싶어하는 성향을 가진 자신을 부인하라는 명령이다.** 법이 필요한 대상은 그 법을 어기려는 성향이 있는 자들이다. 그 법대로 살려는 성향을 가진 사람들에게는 법이 필요가 없다. 그렇기 때문에 타락 이전의 아담에게는 율법이 주어질 필요가 없었다. 율법은 타락 이후에 마음에 선함을 잃어버린 인류에게 주어진 것이다.

마음에 하나님이 없는 사람은 반드시 율법을 범하게 되어 있다. 반대로 율법을 범하는 사람 가운데 그 심령에 하나님께서 거하시는 사람은 하나도 없다. 그래서 사도 요한은 "죄는 율법을 범하는 것이라"(요일 3:4, 흠정역)고 규정했다. 그러므로 죄인이라서 율법을 범하는 것이지 율법을 범했기 때문에 죄인이 아니다. 심령에 하나님이 없어서 율법을 범할 수밖에 없는 사람들에게 율법을 주셔서 지키라고 명하신 이유는 사람의 노력으로 율법을 지키기를 기대하셔서가 아니라 (실제로 지킬 수도 없다) 심령 가운데 하나님을 받아들이라는 명령이다. **그러므로 심령이 가난한 자, 즉 심령에 하나님께서 안 계셔서 가난한 것을 깨달은 자 다시 말해 스스로 심령이 가난하다고 느끼는 자가 복이 있다고 하신 것이다.**

구원은 죄를 없이 하는 일

1) 믿음의 순종: 사람의 할 일

'구원이란 무엇인가?'라고 질문을 하면 선뜻 정확히 대답하는 기독교인이 드물다. 보통은 죽어서 천국 가는 것 또는 마지막 때 부활해서 영원히 사는 것 또는 잃어버린 에덴 동산을 회복하는 것 정도로 대답한다. 그러나 위의 서술들은 그것이 옳든 그르든 구원의 결과에 대해 말하고 있는 것이지 구원 그 자체의 의미를 말하고 있지는 않다. 성경에서 구원은 육체의 구원, 즉 마지막 때 썩지 않을 신령한 몸을 입고 부활하여 영생을 누리는 것을 지칭하는 의미로 사용되기도 하지만, 본질적 의미에서 구원은 이러한 **육체의 구원**[83]이 이루어지기 전에 선행되어야 하는 영적인 사건으로서 더 정확하고 분명한 의미를 내포하고 있는 용어이고 우리는 이 의미를 정확히 알아야 한다. 구원

---

83) 보라 내가 너희에게 비밀을 말하노니 우리가 다 잠(죽음) 잘 것이 아니요 마지막 나팔에 순식간에 홀연히 다 변화되리니 나팔 소리가 나매 죽은 자들이 썩지 아니할 것으로 다시 살아나고 우리(예수님 재림 때 살아있는 자들)도 변화되리라 이 썩을 것이 반드시 썩지 아니할 것을 입겠고 이 죽을 것이 죽지 아니함을 입으리로다 (고전 15:51-53)

자로서 예수님을 영접했다고 말하면서 구원이 무엇인지 모른다면 얼마나 우스운 일인가?

예수님의 모친 마리아가 남자를 알기 전에 잉태된 것이 나타났을 때 주의 천사가 마리아의 정혼자 요셉에게 현몽하여 말하기를 "아들을 낳으리니 이름을 예수라 하라 이는 그가 자기 백성을 **그들의 죄에서 구원할** 자이심이라"(마 1:21)라고 했다. 예수님의 사명을 '구원'이라는 한 단어로 요약하고 있다. 그것은 예수님의 백성을 구원하시는 일인데 어디로부터 구원하시는지도 명시되어 있다. 바로 '예수님의 백성의 죄'로부터이다. '구원하다(σώ ζω, 쏘조)'라는 단어는 본래 '건져내다', '구출하다'라는 의미이다. 죄로부터의 구원은 자기 백성을 그들의 죄로부터 건져 낸다는 의미이고, **다른 말로 하면 구원받기 전에 사람은 죄에 빠져 있다는 사실을 역설적으로 말해 주고 있다. 또한 구원자에 의해 구원받는다는 것에는 사람 스스로의 능력으로는 죄에서 빠져 나올 수 없다는 의미도 내포되어 있다.** 또한 여기서 우리가 일반적으로 간과하고 넘어가는 부분이 있는데, 그것은 죄로부터 구원받은 사람은 죄를 범하지 않는다는 사실이다. 왜냐하면 구원이라는 것은 그 대상이 죄 가운데 빠져 있다는 전제 하에서 시작하는 것이고 구원받는다는 것은 죄로부터 건져 냄(구원)을 받는 것이기 때문이다. 죄로부터 건져 냄을 받는데 계속 죄를 범한다면 구원받았다는 것은 거짓말이거나 예수님께서 구원하시는 척만 하셨다는 것밖에는 안 된다. 죄라는 것은 사람의 심령 안에 하나님께서 안 계신 것이고 예수님을 영접한다는 것은 심령 안으로 예수님을 모셔 들이는 것인데 예수님을 영접했는데 죄 가운데 있다는 것은 어불성설이다. 어두웠던 방안으로 환한 빛이 들어 왔는데 방이 계속 깜깜하다는 얘기와 같은 말이고 내 안에 계신 예수님께서 죄를 범하신다는 말과도 같은 의미다.

반대로 구원을 받기 전의 사람은 항상 죄 가운데 산다는 의미이기도 하다. 우리들 생각처럼 죄를 범했다 의를 행했다 하는 일이 섞여 있는 것이 아니다. **죄는 겉으로 드러난 행위의 문제가 아니라 품성의 문제이기 때문이다.** 사람은 선한 품성을 가졌다 악한 품성을 가졌다를 반복하지 않는다. 본서에서 자주 강조할 내용이지만 죄와 의의 문제는 하나님을 위해서 무슨 행위를 했느냐의 문제가 아니라 하나님 앞에 어떠한 사람이 되느냐의 문제이다. 그렇기 때문에 **자기 백성을 죄로부터 구원하시는 일은 그 사람 안에 하나님께서 임재하심으로써 그 사람의 본질을 변화시키시는 일이다. 그리고 이 일은 당사자가 진정으로 원하지 않는다면 예수님 혼자서 강제로 하시는 일도 아니다.** 예수님과 인간이 협력하여 이루어지는 일이고 이 과정에서 구원받으려는 인간을 사단은 여러 가지 방법으로 방해를 한다. 만약 인간의 협조 없이 예수님 혼자의 능력으로 강제로 구원할 수 있는 것이라면 처음부터 아담이 선악과를 먹을 일도 없게 선악과를 에덴에 두시지 않았을 것이고, 죄라는 것 자체가 없었을 것이다. 그렇다면 이 세상은 하나님의 뜻(?)대로 강제로 돌아가는 인형들의 세상과 다름이 없었을 것이다. 그러나 강요된 의(義)는 진정한 의(義)가 아닐 뿐 아니라 강요된 곳에는 진정한 행복이 있을 수 없다. 이런 방식의 질서는 하나님의 뜻이 아니다. 죄는 완전하고 영원한 행복을 위해 하나님께서 피조물에게 선택의 **자유**를 주신 가운데 인간이 죄의 길을 선택하였으므로 잠정적으로 이 우주에 허락된 것이다. 죄가 이 우주에 허락된 시간들은 죄인들에게 주어진 회개하고 하나님께 다시 돌아갈 기회의 시간과 일치한다. 에덴에서 아담 부부에게 주어졌던 의와 죄에 관한, 곧 생명과 사망에 관한 선택의 자유는 그 후손들에게도 동일하게 주어졌다. 그러므로 우리의 **의지**에 반(反)하는 구원이라는 것은 있을 수 없다. 아담은 자신의 의지를 사용해서 사망에 이르렀지만 우리는 구원을 위하여 우리의 의지를 사용하여 순종하기로 결심해야 한다. 그러나 **이러한 순종은 심판을 받지 않기 위해서 하는 것이 아니라 하나님의 의를 사랑하게 돼서 하는 순종이어야 하고 그렇기 때문에 이런 순종하고자 하는 결심에는 의(義)의 현현이신 예수님에 대한 믿음이 선행되어야 하는 것이다.** 그래서 사도 바울은 인간 입장에서 구원을 위해 해야 할 일을 "믿음의 순종"[84]이라고 요약하고 있다.

역사는 우리에게 대부분의 사람들이 창조주 하나님을 믿어 순종하는 길을 택하지 않았다는 사실을 말해 주고 있다. 노아의 때 구원받은 사람은 겨우 8명이고, 예수님께서 승천하실 때 유대인 중 구원받았다 할 수 있는 사람 역시 500명 정도였다(물론 그 후에 숫자가 더 늘어났지만). 이렇듯 구원은 하나님의 능력과 인간의 협력(선택)의 합작품이지만 구원을 이루는 사람은 그리 많지 않아서 구원의 문을 좁은 문이라고도 하는 것 같다. 개인의 구원을 위해 개인의 몫이 있다는 말은 개인에게 주어진 선택권을 말하는 것이지 구원의 역사에 인간이 할 일이 있다는 뜻이 절대 아니다. 구원, 곧 인간의 재창조 역사에 하나님의 능력 외에 인간의 능력이 더해져야 한다는 의미가 결코

---

84) 그로 말미암아 우리가 은혜와 사도의 직분을 받아 그의 이름을 위하여 모든 이방인 중에서 믿어 순종하게 하나니 (롬 1:5)
이제는 나타내신 바 되었으며 영원하신 하나님의 명을 따라 선지자들의 글로 말미암아 모든 민족이 믿어 순종하게 하시려고 알게 하신 바 그 신비의 계시를 따라 된 것이니 (롬 16:26)

아니다. 인간이 해야 할 일, 곧 믿고 순종하는 일은 인간이 해야 한다는 뜻이다. 사람이 구원을 받기 위해 해야 할 제일 중요한 일은 사람의 마음 문을 항상 두드리시는 성령님께 그 문을 여는 일이다. 그런데 이 문은 믿음의 순종에 의해 열린다. 성령께서는 결코 그 문을 강제로 열고 들어오시지 않는다. 인간이 해야 할 중요한 일은 먼저 믿고 그 다음 그 믿음을 바탕으로 하나님의 명령에 순종하기로 결심하는 것이다. 나는 가만히 있는데 하나님께서 내 마음속에 순종하지 않고는 견딜 수 없는 뜨거운 마음을 주셔서 저절로 순종하게 하시는 것이 아니다. 만일 이렇게 해서 하는 순종이라면 순종이 아니라 하나님에 의한 강제이다. 그러나 많은 사람들은 분명히 주어진 하나님의 말씀을 행하기로 결심하는 대신 자신의 마음이 이렇게 뜨겁게 되기를 기다리면서 아직 이런 마음이 들지 않는 것이 믿음의 부족이라고 여긴다. 그러나 이것은 믿음의 부족이 아니라 믿음이 없는 것이다. 하나님께서는 인간이 할 일을 대신하지 않으신다. 그래서 예수님께서는 오직 순종하는 자의 마음 안에 아버지 하나님과 함께 임재하시겠다고 약속하셨다. 심령 안에 **예수님의 내주(內住)의 조건이 순종이라고 분명히 하셨다.**

> 예수께서 대답하여 이르시되 사람이 나를 사랑하면 내 말을 **지키리니** 내 아버지께서 그를 사랑하실 것이요 **우리가** 그에게 가서 **거처를** 그와 함께 하리라 (요 14:23)

> 내가 아버지의 계명을 지켜 그의 사랑 안에 거하는 것 같이 **너희도 내 계명을 지키면** 내 사랑 안에 거하리라 (요 15:10)

2) 죄를 없이 하심

침례(세례)자 요한은 예수님의 사역에 대해서 다음과 같이 말했다.

> 이튿날 요한이 예수께서 자기에게 나아오심을 보고 이르되 보라 **세상 죄를 지고 가는**(αἴρω, 아이로) 하나님의 어린 양이로다 (요 1:29)

여기서 '지고 가는'으로 번역된 αἴρω(아이로)는 원래 '제거하다', '들어 올리다'라는 뜻의 동사이다. 예수님은 죄를 이기기 위해 그분을 의지하는 사람에게 친히 임하셔서 죄를 제거하는 분이심을 요한은 깨닫고 있었다. 예수님께서 "자기 백성을 그들의 죄로부터 구원하시는"(마 1:21) 사역은 결국 예수님께 자신을 의탁하는 사람들의 심령에서 죄를 제거하시는 일이었다. 이는 다음 말씀에서도 잘 드러난다.

> 이제 자기를 단번에 제물로 드려 **죄를 없이 하시려고** 세상 끝에 나타나셨느니라 (히 9:26)

여기서 '죄를 없이 하신다'는 의미는 우선은 예수님을 영접한 사람들의 마음에서 죄를 없이 한다는 의미이고 종국적으로는 마지막 심판 때 죄라는 것이 이 우주에서 영원히 없어질 것을 말씀하고 있다. 다시 말해 이 우주에서 하나님의 통치 밖에 있는 것은 영원히 다시 없을 것이라는 말씀이다. 죄를 없이 한다는 의미는 다음부터 거짓말을 못하게 하거나 남을 미워하지 못하게 한다는 단순한 의미가 아니라 **그 사람의 본성을 하늘의 본성으로 바꾼다는 것이다.** 이 일은 타고난 그 사람의 본성이 십자가에 못 박히고 그 자리에 예수님께서 임하심으로써 이루어진다. **어둠을 없애는 방법은 빛이 임하는 것이다.** 예수님께서 인간이 되신 목적은 자기 백성을 위하여 ① 자신을 제물로 드려 **속죄**(atonement; 죗값을 치르다)하고 ② 그들의 마음에서 **죄를 없애기** 위해서였다. 그리고 결국에는 예수님 재림하실 때, 창세 이후로 이 땅에 살면서 하나님(예수님)의 은혜로 죄를 이기고 살았던 모든 사람들을 부활시키셔서 썩지 아니할 몸을 주셔서 영원히 살게 하실 것이다. 이 영원한 세상에서는 다시는 사망이 없고 애통해 하는 것이나 곡하는 것이나 아픈 것이 다시 있지 않을 것인데 이는 이곳에는 죄라고는 흔적도 찾아 볼 수 없기[85] 때문이다. 이런 세상을 유업으로 받는 자들은 예수님을 믿고 열심히 교회에 다니고 기도를 열심히 하고 봉사와 전도를 많이 한 사람들이 아니다. 이런 일들은 죄를 가지고도 얼마든지 할 수 있는 일들이다. 죄 없는 영원한 세상을 유업으로 받을 자들은 이 죄 많은 세상에서 살면서 (자신의 죄를) **이긴 자들**[86]이다. 위의 히브리서 9:26 그 다음에 이어지는 말씀을 보아도 구원의 의미가 명확해진다.

> *이와 같이 그리스도도 많은 사람의 **죄를 담당하시려고 단번에 드리신 바** 되셨고 **구원**에 이르게 하기 위하여 **죄와 상관 없이** 자기를 바라는 자들에게 **두 번째** 나타나시리라* (히 9:28)

---

85) 모든 눈물을 그 눈에서 닦아 주시니 다시는 사망이 없고 애통하는 것이나 곡하는 것이나 아픈 것이 다시 있지 아니하리니 처음 것들이 다 지나갔음이러라 (계21: 4)

86) 이기는 자는 이것들을 상속으로 받으리라 나는 그의 하나님이 되고 그는 내 아들이 되리라 (계21: 7)

여기서 죄를 '담당하신다'는 표현은 26절의 죄를 없이 하신다는 말씀과 평행 절이다. 즉, 예수님께서 초림하셔서 우리의 죄를 담당하신다는 것은 십자가의 도를 믿고 예수님을 의지하는 자들의 마음에서 **죄를 없이 하시는 일**이다. 실제로 '담당한다'라고 번역된 헬라어 $\alpha\nu\alpha\phi\acute{\epsilon}\rho\omega$(아나페로)는 **'운반하다, 가져가다'**라는 의미이다. 그리고 세상 끝에 있을 재림의 목적은 죄를 가져가시는 것이 아니다. 죄는 진실로 믿는 자들의 마음에서 이미 없어졌으므로 **죄와 상관 없이** 예수님을 믿고 죄를 이기고 살다 죽어 무덤에서 잠자고 있는 사람들을 부활시키시고, 또 그 때에 살아있어서 예수님을 기다리던 이미 죄 없이 함을 받은 사람들을 영원한 처소로 데려가시기 위한 것이다. 여기 28절의 구원은 죄를 이기는 영적인 구원이 아니라 예수님 재림 때에 썩을 몸이 영원히 썩지 아니할 몸을 입는 육체의 구원을 말하고 있다. 위에서 인용한 세 성경 절들은 **예수님의 희생으로 말미암아** 속죄가 이루어졌으므로 이제 하나님 백성들의 마음에 임하셔서 그들의 심령에서 **죄를 없이 하고** 결국에는 이 우주에서 영원히 죄를 없애신다는 동일한 내용을 말하고 있다.

위의 세 성경 절은 본서의 초반부에 말했듯이 우리들의 구원에 필요한 두 가지 일을 요약하고 있다. 첫째는 우리들의 마음 밖에서 우리의 의지와 상관없이 일어난 죄로부터 우리들을 속량하시기 위해 흘려야 할 대속의 피요, 둘째는 우리가 중심으로 하나님을 새 주인으로 받아들이기를 원할 때 우리 안에 임하시는 성령의 하시는 일이다. **이는 진실로 우리가 선해지기를 원하고 성령을 구할 때 이루어지는 일이다.** 이렇게 우리가 성령을 구할 때 예수님께서는 우리의 심령에 임하셔서 죄를 없이 하신다. 이 두 가지 요소가 출애굽과 광야 생활 그리고 가나안 입성이라는 이스라엘의 역사에 함축되어 있다. 출애굽은 우리의 의지와 상관없이 하나님께서 사단의 속박에서 풀어 주시는 일을 상징하고 있다. 죄의 왕국이었던 애굽의 왕 바로로부터의 해방은 그리스도의 속죄를 통한 사탄의 권세로부터의 해방을 상징한다. 그러므로 애굽에서 나오던 유월절의 밤 각 가정의 문설주와 인방에 어린양의 피를 바른 것은 그리스도의 대속의 피를 예표하는 것이었다. 그러나 그것이 그들의 심령에서 죄가 없어지는 구원의 모든 것을 의미하는 것은 아니다. 애굽 왕 바로로부터의 해방, 곧 그리스도의 속죄의 희생은 그들의 의지와 믿음과는 상관 없이 그들의 심령 밖에서 일어난 일이었다. 이 일은 그들의 심령 안에서 일어날 구원의 역사를 위한 서곡이었다. 최종 구원은 그들의 심령에 예수님께서 친히 임하셔서 그들의 죄 된 품성을 거룩하게 하시는 일이었고 이 일은 하나님의 능력과 그들의 믿음의 협력으로 일어날 일이었다. 그렇기 때문에 그들을 기다리고 있었던 광야 생활은 그렇게 부름 받은 백성들이 진심으로 하나님 뜻 행하기를 원하는가에 대한 시험장이었다. 광야에서 그들이 진심으로 하나님의 의를 구했다면 하나님께서는 그들 안에 임하셔서 그들의 의와 영원한 생명이 되셨을 것이었다. 그러나 대부분의 이스라엘 백성들은 하나님 뜻 행하기를 원하지 않았다. 그러므로 그들은 하나님의 의를 위해 하나님을 신뢰할 필요도 없었다. 그들은 자신들의 욕망의 실현을 위해 전능하신 여호와 하나님의 능력이 필요했던 것이었지 '의와 공도'를 행하기 위해 하나님의 능력을 구하지 않았다. 요즘에 입시철이 되면 새벽기도에 몰리는 교인들의 마음과 비슷했다.

이러한 구원의 대원칙 두 가지를 요약해 보면 다음 표와 같다.

구원의 두 요소	속죄의 피로써 죄인을 구속하심	사람이 의롭게 되기를 구하고 하나님께서 의롭게 만드심
요 1:29	하나님의 **어린 양**이로다 (속죄 제물)	세상 죄를 **지고 가는** (제거하는)
히 9:26	제물로 드려	죄를 없이 하시려고
히 9:28	단번에 드리신 바 되셨고	**죄를 담당하시려고** (가져가시려고)
출애굽	출애굽 (어린 양의 피를 바름)	광야 생활 (죄의 정결)
롬 3:24	그리스도 예수 안에 있는 속량으로 말미암아	하나님의 은혜로 값 **없이** **의롭다 하심을 얻은**[87] (의롭게 변화된) 자 되었느니라
	사람 밖에서 일어난 일	사람 안에서 일어나는 일
	하나님의 일	**사람의 믿음** + 하나님의 능력

그리고 이런 과정들을 통해서 죄를 이기고 의롭게 된 자들을 데리러 오시는 예수님 재림의 사건에 대해서는 성경 많은 곳에 예언되어 있다.

> **나팔 소리가 나매**(재림하실 때) 죽은 자들이 썩지 아니할 것으로 다시 살아나고 우리도 변화되리라 이 썩을 것이 반드시 썩지 아니할 것을 입겠고 이 죽을 것이 죽지 아니함을 입으리로다 (고전 15: 52-53)

> 내 아버지 집에 거할 곳이 많도다 그렇지 않으면 너희에게 일렀으리라 내가 너희를 위하여 거처를 예비하러 가노니 가서 너희를 위하여 거처를 예비하면 **내가 다시 와서 너희를 내게로 영접하여 나 있는**

---

87) '의롭다 하심을 얻은'이라고 번역된 헬라어 단어는 δικαιόω(dikaiow; 의롭게 만들다)의 수동태로서 '의롭게 변화된'이라고 번역해야 옳다. 이에 대해서는 제4장에서 깊이 있게 논의할 것이다.

곳에 너희도 있게 하리라 (요 14:2, 3)

이를 놀랍게 여기지 말라 **무덤 속에 있는 자**가 다 그(하나님의 아들
=예수님)의 음성을 들을 때가 오나니 **선한 일을 행한 자는 생명의
부활로** 악한 일을 행한 자는 심판의 부활로 나오리라 (요 5:28-29)

이 말씀에서도 보면, 선한 일을 하기 위해서 부활하는 것이 아니라
이미 생전에 선한 일을 **한** 사람, 즉 죄를 이겨 의롭게 된 사람들이 생
명의 부활을 한다는 것이다. 물론 이 생명의 부활은 예수님께서 다시
오실 때 있을 일이다. 사도 요한의 다른 글에서도 이러한 구원관이 명
백하게 드러난다.

그러나 그분께서 빛 가운데 계신 것 같이 만일 우리가 빛 가운데 걸
으면 우리가 서로 교제하고 또 그분의 아들 예수 그리스도의 피가
**모든 죄에서 우리를 깨끗하게 하느니라 만일 우리가 죄가 없다고
말했다면**[88] 우리가 우리 자신을 속이며 또 진리가 우리 속에 있지
아니하니라 만일 우리가 **죄를 짓지 아니하였다고** 말하면 우리가 그

---

88) 우리말 성경이나 영어 성경 모두 과거형으로 번역했어야 할 것을 현재형으로
번역하여 성경의 본 뜻을 심각하게 훼손하고 있다. 원어 성경에 '말하면'으
로 번역된 단어는 εἴπωμεν (에이포멘)으로 ῥέω(흐레오, 말하다) 동사의 가정
법 과거형이다. 영어에서는 조건설의 가정법 과거는 현재 사실의 반대를 가
정할 때 사용되지만 헬라어에서는 가정법에 시간의 개념이 없기 때문에 번
역을 할 때 이를 고려해서 적당한 시제를 사용해야 한다. 우리 말도 시간의
개념이 명확한 언어가 아니기 때문에 더욱 조심해야 한다. 이 문장에서 현
재 시제를 사용하면 '우리를 모든 죄에서 예수님의 피가 깨끗하게 하신다'는
전 문장과 모순이 된다. 헬라어에서 일반적으로 조건절의 가정법 과거는 주
절의 시제보다 먼저 일어난 일(발생 동작)을 나타내므로 이 문장에서 우리
말로는 과거 시제로 번역해야 의미가 정확하다. 현재 시제로 번역을 해서 문
장의 의미가 불분명해졌다. 8절을 다시 설명하는 10절에서 완료형을 사용한
것을 보아도 8절은 과거형으로 번역해야 함을 알 수 있다. 이런 심각한 실수
는 같은 요한 일서 2:1에서도 과거형인 '범했으면'을 '범하여도'로 오역한 데
서 반복되고 있다.

분을 거짓말하는 분으로 만들며 또한 그분의 말씀이 우리 속에 있지 아니하니라 (요일 1:7, 8, 10 흠정역)

그가(예수님) **우리 죄를 없애려고 나타나신 것을** 너희가 아나니 그에게는 죄가 없느니라 (요일 3:5)

죄를 짓는 자는 마귀에게 속하나니 마귀는 처음부터 범죄함이라 하나님의 아들이 나타나신 것은 **마귀의 일을 멸하려 하심이라 (요일 3:8)**

이러므로 하나님의 자녀들과 **마귀의 자녀들**이 드러나나니 무릇 의를 행하지 아니하는 자나 또는 **그 형제를 사랑하지 아니하는 자는 하나님께 속하지 아니하니라** (요일 3:10)

사도 요한은 구원받은 사람은 죄를 짓지 않는다고 말한다. 왜냐하면 예수님께서 그 사람 안에서 마귀의 일을 멸하셨기 때문이다. 따라서 범죄하는 자나 형제를 사랑하지 않는 자는 마귀의 자녀이지 예수님의 사람이 아니라고 선언한다. 마귀의 자녀란 창세기 3:15에서 말씀하신 바 '뱀의 후손'이요, '독사의 자식'이다. 또한 여기서 더 나가서 요일 3:9에서는 하나님의 사람은 범죄할 수 없다고까지 한다.

하나님께로부터 난 자마다 **죄를 짓지 아니하나니** 이는 하나님의 씨가 그의 속에 거함이요 **그도 범죄하지 못하는(cannot sin)** 것은 하나님께로부터 났음이라 (요일 3:9)

하나님의 영광과 율법

1) 율법주의와 율법의 준수

예수님을 믿는다고 하는 많은 사람들은 율법이 무엇인지 정확하게 모르는 것 같다. 일반적으로는 구약시대에나 지켜야 했던 법 조항 정도로 생각하는 것 같다. 그렇기 때문에 율법은 구약성경에만 기록되어 있고 신약성경 말씀에는 없는 것으로 여긴다. 그래서 신약성경은 새 언약, 구약성경은 옛 언약이라는 단순한 패러다임으로 성경을 바라본다. (사실 신약과 구약이라는 용어 자체가 이런 패러다임에서 명명된 것이기도 하다) 이런 패러다임은 일부는 옳지만 일부는 심각한 독소를 품고 있는 성경 해석이다. (이 문제는 추후에 자세히 논의하기로 한다) 율법은 생후 8일째 할례(포경수술)를 받는 것이나 소나 양을 잡아 제사 지내는 것 또는 안식일이 되면 불도 피지 말고 아무 일 하지 않는 규정들 정도로 생각하고 이런 것을 지키는 것을 율법주의라고 생각한다. 또한 구약시대에는 하나님께서 먹는 음식에도 간섭을 하셔서 돼지고기, 새우, 오징어 같은 것은 부정한 것으로 규정하시고 이를 먹지 말라고 명하셨고 유대인들은 이런 음식을 음식이라고 여기지도 않고 물건이라고 생각했다(행 10:14). 현재에도 이런 음식물에 관한 규례를 유대교는 물론 이슬람교나 일부 개신교 교파에서도 지키고 있다. 현대에도 음식물에 관한 규례를 포함한 여러 제의(祭儀)에 관한 규율들을 지키는 것을 의(義)라고 생각하는 것은 분명히 율법주의지만 구약시대에도 이런 규정들을 지키는 것이 어떠한 정신으로 지키느냐에 따라 '율법주의'일 수도 있고 '믿음의 의(義)'일 수도 있었다. 이는 마치 도덕과는 아무 상관 없는 선악과를 먹지 않는 것이 아담의 때에는 '믿음의 의(義)'요, 먹는 것이 '죄(罪)'라는 것과 같은 이치이다. 만일 아담이 선악과를 먹지 않고 지금까지 살고 있다면 그를 율법주의자라고 할 수 없을 것이다. **구약시대라고 해서 율법주의가 구원에 이르게 하는 하나님의 섭리라고 오해를 해서는 안 된다.**[89] 구약시대 역시 믿음으로써 의(義)에 도달하는 것이 곧 구원에 이르는 섭리라는 것은 현재와 마찬가지였다.

성경에서 말씀하는 믿음이라는 것은 전술하였듯이 하나님과 예수님을 창조주로서 또 구세주로서 인정하고 그분을 받아들인다는 지적(知的) 차원의 행위를 말하는 것이 아니다. 이것을 넘어서 하나님 자체를 내 안에 받아들여 하나님과 내가 하나가 되는 영적인 통로를 만드는 영적인 행위다. 따라서 구원이라는 것은 죽어서 천국에 가는 것이 아니라 하나님과 분리된 죄인이 자신을 부인하고 하나님을 받아들여 하나님과 하나가 되는 것이기 때문에 구약시대의 구원에 이르는 방법이 신약시대에 구원에 이르는 방법과 다를 이유가 전혀 없다. 사도 바울도 신·구약성경을 통해 일관되게 관통하는 이

---

89) 세대주의의 이런 주장은 하나님의 율법의 의미와 목적을 심각하게 훼손하고 있다.

러한 구원의 대원칙을 로마서 서론에서 명시하고 있다.

> 복음에는 하나님의 의가 처음부터 끝까지 믿음에 의해 드러나나니
> 이는 **(구약성경에) 기록된 바** 의인은 믿음으로 살리라 함과 같으니
> 라 (롬 1:17, [90] NIV)

믿음에 의해 의가 드러난다는 의미는 **단순히 계시된다는 뜻이 아니다.** (한글 흠정역 성경에는 이렇게 번역되어 있다) 왜냐하면 하나님의 의는 믿음 없이 율법을 읽어도 알 수 있고 예수님의 생애에 대한 기록을 읽어도 알 수 있기 때문이다. 하나님의 의는 믿음을 통해 계시되지 않고 성문화된 율법을 통해 그리고 성육신을 통해 이미 계시되었다. 믿음은 '믿음이 없을 때 이미 계시된 그 의(義)'를 사모하고 구하고 또 그것을 나에게 주실 것을 신뢰하는 일이고 그렇기 때문에 실제로 의롭게 변화되기 위해서 필요한 수단이다. 따라서 여기서 하나님의 의가 믿음에 의해 드러난다는 건 믿는 사람의 삶에 나타난다는 의미이고 그 의가 나타나는 통로가 처음부터 끝까지 믿음뿐이라는 것이다. 이러한 사도 바울의 깨달음에는 구원은 믿음에 의해 그의 삶에 실제로 하나님의 의가 드러나는 일임을 전제로 하고 있다는 것을 알

---

90) 이 부분의 우리 말 성경은 다음과 같이 잘못 번역되어 본 뜻이 전혀 전달되지 않고 있다. 하나님의 의가 드러나는 것이 결과가 아니라 마치 믿게 되는 것이 결과인 것처럼 본래 의미를 왜곡하고 있다. 의(義)에 이르는 수단인 믿음이 목적이 되어 버린 현대 교회의 현실을 반영하는 번역이다. 영어 성경과 비교하여 보라.
복음에는 하나님의 의가 나타나서 믿음으로 믿음에 이르게 하나니 기록된 바 오직 의인은 믿음으로 말미암아 살리라 함과 같으니라 (롬 1:17, 한글 개역)
For in the gospel the righteousness of God is revealed-a righteousness that is by faith from first to last, just as it is written: "The righteous will live by faith." [NIV]

수 있다.

사람의 노력이나 교양이나 천부적 재능이나 이런 것들이 아니라 '**오직 믿음으로**'라는 의미를 강조하기 위해 바울은 당시의 헬라어 표현으로 ἐκ πίστεως εἰς πίστιν(out of faith into faith)이라는 표현을 썼는데 같은 문장 끝에 '믿음으로 말미암아 살리라'의 '믿음으로 말미암아'라는 표현도 똑같이 헬라어 ἐκ πίστεως(out of faith)를 사용한 것을 보아도 이 표현의 의미를 알 수 있다. 그런데 흠정역에서는 이 표현을 from faith to faith로 오역을 하였다. 그 결과 그 의미가 불분명해졌다. '오직 믿음으로'라는 종교 개혁의 표어도 필자는 로마서의 ἐκ πίστεως εἰς πίστιν에서 왔다고 생각한다. 결국 믿음 때문에 의롭다고 '간주되는' 것이 아니라 믿음을 통해 의가 '이루어진다'는 의미가 분명하다. **그렇기 때문에 믿는 사람의 삶에 하나님의 의가 이루어지지 않았다면 그 믿음에 문제가 있다는 증거다.** 이러한 사실을 강조하기 위해 바울이 여기서 인용한 하박국 2:4의 말씀을 자세히 봐도 같은 의미라는 것을 알 수 있다.

> *보라 그의 마음은 교만하며 그 속에서 정직하지 못하나 의인은 그의 믿음으로 말미암아 살리라* (하박국 2:4)

이 말씀의 요지는 교만한 악인과 의인의 근본적인 차이점이 믿음이라는 것이다. 다시 말해 의인이 교만하지 않고 겸손한 마음을 갖고 있는데 그렇게 된 건 그 사람이 그 사람의 노력으로 율법을 성실히 지켜서 그런 것이 아니라 여호와 하나님에 대한 믿음을 통한 것이었다는 말씀이다. 바울이 로마서에서 강조한 '믿음으로 말미암는 의'라는 개념도 결국 이와 같다. 구약이나 신약시대나 구원에 이르는 방법은 믿음이라는 통로를 통해 하나님을 영접하여 하나님과 영으로 하나가 되어 하나님의 통치 아래에 나 자신을 두게 되는 것이다. 이런 사람이 의롭게 변화된 사람이다. **하나님의 통치 아래 있다는 것이 하나님의 법을 지킨다는 뜻이 아니고 무엇이겠는가?** 대한민국의 국민이 대한민국의 법을 어긴다면 국민으로서의 지위도 권리도 상실할 것이 아닌가? 다만 신약시대는 눈에 보이지 않는 하나님이 우리 눈에 보이게 나타나셔서 하나님의 정체성을 완전하게 보여 주시고 이런 하나님을 받아들이라는 것이고(이것이 바로 사람이 된 하나님이신 예수님을 믿는 것이다), 구약시대는 눈에 보이지 않는 하나님의 정체성을 모세의 율법을 통해 깨달아 알고 그런 하나님을 받아들이라는 요구를 하신 차이가 있을 뿐이다. 하나님과 영적으로 하나가 되는 영적인 행위가 바로 믿음이기 때문에 아담이 범죄하기 이전에도 믿음으로써 자신 안에 있는 성령을 지켰어야 했고 범죄 후에도 자신이 거절했던 성령을 믿음으로 다시 받아들여서 구원을 얻어야 했다. 엘리야나 이사야도 그랬었고 사도 바울도 마찬가지였다. 그리고 오늘날 우리들도 믿음으로 구원을 얻는 것이고 구원을 받은 증거는 곧 하나님과 내가 하나가 됐다는 증거인데 그것은 바로 하나님의 의(義)가 나의 삶에 드러나는 것이다. 하나님의 의가 드러나지 않았는데 어떻게 빛과 소금이라고 할 수 있겠는가?

율법주의는 구원에 이르지 못했던 대부분의 구약시대의 사람들이 따랐던 신앙의 형태일 뿐이다. 그리고 그들은 자신들을 스스로 율법주의자라고 부르지도 않았다. 그저 하나님 말씀에 순종하여 구원을 얻는 길을 걸어가고 있다고 믿고 살았을 뿐이다. 하나님께서 소와 양을 잡아 제사 지내라고 하셔서 제사를 지냈고 안식일에 일하지 말라고 해서 일하지 않았고 간음하지 말라고 해서 하고 싶은 간음을 억누르고 살았을 뿐이다. 하지만 그들은 율법의 법조문을 자신의 악한 본성을 가진 채 지키려고 노력했지 자기의 본성을 부정하고 하나님을 받아들여 하나님과 하나로 연합하려는 마음은 없었다. 그들은 사도 바울의 표현을 빌자면 "율법의 행위만 있었던 성령과는 관계없는 **육체들**"이었을 뿐이며, 그 육체 안에 성령을 받아들일 생각은 하지 않았던 것이다. 왜냐하면 하나님의 통치 아래 자신을 두고 싶지 않았기 때문이다. 이를 다른 말로 표현하면 죄를 떠나고 싶은 마음이 없었기 때문이다. **죄 가운데 거하면서(하나님의 통치 밖에 있으면서) 율법을 행하려는 노력이야말로 얼마나 괴롭고 비참한 일인가?** '율법주의'라는 용어는 후대의 신학자들이 이러한 신앙의 모습을 가리켜 붙인 말이지 단순히 율법을 지킨다는 뜻이 아니다. '율법을 지킨다'는 말은 듣는 사람에 따라서 두 가지 의미로 받아들일 수 있다. 첫째는 율법의 법조문만을 지킨다는 의미로 해석될 수 있다. 이는 사람의 악한 본성의 변화 없이 율법의 조문을 겉으로만 지키는 것으로 율법주의의 율법의 행위라고 할 수 있다. 이는 성령 없는 육체가 하는 일이다. 둘째는 단순히 율법의 법조문을 준수하는 것 이상으로 율법의 정신을 가지고 사는 것을 말하는데 이는 본성이 율법의 정신으로 변화된 사람의 삶을 말하고 있다. 이는 성령을 받은 육체가 성령을 좇아 사는 일이다. 이런 하늘의 본성을 가진 사람에게는 율법이 쉽게 지켜지는 것은 당연하다. 이러한 영성을 가지게 되는 것을 예수께서는 '거듭난다'고 하셨다. 그러므로 "생명에 들어가려면 계명을 지키라"(마 19:17)고 하신 것은 후자의 방법으로 율법을 지키라는 의미이지 겉모습의 율법의 행위를 말씀하시는 것이 아니다. 결국 계명을 지키라는 말씀은 계명의 정신 곧 하나님의 품성을 입으라는 명령이다. 이렇게 본성의 변화를 전제로 율법을 쉽게 지키는 것을 '예수님의 멍에'를 맨다고 비유하셨다.

> 나는 마음이 온유하고 겸손하니 나의 멍에를 메고 내게 배우라 그러면 너희 마음이 쉼을 얻으리니 이는 내 멍에는 쉽고 내 짐은 가벼움이라 하시니라 (마 11:2, 30)

예수님께서 자신은 온유하고 겸손하다고 먼저 선언하시고 자신에게 배우라고 하신 것은 먼저 자신의 품성을 소유하라는 것이다. 예수님의 품성을 소유하고 율법을 지키는 것이 바로 예수님의 멍에를 메는 것이고 이는 그 사람의 품성이 하늘의 품성으로 변했으므로 쉽고 가벼운 일이다. 여기서 '멍에'는 더 넓은 의미로 삶 전체를 말하는 것이다. 사실 율법의 요구는 결과적으로는 우리들 삶의 모습을 규정한 것이다. 사람의 삶은 하나님의 뜻 안에 있을 때만 진정한 자유와 행복을 느끼게 되어 있다. 대부분 사람들이 하나님의 뜻 밖에서 삶을 영위하기 때문에 삶이 고단하고 진정한 기쁨이 없다. 그렇게 곤고한 삶을 영위하면서도 하나님의 통치 아래로 들어가기를 싫어한다. **그렇기 때문에 가치 없는 자극에 기쁨을 느끼려고 한다.** 치부하는 일, 남과 경쟁해서 이기는 일, 남들에게 칭찬을 받는 일 등등 이런 것이 안 되면 약물에 탐닉하기도 한다. 그러므로 예수님의 멍에는 예수님의 품성을 가지고 하나님의 뜻대로 삶을 영위하는 일이고 이러한 삶의 형태는 우리가 영원한 하늘에 가서 누릴 삶의 형태이다. 이런 사람들에게 오히려 율법을 범하는 일은 마치 구정물을 마시는 것처럼 더럽게 느껴지고 어려운 일이 될 것이다. 반대로 악한 품성을 가지고 율법을 지키려고 노력하는 것만큼 고달프고 힘든 일도 없다. 율법을 지키려고 노력을 하지 않아도 삶 자체가 사실은 (어느 무신론 철학자의 말대로) "의미 없는 고통"일 뿐이다. 그래서 예수님처럼 온유하고 겸손해지면 마음이 쉼을 얻을 것이라는 교훈을 주고 계신다.

위의 전자와 후자를 구별하지 못하고 무조건 율법을 지키려고 하는 것을 율법주의라고 생각하는 것은 치명적인 오해이다. 복음서에 기록되어 있는 바리새인들의 신앙은 전자에 해당된다. 그들은 율법의 법조문들을 문자적으로 지켰기 때문에(사실은 법조문도 다 지키지 못했다, 갈 3:10) 그들 자신이 율법을 지키는 줄 알고 살았지만 하나님의 눈에는 가식에 불과한 것이었다. 예수님도 그들에게 율법을 지키고 있지 않다고 하신 것을 보면 예수님께서는 후자의 의미로 율법을 '지킨다'는 표현을 사용하신 것을 알 수 있다.

> 모세가 너희에게 율법을 주지 아니하였느냐 **너희 중에 율법을 지키는 자가 없도다** 너희가 어찌하여 나를 죽이려 하느냐 (요 7:19)

그런데 아이러니한 것은 현대 교회의 많은 기독교인들은 과거 바리새인들을 율법주의자라고 손가락질을 하면서 자신들도 율법주의적인 삶을 살고 있다는 것이다. 그러나 그들은 이 사실을 깨닫지 못하고 있다. (이 문제는 본서의 제4장에서 논의하기로 한다) 그러므로 율법주의를 올바로 이해하는 것은 율법을 올바로 이해하는 것을 전제로 한다. 사실 율법에 대한 몰이해가 율법주의에 대한 오해를 낳고 있고 우리의 신앙의 방향을 혼미하게 하고 있다. 나름 하나님의 계명을 지키려고 하면서 잘 안 되니까 고민하는 사람들에게 율법주의자라고 비난

하는 사람치고 율법을 제대로 읽어 본 사람을 필자는 보지 못했다.

2) 율법은 하나님의 영광의 계시

율법의 외연은 매우 광범위해서 성경에서 실제로 여러 가지 의미로 사용되기 때문에 율법에 관한 성경 구절 일부만을 보고 자기의 생각을 얼마든지 주장할 수도 있다. 우리말로 번역된 '율법'이라는 용어는 영어로는 Law(법)이고 헬라어로는 νόμος(nomos)인데 이는 모두 일차적으로는 모세를 통해서 주신 십계명을 비롯한 다양한 규례들을 총칭하는 용어이다. 그러나 이렇게 다양한 율법의 규례들은 단 하나의 정신으로 통일되고 있는데 그것은 섬김과 사랑의 정신이다. 그리고 구약은 물론 신약성경의 모든 말씀들의 바탕에 깔린 정신은 율법의 정신이므로 성경 말씀 전체를 율법이라고 할 수도 있다. **하나님께서는 자신의 뜻을 율법을 통해 자세히 이스라엘 백성에게 드러내시고 그 율법을 순종하는 조건으로 그들과 언약을 맺으셨다. 율법에 순종한다는 것은 단순히 율법의 문자적 준수가 아닌 하나님의 뜻이 곧 그들의 뜻이 되어야 한다는 것이고 이는 그들의 본성의 변화를 전제로 하고 있었다.** 그러나 그들은 자신들의 악한 성향을 유지한 채로 하나님의 법을 지키려 했기 때문에 하나님과의 약속을 계속적으로 범하였고 그 때마다 하나님께서는 선지자를 그들에게 보내셔서 하나님과의 약속을 다시 상기시키시고 언약을 지킬 것을 촉구하셨다. 이러한 내용이 기록된 것이 구약성경의 수많은 선지서들이다. 그래서 구약성경을 가리켜 '율법과 선지자'라고도 한다. 그러나 선지서의 기록된 모든 교훈의 말씀은 모세의 율법의 반복 내지는 상기에 불과하다. 선지자들이 새로운 것을 얘기한 바는 없다는 사실에 주목할 필요가 있다. 이러한 선지서의 연장선 상에 있는 책이 바로 복음서들이다. 율법을 범하고 있는 이스라엘 백성에게 선지자를 보내는 대신 율법을 주신 하나님께서 직접 인간의 몸으로 오셔서 율법을 지키라고 호소하셨을 뿐 아니라 구약의 제의(祭儀)법을 통해 불완전하게 계시된 십자가의 정신을 몸소 십자가에서 대속의 죽음을 당하시어 율법을 완전하게 하시고 이러한 율법의 정신을 우리에게 요구하고 있는 책이 바로 4복음서라 할 수 있다. 예수님의 생애는 하나님의 율법을 실천하는 삶이었기 때문에 예수님의 삶 자체는 당시 율법을 범하고 있는 유대인들에 대한 경고이면서 그들의 죄에 대한 심판이요, 또한 율법을 지키라는 회개에의 호소였다. 예수님께서는 당시 율법을 무시하고 범하고 있으면서도 율법을 지킨다고 착각하고 살던 유대인들에게 그들의 죄를 보여 주시는 것을 심판이라고 하셨다.

> 예수께서 가라사대 내가 심판하러 이 세상에 왔으니 보지 못하는 자들은 보게 하고 보는 자들은 소경 되게 하려 함이라 하시니 (요 9:39)

아무튼 율법의 의미는 이렇게 다양하고 광범위하게 쓰이지만 모세의 율법만을 볼 때 그 법조문의 내용을 가만히 들여다보고 깊이 묵상을 해 보면 그러한 법 조항을 주셔서 이스라엘 백성에게 지키게 하신 이유가 궁금해진다. '왜 부모를 공경하라고 하셨는가? 왜 거짓 증언을 하지 말라 하셨는가? 더 나아가 왜 양을 잡아 제사를 지내라고 하셨는가? 도대체 할례는 왜 받으라고 하셨는가? 왜 돼지고기는 부정하고 소고기는 정하다고 하셨는가?' 등등의 질문을 던지게 된다. 그리고 모세의 율법 조항에는 서로 모순돼 보이는 것들도 있어 우리의 궁금증을 가중시킨다. 예를 들어 다음 두 말씀을 비교해 보라.

> 사람을 쳐죽인 자는 반드시 죽일 것이요 짐승을 쳐죽인 자는 짐승으로 짐승을 갚을 것이며 사람이 만일 그의 이웃에게 상해를 입혔으면 그가 행한 대로 그에게 행할 것이니 **상처에는 상처로, 눈에는 눈으로, 이에는 이로 갚을지라** 남에게 상해를 입힌 그대로 그에게 그렇게 할 것이며 짐승을 죽인 자는 그것을 물어 줄 것이요 사람을 죽인 자는 죽일지니 (레 24:17-21)

> **원수를 갚지 말며** 동포를 원망하지 말며 네 이웃 사랑하기를 네 자신과 같이 사랑하라 나는 여호와이니라 (레 19:18)

한곳에서는 억울하게 남에게 당한 대로 갚아 주라고 하시고 다른 한곳에서는 원수를 갚지 말라고 하신다. 원수란 내가 증오할 정도로 나에게 피해를 준 사람을 말한다. 어떻게 하란 말인가? 한곳에서는 간음하지 말라고 하시고 다른 곳에서는 부인이 둘이면 하나만 편애하지 말고 공정하게 재산을 나누어 주라고 하신다(신 21:15-17). 한곳에서는 살인하지 말라고 하시고 다른 곳에서는 간음한 자는 반드시 죽이라고 하신다(레 20:10). 혼돈스럽다. **그러나 필자의 견해로는 이렇게 율법 자체의 모순되는 구절이 있다는 것이 율법을 깊이 있게 이해하는 하나의 열쇠가 된다고 생각한다.** 이 문제는 추후에 논의하기로 하고 우리는 율법의 구체적인 법 조항이 주어진 이유를 생각하기 전에 가장 먼저 하나님께서 자기 백성을 삼고자 하시는 이스라엘에게 율법을 주신 목적은 무엇인가부터 생각을 해야 한다. 그리고 이 문제는 '창조와 타락 그리고 구원'이라는 성경의 큰 그림을 그려볼 때 충분히 깨달아 알 수 있다. 이 문제를 깊이 있게 다루려면 또 다른 책 한 권이 필요하겠지만 본서에서는 간단하게 다루고자 한다.

우선 하나님께서 이 땅에 사람을 지으신 목적부터 생각해 보자. 전술했듯이 성경에서는 "하나님께서 하나님의 영광을 위해 이 땅에 사람을 지으셨다"(사 43:7)고 선언하고 있다. 여기서 말씀하고 있는 하나님의 영광은 인간이 생각하는 인간의 영광과는 다르다는 것도 얘기했다.

예수님께서는 이 땅에서 아버지 하나님께서 하라고 하신 일을 완수하심으로써 하나님을 영화롭게 하셨다(요 17:4). 그 일은 다름 아닌 희생과 섬김의 생애였고 다른 말로 하면 율법을 지키는 삶이었다. 이 일들을 통해 아버지 하나님의 이름[91](본성)을 세상에 나타내신 것이 아버지께 영광을 돌린 것이었다. 예수님을 믿는다는 것도 예수님의 이름[92], 곧 그분의 품성을 옳다고 믿는 것이고 이는 예수님의 품성을 사랑하고 그렇기 때문에 그 분이 하나님 아버지께로 온 줄로 믿는 것이다(요 16:27[93]). 예수님의 이름으로 성령을 구한다는 것도 **예수님의 품성을 사랑하므로 그렇게 되기 위해 성령을 구하는 것**이요, 그리하면 성령을 받아 기쁨이 충만할 것이라 약속하셨다(요 16:24[94]). 예

---

91) 세상 중에서 내게 주신 사람들에게 내가 아버지의 이름을 나타내었나이다 저희는 아버지의 것이었는데 내게 주셨으며 저희는 아버지의 말씀을 지키었나이다 (요 17:6)

92) 영접하는 자 곧 그 이름을 믿는 자들에게는 하나님의 자녀가 되는 권세를 주셨으니 (요 1:12)

93) 이는 너희가 나를 사랑하고 또 나를 하나님께로서 온 줄 믿은 고로 아버지께서 친히 너희를 사랑하심이니라

94) 지금까지는 너희가 내 이름으로 아무것도 구하지 아니하였으나 구하라 그리하면 받으리니 너희 기쁨이 충만하리라

수님께서는 육신으로도 믿음으로써 하나님과 동행만 한다면 영이신 하나님의 본성대로 살 수 있다는 것을 보여 주셨다. 또한 그렇게 사는 삶을 통해 세상과 천사들이 보기에도 그 길만이 옳은 길이고 그 길만이 피조물들의 영원한 복락을 보장하는 길임을 증명하셨다. 그리고 자신을 희생해서 남을 섬기는 "하나님의 본성"의 계시(啓示)는 십자가에서 그 절정을 이루었다.

하나님의 영광은 결국 하나님의 본성의 영광이고 아담은 창조될 때만 해도 하나님의 영광을 드러내는 존재였다. 그러나 범죄 이후 사람은 하나님의 영광을 잃어버렸고[95] 하나님께서는 사람들에게 잃어버린 영광을 다시 주시기 위해서 그 영광의 **정체성**을 율법을 통해 사람들에게 먼저 알려주려고 하셨다. 그래서 율법은 하나님의 본성대로 사는 길을 법조문으로 규정한 것이다. 그러므로 **하나님의 본성대로 산다는 것은 바로 율법을 지키는 것이다.** 반대로 사람이 율법을 지키기 위해서는 사람의 본성을 버리고 하나님의 본성을 받아야 한다. 예수님의 이 땅에서의 삶 자체는 천사들이 보기에 하나님의 본성과 사람의 본성을 비교할 수밖에 없는 하나의 교과서가 되었다. 그리고 결국 하나님의 본성을 가진 예수님을 사람과 같은 품성을 소유한 권세(사탄)가 정당한 이유 없이 십자가에 못 박았는데, 이 일을 통해서 우주에서 하나님의 본성**만이** 옳다는 것이 완전히 증명되었다. 악은 선과 대비될 때 비로소 그것이 옳지 않을 뿐 아니라 결코 허용되어서는 안 된다는 것이 명확해진다. 십자가는 선한 하나님의 본성과 이를 부정하는 마귀의 본성이 명확히 대비된 장소였다. 하나님의 뜻을 벗어

---

95) 모든 사람이 죄를 범하였으매 하나님의 영광에 이르지 못하더니 (롬 3:23)

난 상태, 곧 죄(罪)라고도 하고 악(惡)이라고도 하고 또한 불법(不法)이라고도 하는 일종의 무질서는 이 우주에서 영원히 없어져야 할 것이라는 것이 십자가를 통해 이론의 여지 없이 증명된 것이다. 온 우주와 그 가운데 거하는 모든 피조물은 하나님의 뜻 안에 있을 때만 영원히 안전하고 행복하다는 것이 증명된 셈이다. **이렇게 하나님의 뜻을 따라 하나님의 통치 아래에 있는 상태가 바로 하늘 나라이다. 하나님께서는 타락한 인류에게 이런 하나님의 뜻을 율법을 통해서 먼저 알려주시고 그 다음 하나님을 받아들이라는 요청을 하셨다. 하나님을 믿을 때 그 믿음의 대상인 하나님의 정체성이 바로 율법이다. 그렇기 때문에 율법과 믿음은 뗄 수 없는 관계에 있다. 율법은 하나님의 정체성이고 믿음은 그 율법의 정신을 사모하는 마음이자 율법대로 살 수 있는 능력을 받는 통로이다. 그러므로 율법을 모르면서 하나님을 믿는다는 것은 어불성설이다. 더욱이 믿기 때문에 율법은 지킬 필요가 없다는 가르침은 지극히 무지하고 악한 가르침이 아닐 수 없다.** 이러한 구원의 구도를 신약성경에서는 '말씀(율법)과 성령(믿음)'이라는 패러다임으로 설명하고 있지만 결국 같은 내용이다.

3) 구원의 경험은 보좌 앞에서 부르는 새 노래: 하나님께 영광

그러므로 예수님께서 십자가에 달리시는 일은 대속의 죽음으로 죄인을 구원하실 길을 열어 놓을 뿐 아니라 하나님 본성의 옳음과 아름다움을 하늘의 모든 천사들과 세상에게 완전하게 드러내는 일이었으므로 영광받으시는 일이었다. 또한 하나님도 영광받으시는 일이었다.

십자가는 하나님의 영광을 드러내는 일이요, 인간 언어의 한계 안에 있었던 율법보다 더 완전한 계시의 결정체였다. 이러한 이유로 예수님께서는 율법을 완전하게 하시려고 이 땅에 오신 분이었다. 십자가뿐만 아니라 예수님의 생애 자체가 율법의 정신, 곧 하나님 본성의 완전한 계시였고 그렇기 때문에 하나님 영광의 현현이었다. 하나님의 본성을 알기 위해 율법을 자세히 보지 않더라도 예수님의 생애를 묵상함으로써 더 정확히, 더 분명하게 그것을 알 수 있게 되었다. 그러므로 예수님을 본 자는 하나님을 본 자였다. 십자가에 달리기 위해 끌려 가시기 직전에 드린 다음의 기도는 십자가에서의 자신의 희생에 대한 예수님의 생각을 보여 준다.

> *예수께서 이 말씀을 하시고 눈을 들어 하늘을 우러러 가라사대 아*
> *버지여 **때(십자가에 달리실 때)가 이르렀사오니 아들을 영화롭게***
> ***하사** 아들로 아버지를 영화롭게 하게 하옵소서* (요 17:1)

그러므로 십자가의 희생은 우리가 구원받아 하늘에 가서도 영원히 찬송할 제목이요, 이 우주의 모든 천사들에게도 죄와 의와 심판에 대한 영원한 교과서가 될 것이다. 그리고 앞으로는 영원히 이 우주에 죄가 들어오지 못할 것이다. 예수님의 십자가 이전에는 창조주 하나님에 대한 찬송의 노래가 하늘 궁정에서 불려 왔다. 이 노래는 지구에 인간을 창조하실 때부터 불려 왔던 노래다(욥 38:7). 그래서 이 노래는 구속주 하나님을 찬양하는 노래와 비교한다면 **옛 노래**다. 그러나 인간의 타락 이후 그리스도의 구속의 희생으로 말미암아 하나님은 창조주일 뿐 아니라 구속주가 되셨다. 이제 하나님의 구원을 찬송하는 노래는 창조주로서의 하나님을 찬양하는 것이 아닌 구원의 주 하나님을 찬양하는 **새 노래**가 되었다. 이 노래는 인류의 타락 이전에는 불려진 적도 불려질 이유도 없었던 노래였다.

> 네 생물과 이십사 장로들이 (중략) *새 노래를 노래하여 가로되* 책을 가지고 그 인봉을 떼기에 합당하시도다 일찍 죽임을 당하사 각 족속과 방언과 백성과 나라 가운데서 **사람들을 피로 사서** 하나님께 드리시고 저희로 우리 하나님 앞에서 나라와 제사장을 삼으셨으니 저희가 땅에서 왕 노릇 하리로다 하더라 (계 5:8-10)

그래서 이 구원의 노래인 새 노래를 모세의 노래, 어린 양의 노래(계 15:3)라고도 한다. 이 노래를 부른다는 것은 사실은 우리가 이 땅에서 구원의 경험을 하는 것을 상징하는 표현이다. 계속 죄 가운데 있으면서 구원의 주를 찬양할 수는 없는 일이다. 우리가 예수님의 임재로 죄를 이기는 경험을 할 때 자연스럽게 나오는 찬송이다. 다른 말로 하면 우리가 '복, 곧 생명을 받는 경험'을 할 때 이 경험은 하나님의 귀에는 노랫소리로 들린다고 할 수 있다. 복을 받는다는 것은 하나님의 영과 나의 영이 하나가 되는 것이므로 존재의 기쁨, 생명의 기쁨을 누리게 되는 것이요, 심오하고 영원한 희락의 세계로 들어가는 것이다. 그러므로 이러한 구원의 경험을 '노래'라고 표현하는 것은 이러한 뜻도 함의하고 있다. 이 노래가 죄가 지배하는 이 세상에서의 우리들의 경험의 노래가 될 때 이는 하나님 보좌의 발등상인 이 땅에서(마 5:35) **하나님의 보좌 앞에서 부르는** 새 노래가 되고 이 노래가 바로 하나님께 진정한 영광을 돌리는 찬송이다.

> 그들이 **보좌 앞과** 네 생물과 장로들 앞에서 **새 노래를** 부르니 땅에서 속량함을 받은 십사만 사천밖에는 능히 이 노래를 배울 자가 없더라 (계 14:3)

4) 성령의 임재로 하나님의 영광에 이름

우리는 죄로 눈이 멀어서 돈이 많으면 행복할 것 같고 내가 높아져서 남들이 나를 칭찬하면 행복해하지만 이는 죄로 인한 **병리적 착각**이다. 이는 마치 술 취했을 때 느끼는 희열이나 담배를 피울 때 느끼는 심리적 안정감과 같은 병적인 행복감일 뿐 진정한 기쁨은 '섬김'에서 오는 것이다. 이런 하나님의 본성 내지는 품성은 존재와 생명의 근원이신 하나님의 본성이므로 존재의 법칙이고 생명의 법칙이며 우주를 통치하시는 근본 원리다. 태양은 자기 자신을 희생하여(핵 융합반응에 의한 질량 손실과 에너지 방출) 지구를 먹여 살리고 있다. 푸른 숲은 다른 동물을 위해 산소를 만들고 있다. 숲이 길러낸 동물들은 늙어서 죽은 그 몸이 나무들의 영양소가 된다. 우리의 심장은 어머니 자궁 속에서부터 수축과 이완을 시작해서 죽는 날까지 우리 몸의 다른 신체 부위에 피를 공급한다. 간은 피를 해독하여 다른 신체 기관은 물론 심장에게도 깨끗한 피를 공급한다. 이러한 우주를 관장하고 있는 상호 섬김의 원칙이라는 **하나님 본성의 정체성**을 사도 요한은 '로고스(말씀)'라 하였다. '로고스'는 예수님의 또 다른 이름이기도 하다(계 19:13).

하나님께서는 이러한 법칙 안에 우주와 그 가운데 사람을 창조하셨다. 단순한 흙에 불과하던 아담에게 이러한 본성을 부여하신 방법은 아담에게 성령을 불어 넣으심이었다. **성령의 내주로 인해 본질상 흙인 아담이 하나님의 본성을 소유할 수 있었다는 증거는 선악을 알게 하는 나무의 언약에 드러나 있다.** 하나님께서 아담에게 "살인하지 말라 살인하면 그 날에 죽을 것이다"라든가 또는 "도적질 하지 말라 도적질 하면 그 날에 죽을 것이다"라고 하지 않으신 이유는 이런 도덕적 불건전성은 아담의 노력이나 의지의 문제가 아니라 아담 안에 내주하시는 성령의 소멸로부터 오는 이차적인 현상일 뿐이기 때문이다. 그러므로 아담의 생명은 이러한 도덕적 현상의 문제가 아닌 '성령의 내주'라는 본질적인 문제에 달려 있었고 눈에 보이지 않는 성령의 내주라는 본질의 문제를 선악과를 먹는 눈에 보이는 행위에 연관시켜 언약을 맺은 것이었다.

그러나 아담은 선악과의 언약을 범함으로 성령을 소멸시켰고 육신의 소욕을 통제하던 성령께서 아담 안에서 소멸되심으로 육신의 소욕 **96)**이 아담을 통제하는 결과를 낳았다. 그래서 아담이 할 일은 도덕적으로 거룩한 존재가 되기 위해 노력하고 수양하는 일이 아니라 믿음으로써 성령을 거절하지 않는 것뿐이었다. 성령과 함께 태어난 아담은 자신의 영생 복락을 위해 성령을 거절하지 않는 일을 했어야 하고 **성령 없이 태어난 우리들은 성령을 받아들이는 일을 해야 하는 차이가 있을 뿐, 본질적으로 아담의 입장이나 우리들의 입장이나 동일하다.** 그러므로 '성령의 내주'를 전제로 지음을 받았던 사람은 하나님의 형상을 따라 하나님의 모양대로 지음을 받은 존재였다. **하나님의 형상**은 하나님의 본성을 말하는 것이고 **하나님의 모양**은 삼위 일체의 형태로 존재하시는 모습을 말하는 것이다. 우리 사람도 여러 개체로 존재하여도 서로 사랑하고 섬김으로써 삼위 하나님께서 하나이신 것처럼 하나가 되는 것이 본래 하나님의 창조 설계도였다. 예수님께서

---

96) 육신의 소욕은 식욕, 성욕만을 얘기하는 것이 아니라 탐심, 이기심, 자존심 등 자기애(自己愛)의 모든 정신과 욕망을 총체적으로 말하고 있다.

십자가에 달리시기 전 마지막 기도는 제자들이 하나 되어 하나님의 모양대로 살게 해 달라는 기도였다.

> 아버지께서 내 안에, 내가 아버지 안에 있는 것 같이 **저희도 다 하나가 되어** 우리 안에 있게 하사 세상으로 아버지께서 나를 보내신 것을 믿게 하옵소서 내게 주신 영광을 내가 저희에게 주었사오니 **이는 우리가 하나가 된 것 같이 저희도 하나가 되게** 하려 함이니이다 (요 17:22, 23)

하나님의 형상과 모양을 사람이 소유할 때만이 영원한 복락을 누릴 수 있었고 이를 위한 필요충분조건은 사람의 영 안에 성령께서 내주하시는 것이었다. 그리고 성령의 내주하심 역시 하나님의 뜻대로 강제로 하는 것이 아니라 아담의 선택에 의해 내주하시도록 계획될 만큼 아담은 가장 고귀하고 자유로운 존재로 지음을 받았다. 아담의 자유 의지로 성령의 내주가 이루어질 때만 아담은 진정으로 행복한 존재가 될 것이었다.

그러나 아담은 성령의 내주하심을 나무 열매 하나와 바꾸었다. 선과 악을 알게 하는 나무의 열매를 먹음으로써 아담은 성령의 내주를 거절하였다. 이제 그가 소유했던 하나님의 형상은 잃어버린 것이 됐고 그 결과 하나님의 모양을 따라 존재하던 아담과 하와의 관계 역시 변질되었다. 결과적으로 생명의 법칙의 지배를 벗어남으로써 그들에게 주어졌던 영원한 생명을 잃어버렸다. 성령의 내주로 생령(살아있는 영혼)이 되었던 그들은 성령을 거절함으로써 죽은 영혼이 되었다. 하나님의 모양대로 하나님 안에서 하나였던 아담 부부는 선악과를 먹은 후 성령께서 떠나시자마자 타인의 죄를 탓하는 관계로 변질되었고 이러한 관계는 그 후 수천 년 동안 이어질 비참한 인류 역사의 근원을 암시하고 있었다.

> 아담이 가로되 하나님이 주셔서 나와 함께하게 하신 **여자 그가** 그 나무 실과를 내게 주므로 내가 먹었나이다 (창 3:12)

이렇게 타락한 부부에게 하나님께서는 남자의 자손이 아닌 여자의 자손을 통해 잃어버린 하나님의 형상을 회복시켜주실 것을 선언하셨고, 창세 전에 정해졌던(예정되었던) 구속의 경륜은 그들의 범죄 직후 작동되기 시작했다. 남자의 자손은 결국 남자와 여자 사이에서 난 자손이므로 영적으로는 사단의 영향 아래 태어나는 죄인이므로 우리의 구원자가 될 수 없었다. 그래서 하나님께서 친히 여자의 자손으로 오셔서 하나님의 통치 아래에 있는 삶의 모습(이것이 '하나님의 나라'다)을 세상에 보여 주시고 이를 원하는 사람은 누구나 성령 주시기를 원하셨다. 이를 위해 사단의 포로로가 된 인간을 해방시키시기 위해 십자가에서 대속의 죽음을 택하셨다. 그래서 십자가의 보혈은 속량(emancipation, 노예 해방)의 피다.

그러므로 구원은 이런 타락의 과정을 거꾸로 밟아 가는 과정을 통해 이루어질 것이었다. 먼저 하나님의 형상(본성)을 먼저 보여 주시고 이를 사모하고 소유하기를 원하는 자에게 성령을 주심으로써 하나님의 형상을 회복시켜 주시는 것이 구원의 과정이다. 예수님께서는 십자가로 가시면서 **하나님의 형상(본성)을 하나님의 영광이라 하셨고**

(히 1:3⁹⁷⁾) 이 영광을 제자들에게 주시는 목적은 제자들도 하나님의 모양대로 하나가 되게 하기 위함이라 기도하셨다. 다음 기도의 말씀을 묵상해 보라. 결국 창세전에 가지셨던 창조의 계획⁹⁸⁾대로 제자들을 재창조하시고자 하신 것이 구원이라는 것을 알 수 있다.

> 내게 주신 **영광(하나님의 형상, 본성)**을 내가 저희에게 주었사오니 이는 우리가 하나가 된 것 같이 저희도 **하나가 되게(하나님의 모양)** 하려 함이니이다 곧 내가 저희 안에, 아버지께서 내 안에 계셔 저희로 **온전함을 이루어(하나님의 형상을 회복함) 하나가 되게(하나님의 모양)** 하려 함은 아버지께서 나를 보내신 것과 또 나를 사랑하심 같이 저희도 사랑하신 것을 세상으로 알게 하려 함이로소이다 (요 17:22, 23)

예수님을 통해서 제자들이 보았던 하나님의 영광은 예수님 머리 위에서 무슨 눈부신 빛이 났었다는 것이 아니라 하나님의 본성의 영광이었다.

> 말씀이 육신이 되어 우리 가운데 거하시매 우리가 **그의 영광**을 보니 아버지의 독생자의 **영광**이요 은혜와 진리가 충만하더라 (요 1:14)

> 모든 사람이 죄를 범하였으매 **하나님의 영광**에 이르지 못하더니 그리스도 예수님 안에 있는 구속(救贖)을 통해 하나님의 은혜로 값없이 **의롭게 되었느니라** (롬 3:23, 개역한글+흠정역)

---

97) 이(예수님)는 하나님의 영광의 광채시요 그 본체의 형상이시라 그의 능력의 말씀으로 만물을 붙드시며 죄를 정결하게 하는 일을 하시고 높은 곳에 계신 지극히 크신 이의 우편에 앉으셨느니라 (히 1:3)

98) 하나님이 가라사대 우리의 형상을 따라 우리의 모양대로 우리가 사람을 만들고 그로 바다의 고기와 공중의 새와 육축과 온 땅과 땅에 기는 모든 것을 다스리게 하자 (창 1:26)

죄 때문에 하나님의 영광에 이르지 못하였으나 믿음으로 말미암아 성령으로 의롭게 변화됨을 입었고 이렇게 하늘의 품성을 소유하게 된 것이 하나님의 영광에 이르렀다는 뜻이다.

> 하나님이 미리 아신 자들로 또한 **그 아들의 형상(=하나님의 본성)을 본받게 하기 위하여 미리 정하셨으니** 이는 그로 많은 형제 중에서 맏아들이 되게 하려 하심이니라 또 미리 정하신 그들을 또한 부르시고 부르신 그들을 또한 의롭게 하시고(δικαιάω 의롭게 만들다, 필자 교정) **의롭게 하신** 그들을 또한 영화롭게 하셨느니라 (δοξάζω 영광스럽게 하다) (롬 8:29, 30)

사람이 타락하여 하늘의 품성을 잃어버렸어도 구속의 섭리에 따라 자기 백성들을 죄로부터 속량하시고 그들 안에 친히 임하심으로써 (태초에 아담 안에 임하셨던 것처럼) 하나님의 형상을 회복하시는 것이 창세 전에 예정하신 일이었고 이렇게 된 사람들을 영화롭게 하셨다는 뜻이다. 다음 말씀에서 하나님의 영광도 하나님의 본성의 영광이라는 뜻이고 사도 바울도 그리스도의 영에 의해서 이 영광에 이르게 된다고 증거하고 있다.

> 오늘까지 모세의 글을 읽을 때에 수건이 오히려 그 마음을 덮었도다 그러나 언제든지 주께로 돌아가면 그 수건이 벗어지리라 주는 영이시니 주의 영이 계신 곳에는 자유 함이 있느니라 우리가 다 수건을 벗은 얼굴로 거울을 보는 것 같이 **주의 영광을 보매 저와 같은 형상으로 화하여 영광으로 영광에 이르니 곧 주의 영으로 말미암음이니라** (고후 3:15-18)

사도 바울 자신도 예수님을 만나서 회심하기 전까지 어려서부터 성경을 보았어도 수건이 마음을 덮어서 하나님의 영광, 곧 하나님 본성의 고결함과 아름다움을 보지 못했다고 고백하고 있다. 그러나 예수님을 알고 영접하면 성령의 역사로 말미암아 구약성경을 볼 때 하나님의 본성을 볼 수 있게 되고 우리도 그러한 본성을 갖게 되어 영광에서 영광에 이른다는 말이다. **이는 예수님 재림하실 때의 일을 말하는 것이 아니라**[99] 현생에서 믿음을 가지고 즐거워하여 율법을 묵상할 때 성령의 역사를 통해 '하늘로부터 태어나는' 일을 말하고 있다. **하나님께서 사람들에게 주고자 하시는 영광의 요체는 하나님의 형상, 곧 하나님의 본성이다.** 위 말씀에서 그리스도의 영으로 말미암아 바울이 이른다는 영광은 예수님께서 십자가로 끌려가시기 직전에 드렸던 기도에서 언급하신 제자들에게 **주셨던** 바로 그 영광이었다(요 17:22). 하나님의 형상(본성)은 모든 사람의 양심에 기록되어 있으나 사람들이 이를 무시하므로 보다 더 구체적으로 하나님의 본성을 알려주신 것이 바로 모세를 통해서 주신 율법이다. 율법은 하나님의 본성인 '섬김'의 정신을 알려주시기 위해 주신 법 조문이다. 그러나 이러한 율법을 통한 하나님의 본성의 계시 또한 대부분의 사람들이 관심

---

99) 일반적으로 예수님 재림하실 때 우리가 썩지 아니할 신령한 몸을 입는 것을 '영광화' 또는 '영화(glorification)'라고 말하지만 성경에는 이런 의미로 '영광'이라는 표현을 사용한 곳이 없다. 신학자들의 사변일 뿐이다. 이런 생각을 하는 이유는 하나님의 본성을 소유하는 일의 영화로움을 깨닫지 못했을 뿐 아니라 그렇게 되고 싶지도 않고 그렇게 될 수도 없다고 믿기 때문일 것이다. 위 세 성경구절(요 17:22, 23 롬 3:23 고후 3:15-18)은 우리의 몸의 변화가 아니라 현생에서 우리의 영이 하나님의 본성을 입는 일, 즉 거듭나는 일을 영광에 이르는 일이라고 하고 있고 미래가 아닌 완료 시제 또는 과거, 현재 시제를 사용하고 있다. 특별히 롬 3:23에서는 "모든 사람이 죄 때문에 하나님의 영광에 이르지 못했다"고 전제를 하고 24절에서는 "그리스도 예수님 안에 있는 구속(救贖)을 통해 하나님의 은혜로 값없이 의롭게 되었다"고 선언하는 것은 성령으로 거듭나서 의롭게 되는 것이 하나님의 영광에 이른다는 뜻이다.

도 없고 하나님에 대해 알고 싶어 하지도 않으므로 하나님께서는 직접 사람이 되셔서 하나님의 이름을 드러내셨다.

5) 율법은 성령을 구하라는 명령

그래서 일반적으로 율법이라고 말하면 율법의 조항은 물론 그 정신까지 포함하여 지칭하는 경우가 대부분이다. 율법의 법 조항들에 방점을 두고 말하면 규례 또는 율례라고 표현을 하기도 한다. 율법의 모든 조항은 결국 하나님의 명령이므로 율법을 계명이라고도 한다. 십계명도 계명이지만 모든 율법의 내용은 결국 율법의 정신을 소유하라는 명령이므로 계명이라고도 할 수 있다. 특히 예수님 당시 유대인들에게는 율법의 정신은 강조되지 않았다. 오로지 법 조문들, 특히 정결 법, 안식일 법, 제사 법, 할례 같은 율법의 규례들을 랍비들이 왜곡 확대한 전통적인 사람의 규율을 모세의 율법과 동일시하고 있었다. 그래서 사도 바울의 편지에 보면 이러한 제사와 의식에 관한 법조문을 그냥 율법이라고 부른 경우가 있어서 혼란을 주고 있다. 이런 성경 구절들이 율법 폐지론을 주장하는 사람들의 근거로 제시되고 있다. 예를 들면 다음과 같은 구절이다.

> **율법은** 장차 오는 좋은 일의 그림자요 참 형상이 아니므로 해마다 늘 드리는 바 같은 제사로는 나아오는 자들을 언제든지 온전케 할 수 없느니라 (히 10:1)

그러나 예수님께서는 율법은 천지가 없어지기 전에는 폐할 수 없다고(마 5:17-18) 하셨고 구약성경도 폐할 수 없다고(요 10:35) 하셨다. 더구나 구약성경에서 영생을 얻는 줄 알고 구약성경을 상고하라고(요 5:39) 하셨다. 사도 바울도 믿음으로 율법을 폐하는 것이 아니라 율법을 더욱 굳건히 세운다고(롬 3:31) 하였다. 따라서 위 히브리서 10:1의 '율법'이란 표현은 율법 중에 제사 법에 국한해서 사용되고 있는 것이 분명하다. (이 문제는 제 3장에서 자세히 다룰 것이다)

아무튼 하나님께서는 사람들이 성령을 구하게 하기 위해서 자신의 정체성을 먼저 알려줄 필요가 있었는데, 그 정체성이 바로 율법이다. 율법은 하나님의 본성을 법 조문의 형태로 보여 주신 것이기 때문에 하나님의 본성을 소유하기 전에는 율법을 지킬 수가 없다. **율법을 지키라는 명령은 하나님과 하나가 되라는 명령과 같은 명령이다. 다른 말로 하면 성령을 구하라는 명령이다.** 하나님의 본성을 소유하는 방법은 성령의 임재와 내주이기 때문이다. 이는 창세기 2:7에 기록된 대로 아담이 하나님의 품성을 소유했던 과정과 동일하다. 그때나 지금이나 변한 것이 없다. 예수님께서 부활하신 날 저녁 제자들이 모인 곳에 나타나셔서 제일 먼저 하신 명령의 말씀도 성령을 받으라는 것이었다(요 20:22). 그리고 승천하실 때 당부하신 말씀도 성령을 받기 전까지는 예루살렘을 떠나지 말라는 것이었다(행 1:4,5). 결국 성령을 통해 하나님과 다시 하나가 되는 것이 구원이다. 이런 사람은 **하나님의 형상**을 그 안에 회복한 사람이다. 이런 사람들이 모이면 그 머리는 예수님이요, 각자는 그 지체들이므로 모두 한 몸이 된다. 그러므로 **하나님의 모양**대로 삶을 살게 되는 것이다. 그러나 현대 교회의 모습은 하나님의 모양이 아닌 것이 분명하다. 그 이유는 무엇일까?

그러면 성령을 받는 방법은 무엇인가? 구함으로써 받을 수 있다. 두

드리면 열릴 것이고 구하면 찾을 것이라는 약속은 진심으로 원하는 자에게 성령을 주시겠다는 약속의 말씀이다. 우리가 진심으로 성령을 구하는 믿음은 어떻게 가질 수 있는가? 그것은 말씀을 묵상함으로써 하나님의 본성의 아름다움과 올바름을 깨닫고 사모하게 됨으로써 자연스럽게 이루어지는 일이다. 그렇기 때문에 율법을 주셨다. 그래서 율법은 우리를 예수님께 인도하는 과외 선생이다. 우리는 성경 교사나 교회 지도자들이 우리를 예수님께 인도하는 인도자라고 오해하고 있지만 성경은 율법이 우리를 예수님께 인도하는 인도자라고 선언하고 있다(갈 3:24). 교회의 지도자들의 역할은 이러한 인도자로서의 율법을 올바르게 이해하도록 돕는 역할을 하는 사람들이다. '예수님의 이름을 믿는다'는 것은 율법을 인격적으로 만났기 때문에 그분을 신뢰하는 것이다.

이러한 구원의 원리를 자세히 풀어 쓴 것이 로마서이다. 율법의 조항을 지키는 수고[100]($\check{\epsilon}\rho\gamma o\nu$ 수고, 노동)가 우리를 의롭게 만드는 것이 아니라 예수님을 (위와 같이) 믿음으로써 성령을 구하는 자를 하나님께서 성령을 주심으로써 의롭게 만드신다는 것이 로마서의 교리적 주제이다. 이렇게 해서 의롭게 된 자는 자신을 의롭게 하기 위해 한 일이 없다. 오직 믿음으로 의롭게 되기를 구했을 뿐이다. 그러므로 자랑할 것이 없다. **율법주의는 율법의 조항을 지킴으로써 우리가 의롭게 되고 구원을 받는다는 사상 내지는 삶의 태도이다.** 그래서 이런 사람들은 자신이 하는 일에 대해 할 말이 많다. 교회에서 봉사하는

---

100) 그러므로 사람이 의롭게 되는 것은 율법의 행위($\check{\epsilon}\rho\gamma o\nu$, 노동, 수고)에 있지 않고 믿음으로 되는 줄 우리가 인정하노라 (롬 3:28, 흠정역+개역개정)

일, 성가대에서 찬양 사역을 하는 일, 주일학교 교사를 하는 일 등등 이런 일들에 대해 매우 자랑스럽게 여긴다. 그러나 그들의 본성은 하나님의 본성과 거리가 멀다. 그럼에도 불구하고 이런 일들을 한다는 것 자체를 자기가 구원받았다는 증거로 믿기 때문에 율법주의적 삶의 태도다. 그러나 자신들은 믿기 때문에 구원받았다고 믿고 그렇게 가르친다. (믿기 때문에 구원받은 것이 아니라 구원받기 위해 믿어야 하는 것이고 구원의 증거는 신앙고백이 아니라 성령의 열매, 곧 하나님의 의(義)가 삶에 드러나는 것이다. 열매가 없다면 그 믿음에 문제가 있는 것이다) 하나님 눈에 보이는 율법주의자의 삶이란 의롭지 않은 자가 겉으로 보기에 의로운 일을 하는 것이다. 더 쉽게 말하면 악한[101] 사람이 선한 일을 하는 것이다. 반면에 율법주의의 반대인 **'믿음으로 말미암는 의(義)'**는 악인이 믿음으로써 품성이 의롭게 변화되는 것이다. 율법주의는 또 다른 말로 하면 **외식**(外飾)이고 예수님께서는 이를 **바리새인과 사두개인들의 누룩**(마 16:6)이라고도 하셨다.

6) 양과 염소의 비유: 선한 자와 선한 일을 행하는 악한 자

사실 구속사를 통해서 볼 때 소위 하나님을 믿는 사람들의 부류는 결국은 두 가지로 나뉜다. 하나는 하나님의 사이비 백성이고 다른 한 부류는 하나님의 참 백성이다. 이 두 부류의 특징 역시 둘로 귀착되

---

101) 성경에서 악하다는 뜻은 선하지 않다는 뜻이지 단순히 도덕법의 어느 한 법조항을 위반한다는 뜻이 아니다.

는데 전자는 율법주의이고 후자는 믿음으로 도달한 하나님의 의(義)이다. 더 쉽게 말하면 (본성이 선하게 변하지 않았는데) 선한 일을 하는 백성과 (실제로 본성이 선하게 변한) 선한 백성으로 나뉜다. 전자는 하나님의 의에 대한 사랑 없이 종교 활동을 열심히 하는 것을 믿음이라 여기고 후자는 하나님의 의를 사랑하는 것을 믿음이라 여긴다. 예수님께서는 이 두 부류를 염소와 양에 비유하셨다. 염소는 양하고 비슷하게 생겼지만 양과는 전혀 다른 동물이다. 똑같이 하나님을 믿는다고 하고 하나님의 일을 하는 것처럼 보이지만 그 품성의 변화함이 없는 부류를 염소에 비유하신 것은 매우 절묘하다. 그렇기 때문에 이들은 마지막 심판 때 예수님으로부터 정죄를 받아도 자신들의 문제점을 잘 모른다. 왜냐하면 선하지 않은 품성을 가지고 (그러나 자신들은 이것을 잘 모른다) 선한 일을 평생 열심히 했기 때문이다. 그래서 그들의 대답은 이렇다.

> 저희도 대답하여 가로되 주여 우리가 어느 때에 주의 주리신 것이나 목마르신 것이나 나그네 되신 것이나 벗으신 것이나 병드신 것이나 옥에 갇히신 것을 보고 공양치 아니하더이까 (마 26:44)

그들은 평생 가난한 자를 위해 봉사하는 것을 자랑으로 여기고 살아 왔고 주변에서 어떤 일을 하자고 하면 자신은 봉사를 가야 하니까 시간이 없다고 자랑스럽게 이야기하곤 했다. 그러나 그것이 선한 동기에서 비롯된 선행이 아니고 외식이었다는 증거는 그들이 예수님의 오른편에 있는 양들(마 25:40), 곧 눈에 잘 띄지 않는 의인들의 어려움에는 무심하면서도 사람들의 눈에 띄는 봉사 활동은 열심히 했다는 것이다. 이를 예수님께서는 다음과 같이 대답하신다.

*이에 임금(예수님)이 대답하여 가라사대 내가 진실로 너희에게 이르노니 이 **지극히 작은 자**(예수님의 형제들 곧 의인들 중 지극히 작은 자) 하나에게 하지 아니한 것이 곧 내게 하지 아니한 것이니라 하시리니 (마 25:45)*

이렇게 '선한 일을 하느냐' 아니면 '선한 사람이 되느냐'에 관한 교훈은 아담의 범죄 직후부터 주어졌다. 아담 안에 거하시던 성령의 소멸 후 하나님께서는 아담에게 벌거벗음을 알고 부끄러움을 느끼게 하셨고 이 벌거벗음은 성령께서 떠난 상태, 곧 죄를 상징한다. 아담은 무화과 잎으로 옷을 만들어서 자기 부끄러움(죄)을 가리려 했고 하나님께서는 양가죽으로 옷을 만들어서 입히셨다. 무화과 잎사귀는 아담이 스스로의 능력으로 부끄러움을 가리기 위해 할 수 있는 최선이었고 이는 인간의 행위에 의한 의를 표상한다. 그러나 양가죽은 아담이 상상도 하지 못했고 아담의 능력을 벗어난 하나님의 능력으로만 가능한 것이었기 때문에 하늘로부터 받은 그리스도의 의를 말한다. 즉, 무화과 잎으로 부끄러움을 가리는 것은 **본성의 변화 없이 인간의 선한 행동으로 자신의 악한 본성을 가리려는 것에 불과하다. 그러므로 본성의 변화가 없는 모든 선행은 가식이다.** 그러나 구원은 우리의 본성이 성령에 의해 변화되는 것이고 이를 양가죽 옷을 입히시는 것으로 예표 하시고 있다. 즉, 성령의 임재로 하나님으로부터 의(義)를 받아 본성이 변화됨을 입는 것을 양의 가죽 옷을 입는 것으로 상징하고 있다. 양의 가죽 옷을 입는다는 것은 양이 먼저 죽임을 당하는 것을 전제로 하기 때문에 이는 죄인이 그리스도의 의(義)를 받기 전에 그리스도의 대속의 죽음이 있어야 한다는 것도 암시하고 있다. 창세기에 자세한 기록은 없지만 아마도 하나님께서 아담에게 그 의미를 자세히 설명하셨을 것이다. 무화과 잎으로 된 옷이 보온이 잘 안 돼서 양가죽의 옷을 만들어서 입히신 것이 아니다.

이러한 '사람의 노력'과 '하나님으로부터 받은 의'에 관한 대비는 창세기의 두 번째 에피소드인 카인의 제물과 아벨의 제물의 대비에서도 드러난다. 카인은 자신의 노력으로 수확한 과일을 하나님께 드렸으나 아벨은 앞으로 올 그리스도(메시아)를 믿음으로 양을 잡아 제사 드렸다. 아벨은 자기 손으로 죽이는 그 양이 자기의 죄를 대속할 메시아의 죽음인 동시에 자신의 죄 된 육신의 소욕이어야 함을 깨닫고 죄와 의와 심판에 관한 교훈을 새기면서 경건한 마음으로 양을 잡아 제사 드렸다. 이런 아벨의 태도는 자신의 노력으로 의에 도달하는 것이 아니라 하나님으로부터 의를 받아야 하고 그렇게 되기 위해 자기를 부인해야 한다는 것을 나타냈다. 사실 하나님께서 아벨의 제물을 받으셨다는 것은 그 제물을 드린 아벨을 받으신 것이다(창 4:4). 아벨은 죄 된 자아(自我)를 제물과 함께 하나님 앞에 내려놓았고 그렇게 자아를 부인한 아벨을 하나님께서는 거처를 정하실 적당한 처소로 보시고 그를 받으셨다. 그러므로 아벨은 하나님 안에, 하나님께서는 아벨 안에 거하시게 된 것이다. 그러나 카인은 자신의 노력과 수고의 열매를 하나님께서 원하시는 줄 알고 그것을 드림으로써 자기 안에 거처를 정하시기를 원하시는 하나님을 거절하였다. **하나님 자체를 자기 안에 받아들이는 사람은 하나님께 드릴 것이 없다. 하나님께 무엇인가를 드려야 한다고 생각하는 사람은 하나님께서 자기 밖에 있기 때문이다. 하나님을 자기 밖에 그대로 두고 하나님께 무엇을 드리려고 노력하는 것이 율법주의의 본질이고 하나님을 내 안에 받아들여서 하나님과 하나가 되는 것이 믿음의 의(義)이다.** 하나님께서 카인과 그 제물을 열납하지 않으신 것은 본질적으로 말하면 카인이 그 아버지가 수십 년(?) 전에 그랬던 것처럼 하나님을 거절한 것이다. 하나님께서 원하시는 것은 죄인이 노력으로 무엇인가를 하나님께 바치는 것이 아니라 죄인이 자신을 부정하고 그 심령 안에 하나님을 받아들이는 것이다. 죄는 드리지 않는 것이 아니라 받지 않는 것이라는 것을 카인은 깨닫지 못했다.

다시 강조하지만 양을 잡아 제사 드린다는 것은 결국 자신을 부정하고 하나님을 받아들이기를 간절히 원한다는 의지와 소망의 표현일 뿐이지 하나님께서 양의 고기와 기름을 원하셔서 드리는 것이 아니다. 칼로 양을 찔러 죽인다는 것은 그 양이 예수님은 물론 자기 자신을 예표하고 있기 때문에 자신을 십자가에 못 박는 것이고 성령을 받기 위해 자기를 내려놓고 비운다는 뜻이므로 결국 하나님을 받아들인다는 의미이지 나를 하나님께 드린다는 의미가 아니다. 그러나 우리들은 얼마나 하나님께 드리는 신앙에 익숙해 있는가? 예배를 드리고 십일조를 드리고 나의 재능을 드리고 찬양을 드린다. 이러한 드리는 신앙의 태도에는 결국 **자기를 부정하는 것이 아니라 자신과 자신의 노력의 가치를 하나님께 인정 받으려는 태도가 기저에 깔려 있다.** 자기 전 존재를 부정하는 사람이 자기의 것으로 하나님께 드릴 만한 것이 있다고 생각할 수 있을까? 사실 버러지 같은 한낱 죄인에 불과한 우리들이 전지전능하시고 온 우주의 주인이신 하나님께 드릴 것이 무엇이 있겠는가? **이러한 드리는 신앙과 받는 신앙은 다른 말로 하면 행위의 의(義)와 믿음에 의한 의(義)라고 표현할 수 있다. 행위의 의는 나의 능력으로 무엇인가를 열심히 해서 하나님께 드리려는 것이고 믿음에 의한 의라는 것은 하나님의 의를 사모하여 하나님을 받아**

들이는 것이다. 그래서 예수님께서는 성령을 구하라고 하신 것이다. 이를 다른 말로 하면 하나님의 나라와 하나님의 의를 구하는 것이다.

이러한 행위의 의를 좇는 신앙과 믿음의 의를 좇는 신앙의 대비는 열 정탐꾼과 여호수아의 믿음에서도 극명하게 드러난다. 열 명의 정탐꾼은 자신들의 노력으로 가나안을 정복하려고 했으므로 거인들이 살고 있는 가나안을 정탐하고 나서는 자신들의 능력으로 정복할 수 없다는 것을 깨달았다. 그럼에도 불구하고 그들은 하나님의 전능하신 능력을 의지하려고도 하지 않았다. 그러나 여호수아와 갈렙은 하나님의 능력으로 가나안을 정복할 수 있다고 믿었다. 이를 영적으로 비유하자면 믿음으로 하나님의 능력을 의지하여 죄를 이기고 의(義)에 도달할 수 있다고 믿는 것과 동일하다. 죄를 이길 수 없다고 믿는 사람들은 자신의 능력으로 죄의 문제와 싸우려는 것이기 때문에 하나님을 받아들일 마음은 없다는 증거를 나타내고 있는 것이다. 그러나 우리는 죄의 세력이 강하면 강할수록 기뻐하여 하나님께 더 큰 감사를 드려야 한다. 우리 안에 친히 임하셔서 그것을 이기게 하실 것이기 때문이다.

이러한 드리는 신앙과 받는 신앙의 패턴은 아담의 범죄 직후부터 예수님의 재림 직전까지 계속될 것이었다. 구속사를 통해서 일어나는 영적 전쟁은 하나님을 예배하는 자들과 이방 종교사이의 전쟁이 아니라 똑같이 입술로 하나님 여호와의 이름을 부르는 자들 중에 겉으로 선행을 하는 자들과 본성이 선하게 변한 사람들 간의 전쟁이다. 물론 이 전쟁은 총과 칼로 하는 전쟁이 아니라 누가 옳은가에 관한 영적인 전쟁이다. 사실 이 지구는 하나님의 법과 그 법을 무시한 변질된 질서 사이의 전쟁터가 된 지 6,000년이 지났다. 그렇기 때문에 예수님 재림 직전의 영적 전쟁에 초점이 맞춰져 있는 요한 계시록도 이 두 부류의 전쟁을 자세히 예언하고 있다. 결국 후자의 승리로서 긴 영적 전쟁이 종결되고 그리고 예수님의 재림으로 이어진다는 내용이 요한 계시록의 큰 흐름이다. 재림은 예수님께서 사단과 전쟁을 하러 오시는 것이 아니라 전쟁에서 승리한 자들을 데리러 오시는 사건에 불과하다.[102] 사실 전쟁은 새삼스러운 것이 아니라 6,000년 이상 계속되어 왔고 예수님은 재림하시기 직전에 이미 그들과 영으로 함께하셔서 그들의 마지막 영적 싸움을 승리로 이끄셨다(계 19:11-16).

이 두 종류의 신앙, 즉 '율법주의'와 '믿음에 의한 의(義)'라고 할 수 있는 이 두 종류의 신앙의 특징을 요약해 보면 다음과 같다. (이는 매우 중요한 비교다) 결국 구원은 아담이 벗었던 옷(하나님의 의=영광)을 다시 입는 것이고 이것은 사람의 도덕의 문제가 아니라 존재의 문제이다. 다른 존재가 되는 것이 구원이다. 하나님의 의는 사람의 의와는 차원이 다른 것이고 이것의 실상을 자세히 설명한 것이 산상수훈이다.

---

102) 가서 너희를 위하여 처소를 예비하면 내가 다시 와서 너희를 내게로 영접하여 나 있는 곳에 너희도 있게 하리라 (요 14:3)
이와 같이 그리스도도 많은 사람의 죄를 담당하시려고 단번에 드리신 바 되셨고 구원(육체의 구원)에 이르게 하기 위하여 죄와 상관 없이 자기를 바라는 자들에게 두 번째 나타나시리라 (히 9:28)

율법주의	믿음에 의한 의(義)
사람의 본성을 유지 (자기를 부인하는 경험 없음)	하나님의 본성을 받음 (자기를 부인함)
생활의 변화	본성의 변화(거듭남)
선행을 하느냐?	선한 사람이 되느냐?
믿음 없는 순종 또는 순종 없는 믿음	믿음의 순종
종교 행위 = 믿음	자기 부인 = 믿음
율법의 행위	믿음으로 말미암는 의(義)
무엇을 하느냐?	어떤 사람이 되느냐?
드리는 신앙	받는 신앙
사람의 의(義)	하나님의 의(義)
인위적 외식(外飾)	성령의 자연스러운 열매
생존	생명
무화과 잎	양가죽
카인의 제물	아벨의 제물
이스마엘 (아브라함의 노력의 열매)	이삭 (하나님의 은혜의 열매)
열 정탐꾼	여호수아와 갈렙
서기관과 바리새인	예수님과 제자들
의로 간주된다고 믿음[103]	의에 도달할 수 있다고 믿음
칭(稱)의(義)	득(得)의(義)
경건의 모양	경건의 능력
죄 가운데 있음	죄를 이김
염소(마 25:33)	양(마 25:33)
음녀(계시록 17:1)	여자의 남은 자손(계시록 12:17)
짐승의 표(계 13:16,17)	하나님의 인(계 7:4 계 14:1)
짐승의 이름(품성)(계 13:17)	어린양의 이름(품성)(계 14:1)
짐승의 이름의 수 666	하나님의 인 맞은 자의 수 144,000

---

103) 이 부분은 제 Ⅱ장의 4번, 6번 논제에서 자세히 논하였다.

7) 지켜야 하는 법, 지킬 수 없는 법, 지키게 하는 법

이렇게 하나님의 영광을 위해 창조하신 사람이 하나님과의 분리로
인해 그 영광을 잃어버렸지만 하나님께서는 그런 사람들이 다시 하나
님과 하나가 되기를 구하게 하시기 위하여 먼저 하나님의 영광을 율법
을 통해 보여 주셨다. 그러면 모세의 율법 안에는 왜 서로 모순되는 명
령이 있는가? 그것은 하나님의 본성을 본래 그대로 드러낸 법 조항,
즉 십계명은 하나님 나라의 법이지만 이스라엘 백성의 사회는 하나님
의 나라가 아니기 때문이다(사람 사는 모든 사회가 그렇지만). 사실
하나님 나라의 법은 지키면 영생이고 범하면 사망이다. 그들에게 하늘
나라의 법만을 제시하고 이를 범하면 사형을 집행한다고 하면 그들 중
에 구원받을 자가 한 사람도 없었을 것이다. 그러므로 아버지의 뜻이
하늘에서는 이루어졌지만 아직 땅에서는 이루어지지 않은 것이다.

그렇기 때문에 그 뜻을 개인의 심령에서 먼저 이루시기 위해 이스
라엘 백성을 택하셨다. 율법을 주신 것도 같은 맥락이었다. 사실 그들
은(이 세상 모든 사람들도 마찬가지다) 하나님의 법을 지킬 능력도 없
고 그래서 범하고 있기 때문에 사형 언도를 받은 사형수들이다. 우리
가 사는 이 지구라는 별은 아담의 범죄 이후 사형이 유예된 사형수들
의 감옥이 되어 버렸다. 이런 사형수들에게는 감옥 밖의 세상(하나님
의 나라)의 원칙을 보여 주는 법(십계명, 도덕법)도 알려줘야 하지만,
그 감옥 안에서 죄 된 품성으로나마 평화롭게 살아가도록 도울 법률
도 필요하다. 이것이 모세의 율법에 포함된 시민법(여기에는 재판법도
포함된다)이다. 이 시민법은 그들이 하늘의 법을 지킬 능력이 없
다는 전제하에 주어진 법이다. 그러므로 이 시민법의 일부 조항

들은 하늘의 법과 모순이 되는 것은 너무나 당연하다. 그러나 이런 법이라도 주어서 그들이 하늘의 법을 지킬 수 있게 되기를 바라고 기다리시는 정신은 하늘의 법 정신이다. 시민법의 일부 조항들은 하늘의 정신을 액면 그대로 반영하고 있지 않지만 그럼에도 불구하고 그런 법을 주신 목적은 하늘의 정신에 입각한 것이었다. 예를 들어 하늘의 법으로 결혼과 이혼의 문제를 보면 배우자가 음행하지 않았는데 다른 이유로 이혼하면 이는 서로 간음할 준비를 시켜 주는 것이고 또 이혼한 사람과 결혼하는 것도 간음하는 것이다(마 5:32). 사실 요즘 사회에는 부부가 살다가 성격 차이 등 여러 가지 이유로 이혼하는 경우가 많지만 이들의 이혼 사유가 배우자의 간음이 아니라면 그들은 여전히 하늘에 부부로 기록되어 있다. 그렇기 때문에 이혼한 사람과의 결혼은 간음이다. 그러나 인류 역사에 이 원칙을 지킨 사회가 있었는가? 지금도 지키지 않고 있고 당시 이스라엘 사회도 마찬가지였다. 이런 하늘의 원칙을 하늘의 법(십계명)을 통해 그들에게 최종적으로는 요구하지만 그들에게는 이 법을 지킬 능력이 당장은 없으므로 다음과 같은 차선책의 법이 주어진 것이다. 전자의 법은 산 자의 법이요, 후자의 법은 죽은 자가 산 자가 되기 위해 집행 유예된 기간 동안 지켜야 할 잠정적인 타협안일 뿐이다. 예를 들면 아래의 구절이 이런 잠정적인 법이라고 할 수 있다.

> 사람이 아내를 취하여 데려온 후에 수치 되는 일이 그에게 있음을 발견하고 그를 기뻐하지 아니하거든 이혼 증서를 써서 그 손에 주고 그를 자기 집에서 내어 보낼 것이요 (신24: 1)

그러나 이러한 율법의 규례가 본래 하늘의 법이 아님을 예수님께서도 분명히 말씀하셨다.

> 모세가 너희 마음의 완악함을 인하여 아내 내어 버림을 허락하였거
> 니와 **본래는 그렇지 아니하니라** 내가 너희에게 말하노니 누구든지
> 음행한 연고 외에 아내를 내어 버리고 다른 데 장가 드는 자는 간음
> 함이니라 (마 19:8-9)

이렇게 하늘의 법을 지킬 능력이 없는 사람들의 사회를 그나마 안
정적으로 유지시킬 절충된 법을 주시고 여기서 끝난다면 구원은 없
었을 것이다. 그러나 하나님께서 최종적으로 목적하신 바는 이들에
게 하늘의 법을 지킬 능력을 주셔서 과거의 죄를 사하여 주심으로 사
형을 면제해 주시고 사형수의 감옥 밖으로 데리고 나오는 것이었다.
그래서 감옥 밖의 법을 선포하심과 동시에 그 법을 지킬 능력을 얻게
되는 방법을 시청각 교재의 방법으로 알려주셨는데 그 교재는 성소
제도, 음식물에 대한 규례, 각종 절기들의 규정을 포함한 **제의법**이다.
이런 제의법의 규정들이야말로 그 자체로는 종교 의식에 불과할 뿐이
다. 그러나 그런 의식들이 상징하고 예표하는 영적 사물들을 묵상하
고 깨닫게 하는 것이 제의법을 주신 진정한 목적이었다. 도대체 하나
님께서 소와 양의 기름이 왜 필요하시겠는가? 그렇기 때문에 성소의
제사의식은 물론 성소의 각종 기구들의 재료들까지도 영적 사물을 상
징하기 위해 아주 정교하게 계획된 것이었다. 예를 들어 성막의 뜰에
들어가면 보이는 모든 기구는 다 놋으로 된 기구들뿐이었다. 칼, 번제
단, 물두멍, 재 담는 통, 부삽, 대야, 고기 갈고리, 물 옮기는 그릇 등의
기구들은 모두 놋으로 만들었는데 놋은 희생을 상징하는 금속이었
다. 그들은 이런 기구들과 그 기구들을 가지고 무죄한 짐승들을 희생

하면서 그들 죄를 위한 그리스도의 희생을 묵상해야 했다. 그렇기 때문에 하나님께서 그들에게 제사와 의식에 관한 율법을 주시면서 하신 말씀이 하나님께서 그들을 거룩하게[104] 하시는 하나님이시기 때문에 그 제의법을 지키라는 것이었다. 다시 말해 하나님께서 그들 안에 임하시게 하기 위해 그들이 자신을 내려놓는 법을 상징물과 의식들을 통해 보여 주신 것이었다. 결국 하나님과 하나가 되는 방법과 과정을 보여 주신 것이었다. 음식물에 관한 규례도 묵상해 보면 하나님의 말씀을 항상 묵상하는 사람은 되새김질하는 소와 같고 말씀을 건성으로 듣고 마는 사람은 되새김질하지 않는 돼지와 같기 때문에 돼지는 부정한 짐승이고 소는 정한 짐승으로 규정하신 것이었다. 사람이 말씀을 묵상하지 않으면 그 사람 안에 하나님께서 임재하셔서 거룩하게 되지 않기 때문이다.

그러나 이스라엘 백성들은 제의법의 의식 자체만을 열심히 하는 것이 하나님께 의라고 생각했고 이러한 무지는 더 발전해서 심지어 자기 자식까지도 제물로 드리는 지경까지 오게 되었다.

은혜의 본질은 하늘의 법을 지킬 능력을 받는 것이다. 다시 말해 존재가 바뀌어야 하는 것이다. 존재가 바뀌는 것이 거룩하게 되는 것이고 거듭나는 일이요, 이 일이 바로 은혜다. 성소와 제의(祭儀)에 관한 율법은 눈에 보이지 않는 하나님의 은혜를 받는 과정과 방법을 눈에 보이게 계시하신 시청각 교재였다. 따라서 성소 안에서 행해지는 의식들은 은혜의 왕국에서 일어나는 영적인 일들을 상징하고 있었다.

---

104) 너희는 내 성호를 속되게 하지 말라 나는 이스라엘 자손 중에서 거룩하게 함을 받을 것이니라 나는 너희를 거룩하게 하는 여호와요 (레 22:32)

은혜의 왕국은 그들의 심령에 이루어져야 하는 것이기에 결국 성소는 그들 안에서 일어나야 할 영적인 일들을 보여 주신 일종의 영적 명령이었다. 그러므로 성소 제도의 결론은 그들 자신이 바로 성소(성전)이어야 한다는 것이었다. 그렇기 때문에 하나님께서는 모세에게 "내가 그들 중에 거할 성소를 그들을 시켜 지으라"(출 25:8)고 명하셨다. 이러한 의식(儀式) 법을 주서서 그 법에 규정된 의식이 상징하고 의미하는 바를 묵상하게 하셔서 그들의 죄 된 자아가 부인되고 하나님께서 친히 그들 안에 거하시기를 원하셨던 것이다. 성막(성소)에 관한 진리를 히브리서 기자는 다음과 같이 말했다.

> 그러나 그리스도께서는 다가올 좋은 일들의 대제사장으로 오시되 **손으로 만들지 아니한 성막 곧 이 건물에 속하지 아니한 더 크고 더 완전한 성막**을 통해 오셔서 염소와 송아지의 피가 아니라 자기 피를 힘입어 단 한 번 거룩한 곳에 들어가사 우리를 위하여 영원한 구속을 얻으셨느니라 (히 9:11, 12, 흠정역)

여기서 말씀하시는 손으로 만들지 않은 더 완전한 성막이란 바로 은혜의 왕국을 말하고 있다. 결국 그들이 손으로 지었던 성소(성막)는 은혜의 왕국에서 일어나는 영적인 일들의 모형이었다.

> 그러므로 **하늘들에 있는 것들의 모형들**은 이런 것들(짐승의 피)로 깨끗하게 할 필요가 있었으나 하늘의 것들 그 자체는 이런 것들보다 더 나은 희생물로 하여야 할지니라 그리스도께서는 손으로 만든 거룩한 처소 곧 **참된 것의 모형들** 안으로 들어가지 아니하시고 **하늘 그 자체** 안으로 들어가사 이제 우리를 위하여 하나님 앞에 나타나시느니라 (히 9:23, 24)

자비롭고 노하기를 더디 하시는 전지전능하신 하나님께서 소나 양의 고기와 기름을 필요로 하시지 않는다는 것은 초등학생도 알 수 있는 일이다. 그렇다면 이러한 의식 법을 주신 이유를 그들은 마땅히 묵상하고 진리를 구했어야 했다. 그러나 그들은 세월이 흘러감에 따라 하나님께서 주신 율법의 정신을 그대로 간직하지 못했고 그들의 심령 속에서 그 정신은 점점 희미해져 갔다. 하나님께서 마치 소와 양의 기름에 굶주리신 존재인 것처럼 열심히 소와 양을 잡아 제사만 드렸지 그런 제사 의식들에 담긴 교훈에는 관심을 잃어버리게 되었다.

성막(성소) 제도와 제사 의식에서 죄인이 성소로 가지고 온 양은 그 머리에 안수를 함으로써 죄인 자신을 표상하고 놋칼로 그 양을 죽이는 일은 말씀의 검에 자아(自我)가 죽는 것을 예표하였다. 그리고 놋은 희생을 예표하는 금속이었고 칼은 예리한 하나님의 말씀을 표상하기에 놋칼은 희생의 정신을 담은 말씀이라는 의미다. 놋칼로 양의 콩팥과 기름과 간에 덮인 기름을 도려내는 것은 말씀으로 우리의 죄를 도려내는 일이었고 그 도려낸 기름과 콩팥을 번제단에서 불태우는 것은 성령의 불에 소멸되는 인간의 죄를 보여 주고 있었기에 그것이 타는 냄새가 여호와께 향기롭다고 하셨다. 그리고 모든 기름이 여호와 하나님의 것이라고 선포하신 것은 모든 죄를 하나님께서 친히 담당하신다는 계시였다(레 3:14-16). 조석으로 잡아 드리는 희생양의 죽음은 메시아의 대속의 죽음이면서 죄인 자신이 메야 할 십자가라는 것을 매일 그들에게 호소하고 있었다. 지성소 안에 있는 법궤는 율법을 담는 그릇인 사람의 심령을 표상하고 있었고 그 법궤 위의 시은좌(속죄소)와 쉐키나의 영광은 우리 마음에 베풀어질 하나님의 보좌를 보여 주고 있었다. 그렇기 때문에 속죄소 위에서 모세를 만나시고 그들에게 명할 일을 이르신다고 하셨던 것이다(출 25:22). **그러므로 '하나님의 법을 사람의 속에 두고 마음에 기록한다'(렘 3:33)고 하신 새 언약의 요체는 전혀 새로운 교훈이 아니라 이미 성소 제도에 계시된 것이었다.** 분향 단에서 쉬지 않고 올라가는 연기는 성도들의 기도를 상징했으며 그 연기가 올라가 지성소에까지 퍼지는 것은 성도의 기도가 하나님의 보좌에 상달되는 모습을 보여 주고 있었다. 지성소까지 도달하기 위해 통과해야 하는 성소의 휘장은 그리스도의 육체를 상징했다. 이렇게 성소 제도와 제의법에는 우리가 구원을 위해 배워야 할 교훈으로 가득 차 있었고 이런 일들은 은혜의 왕국에서 실제로 우리가 경험하는 하나님의 은혜의 실상들이었다. 그러나 이러한 율법의 영적 교훈들을 마음에 새기지 않음으로써 이스라엘 백성은 결국 시내산에서 맺은 하나님과의 언약을 파기했고 그 언약은 무효화되어 옛 언약이 되어 버렸다.

그렇기 때문에 다양한 의식 가운데 표상적으로 주신 교훈을 묵상하면 우리가 하나님의 본성을 소유할 수 있는 방법을 깨달을 수 있다. 이런 제사 의식이 표상하는 십자가의 정신을 통해 하나님의 자비를 깨달아 알고 믿음으로 하나님 형상의 회복함을 받으면 감옥 밖의 법을 시킬 능력을 소유하게 된다. 이를 다른 말로 하면 죄인의 본성이 십자가에 못 박히고 그 자리에 하나님의 본성을 받음으로써 하나님의 아들과 딸로 다시 태어나게 되는 것이다(요 1:13). 이런 사람은 죄 사함을 받고 사형이 면제된다. 이것이 구원이다. **그러므로 구약시대에도 믿음으로 의(義)에 도달하는 것은 신약시대와 마찬가지였다.**

'간음한 자는 돌로 쳐 죽이라'는 재판법은 감옥 안의 질서의 유지를 위해서 그리고 간음이라는 죄의 심각성을 교육하기 위해서 제정된 감옥 안에 적용되는 법이다. 그러나 간음한 자를 용서하는 마음은 감옥 밖, 곧 하늘의 정신이다. 사형수들로 하여금 결국은 이런 정신을 소유하게 하는 것이 율법을 주신 목적이다. 도덕법은 물론 재판법이나 시민법, 제의법 등을 주신 목적은 사형수를 사랑해서 그 사형수가 감옥 밖으로 나오게 하기 위한 것이었다. 간음한 자를 돌로 쳐 죽이라는 법 역시 간음한 자마저도 사랑해서 주신 법이라는 것을 알 수 있다. '간음한 자는 돌로 쳐 죽이라'는 법을 주신 당사자이신 예수님께서 현장에서 붙잡힌 간음한 여인을 정죄하지 않으시고 용서하신 것은 (요 8:10) 모세의 율법과 모순되는 것이 전혀 아니다. 예수님은 감옥 밖에서 오신 분이 아닌가? '간음한 자는 돌로 쳐 죽이라'는 법은 간음을 한 사람은 사형수이지만 그렇게 죽어야 할 죄인도 그 죄를 떠나기로 결심하고 하나님께 의를 위해 자신을 의탁할 때 그 죄를 용서하실 뿐만 아니라 그 사람을 하나님의 자녀로 받아주시는 하나님의 가슴에 초점이 맞춰져 있는 법이다. 그러나 사람들은 이 율법의 규정을 단순히 '간음 죄=사형 죄'라고만 생각하고 이런 율법을 주신 이의 가슴은 생각해 보려고 하질 않는다. 얼마나 많은 사람들이 예수님께서 간음한 여인을 용서하신 기록을 보고 구약의 율법이 폐했다고 주장을 하면서 하나님의 율법을 경시하는가? 그렇다면 예수님께서 '음행한 연고 없이 아내를 버리는 자는 아내를 간음하게 함이요 이혼한 여인에게 장가드는 자도 간음함'이라고 선언하신 것은 무슨 뜻인가? 그리고 오른 눈 하나만 죄를 범해도 그 사람이 지옥 불에 던져진다는 선언은 무슨 연고인가? 이 모든 말씀은 하나님께서는 이렇게 죽어야 할 죄인들을 이미 용서하셨고 그 용서를 받아들이라는 자비로운 메시지였다.

사실 하나님의 입장에서 보면 아담의 후손인 인류는 하나님의 간음한 아내와 같다. 사단과 바람이 난 것이다. 그러므로 사형이 언도되었다. 그래서 인류는 태어날 때부터 죽은 자들이다. 그러나 사람들 가운데 사단을 떠나 본래 남편인 하나님과 다시 하나가 되고자 하는 자는 예수님께서 간음한 여인을 정죄하지 않으신 것처럼 그를 정죄하지 않고 다시 아내로 맞아 주시며 이것을 기뻐하신다. 그리고 이때 그 간음한 여인에게 이르신 예수님의 다음 말씀을 우리는 가슴에 깊이 새겨야 한다.

> 예수께서 이르시되 나도 너를 정죄하지 **아니하노니 가서 다시는 죄를 범하지 말라** 하시니라 (요 8:11)

다시는 죄를 범하지 말라는 말씀은 다시는 사단과 바람을 피우지 말라는 말씀이다. 의의 옷을 입혀줄 테니 그 옷을 벗지 말라는 것이다. 이런 회개와 죄 사함 그리고 거듭남의 과정을 거쳐 우리는 어린양(예수님)의 신부가 된다(계 21:19). 그리고 예수님의 명령대로 우리가 다시는 죄를 범하지 않을 수 있는 비결은 단 하나 **우리의 심령 안에 예수님을 모시는 길이다.** 이 일은 우리의 밖에서 보면 사람의 본성을 버리고 하나님의 본성을 입는 일이다. '위로부터 나는 것'이다. 그러므로 요한복음 8장의 간음한 여인의 이야기는 남들의 얘기가 아닌 바로 우리 자신들의 이야기이다. 우리가 범죄하는 매 순간 이를 보고 계시는 하나님을 생각해 보라. 우리는 현장에서 붙잡힌 간음한 여인과 무엇이 다른가? 이런 우리를 참소하는 사단에게 예수님께서는 "사탄아 여호와께서 너를 책망하노라 예루살렘을 택한 여호와께서 너를 책망하노라 이는 불에서 꺼낸 그슬린 나무가 아니냐"(슥 3:2)라고 하실 것이다. 이 얼마나 은혜롭고 감사한 일인가?

율법은 하나님의 본성, 곧 십자가를 가리키는 손가락이고 그 손가락만 보는 것이 율법주의다. 그러나 율법이 십자가로 폐해졌다는 주장 역시 율법을 손가락으로만 인식하고 그 가리키는 바는 보지 못한 결과다. 영적으로 간음한 자들(이스라엘 백성들)에게 간음한 자를 돌로 치라는 율법을 주시고 그 돌은 하나님께서 맞으시겠다는 메시지가 제사법이었다.

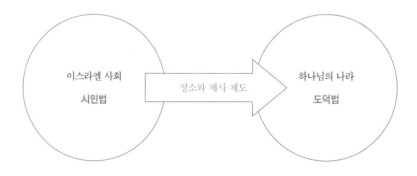

"예수천국, 불신지옥"

'예수를 믿으면 천국 가고 믿지 않으면 지옥 간다'는 말을 우리는 수없이 많이 들어 왔다. 이를 줄여서 "예수천국, 불신지옥"이라고 외치는 소위 전도자들을 우리는 길에서도 많이 보았다. 그런데 이런 주장을 하는 사람들은 교회에 열심히 출석을 하고 있고 입으로 예수를 믿는다고 주장은 하지만 그 삶에 하나님의 의(義)가 드러나 보이지 않는다. 필자의 부친은 젊어서부터 철저한 무신론자이셨는데 필자는 필자의 부친보다 더 의로워 보이는 기독교인을 별로 보지 못했다. 이 점도 또한 어려서부터 필자의 눈에는 매우 기이하게 보였다.

"예수천국, 불신지옥"이라는 주장에는 명확하지 않은 점들이 너무도 많다. 도대체 예수를 믿는다는 것은 무엇을 의미하는 것인지 천국과 지옥은 어디 있는 것인지 그곳에 가 본 사람이 없는데 도대체 무슨 근거로 저렇게 확신을 하고 있는 것인지 등등 석연치 않은 점이 한두 가지가 아니다.

백 번 양보해서 예수를 믿는 것이 예수를 자신의 구주로 받아들이고 교회에 출석하고 교회에서 어떤 활동을 하는 것이라고 한다면 하나님은 왜 예수를 받아들인 사람만 구원하고 그렇지 않은 사람은 구원하지 않으시는가? 예수를 받아들이는 것이 그렇게 중요한 문제라면 지금이라도 예수님은 과거 승천하실 때 제자들에게 자신을 보이셨던 것처럼, 사도 바울에게 그렇게 하셨던 것처럼 하늘에 나타나서서 자신을 구주라고 받아들이라고 하면 온 세상 사람들이 다 믿을 텐데 도대체 왜 가만히 계시는 것인가?

예수를 믿으면 천국에 갈 것인데 왜 계명(율법)을 주셔서 지키라고 하셨는가? "네 이웃을 네 몸처럼 사랑하라"고 하셨는데 예수는 안 믿고 나의 이웃을 내 몸처럼 사랑하면 어떻게 되는가? 그러면 천국에는 못 가는 것인가? 또 반대로 예수는 믿는데 이웃을 내 몸처럼 사랑하지 않는다면 어떻게 되는 것인가? 그래도 천국은 가는 것인가?

그리고 구원이라는 것은 무엇인가? 죽어서 지옥 갈 사람을 천당으로 데리고 가는 것일까? 죽으면 흙으로 돌아갈 것이라고 하나님께서 직접 선포하셨는데 죽으면 도대체 어디를 간다는 것인가? 그곳에 가 본 사람은 있는가? 아니면 성경에 사람이 죽으면 그곳에 간다는 가르침이 있는가? 그렇게 죽어서 천국이라는 곳에 갈 것이면 하나님은 왜 아담을 천국에 창조하지 않으시고 이 지구의 한쪽 구석 에덴 동산에 창조를 하신 것일까? 만일 아담이 선과 악을 알게 하는 나무의 실과를 먹지 않았다면 아담은 죽지 않았을 것이고 그렇다면 아담은 천국을 영원히 가지 못했을 것인데, 그렇다면 하나님은 아담에게 처음부터 선악과를 먹고 일단 죽은 다음에 천국에 가라고 권유했어야 되는 것이 아닌가? 그런데 하나님께서는 선과 악을 알게 하는 나무를 먹지 말라고 하셨으므로 아담이 천국 가는 것이 싫으셨던 것인가? 먹으면 천국을 가거나 지옥을 갈 것이라고 말씀하지 않으시고 "먹는 그날에 죽으리라"고 하신 이유는 무엇일까? 이해가 안 되는 점이 한두 가지가 아니다.

'예수천국, 불신지옥'이라는 슬로건을 접하는 사람들은 이런 수많은 의문들을 가지게 되어 있지만 이에 대한 명확한 답은 제시받지 못한다. "예수천국, 불신지옥"이라는 교리는 거짓 교리이기 때문에 위의 수많은 질문들에 답을 하기 위해서는 또 다른 거짓 교리를 만들어 낼 수밖에 없다. 이런 과정을 거쳐서 기독교는 미신화되어 지금의 모습이 되어 버렸는지도 모른다. 이러한 문제들은 추후에 다른 지면에서 자세히 논의되어야 할 문제이지만, 이 책의 서두에서 꼭 명확히 하고 넘어가야 할 문제가 있는데 이는 위 언급한 수많은 의문들의 답을 하기 전에 먼저 해결돼야 할 우리들 신앙의 가장 기본적인 문제이기도 하다. 그것은 현대 기독교인들 사이에 편만하게 퍼져 있는 '율법'과 '믿음'에 관한 심각한, 어쩌면 치명적인 오해들이다.

교회를 조금 다니다 보면 그 교회의 지도자에 따라 **"구약시대는 율법을 지켜서 구원을 받는 시대였지만 신약시대는 예수님을 믿기만 하면 구원받는다"**는 신념을 갖게 되는 경우가 상당히 많다. 이런 교리는 결론부터 얘기하면 율법의 의미도 모르고, 믿는다는 것이 무엇인지도 모르는 아주 무지한 가르침이다. 이런 주장은 결국 **율법을 지키는 것과 예수님 믿는 것을 분리시킴으로써** 결과적으로는 율법도 못 지키게 만들고 예수님도 올바로 믿지 못하게 만드는 교리[105]다. 이런 교리는 예수를 믿는 많은 사람들을 교회만 출석하게 만들고 계속 편하게 죄 가운데 머물게 함으로써 하나님의 이름이 이방인 가운데 모독을 받게 하였고 기독교가 세속화되는 데 결정적인 기여를 하였다.

---

105) '교리'의 의미는 신학적으로 복잡하고 어려운 정의가 있는 듯하다. 본서에서의 '교리'는 성경의 해석에 따른 가르침이란 의미로 사용한다.

예수님께서 십자가에 달리시기 전 제자들에게 3여년 동안 하신 일의 핵심은 제자들이 어려서부터 세뇌 당해 온 유대교의 잘못된 **교리**를 바로 잡는 일이었다. 예수님께서 그들에게 하신 말씀들은 제자들이 평생 들어 본 적이 없는 가르침이었다. 그들은 그들이 믿었던 잘못된 교리를 순수한 하나님의 말씀으로 예수님께서 지적하셨을 때 예수님의 말씀을 받아들였고 그렇게 함으로써 말씀으로 깨끗하게 되는 경험을 하였다.[106] 이런 일이 에스겔이 예언하였던 바 맑은 물로 씻어 정결하게 하시는 역사였다(겔 36:25). 여기서 '맑은 물'이란 오염되지 않은 순수한 하나님의 말씀을 의미하는 것이다. 그러나 사단은 맑은 물로 상징되는 순수한 하나님의 말씀에 오류라는 이물질을 섞어서 더러운 물로 만들었고 사람들의 심령에 그것을 뿌려 왔다. 그리고 이 일은 지금도 매우 조직적으로 광범위하게 하나님의 이름으로 계속되고 있다. **사단은 이런 방법으로 하나님의 이름을 훼방하여 왔다(계 13:6). 이는 교리가 구원을 위해 절대적으로 중요하다는 증거이다.** 심지어 예수께서는 "성경에서 영생을 얻는 줄 알고 성경을 연구하라"고까지 하셨다(요 5:39). 그뿐만 아니라 영생의 길을 묻는 어느 율법교사에게 "율법에 무엇이라 기록되었으며 네가 **어떻게** 읽느냐? (눅 10:26)"라고 질문하셨다. 이는 율법을 읽는 것만이 중요한 것이 아니며 율법을 어떻게 **해석**하느냐, 즉 **교리**가 영생에 중요한 문제라는 말씀이다.

그렇기 때문에 역사를 돌이켜 보면 사단이 하나님의 백성들을 실족(失足)시키기 위해서 제일 먼저 했던 일은 교리를 변질시키고 타락시키는 일이었다. 그는 에덴에서 선악과에 관한 하나님의 뜻과 섭리를

---

106)   너희는 내가 일러준 말로 이미 깨끗하여졌으니 (요 15:3)

왜곡하여 하와를 설득하였고 이렇게 하나님의 뜻을 변질시켜 사람들에게 제시하는 일을 지금까지 쉬지 않고 해 오고 있다. 사단이 고안해 낸 수많은 거짓 교리들의 일관된 공통점은 사람들에게 그 본성의 변화를 요구하지 않는다는 것이다. 죄 된 사람의 품성을 그대로 둔 채로 구원받는 길을 가르치기 때문에 받아들이는 데 별 어려움이 없고 그래서 사람들 사이에 많은 인기를 누려 왔으며 현재도 그렇다. 그러나 우리의 믿는 바 교리가 잘못되어 있으면 모든 것이 잘못된 길로 가기 마련이다. 하와가 선악과의 열매를 따 먹은 이유는 하나님께서 선악과를 금하신 이유에 대한 오해가 자신의 욕망의 길을 평탄하게 열어 줬기 때문이다. 사단은 하나님께서 제정하신 선악과의 선하신 섭리를 하나님의 질투심 때문이라고 거짓말했고 이 거짓말의 바탕 위에 스스로를 높이고자 하는 악한 정신을 불어넣어 하와를 실족시켰다. 이렇게 잘못된 사실(untruth)과 악한 정신은 협력하여 거짓 교리를 만들어 내고 이 거짓 교리는 악한 정신을 고착시켜서 이것에 매료된 사람들을 결국은 사망으로 인도한다.

그 후 하나님을 믿는다고 주장하는 사람들의 역사를 돌이켜 보면 타락한 교회와 항상 함께하는 것은 타락한 교리였다는 것을 알 수 있다. 카인이 아벨을 죽이게 된 궁극적인 원인을 살펴보면 결국 하나님께 드리는 제사의 의미에 관한 오해 때문이었다. 노아 시대에 방주에 타기를 모든 사람들이 거절한 건 하나님의 오래 참으심과 심판 받을 자를 반드시 심판하시는 섭리(출 34:7)에 관한 오해 때문이었다. (아마 그때도 지금처럼 '하나님은 사랑'이라고 찬송을 매일 드리면서 소 잡고 양 잡아서 제사를 지내고 있었을 것 같다) 예수님 당시 대부분의 유대인이 예수님을 거절하고 그 분을 십자가에서 처형했던 이유는 하나님의 율법에 관한 랍비들의 왜곡된 해석을 하나님의 뜻이라고 믿었기 때문이었다. 랍비들의 교훈에 비춰 보면 예수님은 죽여 마땅한 이단의 괴수였기 때문이다. 오늘날 교회 지붕에 한결같이 빨간 십자가 형상을 달아 놓고 예수 믿음을 외치는 수많은 기독교인들이 **예수 이름으로 하나님의 계명(율법)을 짓밟으면서도**[107] **그들의 구원을 확신하는 이유는 믿음과 율법과 구원에 대한 오해 때문이다. 그들이 십자가의 교훈도 정확히 모르면서 입술로 십자가를 높이고 칭송하는 이유는 그들이 죄를 이기게 되어 감사와 찬송을 드리려는 것이 아니라 버리지 못한 죄를 합리화하려는 것이다. 하나님의 은혜는 우리가 앞으로 지을 죄를 계속해서 용납하시는 은혜가 아니라 당신께서 속죄의 피를 대신 흘리심으로써 우리들 과거의 죄를 사하여 주실 뿐만(롬 3:25) 아니라 앞으로는 죄를 이길 힘을 주시는 은혜이다. 이 힘은 성령으로 거듭남을 통해서 오는 능력이고 그래서 복음은 믿는 모든 자를 구원에 이르게 하시는 하나님의 권능이다(롬 1:16).** 우리는 성경의 아주 작은 부분인 산상수훈의 교훈을 통해서만이라도 이 시대 기독교에 만연해 있는 하나님의 은혜에 관한 이러한 오해들을 바로 잡을 수 있다. 이렇게 가짜 은혜[108]를 분별해야만 하나님으로부터 진짜 은혜[109]를 받게 될 것이다. 그렇지 않으면 예수님 재림하실 때 그 앞에 설 수 없을 것이 분명해 보인다.

---

107) '예수님을 믿기 때문에 율법은 지킬 필요가 없다'는 교리대로 사는 모습을 말한다.

108) 계속 죄 가운데 있어도 의롭다고 간주하시고 죄를 사하시기만 하는 은혜.

109) 과거의 죄를 사하시고 앞으로 죄를 이길 힘을 주시는 은혜.

'세대주의'의 그림자

1) 역사적 고찰

이렇게 하나님의 율법을 경시하는 세태는 율법보다 복음을 한 차원 더 높은 위치에 두고 구속사(救贖史)를 설명하는 '세대주의'[110]가 그 시발점이 되었다고 해도 과언이 아니다. 세대주의에 따르면 예수님 이

---

110) 세대주의는 인류의 역사를 다음과 같이 7시대로 나누고 각 시대마다 하나님 께서 인간을 구원하시는 방법이 다르다고 설명한다.

1. 무죄 시대　　　　　　　　　선악과 먹기 이전까지
2. 양심시대　　　　　　　　　타락 후 아브라함까지
3. 약속 시대　　　　　　　　　아브라함부터 모세까지
4. 율법 시대(선민 시대)　　　모세부터 예수 님까지
5. 은혜 시대(이방인 시대)　예수님 후 휴거 때까지
6. 7년 환란(유대인 시대)　　휴거 후 예수님 지상 재림까지
7. 천년 왕국 시대　　　　　　지상 재림 후 유대인 중심의 천년 왕국

본서에서는 세대주의에 대해 자세히 다루지 않겠지만 기본적으로 회전하는 그림자도 없고 변함이 없으신 하나님을 사람처럼 시대에 따라 그 뜻과 원칙 이 변하는 분으로 전제하는 것이 근본적으로 잘못됐음을 말하고 싶다. 결 국 성경에 없는 소설 같은 얘기로 그 끝이 난다. 마치 하나님의 구속의 섭리 가 시대에 따라 진화하는 것 같이 설명을 하고 있다. 최근에 있었던 수 차례 의 휴거 소동이 모두 세대주의에 근거한 시한부 종말론적 신앙이었다. 물론 휴거는 예수님의 재림이 두 번 있다는 황당한 이야기를 만들어서 성경을 잘 못 해석한 이론이므로 이는 당연히 일어나지 않았고 앞으로도 없을 일이다.

후는 '은혜 시대'이기 때문에 믿음으로 은혜를 따라 구원을 얻는 시대이다. 따라서 율법은 지킬 수도 없고 지킬 필요도 없다는 것이다. 이런 설명은 구원이라는 것이 죄인 안에 예수님께서 임하셔서 그 사람을 의로운 사람으로 변화시키시는 것이라는 것을 모르는 것이고 예수님은 구약시대에도 계셨던 분이고 구약시대의 수많은 의인들의 심령에 임하셔서 그들을 거룩하게 하셨던 분이라는 사실을 망각한 것이다. 따라서 예수님께서 이루어 주실 그 의(義)의 표준인 율법과 예수님의 십자가는 별 관계가 없다는 전제를 가지고 있으므로 초심자에게 이런 가르침을 전하는 것은 말 없이 그 잘못된 전제를 세뇌하고 있는 것이다. 이런 교리는 결국 살아서 예수를 믿었으니까 죽어서는 천국 간다는 식으로 생각하게 된다. 예수를 믿는 것이 천국에 가는 자격증이라는 얘기다. 자격증을 획득했으니까 자기의 삶에 하나님의 의가 드러나지 않고 있는 것에는 관심도 없다. 더 나가 율법을 모르니까 하나님의 의가 무엇인지도 정확히 잘 모른다. 이런 거짓 교리를 받아들이고 나면 그것에 맞춰서 죄와 의, 은혜, 믿음, 구원에 관한 개념도 형성되기 때문에 성경을 읽어도 서로 앞뒤가 안 맞아 무슨 말인지 모를 수밖에 없고 결국은 성경을 열심히 보지 않게 된다. 그러나 예수님은 율법(말씀)이 육신이 되신 분이시고 인성(人性)을 쓰시기 전에는 시내산에서 모세에게 율법을 주셨던 분이시다. 예수님께서는 **"율법의 일점일획도 천지가 없어지기 전에는 폐할 수 없다"**고 하셨다. 예수를 믿는 것은 그 이름을 믿는 것이며, 그 이름(인격, 품성)은 구약성경에 이미 계시된 율법의 정신이다. 뿐만 아니라 예수님께서는 **율법을 지키지 않는 자들은 예수님이 모르시는 자들**이라고 선언하셨다(마

7:23[111]).

'세대주의'는 플리머쓰 형제회[112]의 '존 다비'라는 목사가 제창한 이론으로 알려져 있다. 사실 존 다비는 개신교 목사이지만 가톨릭 예수회 소속이었다고 한다.[113] 이러한 연구가 신빙성이 있는 것은 그가 전파한 세대주의 이론이 가톨릭 예수회에서 만든 이론을 근거로 하기 때문이다. 로마 가톨릭 산하 예수회(제주이트)는 반종교개혁 운동의 일환으로 16세기에 조직된 단체이다. 특히 19세기 중엽의 저명한 영성 운동가인 무디(D. L. Moody 1837-1899)가 회심 후에 다니던 교회가 플리머스 형제회 교회였는데, 무디 자신은 세대주의를 전하지는 않았지만 후일에 그의 선교 조직이 결국은 플리머스 형제회 소속이었기에 세대주의 전파의 발판이 되었다.

종교 개혁 당시 종교 개혁자들은 로마 교황권을 적 그리스도라고 가르쳤다. 특별히 요한 계시록 13장의 열 뿔 달린 짐승, 요한 계시록 17장의 음녀 등이 로마 가톨릭의 교황과 그 세력을 예언한 것이라고 주장하였고 이러한 역사주의적 예언 해석은 매우 합리적이어서 교황권의 존립을 흔들었다. 그러자 교황권을 보호하기 위하여 이 예언들이 아직 이루어지지 않은 모두 재림 직전의 적 그리스도에 관한 미래

---

111) 그 때에 내가 그들에게 밝히 말하되 내가 너희를 도무지 알지 못하니 **불법을 행하는 자들(=율법을 범하는 자들)**아 내게서 떠나가라 하리라.

112) 존 다비(John Darby, 1800-1882)를 중심으로 영국 성공회의 지나친 교파주의와 형식주의에 반발하여 '형제단'이라는 이름으로 교회 모임을 결성하였다고 역사에는 기록되어 있지만 그 본심은 순수하지 않았다. 자신의 신분을 속이고 있었기 때문이다. 이후 영국 플리머스에 본부를 두게 되면서 '플리머스 형제단'이라 불리고 있다.

113) 강기정, 『세대주의』, 드림디엔디, 2008.

의 예언이라고 주장하는 미래주의적 예언 해석이 만들어졌는데, 이 해석을 만든 조직이 가톨릭 산하 조직인 예수회(제주이트)였다. 종교 개혁 직후인 1580년에 제주이트(예수회) 신부 **리베라**가 적그리스도는 재림 직전에 온다는 미래주의 이론을 세우고 이를 근간으로 한 요한 계시록 해설서를 출간하였다. 그 후 1791년에 예수회 소속의 신부 **임마누엘 라 쿤자**가 "영광과 위엄 중에 그리스도의 오심"이라는 예언 해설서를 스페인어로 출간하였는데, 자신이 예수회 소속 신부라는 것을 감추기 위하여 마치 유대인 랍비인 것처럼 **벤 에스라**라는 가명으로 책을 냈다. **그 책에서 그는 유대인은 하나님의 특별한 백성으로 마지막 때에 다시 하나님께서 택하셔서 구속 사업을 마치신다는 이론을 세웠다. 그리고 예수 재림이 두 번 있을 것임을 주장하였다. 이 이론에서 비밀 재림이라는 '휴거' 교리가 나왔다.** 1827년에는 역시 예수회 소속 신부인 **에드워드 어빙**(이 사람도 개신교회의 목사로 가장하여 일하고 있었다)이 라 쿤자의 책을 영어로 번역하고 그 책을 중심으로 예언 연구 운동을 일으켰다. 1830년에 **존 다비**가 그 예언 연구 운동에 가담하였다. 그는 리베라가 세우고 임마누엘 라 쿤자가 발전시킨 미래주의적 예언 해석을 '세대주의'라는 이름으로 새롭게 정리하고 발전시켜서 개신교회에 퍼뜨린 것뿐이다. 아이러니하게도 많은 개신교 교회가 가톨릭 예수회 소속 신부가 교황권을 보호하기 위해 만든 세대주의 이론을 별 저항 없이 받아들인 탓에 현대의 수많은 개신교 교회들이 이러한 거짓 사상의 그림자 아래 있다.

필자는 세대주의가 지금처럼 개신교를 점령하게 된 결정적인 계기가 1948년에 있었던 이스라엘의 팔레스타인 정착이라는 역사적 사건이라고 생각한다. 세대주의의 이론은 이 사건을 재림 직전 마지막 7

년 환란이 유대인의 시대이기 때문에 이들을 통해서 하나님께서 마지막 사업을 마치시기 위해 그들을 마지막 때에 그들의 본토에 정착시킨 것이라고 주장하기 때문이다. 사실 이 사건은 한눈에 봐도 사람의 노력만으로 된 일이 아닌 것으로 보이기 때문에 그것이 하나님의 섭리 가운데 일어난 일로 생각되기 쉽다. 그래서 이 사건에 성경의 상징적인 표현들을 무리하게 적용해 설명하면 하나님의 뜻과 구속의 섭리를 잘 모르는 사람들에겐 그럴듯한 말로 들린다. 그러나 세대주의 이론은 구원이라는 것이 죄로부터의 구원이고 이것은 죄인의 죄 된 품성이 십자가에서 그리스도와 함께 죽고 성령의 내주로 인해 그 품성이 하늘의 품성으로 거듭나게 되는 일임을 모르는 사람들이 만든 이론이다. 예수를 믿는다는 것은 **예수에 관한 종교적, 역사적 사실 관계를 믿는다는 것이 아니고 예수님의 인격을 사랑하는 것이다. 이는 곧 의(義)를 사랑하고 죄를 미워하는 일이다. 의는 바로 율법의 정신이다. 그러나 세대주의 이론은 예수를 믿는 것과 죄 가운데 사는 일(=율법을 지키지 않는 일)이 공존할 수 있는 것처럼** 논리를 전개하기 때문에 매우 악한 가르침이다. 그러므로 율법이 육신이 되신 예수님을 믿는다는 것이 율법의 정신을 사랑하는 것이 아니라 성육신이라는 종교적 사실을 믿고 교회 출석하는 등의 종교 활동으로 변질되게 되어 있다.

사실 유대민족은 AD 33년 그들이 조상 대대로 섬긴다고 주장하던 하나님, 곧 사람으로 오신 하나님을 정당한 이유 없이 십자가에서 처형함으로써 스스로 하나님의 백성의 지위를 버렸다. 사실 하나님께서는 주전 2000년경에 아브라함을 택하신 이후 그 후손들과 언약을 맺으시고 그들을 가나안 지역에 정착시키신 후 1,500년간 그들의 계속

되는 배역을 참아 오셨었다. 그들의 패역이 선을 넘었던 주전 600년경에는 바벨론이라는 몽둥이를 사용하셔서 그들을 징벌하시기도 하셨고, 구 후 그들에게 다시 은혜를 베푸셔서 원하는 자들은 예루살렘으로 귀환하여 성전을 재건하도록 섭리하셨다. 그러나 예루살렘 귀환 후 그들은 다시 조속히 하나님의 말씀을 떠났고 하나님께서는 **말라기** 이후에는 400년 정도 선지자도 보내시지 않으셨다. 그 정도로 유대 백성은 하나님에게서 멀리 떠나 부패해 있었다. 복음서에 기록된 예수님 당시 유대인들이 목숨처럼 지키던 그들 조상의 전통적 정결 의식들과 변질된 율법의 가르침들은 모두 이 시기 동안 형성된 것들이었다. 예를 들어 예수님 당시 그들의 교훈 중에 "사람이 아버지에게나 어머니에게나 말하기를 내가 드려 유익하게 할 것이 고르반 곧 하나님께 드림이 되었다고 하기만 하면 그만이라"(막 7:11)고 하는 가르침만 보아도 그들의 부패상의 단면을 알 수 있다. 그러나 그들의 입술은 항상 하나님을 경외하고 있었다. 이런 식의 가르침을 모아 놓은 책이 후세에 성문화된 '탈무드'이고 이스라엘 백성은 지금도 탈무드를 하나님의 말씀으로 여기고 산다. 이런 유대민족을 하나님께서는 그래도 버리지 않으셨다. 아브라함과의 언약을 기억하셔서 다윗 혈통의 후손으로 그리스도를 보내셨고 하나님의 뜻을 성육신을 통해 완전하게 보여 주셨다. 그리고 그들의 회개를 촉구하셨다. 그러나 그들은 그들과 함께 하시기 위해서 오신 '임마누엘'[114] 하나님을 십자가에 달아 죽임으로써 마지막 선을 넘었다. 그들의 조상 대대로 1,500년 동안 채워 왔었던 하나님의 진노의 잔을 이제 남김 없이 채우는 일을 완성한

114) 하나님께서 우리와 함께 하시다.

것이다. 그렇기 때문에 예수님께서는 유대민족이 하나님 백성의 지위에서 쫓겨나고 그 자리를 이방인들이 채울 것이라는 예언의 말씀을 여러 비유를 통해 말씀하셨다.

> 그러므로 내가 너희에게 이르노니 **하나님의 나라를 너희(유대인들)는 빼앗기고** 그 나라의 열매 맺는 백성이 받으리라 (마 21:43)

> 임금이 노하여 군대를 보내어 그 살인한 자들을(**예수님을 죽인 유대인들**) 진멸하고 그 동네를 불사르고(**로마에 의한 예루살렘의 멸망**) 이에 종들에게 이르되 혼인 잔치(**구원과 천국**)는 준비되었으나 청한 사람들(**유대인들**)은 합당하지 아니하니 네거리 길에 가서 사람을(**이방인**) 만나는 대로 혼인 잔치에 청하여 오라(**복음을 이방에 전함**) 한대 (마 22:7-9)

> 길가에서 한 무화과나무를 보시고 그리로 가사 잎사귀밖에 아무 것도 찾지 못하시고 나무(화려한 종교의식만 있고 성령의 열매 없는 유대민족)에게 이르시되 **이제부터 영원토록 네가 열매를 맺지 못하리라** 하시니 무화과나무가 곧 마른지라 (마 21:19)

> 예수께서 들으시고 놀랍게 여겨 따르는 자들에게 이르시되 내가 진실로 너희에게 이르노니 이스라엘 중 아무에게서도 이만한 믿음을 보지 못하였노라 또 너희에게 이르노니 **동 서로부터 많은 사람이 이르러 아브라함과 이삭과 야곱과 함께 천국에 앉으려니와 그 나라의 본 자손들(유대인들)은 바깥 어두운 데 쫓겨나 거기서 울며 이를 갈게 되리라** (마 8:10-12)

하나님과 언약을 맺고 잠시 잠깐이면 하나님을 떠나 왔던 일을 1,500년 동안 반복했었고 예수님을 십자가에 달아 죽인 후 회개한 적도 없고 회개할 리도 없는 유대민족을 2,000년이 지난 시점에 하나님께서 팔레스타인 땅에 다시 모으셨다는 예언 해석은, 구속사에서 하나님의 관심은 하나님의 의(義)를 사람에게 심어 주시는 일밖에 없다는 대원칙을 깨닫지 못하고 사람들의 이야깃거리와 종말의 시간표로 예언을 바라보기 때문이다. 현재 팔레스타인에 정착한 이스라엘 민족의 99.7%는 공식적으로 예수님을 믿지 않는다. 구약성경을 하나님의 말씀으로 인정하면서도 예수님을 믿지 않는다는 것은 구약의 하나님과 다른 하나님을 그들의 관념에서 만들어 믿고 있다는 증거다. 그들에게 처음부터 말씀하셨던[115] 구약의 여호와 하나님이 바로 예수님이기 때문이다. 또한 그 나머지 0.3%도 예수님을 진정으로 믿는지는 하나님만이 아신다. 과거 하나님께서 친히 애굽에서 인도하여 내셨던 이스라엘 백성들도 광야에서 믿음이 없었기 때문에 가나안 땅에 들어가는 것을 허락하지 않으셨는데 유대민족이 하나님의 백성의 자리를 떠나 패역한지 2,000년이 지난 시점에 하나님께서 그들을 아무 이유 없이 옛 고토에 정착시키셨다는 발상은 납득하기 어렵다. 그리스도의 육신의 조상으로 아브라함을 택하신 이후 그리스도께서 오셔서 그들의 손에 처형당하시기까지 2,000년 동안 하나님께서는 언약을 계속해서 파기하는 유대 민족을 참아 오셨었다. 그 동안 언약을 계속 파기하는 그들을 돌이키시기 위해 보낸 선지자의 수도 셀 수 없었다. 그러나 그들이 사람이 되신 그 하나님을 십자가에 달아 죽인 후 하나님께서는 그들을 완전히 버리셨고 그 후 2,000년 동안 그들에게 선지자를 보내시지 않은 것은 물론 그들과 어떤 형태의 소통도 없었다는 사실은 그 증거다. 예수님께서는 십자가에 못 박히

---

115) 이에 그들이 그분께 이르되 너는 누구냐 하니 예수님께서 그들에게 이르시되 나는 내가 처음부터 너희에게 말한 바로 그니라

시기 불과 며칠 전 저녁 노을에 금빛으로 휘황찬란하게 빛나던 예루살렘 성전을 바라보시면서 십자가 후에 하나님에 의해 유대 민족이 버림을 당할 것과 그들이 그렇게 긍지를 느꼈던 예루살렘 성전마저도 완전히 파괴될 것을 선언하셨다.

> 예루살렘아 예루살렘아 선지자들을 죽이고 네게 파송된 자들을 돌로 치는 자여 암탉이 그 새끼를 날개 아래에 모음 같이 내가 네 자녀를 모으려 한 일이 몇 번이더냐 그러나 너희가 원하지 아니하였도다 **보라 너희 집이 황폐하여 버려진 바 되리라** *(중략)* 대답하여 이르시되 너희가 이 모든 것을 보지 못하느냐 내가 진실로 너희에게 이르노니 돌 하나도 돌 위에 남지 않고 다 무너뜨려지리라 (마 23:37, 38 마 24:1)

이렇게 유대 민족이 하나님에 의해 버려질 것은 이때로부터 약 600년 전 선지자 다니엘에게 가브리엘 천사가 예언한 일이기도 하다. 하나님께 패역하여 바벨론으로 포로로 끌려갔었던 유대 민족은 하나님의 은혜로 다시 용서를 받고 예레미야의 예언대로 70년 만에 예루살렘 귀환 후 예루살렘과 성전을 재건하고 새 언약을 맺지만 그 후 490년(=70x7)이 될 때 하나님과의 관계가 끊어지고 그 후 예루살렘은 다시 파괴될 것을 다음과 같이 예언하고 있다. (물론 세대주의에서는 미래의 적그리스도를 만들어내기 위해서 이 부분에 대해 소설 같은 해석을 한다) 만일 하나님께서 2,000년 후에 그들을 다시 팔레스타인 땅에 모을 것이었으면 이 엄청난 사실이 예언되었어야 하지 않겠는가? 그러나 그들은 십자가 이후 더 이상 하나님의 백성이 아니므로 이에 대한 언급조차도 없는 것은 당연한 일이다.

은총을 입은 자라 그런즉 너는 이 일을 생각하고 그 환상을 깨달을 지니라 **네 백성과 네 거룩한 성(유대민족과 예루살렘)을 위하여 일흔 이레(490일=490년[116])를** 기한으로 정하였나니 허물이 그치며 죄가 끝나며 죄악이 용서되며 영원한 의가 드러나며 환상과 예언이 응하며 또 지극히 거룩한 이가 기름 부음을 받으리라 그러므로 너는 깨달아 알지니라 예루살렘을 중(재)건 하라는 영이 날 때부터 **기름 부음을 받은 자 곧 왕(=메시아)이 일어나기까지 일곱 이레와 예순두 이레**(483일=483년)가 지날 것이요 그 곤란한 동안에 성이 중건되어 광장과 거리가 세워질 것이며 예순두 이레 후에 **기름 부음을 받은 자가 끊어져 없어질 것이며**(십자가) 장차 한 왕의 백성이 와서 **그 성읍과 성소를 무너뜨리려니와**(AD 70년의 로마에 의한 예루살렘과 성전의 파괴) 그의 마지막은 홍수에 휩쓸림 같을 것이며 또 끝까지 전쟁이 있으리니 황폐할 것이 작정되었느니라 (단 9:24-26)

예수님께서 말씀하시는 아브라함의 후손은 아브라함의 육신의 후손이 아니다. 아브라함과 같은 믿음을 가진 자들이 아브라함의 후손이다. 아브라함과 그 후손에게 영원히 준다고 약속하셨던 가나안 땅역시 육신의 후손이 아니라 믿음의 후손들에게 줄 것이라고 성경은 명시하고 있다.

---

116) 예언서에서 하루가 일 년으로 상징되는 예는 많으므로 자세한 설명은 생략한다(겔 4:6). 이 예언에서 70주일, 곧 490년의 기산점인 예루살렘의 중건령은 역사적으로 페르시아 왕들에 의해 4차례에 걸쳐 있었기 때문에 어느 때를 490년의 시작으로 잡느냐 하는 문제는 신학적 논란이 있어서 본서에서는 생략한다. 다만 예수님의 오심과 예루살렘의 재건령 사이의 기간이 490년 정도라는 사실은 확실하고 그 시간 후 예루살렘과 그 성전이 다니엘서의 예언에 따라 다른 나라 곧 로마에 의해 황폐화된 것도 확실하다. 분명한것은 예루살렘 재건령이 내린 후 490년으로 유대 민족을 위한 기한을 정했다는 것은 그 후에 유대민족은 더 이상 하나님의 백성이 아니라는 것이다. 490년의 기산점을 어느 시기로 잡든 이미 그 기간은 끝나고도 거의 2,000년이 지났다. 그리고 그 490년 후부터 지금까지 유대인과 하나님 사이에 어떠한 형태의 소통도 없었다.

아브라함이나 그 후손에게 세상의 상속자가 되리라고 하신 언약은
율법으로 말미암은 것이 아니요 오직 믿음의 의로 말미암은 것이니
라 (롬 4:13)

곧 육신의 자녀가 하나님의 자녀가 아니요 오직 약속의 자녀가 씨
로 여기심을 받느니라 (롬 9:8)

그러므로 회개에 합당한 열매를 맺고 속으로 아브라함이 우리 조상
이라 말하지 말라 내가 너희에게 이르노니 하나님이 능히 이 돌들
로도 아브라함의 자손이 되게 하시리라 (눅 3:8)

지금 이스라엘 민족은 아브라함의 육신의 자녀들일 뿐 하나님의 약속의 자녀들, 즉 아브라함의 믿음의 자손들은 결코 아니다. 예수님은 사람이 되신 구약의 그 하나님이시기 때문에 **예수님 당시의 예수님 자신은 유대인들에게 있어서 구약의 율법을 통해 계시되었던 하나님을 진정으로 사랑하는가에 대한 시험이었다.** 그렇기 때문에 진정한 아브라함의 후손은 예수를 인간이 되신 하나님으로 받아들일 수밖에 없었고 그렇기 때문에 그들은 그리스도 안에 있는 자였다(갈 3:29[117]). 예수님께서도 유대인들을 향하여 그들이 아브라함의 후손이 아니라 사단의 후손, 곧 뱀의 후손(독사의 자식)[118]이라고 하셨다.

대답하여 이르되 우리 아버지는 아브라함이라 하니 예수께서 이르
시되 너희가 아브라함의 자손이면 아브라함이 행한 일들을 할 것이
거늘 지금 하나님께 들은 진리를 너희에게 말한 사람인 나를 죽이

---

117) 너희가 그리스도의 것이면 곧 아브라함의 자손이요 약속대로 유업을 이을 자니라

118) 독사의 자식들아 너희는 악하니 어떻게 선한 말을 할 수 있느냐 이는 마음에 가득한 것을 입으로 말함이라 (마 12:34)
뱀들아 독사의 새끼들아 너희가 어떻게 지옥의 판결을 피하겠느냐 (마 22:33)

려 하는도다 아브라함은 이렇게 하지 아니하였느니라 너희는 너희 아비가 행한 일들을 하는도다 대답하되 우리가 음란한 데서 나지 아니하였고 아버지는 한 분뿐이시니 곧 하나님이시로다 예수께서 이르시되 하나님이 너희 아버지였으면 너희가 나를 사랑하였으리니 (중략) **너희는 너희 아비 마귀에게서 났으니 너희 아비의 욕심대로 너희도 행하고자** (요 8:39-44)

예수님의 말씀만 보아도 유대민족은 하나님께서 약속하신 가나안 땅의 영원한 상속자들이 아니다. "어두운 데 쫓겨나서 슬피 울며 이를 갈"(마 8:12) 것이라고 친히 예언하셨던 유대민족을 하나님께서 이제 와서 팔레스타인 땅에 다시 모으셨다는 얘기는 예수님을 거짓말하시는 분으로 만드는 참람한 이론이다. 오히려 이스라엘 민족의 탈법적인 팔레스타인 정착은 객관적으로 볼 때 그 지역에 수천 년 동안 자리잡고 살던 아랍 민족들의 생존권을 훼방한 일이었고 오히려 지금까지 테러 같은 현대 서방 사회 분쟁의 근본 요인이 되고 있는 것이 주지의 사실이다. 이스라엘 국가의 건국은 세계 1차 대전의 전쟁 자금을 유대인 자본가들로부터 끌어 쓴 영국이 이에 대한 반대 급부로서 유대인들에게 약속했던 일일 뿐이다. 사실 이들의 분쟁은 겉으로 보면 시오니즘과 이슬람교의 종교 전쟁으로 보이지만 결국은 땅을 놓고 싸우는 영토 분쟁일 뿐이고 그 원인을 이스라엘 측에서 제공했다. 이스라엘의 건국은 그 동기를 보아도 그렇고 결과를 보아도 하나님의 의(義)를 전하는 일과는 아무 관계가 없다. 오히려 하나님의 의와는 반대되는 일이다. 모세 시대의 유대민족의 가나안 땅 정착은 당시 가나안 거민들의 관영한 죄악에 대한 심판이라는 측면도 있었다(창 15:16). 무죄한 그들을 진멸하고 가나안 땅을 유대인들에게 준다는 것은 상식적으로도 하나님의 의가 아니다. 그렇다면 1948년에 유대인들은 거룩하고 당시 그 땅에 살던 아랍 민족들의 죄악이 관영했었다는 뜻인가? 하나님께서 이런 일을 하실 이유가 전혀 없다는 것은 지극히 이성적인 판단이다. 오히려 이 일이 초월적인 힘에 의해 이루어진 것이라면 그 배후에 이 세상 임금이 있어서 그가 영감을 준 세대주의 이론을 개신교 교회 안에 전파하기 위해 일어난 것이라고밖에 할 수 없어 보인다. 사람에 대한 하나님의 유일한 관심사가 사람 안에 하나님의 의를 이루는 일이듯이 사단의 유일한 관심사 역시 그러한 하나님의 일을 훼방하는 것이다. 하나님께서는 하나님의 정하신 질서(=하나님의 의)만이 옳다는 것이고 사단은 그 질서를 부정하고 있다. 세대주의 이론의 전파가 하나님을 알고자 하는 사람들을 잘못된 길로 인도하는 데 대단한 성공을 거둔 것을 보면 이러한 사건의 영적 배경과 그 흐름을 짐작할 수 있다. 사실 사단도 하나님께서도 이스라엘 백성들이 이제 와서 국가로서 땅을 차지하는 것 자체에는 관심이 없다. 이것은 육신의 일일 뿐이다. 하늘에서 이루어진 하나님의 뜻이 이 땅에서도 이루어지느냐 마느냐만이 궁극적인 관심사일 뿐이다. 세대주의의 가장 큰 폐해는 그것을 받아들이는 사람은 예수님을 믿는다는 것과 율법의 관세를 완전히 오해하게 만들어 버리며 예수님에 대한 신앙을 일종의 종교 행위로 전락시켜 버린다는 것이다. 인류는 오랫동안 그들의 조상 대대로 이런 류의 종교 행위에 익숙해져 있으므로 그 틀 안으로 예수님에 대한 신앙을 가지고 들어오는 일에 별 저항이 없다. 이는 다른 측면에서 말하면 세대주의를 받아들이면 하나님께서 말씀하시는 선과 악의 의미를 깨닫지 못한다는 것이다. 그러므로 죄로부터 구원을 받기 위해 예수를 믿어야 하는 일도 결국은 종교행위로 귀착되고 만다. 결과적으로 진정 하늘로부터 거듭나는 일을 방해한다. 왜냐하면 거듭남이란 순수한 하나님의 말씀, 곧 진리의 내면화로써만 되는 일이기 때문이다. 그 결과 오늘날 많은 교회들의 모습이되었다. 그들은 십자가도 죄를 용서하시는 하나님의 자비로만 받아들일 뿐 그 이면의 죄를 없애려는 하나님의 의지는 깨닫지 못한다. 그리고 하나님께서 지금 없애시기를 원하시는 그 죄가 다른 곳에 있는 것이 아니라 내 안에 있다는 심각한 사실도 피부로 느끼지를 못한다. 그 대신 종교 활동을 통해 사람의 의를 만들어 서로 위로하려고 한다. 나병 환자가 비싼 화장품으로 피부에 덧칠을 하면 그 피부가 아름다워질까? 하나님께서는 이들의 피부병이 치유된 것으로 간주하실까? 성경을 모르는 사람도 정직한 양심에 비춰서 현대 교회들의 단면들을 보면 '이것은 아니다'라는 생각을 하게 되는데, 그 이유가 여기에 있다. 성경에서 선하다고 말하는 것이나 사람의 양심이 선하다고 말하는 것은 동일하기 때문에 이 정도의 판단을 위해서라면 성경을 자세히 알 필요도 없다.

2) 교리적 모순들

아주 단순하게 말해서 만일 이들의 율법에 관한 주장[119]이 옳다면 같은 로마서 안에 있는 다음 두 구절의 모순은 어떻게 설명할 것인가? 세대주의 이론에 따르면 사도 바울도 은혜 시대의 사람이라서 율

---

119) 은혜시대에는 율법을 지킬 필요가 없고 예수를 믿기만 하면 된다는 주장.

법을 지킬 필요가 없다고 주장해야 하는데 전혀 다른 말을 하고 있다. **사도 바울은 로마서에서 '믿음으로 말미암는 의'를 설명하기 전에 구약시대가 아닌 마지막 심판의 날에 율법을 행했느냐 안 했느냐가 심판의 기준이라고 선언하고 있다.**

> 하나님 앞에서는 율법을 듣는 자가 의인이 아니요 **오직 율법을 행하는 자라야 의롭다 하심을 얻으리니**[120] 곧 나의 복음에 이른 바와 같이 하나님이 예수 그리스도로 말미암아 사람들의 은밀한 것을 심판하시는 그 날이라 (롬 2:13-16)

> 그러므로 사람이 **의롭다 하심을 얻는 것은 율법의 행위에 있지 않고 믿음으로 되는 줄 우리가 인정하노라** (롬 3:28)

위의 두 구절은 같은 로마서에서 사도 바울이 한 주장이다. 보통 교회 강단에서는 성경을 잘 모르는 청중들을 대상으로 로마서 3장 28절의 말씀만 가지고 은혜의 시대에서는 율법은 지킬 필요가 없고 예수를 믿기만 하면 된다는 식의 가르침을 선포하고 있다. 그리고 이러한 가르침은 **율법의 정신을 싫어하는 타락한 인간의 본성에 아주 잘 맞기 때문에 광범위하게 받아들여지고 있다.** 그러나 위 두 구절을 비

---

120) '의롭다 하심을 얻다'라고 번역된 단어는 헬라어 동사 δικαιόω(디카이오오)의 수동형으로서 δικαιόω의 뜻은 본래 '의롭게 만들다', '의롭다고 선언하다'라는 뜻이다. 따라서 '의롭다고 판결 받으리니'라고 번역해야 오해의 소지가 없다. 우리 인간은 죄인들이라서 의롭지 않은 사람을 얼마든지 의롭다고 거짓말할 수 있지만 하나님은 거짓말을 못하시는 분이다. 하나님께서 친히 그 사람을 의롭게 만드셨기 때문에 의롭다고 선언하시는 것이다. 그런데 신학자들은 하나님도 자신들처럼 거짓말하시는 분으로 생각하고 dikaiow라는 단어를 '의롭지 않은데 의롭다고 하신다'라는 의미로 가르치고 이를 '칭의'라 명하며 신학적으로는 '전가된 의(imputed righteousness)'라는 단어를 사용해서 일반인들은 이해하지 못하게 만들어 놓았다.

교해 볼 때 사도 바울이 정신병자가 아니라면 "율법을 **지키는 것**"과 "율법의 **행위**"121)는 적어도 로마서에서는 서로 다른 의미라는 것을 알 수 있다. 헬라어 원어에도 전혀 다른 단어가 사용되었다. 왜 교회에서는 성경의 액면만 보아도 완전히 모순으로 보이는 성경 구절들을 설명하지 않고 믿으라고만 하는 걸까? 서로 다른 구절 중 어느 것을 믿으라는 것일까? 아니면 성경 말씀을 믿는 것이 믿음이 아니라 교회 출석해서 교인들과 교제하는 것이 믿는다는 것인가? '율법의 행위'와 '율법을 지키는 것'이 전혀 다르다는 것을 아는 기독교인은 얼마나 될까? 그들은 이러한 무지에도 불구하고 과연 하나님과 그의 보신 자 그리스도를 아는 것일까(요 17:3)? 정말 그분을 앎으로써 영생을 소유했을까?

사실 이 두 성경절의 모순 아닌 모순을 이해하는 것이 우리 구원을 위한 필수적인 지식이다. 산상수훈의 핵심 논제가 바로 이 문제이다. 예수님께서는 **율법의 불변성과 영원성**을 먼저 선포하시고(마 5:17, 18) 특별히 마태복음 5:17-48에서는 율법의 행위와 율법의 정신을 따라 사는 모습을 대비하여 보여 주시고 있다. **율법 조문을 문자적으로 행하는 것**122)이 율법을 지키는 것이 아니라 그 조문들이 가리키고 있는 정신 곧 자비와 긍휼의 마음을 품고 행하는 것이 율법을 지키는 것이라는 것이다. 그리고 이런 품성을 소유하는 것이 하늘 아버지의 품성

---

121) 롬 2:13의 '율법을 행하는 자'의 행하는 자는 헬라어로 ποιητής(포이에테스, 행하는 자, 수행하는 자)이고, 롬 3:28의 '율법의 행위'의 행위는 ἔργον(엘르곤, 노역, 수고, 행위)이다. 의미가 다르다. 특히 '율법의 행위'에서 행위의 의미가 수고, 노역이므로 율법의 정신과는 관계없이 겉으로 드러난 행동을 말하고 있다.

122) 사실 당시 유대인들은 율법의 문자적인 조문도 그대로 행하지 않고 그 조문들마저 변질시켜서 지키고 있었다. 이 문제는 본서의 제6장을 참조하라.

을 소유하는 것이고 '온전함'이라고 하셨다. 이는 사도 바울이 "남을 사랑하는 자는 율법을 다 이루었다"(롬 13:8)고 한 말과 같은 뜻이다. 로마서의 표현으로 예수님의 율법에 관한 설명을 다시 말하자면 예수님께서 인용하신 랍비들의 가르침을 행하는 일은 **육체(성령이 없는 사람)가 율법의 행위(ἔργον)를 하는 것**[123]이고 예수님께서 설명하신 율법의 정신을 가지고 사는 일은 **성령을 좇아 사는 것 곧 율법의 요구(의)가 이루어지는 것**[124]을 말한다. 후자가 진정으로 율법을 지키는 자(ποιητής)의 삶이다. 예수님의 율법을 지키는 것에 대한 교훈은 다음의 대화에서도 명백하게 드러나 있다.

> 어떤 사람이 주께 와서 이르되 선생님이여 내가 무슨 선한 일을 하여야 영생을 얻으리이까 예수께서 이르시되 어찌하여 선한 일을 내게 묻느냐 선한 이는 오직 한 분이시니라 네가 생명에 들어가려면 계명들을 지키라 이르되 어느 계명이오니이까 예수께서 이르시되 살인하지 말라, 간음하지 말라, 도둑질하지 말라, 거짓 증언 하지 말라, 네 부모를 공경하라, 네 이웃을 네 자신과 같이 사랑하라 하신 것이니라 그 청년이 이르되 이 모든 것을 내가 지키었사온대 아직도 무엇이 부족하니이까 예수께서 이르시되 네가 온전하고자 할진대 가서 네 소유를 팔아 가난한 자들에게 주라 그리하면 하늘에서 보화가 네게 있으리라 그리고 와서 나를 따르라 하시니 (마 19:16-21)

---

123) "그러므로 율법의 행위로 그의 앞에 의롭다 하심을 얻을 육체가 없나니 율법으로는 죄를 깨달음이니라"(롬 3:20) 율법의 행위라는 것은 성령을 받지 않고 인간적인 노력과 의지로 율법을 지키려는 일체의 행동들을 말한다. 이런 율법의 행위는 결국 율법의 법조문만 글자에 따라 지킬 수밖에 없고 그것도 모든 법조문을 다 지킬 수도 없다(갈 3:10).

124) 육신을 따르지 않고 그 영을 따라 행하는 우리에게 율법의 요구가 이루어지게 하려 하심이니라 (롬 8:3)

계명을 지키는 것이 하나님 앞에 의인이라고 선언한 사도 바울처럼 예수님도 생명에 들어가려면 계명을 지키라고 하셨고(이 말씀만 보아도 율법은 구약시대에나 지켜야 된다는 세대주의의 이론은 사단이 영감을 준 것이 분명하다) 위 대화의 질문자는 자신이 계명을 지켰다고 생각했다. 그러나 이것은 문자적으로 계명을 지킨 것이지 진정으로 지킨 것이 아니라는 것이 예수님 말씀의 요지다. 결국 그에게는 율법의 행위(ἔργον)만 있었지 율법의 정신은 없었다. **성령으로 거듭나지 않은 육체가 율법의 법조문을 행한 것뿐이다. 그에게 필요한 것은 거듭남, 곧 마음의 할례였다.** 그래서 예수님께서는 그에게 계명의 정신을 소유하고 실천하는 것이 **온전함**이자 진정으로 계명을 지키는 것(ποιητής)이라는 교훈을 주시기 위해 "자신의 소유를 팔아 가난한 자들에게 나누어 주라"고 명령하셨다. "자신의 소유를 팔아 가난한 자들에게 나누어 주라"는 명령은 법조문의 형태로 계명에 포함되어 있지는 않지만 이것이 계명의 정신이요, 하나님의 가슴이었다. 이러한 계명의 정신은 본래 사람에게 없기 때문에 그것을 소유하게 되는 일이 성령으로 거듭나는 일이고 따라서 그 사람이 할 수 없는 일을 하라고 하신 이 명령은 "의(義)를 위하여 하나님을 믿어 순종하라"는 명령과 동일한 말씀이었고 순종하는 믿음을 통해 그러한 정신을 주시겠다는 약속의 말씀이기도 하였다. 그러나 그는 하나님의 정신을 소유하기를 원하지 않았고 따라서 그것을 위해 하나님께 의지하고 구할 이유도 없었다. 다만 자신의 본성으로 할 수 없는 일이어서 실망하여 돌아갔다. 그러나 이러한 고결한 마음을 하나님께 달라고 진심으로 구하는 자에게는 하나님께서 주실 것이라는 약속을 예수님께서는 그 다음 말씀에서 하고 계신다.

예수께서 그들을 보시며 이르시되 사람으로는 할 수 없으나 하나님
으로서는 다 하실 수 있느니라 (마 9:26)

하나님의 품성을 소유하기를 갈망하는 마음 없이 이 말씀을 읽으면 단순히 '구원은 하나님께만 있다'라고 결론을 내리고 넘어가기 쉽다. 그러나 이 말씀은 구원은 하나님의 가슴을 죄인이 갖게 되는 일이며 이 일은 사람의 노력으로는 안 되지만 하나님의 은혜로는 충분히 가능하다는 약속의 말씀이다. 따라서 죄인이 할 일은 하나님의 품성을 구하는 일이고 이것이 성령을 구하는 일이다. 율법의 행위(롬 3:28)와 율법을 지키는 것(롬 2:13)을 산상수훈에 나오는 예수님의 또 다른 표현으로 말하면 전자는 서기관과 바리새인의 의이고 후자는 그보다 더 나은 의(義)라고 할 수 있다.

*내가 너희에게 이르노니 너희 의가 서기관과 바리새인보다 **더 낫지***
***못하면** 결코 천국에 들어가지 못하리라 (마 5:20)*

로마서의 주제 역시 율법의 법조문을 문자적으로 지키는 행위로써 우리가 의롭게 **변화되는** 것이 아니라 믿음으로써 율법의 정신을 사모하고 구할 때 성령께서 임재하셔서 우리를 **의롭게 만드심으로(거듭나게 하심으로)** 의롭게 변화된다는 것이다. 결국 믿음으로 **의롭다는 판결을 받는**(헬라어 δικαιόω; 의롭다고 선언하다) 이유는 믿음으로 율법의 정신이 나의 정신이 되었고 그 결과 율법을 **지킬 수 있는 의로운 사람으로 변화되었기 때문**이다. 그렇기 때문에 예수님께서 "하나님으로서는 다 하실 수 있다"고 말씀하신 것이다. 우리가 의로워지는 것은 사람의 의지나 노력 또는 능력의 문제가 아니라 하나님께서 성령을 주신 은혜의 결과이다. 그래서 믿음으로 의롭게 변화되고 따라서 의롭다고 선언된다. 사도 바울은 이러한 로마서의 주제를 그 초반부에서 다음과 같이 말씀하고 있다.

> 그런즉 무할례자가 **율법의 규례(의)**[125]**를 지키면** 그 무할례를 할례와 같이 여길 것이 아니냐 또한 본래 무 할례자가 율법을 온전히 지키면(τελέω[126]) 율법 조문과 할례를 가지고 율법을 범하는 너를 정죄하지 아니하겠느냐 무릇 표면적 유대인이 유대인이 아니요 표면적 육신의 할례가 할례가 아니니라 오직 이면적 유대인이 유대인이며 **할례는 마음에 할지니** 영(spirit, 프뉴마)에 있고 율법 조문에 있지 아니한 것이라 (롬 2:26-29)

율법의 의를 행하지 못하면서도 스스로 율법을 지키고 있다고 자부하던 유대인들에게 사도 바울이 경고하기를, 육체의 할례 같은 법조문을 행하는 것이 율법을 지키는 것이 아니라 육체의 할례를 하지 않았더라도 율법의 의(義)를 성취하는 것이 율법을 진정으로 지키는 것이라는 것이다. 그러므로 우리들의 심령(spirit)이 율법의 정신, 곧 성령(Spirit)과 동화되는 것이 율법을 온전히 지키는 것이고 이렇게 심령이 성령에 의해 변화되는 것을 **마음의 할례**라고 역설하고 있다. 이것이 바로 예수님께서 말씀하신 바 '**거듭남**' 내지는 '**위로부터 남**'(요 3:3)이다. 결국 율법을 지키되 문자적으로만 지키지 말고 그 법의 정신을 제대로 지켜야 한다는 말씀이다. 세대주의자들의 교리처럼 예수를 믿기 때문에 율법을 무시해도 된다는 말은 신약성경 어디에도 없

---

125) τὰ δικαιώματα τοῦ νόμου (율법의 의).

126) τελέω (성취하다, 완성하다, 끝마치다)

고 있을 수도 없다. 구약시대는 율법을 지켜서 구원을 얻는다는 교리는 터무니없기까지 하다. 사람은 모두 죄인이라서 본래 율법을 지킬 능력이 없는데 구약시대 사람들은 어떻게 율법을 지켜서 구원을 받았다는 말인가? 구약시대에 양을 잡아 제사 드린 것은 오실 그리스도에 대한 믿음의 표시였고 신약시대에는 그리스도의 십자가가 왔으므로 그 제사 제도가 폐해진 것뿐이지 그 제사 제도를 통해 훈련한 그리스도에 대한 믿음은 신약시대나 구약시대나 동일하다. **아담부터 이어져 내려오는 그리스도에 대한 믿음은 자기를 희생해서 피조물을 섬기시는 하나님의 가슴에 감동되어 자신의 육신의 더러운 욕망들을 십자가에 못 박겠다는 믿음이다.** 예수께서 "율법은 천지가 없어지기 전에는 일점일획도 폐할 수 없다"고 하셨는데 신약시대에 율법을 안 지켜도 된다는 것은 천지가 없어졌다는 것인가? 오히려 예수를 믿는다는 것은 그러한 **율법의 정신과 동일한 예수님의 이름(품성)**을 믿고 따르고 사모한다는 의미이다. 믿음으로 말미암아 성령의 역사를 통해 율법의 정신이 내면화된 사람에 대해 사도 바울은 로마서의 후반부에서 초반부에 했던 위의 말씀과 같은 내용을 다음과 같이 반복하고 있다.

> 율법이 육신으로 말미암아 연약하여 할 수 없는 그것을 하나님은 **(성령을 주심으로써)** 하시나니 곧 죄로 말미암아 자기 아들을 죄 있는 육신의 모양으로 보내어 육신에 죄를 정하사 **(대속의 죽음을 통해 성령을 주실 수 있게 되었으므로)** 육신을 따르지 않고 그 영(성령)을 따라 행하는 우리에게 율법의 요구가 이루어지게 하려 하심이니라 (롬 8:3-4)

율법 자체는 우리의 죄를 보여줄 뿐이지 우리를 의롭게 만들 수 없다. **율법은 '죄인들에게 의로워야 한다'고 요구**하고 있지만 그 죄인들에게 의(義)를 주지는 못한다. 그리고 의와 죄에 대해 보여 주고 의를 요구를 하는 것까지가 율법을 주신 목적이다. 율법은 우리의 영혼을 비춰 보는 거울로서 우리들에게 주어졌다. 거울은 나의 더러움을 비춰 보고 알게 한다. 그러나 거울은 내가 아무리 오랫동안 그것을 들여다보고 있어도 더러운 나를 깨끗하게 할 수 없다. 깨끗해지려면 목욕탕에 가서 맑은 물로 씻어야 한다. 이를 질병에 비유하자면 율법은 죄라는 영(靈)의 질병을 진단만 해 주지 그 질병을 치유시켜 주지는 못한다. 율법은 쉽게 얘기하면 우리가 환자라는 것을 알려줄 뿐만 아니라 그 치료 방법까지 제시해 준다. 그러나 율법 자체가 치료제는 아니다. 질병을 치유받으려면 의사에게 가야 한다. 그러므로 율법은 우리를 죄를 치유해 주시는 의사이신 하나님과 그리스도에게 인도하는 가정 교사다.

이렇게 율법은 사람을 정죄하는 기능만 가지고 있다. 그래서 이를 사도 바울은 율법은 돌에 새긴 죽이는 글자라고 표현했고 이 죽이는 기능은 그리스도의 성령을 주셔서 살리시는 일에 의해 폐지되고 없어질 것이라고도 했다(고후 3:7, 9, 11, 13). 사도 바울의 이러한 표현이 율법이 폐지되어 율법의 요구 자체가 없어졌다는 뜻이 아니라 율법의 정죄 기능이 그리스도의 의롭게 하시는 사역 안에서 사라진다는 뜻이다. 이미 맑은 물로 얼굴을 씻은 사람에게는 거울(율법)이 필요없을 뿐 거울이 깨진 것은 아니다. 하나님께서는 죄라는 질병을 치유받기를 구하는 우리에게 성령을 주심으로써 그 성령을 좇아 사는 우리에게 율법을 지킬 수 있는 능력을 주신다. 즉, 우리의 품성을 의로운 품성으로 재창조하신다. 이러한 방법으로 죄라는 질병은 치유되고 그에게는 자연스럽게 영원한 생명이 주어진다. 율법은 죄인에게 그가 품고 있는 죄를 보여 주는 일도 하지만 예수님을 믿는 자에게 그가 진정 성령으로 거듭났는가를 보여 주는 역할도 한다. 죄(罪)라는 영의 질병을 지적하는 일은 의(義)라는 건강한 영의 모습을 보여 주는 일이기도 하기 때문이다. 율법을 지킨다는 것은 죄의 질병이 치료됐음을 말하는 것이다. 그러므로 예수님 안에서 **육신을 좇지 않고 성령을 좇아 사는**[127] 사람에게는 다시는 정죄함이 없다(롬 8:1). 왜냐하면 율법의 정신이 자기의 정신이 되었으므로 율법을 온전히 지키게 되었고 따라서 범죄하지 않기 때문이다. 그러므로 믿음으로 하지 않는 모든 일이 죄이고 믿음 안에서 하는 모든 일이 의인 것이다(요 16:9).

---

[127] 롬 8:1의 우리말 성경에는 '육신을 좇지 않고 성령을 좇아 산다'는 말씀이 생략되어 있어서 교회만 다니면 정죄를 받지 않는다는 뜻으로 오해하기 쉽다. 그러나 변질되지 않은 헬라어 원어 성경의 사본과 이를 번역한 KJV에는 롬 8:4과 같은 표현인 "육을 좇지 않고 영을 좇아 사는(μὴ κατὰ σάρκα περιπατοῦσιν ἀλλὰ κατὰ πνεῦμα)"이라는 표현이 있다. 이런 표현은 로마서 7:14-24의 경험이 육신을 좇는 경험이라는 것을 반증하는 표현이다. 왜냐하면 로마서 8:1 이후는 성령을 좇는 경험을 묘사하고 있기 때문이다. 그래서 로마서 7:14-22의 말씀이 거듭난 후에도 계속 죄를 범할 수밖에 없다는 설명이라고 주장하는 자들에 의해 의도적으로 생략된 것 같은 인상을 준다.

성육신(成肉身)과 예수님을 믿는 것

'율법과 복음'이라는 거대한 문제를 본격적으로 다루기 전에 먼저 소개하고 싶은 한 유명한 비유가 있다. 150여 년 정도 전의 어느 유명한 철학자[128]가 예수님과 인간의 관계를 다음과 같은 비유를 통해 아주 통찰력 있는 설명을 한 바가 있다. 이를 필자의 버전으로 소개하고자 한다.

어느 나라의 왕자가 어느 날 깊은 산속으로 사냥을 나와서 사냥을 하다가 그곳의 어느 산골 처녀를 우연히 만났는데 그 처녀는 너무 순수하고 아름답고 착해서 왕자는 그 처녀를 사랑하게 되었고 그녀와 결혼을 해야겠다는 결심을 하게 됩니다.

그런데 그 왕자가 곰곰이 생각해 보니 그 왕자가 그녀와 결혼하는 방법은 3가지가 있었습니다. 첫 번째는 왕자의 권위를 가지고 아버지에게 부탁해서 왕명으로 강제로 결혼하는 것이었습니다. 이런 방법을 쓴다 하더라도 일반적으로는 그 처녀 당사자나 그 처녀의 부모가 반대할 리가 없고 오히려 횡재를 했다고 좋아할 것이 분명해 보였습니

---

128) 키에르케고르.

다. 보통의 왕자라면 아마 이 방법을 택했을 것입니다.

　두 번째는 왕자는 재물이 많았으므로 그녀와 그녀의 부모가 상상할 수 없을 정도의 많은 재물로써 그 처녀를 사 오는 것이었습니다. 이 방법 역시 일반적으로 별 무리가 없어 보이는 방법이었습니다. 그러나 왕자의 생각에 이 두 방법으로는 그녀와 결혼하여 몸은 하나가 될 수 있겠지만 그녀의 진정한 마음(사랑)을 얻을 수 있을 것 같지 않았습니다. 게다가 자신을 배우자로 선택한 이유가 자신의 인격이나 가치관이 아닌 권력이나 재력이라면 그녀는 자신의 아내가 아닌 자신의 권력과 돈의 아내가 될 뿐이라고 생각했습니다. 그래서 위의 두 가지 방법은 그녀와의 진정한 행복을 보장하지 못한다고 판단했습니다. 왕자는 자신의 권력이나 돈이 아닌 스스로 그녀의 마음을 얻고 싶었습니다.

　그래서 왕자는 제3의 방법을 택하기로 하였습니다. 왕자가 자기의 신분과 재산을 숨기고 평범하고 가난한 나무꾼으로 변장을 해서 그녀에게 접근을 한 뒤 시간을 가지고 그녀에게 **자기의 가치관과 인격 그리고 그녀에 대한 진심**을 보여 주는 것이었습니다. 그런 다음 그녀에게 구애를 하여 그녀의 선택을 받기로 한 것입니다. 물론 그녀가 거절할 수도 있었지만 만일 그녀가 이 왕자, 아니 이 나무꾼을 자신의 배필로 선택한다면 이는 진정한 사랑이고 어떤 환경에서도 변하지 않을 숭고한 결합이 될 것이었기 때문입니다.

　필자는 이 철학자의 비유를 볼 때마다 그 지혜에 감탄을 한다. 이 단순한 비유에는 '예수님께서 왜 인성(人性)을 쓰셨는가? 예수님께서는 왜 유대인의 권력가의 아들로 오시지 않고 나사렛이라는 가난한 동네의 평범한 목수의 아들로 오셨는가? 그것도 사생아라는 오해를 받으면서 오셔야만 했는가? 왜 예수님은 지금도 이적을 행하셔서 강제로 믿게 하지 않으시고 말씀을 들려 주시고 그것으로만 믿음을 요구하시는가?' 등 의문에 대한 대답이 거의 100%에 가깝게 들어 있기 때문이다.

만일 왕자가 왕자의 옷을 입고 그 처녀에게 구애를 했다면 이는 예수님께서 구름 타고 하늘에 나타나셔서 자기를 믿으라고 하는 것과 다를 바가 없다. 이는 진정한 예수님에 대한 믿음이 아니라 그 권위와 능력에 복종하는 것일 뿐 그 안에는 예수님의 품성에 대한 진정한 사랑이 없다. 그래서 예수님께서는 신성을 버리시고 인성을 쓰셨다.

만일 예수님께서 인성을 쓰시되, 당시 대중들의 존경을 받던 대제사장의 아들로 오셔서 당시의 랍비 학교(지금으로 말하면 신학대학)를 졸업하셨으면 예수님을 따르는 사람들은 많았을 것이고 예수님을 십자가에 못 박지도 않았을 것이다. 이는 왕자가 돈으로 그 처녀의 마음을 사는 것과 같다.

그러나 예수님은 나사렛이라는 가난한 변두리 동네에서 자라셨고 그것도 가난한 목수의 아들로서 태어나서 주변의 주목이나 존경을 받을 만한 것이 없었다. 그런 나사렛 예수가 어느 날부터 예루살렘에 와서 기성 권위를 부정하고 당시 존경받던 바리새인들이나 서기관들의 잘못된 가르침을 가감 없이 지적하였다. 그 당시의 사회 분위기에서 이런 비정상적인(?) 예수를 믿고 따르고 인정하는 것은 주변으로부터 핍박을 자초하는 일이었다. 이를 현대 사회에 비유하자면 서울 중심이 아닌 어느 가난한 변두리에서 나고 자란 가난한 노동자의 아들이 신학교도 나오지 않았는데 어느 날 강남의 어느 대형교회에 와서 외국 유학까지 갔다 온 어느 유명한 목사의 잘못을 지적하는 것과 같은 일이었다.

그럼에도 불구하고 예수를 믿는다는 것은 오로지 예수님의 의로운 말씀과 그 말씀과 일치하는 행동을 보고 믿는 것이었다. 그 외에 다른 이유란 있을 수가 없었다. 그러므로 **예수님 당시 예수님을 하나님의 보내신 자로 믿는 자들의 근거는 예수님의 말씀과 생애가 구약의 하나님의 말씀과 일치한다는 것 외에는 있을 수 없었다. 이는 또한 그들에게 호소하는 성령의 음성. 곧 양심[129]과도 일치하는 것이었다.**

여기서 '예수를' 믿는다는 것과 '예수를 하나님의 아들로' 믿는다는 것의 차이를 분명히 할 필요가 있을 것 같다. '예수를 믿는다'는 것은 예수님의 인격이 옳고 선하다는 것을 깨달아 알고 그것을 사모하고 구하는 일이다. 믿음의 대상이 예수님의 품성, 곧 그 이름에 있다. 이런 깨달음과 믿음은 당연히 예수님은 하나님의 아들이요, 구원자라는 사실을 인정하고 믿게 한다. 따라서 전자의

---

129) 사람에게 누구나 있는 양심은 하나님의 창조의 증거 중 하나이다. 인간에게는 종교나 세계관과 상관없이 본편적인 옳고 그름의 기준이 있는데 이를 보통 양심이라고 부른다. 그런데 이 양심이 우리의 마음은 아니다. 그 이유는 우리가 양심대로 100% 살지 않기 때문이다. 우리는 우리 속에서 우리를 끌고 가는 죄의 욕망을 따라 살지 양심을 따라 살지 않는다. 가끔 양심의 소리를 듣고 일어나는 충동을 일부 자제하는 경우는 있지만 양심 자체는 우리의 마음이 아니다. 이 양심은 바로 모든 이에게 작용하는 성령의 음성이다. 이에 둔한 사람과 예민한 사람이 있을 뿐 양심은 모든 사람에게 있는 것이다. 그러므로 사도 바울은 율법을 모르는 이방인들의 심판의 기준이 그들의 양심이라고 했다.
율법 없는 이방인이 본성으로 율법의 일을 행할 때에는 이 사람은 율법이 없어도 자기가 자기에게 율법이 되나니 이런 이들은 그 양심이 증거가 되어 그 생각들이 서로 혹은 고발하며 혹은 변명하여 그 마음에 새긴 율법(=양심)의 행위를 나타내느니라 (롬 2:14,15)

믿음은 하나님의 의를 사랑하는 일이고 후자의 믿음은 예수님에 관한 사실 관계를 인정하는 일일 뿐이다. 중요한 것은 후자는 전자를 전제로 해야 한다는 것이다. 특별히 예수님 당시의 유대 사회 환경에서는, 설명한 바와 같이 전자의 믿음 없이는 후자의 믿음이 불가능하였다. 그래서 당시 후자의 믿음과 신앙고백은 전자의 믿음을 보증하는 시금석이었다. 그러나 우리를 구원에 이르게 하고 하나님께서 우리들에게 요구하시는 믿음은 전자의 믿음이지 후자의 믿음은 아니다. 후자의 믿음은 지적인 동의에 불과한 일이고 전자의 믿음에 따른 자연스러운 결과이어야 한다. 그러나 기독교가 세상에 알려지고 보편화되면서 전자의 믿음 없이도 후자의 믿음을 갖는 일은 어려운 일이 아니게 되었고 요즘 같은 세상에는 후자의 믿음을 전자의 믿음과 혼동하고 있다. 실제로 온전한 전자의 믿음을 가지고 있는 경우는 드물다. 그러나 전자의 믿음 없이 후자의 믿음만 있으면서 예수를 믿는다는 것은 결국 본성의 변화와는 관계없는 종교 행위가 되고 만다. 이것이 많은 경우에 있어서 현대 기독교의 믿음의 실상이다. 개탄할 일이다. 그래서 교회는 열심히 다니는데 하나님의 의가 무엇인지도 잘 모르고 이것을 생명으로 알고 간절히 구하지도 않는다. 성경 공부를 해서 예수님에 대한 종교적 역사적 사실은 많이 아는데 예수님은 잘 모른다. 사복음서를 읽어서 예수님에 대해 아는 것처럼 보이지만 깊이 들어가면 아는 것이 없다. 그 결과 거듭남, 즉 본성의 변화를 경험하지 못한다. 하나님의 의를 알아야 그 의를 구할 것이고 그 의를 믿음을 통해 받을 것이 아닌가? 예수님에 관한 종교적·역사적 사실 관계가 하나님의 의는 아니다. 하나님의 의는 예수님의 생애를 통해 밝히 드러난 율법의 정신, 곧 로고스(λόγος)다. 전자의 믿음은 결국 로고스와 하나 되기를 구하는 것이다. 그러므로 영생은 하나님과 그리스도를 아는 것이다(요 17:3).

예수님 당시 유대인들에게는 예수님의 가르침이 그들이 어려서부터 듣고 배워 왔던 율법에 관한 가르침과 다르게 다가왔다. 그러나 그들 양심에 비춰 볼 때 진정으로 옳아 보이는 것이 사실이었다. 그러나 그런 예수님을 믿고 따르는 데는 수많은 사회적 제약과 편견이 있었고 이런 것들을 무시할 만한 진정한 용기나 진리에 대한 애정이 있는 사람은 그렇게 많지 않았다. 절대 다수의 사람들은 진리에 아예 관심이 없었고 그 다음으로 많은 사람들은 진리보다는 육신의 안녕을 더 높은 자리에 두었다. 그 당시 예수님을 믿고 따른다는 사실을 사람들 앞에서 선포한다는 것은 사회적 고립을 자초하는 일이었고 이는 곧 자기의 목숨을 걸고 하나님의 말씀을 순수하게 믿는 것과 다름없는 일이었다. 그러므로 그리스도를 하나님의 아들로 시인하는 일은 성령으로 난 사람이 아니면 할 수 없는 일이었다(요일 4:2-3). 세속적으로 볼 때 흠모할 만한 것이 전혀 없었던 예수님과 사람들 사이에 진리의 말씀 외에는 다른 어떤 것도 연결고리가 될 만한 것이 전혀 없었던 것이다. 예수님은 말씀의 정신(로고스)이 육신이 되신 분이므로 내면에 하나님 말씀의 정신(로고스)이 있는 사람은 예수님을 믿을 수밖에 없었다. 그렇기 때문에 예수님을 메시아(그리스도)와 하나님의 아들로 믿고 받아들인 베드로에게 예수님께서는 다음과 같이 말씀하셨다.

> 시몬 베드로가 대답하여 이르되 주는 그리스도시요 살아 계신 하나님의 아들이시니이다. 예수께서 대답하여 이르시되 바요나 시몬아 네가 복이 있도다 **이를 네게 알게 한 이는 혈육이 아니요 하늘에 계신 내 아버지시니라** (마 16:16, 17)

또한 예수님 그분을 믿지 않는 바리새인들에게 그들이 그분을 믿지 않는 이유는 그들 안에 하나님의 말씀의 정신이 없기 때문이라고 하셨다.

> **그 말씀(λόγος, 로고스)이 너희 속에 거하지 아니하니 이는 그(하나님)가 보내신 이를 믿지 아니함이라 (요 5:38)**

> 나도 너희가 아브라함의 자손인 줄 아노라 그러나 내 말(λόγος, 로고스)이 너희 안에 있을 곳이 없으므로 나를 죽이려 하는도다 (요 8:37)

이와 같이 예수님의 성육신 사건을 통해서 배워야 하는 교훈 중 하나는 결국 우리의 신앙의 기초가 하나님의 **말씀에만** 있다는 것이다. 이것은 예수님에 관한 역사적, 종교적 사실관계를 인정하는 믿음이 아니라 말씀의 정신을 알고 사모하는 믿음이다. 왜냐하면 말씀을 통해 우리가 얻어야 하며 얻을 수 있는 것은 그 말씀의 정신 내지는 원리(λόγος, 로고스)이고 이 정신이 나의 정신이 되는 것이 구원이고 거듭남이기 때문이다. 그리고 이 로고스가 육신이 되셔서 우리 가운데 거하셨던 분이 바로 예수님이다. 그렇기 때문에 우리는 성경에서 영생을 얻는 줄 알고 성경을 상고해야 하는 것이다(요 5:39). 이 말씀의 정신을 예수님께서 위와 같이 로고스(λόγος)라 하셨고 이를 우리말 성경에 그냥 '말씀'이라고만 번역하여서 약간의 혼선을 주고 있다. 아무튼 말씀을 전하는 사람의 학식, 배경, 외모, 권세 등을 보고 말씀을 믿는다면 이는 진정한 신앙이 아니라는 것이다. 예수님의 보잘것없는 출생과 성장 배경 자체는 당시 유대인들에게 그들이 진정으로 하나님의 말씀을 사모하고 구하는가 아닌가에 대한 시험이었다. 그러나 대부분의 유대인은 이 시험하는 돌에 걸려 넘어졌다. 그들은 예수님을 거절했을 뿐만 아니라 그분을 십자가에 달아 죽임으로써 그들의 믿는 바 하나님은 다른 하나님이고 진짜 하나님은 없어지기를 소원한다는 것을 스스로 증명한 것이다. 결론적으로 생명보다 사망을 사랑한다는 것이었다. 이것이 심판이다.

오직 말씀만이 신앙의 기초여야 한다는 이 중요한 진리를 예수님께서는 거지 나사로와 부자의 비유(눅 16:19-31)에서도 강조하셨다. 거지 나사로는 죽었고 그 거지를 무시하던 부자도 죽었다. 그 후 나사로는 아브라함의 품에 안겨 복락을 누리고 부자는 죽은 후 음부[130])에서 고통받고 있는데 그 부자가 사후 세계의 주관자인 아브라함에게 부탁하기를 나사로를 아직 살아있는 자기 형제에게 보내서 그들이 죽으면 음부에서 고통을 받을 것이니 회개하도록 권면하게 해 달라고 간청을 했다. 이에 대한 아브라함의 대답은 이러했다.

> 그들에게 모세와 선지자들(=구약성경=율법=말씀)이 있으니 그들에게 들을지니라 (부자가) 이르되 그렇지 아니 하니이다 아버지 아브라함이여 만일 죽은 자에게서 그들에게 가는 자가 있으면 회개하리이다 이르되 모세와 선지자들에게 듣지 아니하면(말씀을 듣고 회개하지 아니하면) 비록 죽은 자 가운데서 살아나는 자가 있을지라도 권함을 받지 아니하리라 (눅 16:29-31)

---

130) '음부'라고 번역된 히브리어 '스올'은 헬라어로는 '하데스'에 해당된다. 본래 '무덤'이라는 뜻이지만 사람이 죽어서 가는 곳이라고 당시 유대인들이 전통적으로 믿고 있던 장소인데 현대 기독교도 영혼불멸설을 받아들이고 있기 때문에 대부분 이를 그대로 수용하고 있다.

이 교훈은 사후 세계[131]를 설명하시기 위함이 아니다. 회개와 신앙은 어떤 권위나 기적을 보고 그것에 감명을 받음으로써 이루어지는 것이 아니라 **오직** 진리의 말씀을 듣고 그 말씀의 정신(λόγος, 로고스)에 감동받아 이를 받아들임으로써만 이루어진다는 교훈을 주시기 위해 당시 유대인들의 내세관을 이용하신 것뿐이다. 여기서 말씀의

---

131) 이 비유를 근거로 하여 사람이 죽으면 악한 일을 행한 자는 음부라는 지옥과 같은 곳에 가서 불꽃으로 고통을 당하고 선한 일을 행한 자는 천국에 간다는 주장을 하는 신학자도 있다. 그러나 이는 심각한 오해이다. 예수님께서 오로지 말씀만을 통해서 진정한 회개가 가능하다는 교훈을 주시기 위해 그 당시 유대인의 내세관을 이용하신 것뿐이다. 선한 사람이 죽으면 천국에 가서 아브라함의 품에 안긴다는 것은 유대인의 '탈무드'에도 나오는 유대인의 전통적인 미신에 불과하다. 예수님께서는 어떤 교훈을 주실 때 이해를 돕기 위해 상대방의 입장에서 상대방의 언어와 문화를 사용하신다. 여기서 만일 그들의 내세관을 문제 삼으셨다면 주시려는 교훈의 핵심은 없어지고 불필요한 논쟁으로 끝났을 것이다. 이는 일부다처제가 당연시되던 모세 당시의 사회에서 이 제도를 없애라고 명하지 않으시고 그런 잘못된 제도 가운데서도 사랑을 실천하는 계명을 주셔서 하나님의 본성을 알게 하신 것과 비슷한 이치이다. 그들이 계명을 깊이 묵상함으로써 하나님을 더 잘 알게 된다면 그들이 문제의식 없이 받아들였던 일부다처제의 부당함을 깨닫게 될 것이었다. 기독교를 싫어하는 무신론자들이 기독교의 세속화를 비꼬면서 "지옥에 갔더니 장안에 유명한 목사들이 다 모여 있다더라"라고 하는 가시 있는 농담을 들어 본 적이 있을 것이다. 그러면 이 사람들이 죽으면 혼령이 지옥에 간다고 믿어서 하는 말인가? 기독교인들의 세계관을 이용해서 기독교를 비판하는 말이다. 이 말씀도 마찬가지이다. 당시 바리새인들에게 영적으로 가장 시급한 문제는 내세관의 오류가 아니라 인간의 전통적 규율에서 벗어나서 하나님의 율법의 본질적 정신으로 돌아가는 것이었고, 이에 필요한 것은 순수한 하나님의 말씀이지 죽은 자 가운데서 사람이 살아나는 것과 같은 이적이 아니었다. 예수께서는 그들의 내세관을 이용해서 표적을 구하는 그들의 신앙을 비판하신 것이다.

* '음부'는 구약에서 '무덤'이라는 뜻으로 사용된 단어일 뿐이다.

* 유대인은 죽으면 아브라함의 품에 안기는데 한국 사람은 누구 품에 안길 것인가? 죽은 사람도 목이 마르고 혀가 있는가? 물이 필요한가?

* 악인이 죽은 후 음부에서 고통을 받고 있는데 예수님께서는 왜 "악한 일을 행한 자는 심판의 부활로 일어날 것"이라고 하셨는가? (요 5:29) 뿐만 아니라 아브라함의 품에 안겨서 복락을 누리고 있는 의인들은 어떻게 무덤 속에서 하나님 아들의 음성을 듣고 부활(요 5:25, 29)할 것인가?

정신은 곧 하나님의 품성이요, 그 형상이다. 그러므로 그 당시 예수님을 하나님의 아들로 시인하는 것은 (구약성경의) 말씀을 통해 역사하시는 성령의 역사와 이를 받아들이는 믿음이 없이는 불가능하였으므로 사도 요한이 다음과 같이 기록하고 있는 것은 너무나 당연한 일이었다.

> 이로써 너희가 하나님의 영을 알지니 곧 **예수 그리스도께서 육체로 오신 것을 시인하는 영마다 하나님께 속한 것이요** 예수를 시인하지 아니하는 영마다 하나님께 속한 것이 아니니 (요일 4:2-3)

사도 바울도 같은 취지에서 같은 말을 했다.

> 네가 만일 네 입으로 예수를 주로 **시인하며** 또 하나님께서 그를 죽은 자 가운데서 살리신 것을 네 마음에 **믿으면 구원을 받으리라** 사람이 마음으로 믿어 **의에 이르고** 입으로 시인하여 구원에 이르느니라 (롬 10:9-10)

그러나 요즘 시대는 하나님의 말씀(로고스)을 그 심령 안에 가지고 있지 않거나 사모하지 않아도 어느 날 교회 부흥회에 가서 예수를 구주로 시인하는 것이 얼마든지 가능하다. 실제로 대부분 그런 것이 현실이다. 예수님을 구주로 시인한다고 해서 예수님 당시와 같은 핍박이 있는 것도 아니다. 예수님 당시처럼 하나님 말씀에 대한 순수한 사랑이 필요한 것도 아니다. 이것은 모두 세대주의적 구원론의 영향이다. **요즘 시대에 예수님을 믿는다고 시인하는 것은 예수님 당시 예수님을 부인하는 것처럼 쉽고 편한 길이다.** 여러 가지 이유로 예수님을 시인하고 교회에 출석한다. 핍박은 고사하고 오히려 어느 곳에서는 존경과 높임을 받기도 한다. 교회의 장로가 되기 위해(모든 경우가 그런 것은 아니지만) 선거운동을 하는 이유는 다 이런 데 있다. 심지어 사업에 도움이 되기도 하고 청년들의 경우는 연애하기에도 유리하다. 교회에서는 신도 수를 늘리기 위해 이런 점을 이용하기도 한다.

그러나 위의 요한일서 4:2-3의 말씀이나 로마서 10:9-10의 말씀을 글자 그대로 현대 교회에 그대로 적용하여 예수님을 입술로 시인하는 것은 성령의 역사이고 그래서 하나님 뜻대로 살지 않는 교인들에게 구원을 받았다고 선포하는 지도자들이 얼마나 많은가? 예수님의 경고[132]와는 반대로 현대 교회에서는 실천적 믿음이 아닌 신앙 고백을 주로 강조하고, 말끝마다 "~인 것을 믿습니다"라는 표현 쓰기를 좋아한다. 믿음이 무엇인지 정확히 제시하지도 않은 채 무조건 믿기만 하면 된다는 식의 설교는 교인을 의의 길로 인도하는 것이 아니다. 아직 죄를 이기지 못한 교인을 그 자리에 마음 편하게 머물게 하는 영적 독약이다. 이것을 듣는 사람도 말하는 사람도 깨닫지 못한다. 바울은 위에서 인용한 로마서 10:10에서 '마음으로 믿어 의에 이른다'고 분명하게 선포하고 있고 그것이 자신의 경험이기도 했다. 그렇다면 현대 교회에서는 대부분의 교인들이 믿어도 의에 이르지 못한 이유는 무엇일까? 사도 바울이 거짓말했거나 교인들의 믿음에 문제가 있거나 둘 중에 하나일 것이다. 그러나 이런 고민은 하지 않고 믿기 때문에 하나님께서 그들을 의롭게 간주하신다고 가르치고 있다. 그리고 이런 가르침은 광범위하게 별 저항 없이 받아들여지고 있다. 인간의 악한 본

---

132) 예수님께서는 "나더러 주여 주여 하는 자마다 다 천국에 들어갈 것이 아니요 다만 하늘에 계신 내 아버지의 뜻대로 행하는 자라야 들어가리라"(마 5:21)라고 하셨다.

성에 아부를 하는 이론이기 때문이다. 위의 말씀이 입술로 시인하고 믿기만 하면 구원받은 것이라는 의미라면 예수님의 다음 말씀은 사도 바울의 주장과는 완전히 반대되는 교훈이다.

> **나더러 주여 주여 하는 자마다(=입술로 신앙고백을 한 자)** 다 천국에 들어갈 것이 아니요 다만 하늘에 계신 내 아버지의 **뜻(=율법)대로 행하는 자**라야 들어가리라 (마 7:21)

예수님께서는 거짓말로 인간에게 아부를 하신 적이 결코 없다. 예수님 당시에도 하나님을 창조주로 믿고 인정하지 않은 유대인이 없었듯이 현대 교회 안에도 예수님을 하나님의 아들이라고 인정하고 믿지 않는 사람이 없다. 그러나 예수님 당시도 그랬듯이 지금도 예수님을 믿는다고 스스로 주장하는 사람들 가운데 하나님의 뜻대로 사는 사람은 거의 없다. 이런 현실 속에서 그 당시 예수님께서는 유대 사회를 향하여 그들의 죄를 나팔처럼 불어 그들의 귀에 정확히 들려주셨다. 그 결과 그분의 책망을 들은 유대인들과 그들의 지도자들은 예수님의 권고를 듣고 회개를 하는 대신 그분을 위해 십자가를 예비하고 있었다.

성육신: 율법이 육신이 되심

왕자가 처녀에게 세속적으로 자랑할 만한 것들인 신분과 재물을 숨기고 자신의 인격과 진심을 보여 줬듯이, 예수님께서도 자신의 전지전능한 신성을 감추시고 인성을 쓰셨다. 그리고 우리 인간들에게 자신의 **품성(인격)과 우리에 대한 사랑**을 보여 주셨는데 예수님의 인격은 이미 구약성경에 잘 기록되어 있는 하나님의 **율법의 정신**이다. 예수님의 인간에 대한 사랑은 십자가에서 명확히 드러났고 이를 예언했던 것이 **율법 중의 제사법**이다. 모세의 율법에는 율법을 받을 당시 아직 오지 않은 십자가 사건에 대한 예언뿐만 아니라 그 정신을 교육하기 위해 제정된 제사와 의례에 관한 법률 조항도 들어 있었다. 그러나 이 조항들은 십자가의 그림자였다. 따라서 몸통인 십자가의 실재가 온 이후에는 폐지되었다. 그러나 십자가 이후 그 정신은 오히려 더 명확히 살아서 십자가를 통해 우리들에게 빛을 비추고 있다. 제의법의 법조문은 폐했지만 그 법 정신은 십자가에 의해 더욱 확실하게 드러났으므로 제의법이 폐한 것이 아니라 완전하게 된 것이었다.

어떤 법이 만들어지기 전에는 이미 어떤 '정신'이 있을 수밖에 없다. 도로교통법이 만들어지기 전에 자동차와 사람이 같이 사용하는 도로에서의 '안전하고 원활한 교통'이라는 법 정신이 있게 마련이다. 그 법 정신을 구현하기 위해 도로교통법의 각종 법률 조항이 제정된 것이다. 조항들은 시대와 환경에 따라 수정되기도 하지만 그 정신은 변함이 없다. 법 조항이 수정·변경되는 이유도 그 법 정신을 더욱 온전히 구현하기 위해서이다.

율법이 만들어지기 전에 아니 세상이 창조되기도 전에 하나님께서 계셨고 하나님의 뜻(정신)이 있었다. 그리고 이 뜻은 타락 이전의 에덴에서 이루어졌었으나 아담의 타락 후 파괴되었고 이러한 상태가 지금까지 계속되고 있다. 그러나 하나님은 그 뜻을 잃어버리고 그 뜻대로 살지 않는 죄인들에게 그것을 다시 알려주시기 위해 율법을 제정하셨다. 타락 이전에는 율법의 법 조항은 필요가 없었다. 율법의 원칙으로 에덴이 통제되고 있었기 때문이다. 지금도 하늘은 율법의 정신을 기초로 한 하나님의 통치 아래에 있다. 하나님 보좌의 기초는 율법이다[133].

하늘은 율법의 원칙(=섬김의 원칙)으로 통제되고 있기 때문에 그곳이 하나님의 나라이고 그렇기 때문에 아버지의 뜻이 이루어진 곳이다. 그러나 타락한 이 세상은 율법의 원칙이 아닌 불법의 권세가 왕노릇을 하고 있으므로 아버지 하나님의 뜻이 아직 이루어지지 않은 곳이다. **그러나 이 땅에 하나님의 뜻이 이루어지게 하시기 위해 먼저 주어진 하나님의 뜻이 있다. 그것이 율법이다.** 그리고 이 율법을 즐거

---

133) 이러한 진리는 지성소 안에 있는 '시은좌(속죄소)'가 잘 보여 주고 있다. 시은좌는 '은혜를 베푸는 보좌'라는 뜻으로 은혜의 왕국의 보좌를 표상하고 있다. 하나님의 임재를 표상하고 있는 쉐키나의 영광은 보좌에 좌정하신 하나님을 보여 주며 그 양 옆의 그룹들은 하나님을 보위하는 그룹 천사를 보여 준다. 그리고 이 보좌의 바닥에는 법궤가 있는데 그 안에 십계명 돌 비가 있다.

위하여 마음에 새기고 행하는 자들에게 이 땅을 영원한 기업으로 주셔서 아버지의 뜻이 이 땅에서도 이루어지게 하실 것이다. 만약 아담이 범죄하지 않았다면 율법의 법조문이 주어질 필요가 없었을 것이다. 그러나 아담은 범죄함으로 성령을 소멸시켰고 이는 율법의 정신의 소멸을 의미하였다. 자기 안에 거하시던 로고스를 거절한 것이었다. 그러므로 하나님께서는 율법의 정신이 소멸된 곳에 그것을 회복시키시고자 율법의 법조문을 먼저 주셨다. 율법의 법조문들은 로고스가 소멸된 결과 맺히게 되는 악한 열매들을 금지하는 형태로 주어졌다. 법조문을 지키려는 노력 가운데서 그것을 진정으로 지키는 것은 율법의 행위를 넘어서 그 정신을 성취하는 것이라는 것을 더듬어 발견케 하셨다. **율법의 모든 문구들은 인류가 소유했었으나 잃어버린 단 하나의 정신을 가리키고 있다.** 그래서 사도 바울은 "율법(의 법 조항)은 무엇이냐 **범법하므로 더하여진 것이라**"(갈 3:19)고 하였고 이렇게 율법의 형태로 계시된 하나님의 뜻, 곧 이웃 사랑을 행하는 자들에 대해 "남을 사랑하는 자는 율법을 다 이루었다"(롬 13:8)고도 한 것이다. 이들은 아담이 잃어버렸던 그 정신을 다시 얻었기 때문이다. 이것이 율법을 주신 목적이었다.

십자가를 표상하는 제의적(祭儀的) 율법 조항이 폐한 바 되었다고 해서 율법 자체가 폐한 것은 결코 아니다. 제의법은 폐했다기보다는 십자가에 의해 보완되어 완성되었다고 표현하는 것이 오해의 소지가 없을 것 같다. 인류를 구원하고자 하시는 하나님의 사랑과 그 의지의 결정체인 십자가의 정신을 구약시대에는 제의(祭儀)라는 방식으로 밖에 계시할 수밖에 없었다. 예수님께서 십자가에 달리심으로 이러한 율법이 가졌던 한계는 무너졌다. 이로써 율법을 친히 이루셨고 완전하게 하셨다. 제의법뿐만 아니라 율법 전체를 놓고 보아도 그리스도께서 "**율법을 완전하게 하신다**"(마 5:17)는 말씀은 율법이 주어진 목적이 하나님 본성의 계시였다는 의미다. 율법이 문자적 한계 때문에 불완전하게 계시했던 하나님의 본성을 예수님의 생애를 통해 완전하게 보여 주셨다는 뜻이다. 그래서 예수님을 본 자는 하나님을 본 것이다 (요 14:9). 율법을 통해 간접적으로 알 수 있었던 하나님의 영광(본성)을 예수님을 통해 눈에 보이게 보여 주셨다(요 1:14). 도덕의 율법 외에 제의적(祭儀的) 율법 조항들 자체는 대속(代贖)의 죽음에 관해 다만 예언으로써 상징적 기능을 담당했기 때문에 그것이 십자가에서 성취됨과 동시에 폐지되었다. 그러나 **제의법에 계시된 하나님의 자비와 사랑 그리고 구속의 경륜과 심판하시는 섭리**는 십자가를 통해 더 밝게 빛나고 있다. 예수님의 다음 말씀을 주목하라.

> 내가 율법이나 선지자를 폐하러 온 줄로 생각하지 말라 **폐하러 온 것이 아니요 완전하게 하려 함이라** 진실로 너희에게 이르노니 천지가 없어지기 전에는 율법의 일점일획도 결코 없어지지 아니하고 다 이루리라 (마 5:17-18)

사도 바울도 같은 말씀을 하고 있다.

> 그런즉 우리가 믿음으로 말미암아 율법을 파기하느냐 그럴 수 없느니라 **도리어 율법을 굳게 세우느니라** (롬 3:31)

또한 예수님께서는 심지어 구약성경을 통해 구원을 얻는 줄 생각하라고 하셨다.

> 너희가 **성경(=구약성경=율법)에서** 영생을 얻는 줄 생각하고 성경을 연구하거니와 이 성경이 곧 내게 대하여 증언하는 것이니라 그러나 너희가 영생을 얻기 위하여 **내게 오기를 원하지 아니하는도다**
> (요 5:39-40)

예수님 당시에 신약성경은 없었으므로 여기서 성경은 구약성경을 말씀하고 있고 구약성경의 핵심은 모세 율법이다. 구약 전체가 결국은 모세의 율법을 시대 상황에 맞게 자세히 풀어 쓴 것이므로 구약성경 전체를 율법이라 하기도 한다. **위 말씀에서 예수님은 구약성경의 율법과 자신을 동일시하고 있음을 볼 수 있다. 이는 예수님은 율법, 곧 말씀이 육신이 되신 분이시기 때문이다. 그렇기 때문에 구약성경을 상고하지 않는 것은 곧 예수님께 가까이 오지 않는 것이라고 하셨다.**[134] 그러므로 신약과 구약성경을 다 읽고 난 후 신약의 메시지와 구약의 메시지가 다르다는 결론에 도달했다면 성경을 잘못 읽은 것이다. 하나님은 창세 전부터 영원 후까지 변치 않으시며 회전하는 그림자도 없는 분이시다(약 1:17). 하나님의 뜻은 모세 5경에 일차적으로 다 드러나 있다. 그 후에 기록된 선지서도 모세의 율법을 범하고 있는 유대인들에게 율법을 다시 상기시켜 주고 강조한 것에 불과하므로 모세의 율법에 없는 새로운 내용은 없다. 그래서 그런지 예수님께서 언급하신 성경 구절들도 대부분 모세의 글이었다.

예수님의 말씀도 마찬가지다. 하나님과 이웃을 사랑하라는 말씀도 모세의 글에 이미 다 기록되어 있는 말씀이다. 그 당시 유대인들은 자

---

134) 예수님 당시 유대인들이 구약성경을 열심히 읽고 연구한 것으로 우리들은 오해하고 있지만 예수님은 그렇지 않다고 말씀하고 계신다. 오늘날 기독교인들도 비슷하다.

기 조상들의 인간적인 전통으로 인해 왜곡되었던 율법(율법 자체가 아닌 랍비들에 의한 율법 해석)을 하나님의 뜻으로 믿고 있었기 때문에 이를 보시고 예수님께서는 다음과 같이 말씀하셨다.

> *사람의 계명으로 교훈을 삼아 가르치니* 나를 헛되이 경배하는도다 하였느니라 너희가 **하나님의 계명은 버리고 사람의 전통을 지키느니라** 또 이르시되 너희가 너희 전통을 지키려고 하나님의 계명을 잘 저버리는도다 (막 7:7-9)

이런 그들에게 예수님께서는 본래 율법의 정신을 다시 상기시켜 주시고 설명해 주실 뿐 아니라 직접 그분의 생애를 통해 모본을 보이셨다. 세대주의자들이 생각하는 것처럼, 하나님께서 예수님을 보내신 것은 과거 모세를 통해 주신 율법과는 다른, 당시의 세상에 맞는 새로운 법칙을 새로 만들어서 인간들에게 알려주기 위한 것이 아니었다. 성육신은 창세 이전에 이미 결정된(예정된, predestined) 구속의 계획이었다(엡 1:9). 그렇지만 예수님께서는 이미 율법에 있던 가르침을 **반복하시면서** 제자들에게 **"새 계명"**을 준다고 표현하셨다. 왜냐하면 랍비들이 율법을 왜곡해서 만든 규율을 지키는 것을 의(義)라고 믿었던 제자들에게는 예수님의 가르침이 그들의 눈과 귀에 감춰져 있었던 새로운 것이었기 때문이다. 율법에는 오래 전부터 기록되어 있던 것이지만 말이다.

> **새 계명**을 너희에게 주노니 서로 사랑하라 내가 너희를 사랑한 것 같이 너희도 서로 사랑하라 (요 13:34)

그런데 예수님께서는 "하나님과 이웃을 사랑하는 것이 율법의 강령"(마 22:37-40)이라고 하셨다. **그러므로 서로 사랑하라고 하신 예수님께서 주신 새 계명은 결국은 모세의 율법에 있는 옛 계명이었다.** 그러나 당시 서로 사랑하고 있지 않았던 유대인들에게는 새로운 계명이었다.

> 사랑하는 자들아 내가 새 계명을 너희에게 쓰는 것이 아니라 너희가 처음부터 가진 옛 계명이니 이 옛 계명은 너희가 들은 바 말씀이거니와 (요일 2:7)

> 부녀여, 내가 이제 네게 구하노니 서로 사랑하자 이는 새 계명 같이 네게 쓰는 것이 아니요 처음부터 우리가 가진 것이라 (요이 1:5)

출애굽의 사건은 우리에게 구원의 여정을 표상적으로 잘 보여 주고 있다. 출애굽부터 가나안 입성까지의 긴 여정은 구원의 과정을 표상적으로 교육하기 위한 한 편의 연극과도 같아 보인다. 그러나 불행하게도 그 연극에 출연했던 배우들의 대부분은 구원을 받지 못했다. 아니 그들이 구원의 복음을 거절했다(히 4:2). 로마 가톨릭에서 '연옥'이라는 거짓 교리를 만들어서 중세 시대에 면죄부를 팔았던 일을 우리는 잘 알고 있다. '연옥'은 죽은 자들이 천국이나 지옥으로 가기 전에 대기하는 장소라고 알려져 있다. 그런데 만약 연옥이 있다면 우리가 살고 있는 이 세상이 그 개념과 맞아떨어진다. 우리가 사는 이 세상은 하나님의 뜻이 아직은 이루어지지 않았기 때문에 천국은 아니다. 오히려 지옥이 있다면 지옥에 가깝다. 그러나 이 세상에 살고 있는 우리들에게는 (연옥처럼) 천국에 들어갈 기회가 주어져 있다. 광야에서 살았던 이스라엘 백성과도 같은 처지이다. 많은 목사들이 설교하는 것처럼 출애굽은 구원을 상징하는 것이 아니며 '출(出)애굽'이라는 글자 그대로 세상으로부터 '불러내심'을 상징하는 것이다. 따라서 최종적인 구원을 상징하는 사건은 가나안 입성이다. 광야는 사탄을 상징하는 바로의 권세로부터 해방된 그들이 이제는 진정으로 하나님의 본성을 사모하고 그 말씀에 순종하여 하나님과 하나가 되는 훈련장이요, 시험장이었다. 바로의 권세로부터의 해방은 그들의 의지와 상관없이 하나님의 일방적인 은혜와 능력으로 이루어졌지만, 그들이 하나님과 영적으로 하나가 되는 일은 그들의 자원하는 마음이 없이 하나님께서 일방적으로 하실 수는 없는 일이었다. 하나님의 하실 일은 하나님께서 다 하실 것이었다. 따라서 **그들의 구원을 위한 유일한 변수는 그들의 중심에서 원하는 바가 의(義)인가 죄(罪)인가였다.** 그래서 광야는 그들에게 있어서 그들의 영생을 스스로 결정하는 장소였다. 하나님께서는 하나님의 의(義)를 율법을 통해 자세히 보여 주심으로써 복과 저주의 길을 그들 앞에 두시고 그들에게 선택권을 주셨다. 그들이 애굽으로부터 '부르심'을 받은 광야는 그들이 진정으로 하나님의 본성을 사모하여 하나님 말씀에 순종할 때 '택하심'을 받는 장소였다. 이 '택하심'이 바로 구원이었다. 그러나 현실에서는 혼인 예복의 비유135)에서처럼 '부르심'을 받은 자들은 많았지만 '택하심'을 얻은 사들은

---

135) 예수께서 다시 비유로 대답하여 이르시되 천국은 마치 자기 아들을 위하여 혼인 잔치를 베푼 어떤 임금과 같으니 그 종들을 보내어 그 청한 사람들을 혼인 잔치에 오라 하였더니 오기를 싫어하거늘 다시 다른 종들을 보내며 이르되 청한 사람들에게 이르기를 내가 오찬을 준비하되 나의 소와 살진 짐승을 잡고 모든 것을 갖추었으니 혼인 잔치에 오소서 하라 하였더니 그들이 돌아보지도 않고 한 사람은 자기 밭으로, 한 사람은 자기 사업하러 가고 그 남은 자들은 종들을 잡아 모욕하고 죽이니 임금이 노하여 군대를 보내어 그 살인한 자들을 진멸하고 그 동네를 불사르고 이에 종들에게 이르되 혼

드물었다(마 22:14). '택하심'을 입은 자가 적었다는 것은 하나님께서 인색하셔서 그런 것이 아니라 저주와 복의 길 중에서 복을 선택한 자가 드물었기 때문이었다.

세상으로부터 부르심을 받은 우리 기독교인들의 사는 장소는 영적으로는 광야이다. 우리는 죄의 세상인 애굽에서 부르심을 받아 가나안으로 향하는 여정에 참여하고 있고 지금은 광야에 있다. 우리들의 삶의 현장이 바로 광야이다. **애굽에서 불려 나온 이스라엘 백성은 광야에 머물면서 그들의 심령을 하나님의 통치하심 아래에 두는 훈련을 받았다. 이 훈련이 완성된 후에 가나안에 입성하는 것이 하나님의 계획이었다.** 영적인 광야를 사는 우리들 또한 당시 이스라엘 백성과 같은 처지에 있다. 우리는 우리의 생애 가운데 만나는 수많은 사건과 사람들을 통해 또한 우리가 읽고 묵상하는 말씀을 통해 그리고 기도를 통해 **하나님의 통치하심** 아래 나 자신을 두는 훈련을 받는다. 하나님의 통치하심에 온전히 복종하는 것은 다른 말로 하면 하나님의 율법을 지키는 삶을 사는 것이요, 하나님 나라의 삶을 사는 것이다. 또 이를 다른 말로 하면 죄를 이기는 삶이요, 죄로부터 구원받은 삶이다. 하나님의 뜻대로 사는 삶이다. **이로 보건대 구원은 가나안에**

인 잔치는 준비되었으나 청한 사람들은 합당하지 아니하니 네거리 길에 가서 사람을 만나는 대로 혼인 잔치에 청하여 오라 한대 종들이 길에 나가 악한 자나 선한 자나 만나는 대로 모두 데려오니 혼인 잔치에 손님들이 가득한지라 임금이 손님들을 보러 들어올새 거기서 예복을 입지 않은 한 사람을 보고 이르되 친구여 어찌하여 예복을 입지 않고 여기 들어왔느냐 하니 그가 아무 말도 못하거늘 임금이 사환들에게 말하되 그 손발을 묶어 바깥 어두운 데에 내던지라 거기서 슬피 울며 이를 갈게 되리라 하니라 청함을 받은 자는 많되 택함을 입은 자는 적으니라 (마 22:1-14)
*여기서 혼인 예복은 그리스도의 품성, 곧 거듭난 품성을 말한다.

들어갈 때 받는 것이 아니라 광야에서 받는 것이 분명하다. 광야로 부르심을 받았고 광야에서 택하심을 받는다. 다만 광야에서 구원받은 자가 가나안에 들어갈 뿐이다. 온전히 율법을 지키게 된 심령이 바로 하나님의 나라에 들어간 심령이다. 이렇게 죄를 이긴 사람들을 데리러 오시는 것이 예수님의 재림이다. 예수님은 우리의 죄를 없이 하려고 오시는 것이 아니라 **죄와 상관없이** 이미 죄 없이 함을 받은 사람들을 데리러 오시는 것이다(히 9:28, 요 14:3). 우리의 죄를 없이 하려고 오신 사건은 예수님의 초림 사건이었다(히 9:26, 요일 3:5-8). 그러나 현대의 많은 기독교인들은 재림 예수를 맞을 준비를 하지 않고 그들의 죄를 그들의 **의지와 상관없이** 강제로 없이 하러 오시는 유사 초림 예수를 기다리고 있다. 물론 그런 일은 없을 것이다. 이런 이론을 전하는 선생들은 거짓 선지자라고 보면 된다.

옛날 이스라엘 백성이 광야에서 대부분 죽었듯이 **오늘날 대부분의 기독교인들도 교회까지는 나오지만 교회에서 구원받지 못하고 죽어가고 있다.** 그들 대부분은 여러 가지 이유로 하나님의 통치하심 아래에 자신을 온전히 두지 않는다. 당시 대부분의 이스라엘 백성이 믿음으로 가나안을 정복할 수 없다고 믿었듯이 오늘날 대부분의 기독교인들도 믿음으로 죄를 이길 수 없다고 믿고 있다. 이렇게 믿는 한 그들은 계속해서 죄의 노예로 남을 것이다. 그리고 예수님을 찾다가 죄 가운데 죽을 것이다(요 8:21). 애굽이 죄의 세상을 상징한다면 가나안은 우리가 들어갈 새 예루살렘 성(계 21:2)을 상징한다. 관영한 죄악 가운데 있었던 가나안의 거민들을 심판하시고 그 땅을 하나님의 백성이 차지했던 일은 하나님의 율법을 유린하는 이 지구의 거민을 심판하시고 이 땅을 하나님의 백성들에게 유업으로 물려주시는 일을 상징적으로 미리 보여 주신 것이다. 그 당시 가나안 땅을 하나님의 능력에 의지해서 정복할 수 있다고 믿는 믿음은 오늘날 우리가 하나님의 능력에 의지해서 죄를 이기고 새 예루살렘에 들어갈 수 있다고 믿는 믿음과 동일하다. 여호수아와 갈렙의 믿음의 모본은 죄악의 세상을 살면서 하늘 가나안을 바라보는 우리들에게 용기를 주시기 위해 기록된 것이다. 그리고 당시 열 정탐꾼의 믿음은 오늘날 기독교에 비유하자면 사람은 율법을 지킬 수 없다는 믿음과 동일하다. 여기서 한발 더 나아가 세대주의자들은 율법을 지킬 필요가 없다고 한다. 그 당시 이스라엘 백성들도 가나안 땅을 정복하는 불가능한 일을 하느니 다시 애굽으로 돌아가게 해 달라고 탄원한 것과 비슷하다(민 14:3[136]). 옛 이스라엘 백성들이 걸어갔던 사망으로 가는 넓고 평탄한 길을 현대의 수많은 하나님 백성들도 택하고 있다. 그들의 죄는 하늘에 사무치고 있다(계 18:5). 그러나 '**예수님의 이름**'을 믿는다는 것은 '**눈에 보이는 율법**' 또는 '**살아서 숨 쉬는 율법**'을 믿는다는 뜻이다. 왜냐하면 예수님은 로고스, 곧 율법의 정신이 육신 되신 분으로서 우리들에게 계시되었기 때문이다. 예수님을 믿음으로 받아들이는 것은 바로 로고스(말씀=율법의 정신=성령)를 믿음으로써 나의 심령 안에 모셔 들이는 것이다. 이 일이 사도 요한이 말한 바 예수님을 영접하는 일이고 하나님께로부터 태어나는 일(요 1:12-13)이며 거듭남이다(요 3:3).

우리는 가나안을 정복할 수 있다고 믿었던 여호수아와 갈렙의 믿음을 회복해야 한다. 예수님을 바라보자. 예수님께서 인성을 입으신 이

---

136) 어찌하여 여호와가 우리를 그 땅으로 인도하여 칼에 쓰러지게 하려 하는가 우리 처자가 사로잡히리니 애굽으로 돌아가는 것이 낫지 아니하랴

유는 인성만 있는 우리도 신성을 입을 수 있도록 하기 위함이다(벧후 1:4[137]). 말씀이 육신이 되신 이유는 육신인 우리가 말씀을 우리 심령에 담아 육신이 말씀이 되기 위함이다. 이 보잘것없는 질그릇에 보배를 담아(고후 4:7) 하나님께 영광을 돌리도록 하기 위함이다. 이 육신에 말씀이 담길 때 이 썩을 육신은 거룩한 하나님의 성전이 된다. 하나님께서 하실 일은 하나님께서 반드시 하시므로 결국 우리들의 구원은 우리들에게 달려 있다. 하나님의 신실하심, 십자가에서 이루신 구속 사업의 위대하심, 하나님의 그 자비하심과 무한한 지혜를 입술이 마르도록 칭송하는 것이 자아가 십자가에 못 박히는 일을 대신할 수 없다. 십자가를 높이면서도 그 십자가가 자기가 달려야 할 곳이라는 것을 모르는 것처럼 어리석고 악한 일은 없다. 우리들에게 주어진 소중한 이 기회들을 돼지가 진주를 바라보듯이 보아 넘겨서는 안 될 것이다.

---

137) 이로써 그 보배롭고 지극히 큰 약속을 우리에게 주사 이 약속으로 말미암아 너희로 정욕을 인하여 세상에서 썩어질 것을 피하여 신의 성품에 참예하는 자가 되게 하려 하셨으니(개역 한글)(개역 개정판에서는 신의 성품을 신성한 성품이라고 애매한 표현으로 바꾸었고 흠정역에선 하나님의 본성이라고 명확히 하고 있다)

죄를 증오하심은
곧 죄인을 사랑하심

예수님께서는 말씀과 생애를 통해서 하나님의 품성을 밝히 드러내셨고 또한 십자가에 친히 달리심으로써 인간에 대한 사랑을 확증하셨다. 이는 왕자가 나무꾼으로 변장을 하고 산골 처녀에게 자신의 **가치관과 인격**(율법) 그리고 **그녀에 대한 애정**(십자가)을 보여 주고 **구애**(복음)를 하는 것과 무엇이 다른가?

그러나 위의 비유에서는 내포할 수 없는 중요한 교훈이 있는데 그것은 하나님의 '죄에 대한 증오'이다. 죄에 대한 증오의 크기는 죄인에 대한 사랑만큼 강한 것이다. 십자가는 우리들에게 인간에 대한 하나님의 사랑을 보여줄 뿐 아니라 그 이면에 하나님의 죄에 대한 증오심도 같이 계시하고 있다. 죄라는 것은 컴퓨터로 비유하자면 컴퓨터 바이러스와 같은 것이고 사람의 육신으로 치자면 질병과도 같은 것이다. **죄를 증오하는 것은 다른 말로 하면 죄를 가지고 있는 사람을 사랑하는 것과 같은 의미이다.** 아끼는 컴퓨터가 몹쓸 컴퓨터 바이러스에 감염된 것을 좋아할 주인이 어디 있겠는가? 자신의 컴퓨터를 아끼는 주인이라면 그 컴퓨터의 기능을 마비시킨 컴퓨터 바이러스를 증오할 것이다. 필자도 젊었을 때 컴퓨터가 바이러스에 걸려서 소중한 데 이터를 잃어버린 적이 있었는데, 그때 그 바이러스와 그것을 만든 사람(누군지는 몰라도)에 대해 드는 증오심은 말로 표현할 수 없었다. 한낱 컴퓨터를 아끼는 사람도 컴퓨터의 기능을 마비시키는 바이러스를 증오할진대 하물며 하나님께서 사랑하시는 사람의 영혼을 파괴하는 죄를 증오하시는 것은 명약관화한 일이다. 만일 컴퓨터 바이러스를 주인이 치료하고자 하는데 컴퓨터가 바이러스를 사랑해서 치료를 거부한다면 어떻게 하겠는가? 주인은 그 컴퓨터를 눈물을 머금고 폐기 처분해야 할 것이다. 이 컴퓨터는 쓸 수도 없을 뿐만 아니라 멀쩡한 다른 컴퓨터에 바이러스를 전파하기 때문이다. **이것이 심판이다.** 하나님께서는 악인의 멸망을 기뻐하지 않으신다. 그러나 죄인이 죄를 버리기를 끝까지 거절한다면, 죄는 우주에서 영원히 없어져야 할 것이므로 죄와 함께 죄인은 멸망을 당할 수밖에 없을 것이다. 죄는 컴퓨터 바이러스보다 더 강한 전염력이 있다.

인간은 컴퓨터와는 달리 인격과 자유 의지가 있어서 죄라는 바이러스를 사랑하고 그것에 집착할 수도 있다. 하나님께서 죄인의 죄를 용서하신다는 것은 죄인이 죄를 떠날 때 과거에 죄라는 바이러스와 함께 했던 일을 없던 것으로 한다는 뜻일 뿐이다. **죄인을 용서하는 것은 죄 자체를 용납하는(받아들이는) 것과 전혀 다른 문제이다.** 주인은 어떻게 해서라도 바이러스를 치료해서 그 컴퓨터를 정상으로 만들고 계속 사용하기를 원할 것이다. 주인은 컴퓨터를 사랑하는 것이지 그 컴퓨터가 감염된 바이러스를 사랑하는 것이 아니다. 만일 이 두 가지가 경우가 같은 것이라면 천국에 들어가기 위해 회개할 필요가 없을 것이다. 회개란 죄인이 죄라는 바이러스를 떠나서 의의 길을 걸어가는 것을 의미한다. 그러므로 회개는 죄 사함의 전제 조건일 수밖에 없다. 계속해서 죄 가운데 머무를 것이라면 과거의 죄를 사하여 주는 일은 의미가 없는 일일 것이다. 그러므로 여호와 하나님께서는 모세에게 자신의 본성을 소개하실 때 다음과 같이 말씀하셨다.

> 여호와께서 그의 앞으로 지나시며 반포하시되 여호와로라 여호와로라 자비롭고 은혜롭고 노하기를 더디 하고 인자와 진실이 많은 하나님이로라 인자를 천대까지 베풀며 **악과 과실과 죄를 용서하나 형벌받을 자는 결단코 면죄하지 않고** 아비의 악을 자손 삼 사대까지 보응하리라 (출 34:6-7, 개역 한글)

이 말씀도 설교할 때 많이 인용되지만 대부분 앞부분만 강조한다. 여기서 악과 과실과 죄를 용서받는 자는 회개한 자이고, 형벌받을 자는 회개하지 않은 자를 포함한 사탄과 그 무리들을 가리키고 있다. 예수님께서도 죄를 떠나지 않으면 결단코 천국에 들어갈 수 없다고 하셨다. 죄를 떠나지 않는 것은 계속 사탄과 바람을 피우겠다는 의미이다. **죄를 버리지 않아도 하늘에 간다는 이야기는 바람난 여인이 바람난 그 남자와의 관계를 정리하지 않고 본 남편과 재결합하겠다는 의미와 같다.** 천국이 천국인 이유는 그곳에 죄가 없기 때문이다. 그리고 죄는 예수님 오시기 전에 버려야 하는 것이지 예수님 오셔서 강제로 버리게 하시는 것이 아니다. 다음 말씀을 보면 죄를 언제 버려야 하는지 명백하다.

> 만일 네 오른 눈이 너로 실족하게 하거든 빼어내 버리라 네 백체 중 하나가 없어지고 온 몸이 지옥에 던져지지 않는 것이 유익하며 또한 만일 네 오른손이 너로 실족하게 하거든 찍어내 버리라 네 백체 중 하나가 없어지고 온몸이 지옥에 던져지지 않는 것이 유익하니라 (마 5:29-30)

이 말씀은 다른 말로 하면 사단과의 부정한 관계를 정리하라는 말씀이다. 예수님께서 재림하셔서 사단과의 관계를 강제로 정리해 주시는 것이 아니다. 재림은 사단과의 관계가 완전히 정리된 사람들을 데리러 오시는 것이다. 이 세상에서의 우리들의 삶은 사단과의 관계가 완전히 정리됐는가 아닌가에 대한 하나의 시험장이다. 이 일은 우리들의 육신의 소욕이 십자가에 못 박혀 죽으면 해결되는 일이다. 우리의 육신이 사단의 거처였기 때문이다. 우리들이 하나님과 육신의 정욕 사이에서 양다리 걸치고 미적거리면 사단은 하나님께 우리들이 자기에 대한 미련을 못 버렸다고 주장한다(이를 참소한다고 한다). 하나님께서는 그렇지 않기를 바라시고 계속 오래 참고 기다리시기를 원하신다. 그러나 사단은 하나님께 그런지 안 그런지 시험해 보자고 제안한다. 하나님은 가슴 아프지만 우리들의 영생을 위해 할 수 없이 사단의 시험을 허락하신다. 이러한 영적인 일들이 눈에 보이지 않지만 우리들을 둘러싸고 실제로 일어나는 일들이다. 그러나 이러한 시험은 우리가 그것을 이기기만 하면 온전치 못한 우리들의 믿음을 온전히 세워 주는 역할을 하기도 한다. 이것이 우리가 이 땅에서 순종하면서 인내해야 하는 이유를 보여 주는 욥기에 나와 있는 교훈이기도 하다.

> 시험을 참는 자는 복이 있나니 이는 시련을 견디어 낸 자가 주께서 자기를 사랑하는 자들에게 약속하신 생명의 면류관을 얻을 것이기 때문이라 (약 1:12)

구원은 율법을 지키게 되는 것

결론적으로 말하면 율법은 하나님의 성문화된 본성의 계시이고 하나님께서 조상 대대로 하나님을 떠난 인간들에게 자신을 믿으라고 하시기 전에 먼저 보여 주신 하나님 자신의 정체성이며 죄인의 재창조에 대한 설계도이다. 또한 하나님을 믿는다고 생각하는 사람들에게도 그들이 믿고 있는 하나님이 진정한 창조주 하나님인지 아니면 다른 하나님인지를 구별할 수 있는 기준이기도 하다. 그러므로 율법은 문자화된 하나님의 형상이며 예수님은 육신이 되신 하나님의 형상이시다. 따라서 십자가는 율법의 최종판이고 율법을 묵상하는 것은 그리스도의 피와 살을 먹는 일과 일반이다(요 6:53, 54). 인간이 하나님을 믿는 이유는 율법을 통해서 그리고 그 율법의 정신이 육신이 되신 예수님을 통해서 하나님의 본성을 알았고 그 본성이 지극히 선하고 아름다워서 그 본성을 사모하되 그러한 선한 것이 우리에게는 없다는 것을 깨달았기 때문이다. 문제는 우리들 안에는 하나님께서 안 계시므로 율법을 지킬 수 있는 선(善)한 것이 없다는 것이다. 우리에게 지키라고 주신 율법을 우리가 지킬 수 없음을 깨닫는 것은 곧 우리 안에 하나님께서 계시지 않는다는 엄중한 사실을 깨닫는 것과 같다. 이런 비참한 진실 앞에 우리는 깊은 좌절에 빠진다. 그러나 이러한 좌절이 우리들의 구원의 출발점이 된다. 왜냐하면 하나님께서 친히 우리 안에 임하셔서 우리와 함께 하시기로 약속하셨기 때문이다. 이 약속이 복음이다. 하나님께서 이 일을 얼마나 원하고 계신가는 십자가에서 처절하게 기록되어 우리들에게 날마다 호소하고 있다.

여기서 구원받기를 원하는 우리는 두 갈래 길을 만나게 된다. 하나는 율법은 지킬 수 없으므로 율법 지키는 것은 포기하고 예수님만 믿으면 구원에 이를 수 있다는 가르침의 길이고 다른 하나는 율법을 지킬 능력이 우리에게 없으므로 그 능력을 예수님께 의지함으로써 받을 수 있다고 믿는 믿음의 길이다. 그대는 어느 길이 옳은 길이라고 생각하는가? 전자의 믿음과 후자의 믿음은 같은 믿음이 아니다. 믿음의 내용이 본질적으로 다르다. 예수님의 제자들과 사도 바울은 어느 길을 걸어갔을 것 같은가? 위의 두 갈래 길 중 어느 길이 생명으로 인도하는 협착한 길로 보이는가? 어느 길이 멸망으로 인도하는 넓고 평탄한 길로 보이는가?

구원을 어떤 자격증[138]을 받아서 죽음 뒤 천국에 가는 것이라고 알고 있는 사람은 전자의 길이 가능하다고 믿을 수 있다. 이런 구원관은

---

138) 보통은 이 자격증은 교회를 출석하는 등의 믿음을 통해서 얻는다고 생각한다. 예수님의 수많은 말씀 중에 "네가 나를 믿으니 네가 아직 죄 가운데 있어도 의인으로 간주해 준다"라든가 아니면 "너는 나를 믿으니 천국에 갈 자격이 있다"고 말씀하신 적이 없다. 거듭나지 아니하면 천국에 갈 수 없고(요 3:5) 죄를 범한 눈과 팔을 가지고는 천국에 갈 수 없고(마 5: 29-30) 하나님의 뜻대로 행하지 않는 자도 갈 수 없다(마 7:27)고 강조하셨다. 심지어 아직 죄를 이기지 못한 바리새인들에게는 너희가 나를 찾다가 너희 죄 가운데 죽을 것이다(요 8:21)라고도 하셨다. 그러므로 예수님에 대한 믿음은 의(義)를 이루기 위한 수단이지 그 자체가 목적이 아니다. 예수님을 의지하지 않으면 이런 일을 이룰 수 없기 때문이다. 이렇게 의(義)를 이루지 못하는 믿음은 성경에서 말하는 '믿음'이 아니다.

믿음을 종교 행위와 동일시하게 한다. 그러나 천국은 죽은 다음에 가느냐, 살아서 가느냐의 문제도 아니고 땅에 있느냐 하늘에 있느냐의 문제도 아니다. 하나님의 뜻대로 돌아가는 상태가 천국이다. 다른 말로 하면 하나님의 통치하심 아래 있는 상태가 천국이다. 그곳이 개인의 심령이든 어느 국가이든 하늘이든 땅이든 상관 없다. 타락 이전의 에덴 동산은 하늘에 있지 않아도 천국이었다. 하나님의 뜻이 이루어진 곳이었기 때문이다. 그러므로 타락한 이 땅에서의 천국은 개인의 심령에서 시작되어야 하고 그렇게 심령이 천국이 된 사람들이 부활 후에 모여 사는 곳이 또한 천국이다. 하나님께서 나의 하나님이 되시고 나는 하나님의 백성이 된다는 의미는 하나님의 통치 아래 나를 둔다는 뜻이고 하나님의 뜻대로 살아간다는 의미이다. 천국은 죽은 후에 어떤 자격증을 받아서 가는 곳이 아니고 현세에서 우리가 하나님의 뜻대로 살 수 있는 능력을 받아서 우리의 심령 안에 이뤄야 하는 것이다. 예수님께서 복음을 전하실 때 "회개하라 천국이 가까이 왔느니라"[139]고 외치셨던 천국은 바로 우리 심령에 이루어질 천국이었다. 그리고 그런 심령을 가진 자들의 공동체 또한 천국이 될 것이었다. 이때 말씀하신 천국이 죽어서 가는 곳이라면 "당신들은 죽을 때가 가까웠으니 회개하라"라는 메시지이고, 예수님 재림 후의 올 천국을 말한다면 예수님 당시 사람들은 예수님의 재림을 보지 못했고 아직도 재림이 이루어지지 않았으므로 예수님의 천국이 가까이 왔다는 말씀은 거짓말이 된다. **그러나 예수님께서 말씀하신 '가까이 온 천국'은 우리 마음에서 이루어지는 은혜의 왕국을 말씀하고 있는 것이다.** 이렇게

---

139)   마 4:17.

심령이 천국이 된 사람들은 마지막 때에 부활하여 영원히 그런 사람들끼리 모여서 살 것이다. 이런 구원관을 가지면 후자의 길을 택할 것이다. 후자의 길은 결국 믿음을 통해 예수님을 나의 심령 안으로 받아들이는 일이다. 그러나 예수님을 영접하는 길은 일반적으로 생각하는 것과는 달리 좁고 협착하여 그리로 가는 사람이 드물다. 자기를 부인해야 하기 때문이다. 자기를 부인하고 자기 십자가를 지고 예수님을 좇을 때 예수님께서 우리 안에 임하시고 우리의 심령은 하나님의 나라가 되는 경험을 하게 될 것이다. 그래서 천국은 내세가 아닌 현세에서 들어가는 곳이라는 것을 성경 곳곳에서 선포하고 있다.

> 바리새인들이 하나님의 나라가 어느 때에 임하나이까 묻거늘 예수께서 대답하여 이르시되 하나님의 나라는 볼 수 있게 임하는 것이 아니요 또 여기 있다 저기 있다고도 못하리니 **하나님의 나라는 너희 안에 있느니라** (눅 17:20-21)

> 내가 진실로 진실로 너희에게 이르노니 내 말을 듣고 또 나 보내신 이를 **믿는** 자는 영생을 **얻었고** 심판에 이르지 아니하나니 사망에서 **생명으로 옮겼느니라** (요 5:24)

> 그가 우리를 흑암의 권세에서 건져내사 **그의 사랑의 아들의 나라로 옮기셨으니** 그 아들 안에서 우리가 속량 곧 죄 사함을 얻었도다 (골 1:13-14)

> 허물로 죽은 우리를 그리스도와 함께 살리셨고 (너희는 은혜로 구원을 받은 것이라) 또 함께 일으키사 그리스도 예수 안에서 함께 **하늘에 앉히시니** (엡 2:5-6)

> 짐승이 입을 벌려 하나님을 향하여 비방하되 그의 이름과 **그의 장막(성소) 곧 하늘에 사는 자들을** 비방하더라 (계 13:6)

여기서 믿는다는 것은 침례(세례)를 받고 교회에 출석하는 등의 어떤 종교 행위를 말씀하시는 것이 아니라 말씀이 육신이 되신 예수님을 하나님의 보내신 자라고 믿고(하나님의 율법의 말씀과 예수님의 생애가 일치하므로) 예수님과 영적으로 하나가 된 자를 말한다. 다른 말로 하면 예수님의 품성 때문에 예수님을 사랑하는 자를 말한다. **그렇기 때문에 예수님께서는 예수님을 믿는 것과 예수님의 말씀을 지키는 것을 동일시하고 계신다.**

> *진실로 진실로 너희에게 이르노니* **사람이 내 말을 지키면 영원히 죽음을 보지 아니하리라** (요 8:51)

이 말씀을 보면 예수님을 믿으면서 예수님의 말씀을 지키지 않는 사람은 거짓이라는 뜻이다. 예수님을 진실로 믿는 사람은 성령을 받아서 율법의 내면화가 일어나게 되어 있다. 사실 우리들의 믿음과 그에 따른 의(義)의 크기는 사람마다 다르다. 그러나 그 믿음과 그에 따른 의(義)는 점점 더 자라게 되어 있다. **자라지 않는 의는 그 믿음이 순종을 동반하지 않는 거짓 믿음이다.**[140] 우리는 각자 믿음의 분량

---

140) 자라지 않는 의는 거짓 믿음 때문이라는 교훈이 그 유명한 달란트의 비유(마 25:14-30)이다. '달란트'라는 단어는 재능이라는 뜻이 있으므로 일반적으로 이 비유의 '달란트'를 하나님께서 우리들에게 주신 재능으로 해석함으로써 이 교훈에서 별 유익을 얻지 못하고 있다. 사실 달란트는 당시 화폐의 단위로 쓰였기 때문에 어떤 가치를 비유하고 있다. 그런데 그 가치가 사람의 재능은 아니다. 이를테면 "재능을 따라 달란트를 주셨다"(마 25:15)는 말은 "재능을 따라 재능을 주셨다"는 것이므로 뜻이 이상하다. 뿐만 아니라 달란트는 예수님의 소유라고 하셨는데(마 25:14), 25절에 보면 종들이 재능은 이미 가지고 있었다. 그리고 장사를 하면 달란트가 늘어나는 것을 보아도 달란트는 재능이 아니다. 장사를 한다고 한다고 해서 재능이 늘어나지도 않을 뿐 아니라 재능이 안 늘어났다고 해서 정죄를 받는 것도(마 25:26-30)

안에서 믿음으로 말씀에 순종을 해야 한다. 그럴 때 율법의 내면화가 일어나고 그런 만큼 우리들의 믿음과 의로움은 더 성장해 간다. 그렇기 때문에 우리가 믿음으로 순종하기 전에 해야 하는 일은 순종해야 할 그 말씀(율법)을 묵상하는 일이다. 말씀을 묵상하는 일은 결국 선 (善)한 것과 의로운 것과 옳은 것을 깊이 생각하고 내가 그곳에 미치지 못하는 것을 깊이 성찰하고 기도하는 일이다. 이런 기도가 예수님께서 가르쳐 주신 기도이다. 즉, 하나님을 향해 가고 하나님과 하나가 되고 하나님의 뜻이 나의 뜻이 되기를 간구하는 일이다. 그래서 기도는 전술했듯이 헬라어로 προσεύχομαι(가까이 가서 하나가 되기를 간구하다)라고 한다. 그리고 해야 할 일은 믿음 안에서 그것을 행하기로 결심하는 일이다. 이렇게 하나님의 의와 관련하여 자신을 성찰하고 그것을 구하는 자가 복이 있다고 산상수훈의 초반부에 선포하시기도 하셨다. 이는 시편의 제일 첫 장에 있는 말씀을 자세히 풀어서 말씀하신 것이다.

> 복 있는 사람은 악인의 꾀를 좇지 아니하며 죄인의 길에 서지 아니하며 오만한 자의 자리에 앉지 아니하고 오직 여호와의 율법을 즐거워하여 그 율법을 주야로 묵상하는 자로다 (시 1:1-2)

이해하기 어렵다. 그리고 예수님께서 믿는 자들에게 고작 재능을 주시기 위해서 이 땅에 오셔서 십자가에 달리셨겠는가? 여기서 종들이 가지고 있던 재능은 그들의 믿음이고 그 크기가 다른 것은 믿음의 분량이 사람마다 다르다는 것이다. 그리고 그 믿음의 분량에 따라 주신 예수님만의 소유이면서 사람들에게는 없는 보물은 바로 하나님의 의(義)이다. 따라서 달란트를 가지고 장사를 한다는 것은 믿음을 따라 그 의를 행한다는 뜻이다. 믿어 순종하는 것을 말씀하고 있다. 이렇게 하면 그 사람 안에 하나님의 의는 점점 자라게 되어 있지만 그렇지 못한 자는 믿음에 따라 의를 행하지 않았다는 뜻이다. 이를 땅 속에 달란트를 묻어놨다고 비유하시고 있다. 그러므로 심판날에 정죄를 받는 것이다.

사도 바울도 율법을 묵상하라는 같은 말씀을 다른 표현으로 반복하고 있다.

> *끝으로 형제들아, 무엇이든지 진실한 것과 무엇이든지 정직한 것과*
> *무엇이든지 의로운 것과 무엇이든지 순수한 것과 무엇이든지 사랑*
> *스러운 것과 무엇이든지 좋은 평판이 있는 것과 덕이 되는 것과 칭*
> *찬이 되는 것이 있거든 이런 것들을 곰곰이 생각하라* (빌 4:8, 흠정역)

이런 율법의 정신이 믿음의 순종으로 내면화된 사람은 당연히 온전한 삶을 살고 있으므로 영생을 얻은 것이다. 이렇게 현세에서 천국에 들어간 자는 죽은 후 무덤에서 잠 자다가 마지막 때 부활하여 영원복락을 누릴 것이다(요 5:29). 영생은 어떤 자격증을 받아 얻는 것이 아니라 생명의 법칙을 사랑하는 자에게 생명이신 하나님께서 내주하심으로써 자연스럽게 얻는 것이다. 또한 이렇게 영생을 얻는 것은 하나님의 명령이다(시 133:3[141]). 우리 모두 이 명령의 말씀에 순종해야 하지 않겠는가?

> *내 아버지의 뜻은 아들을 보고 믿는 자마다 영생을 얻는 이것이니*
> *마지막 날에 내가 이를 다시 살리리라 하시니라* (요 6:40)

그러므로 율법은 하나님의 형상을 우리에게 먼저 알려주시고 그것을 사모하고 그렇게 되기를 원하는 자는 누구든지 그렇게 변화시켜 주시겠다는 복음이다. 그렇게 변화시켜 주시겠다는 약속은 제의법

---

141) 헐몬의 이슬이 시온의 산들에 내림 같도다 거기서 여호와께서 복을 명하셨나니 곧 영생이로다

(祭儀法)에 자세히 계시되어 있었다(히 4:2).

우리가 죄로부터 구원을 받지 못한다면 예수님께서 그렇게 하실 능력이나 권리가 없어서가 아니라 우리가 진심으로 우리의 심령 안에 하나님의 형상이 회복되기를 원하지 않기 때문이다. 예수님을 믿는다는 것의 전제는 하나님의 형상이신 예수님의 본성을 사모하고 그 형상이 내 안에 이루어지기를 사모하고 구하는 것이다. 죄로부터의 구원은 다른 말로 하면 눈에 보이지 않아도 하나님 형상의 회복을 의미하고 우리가 이를 진심으로 원한다는 **증거는** 입술로 하는 신앙고백이 아니라 말씀에의 **순종**이다. (그러나 믿음이 그 동기가 아닌 순종은 율법주의로 흐른다) 그렇기 때문에 우리가 말씀에 불순종하면 사단은 하나님께 우리를 참소한다. 우리가 하나님 형상의 회복을 진심으로 원하지 않는데 무슨 이유로 우리를 거룩하게 하시느냐고 반발함으로써 우리의 구원을 훼방한다고 성경에 기록되어 있다. 우리의 구원은 예수님 입장에서는 자기 백성의 확보이고 사단의 입장에서는 자기 백성의 손실이기 때문에 사단은 밤낮 우리를 참소하는 자이다(계 12:10, 슥 3:1-4).

예수님을 믿는 **목적**은 예수님의 보혈의 능력을 의지하여 우리에게 없던 율법의 정신을 소유하는 것이다. 하나님 형상의 회복이 목적이고 예수님을 믿는 것은 이를 이루기 위한 **수단**이다. 그래서 천국의 실상을 설교하신 산상수훈에는 율법을 온전히 지키라는 명령은 있어도 **예수를 믿으라는 명령은 없다. 예수를 믿는 것 자체가 율법을 지키는 것을 대신할 수 없기 때문이다. 그러나 예수를 올바로 믿으면 율법을 반드시 지키게 된다. 이것은 약속이다.** 구원은 우리의 심령 안에 하나님의 형상이 회복되는 것이다. 이것이 하늘에 계신 아버지께서 온전하신 것처럼 우리도 온전해지는 방법이다. 그런데 율법의 정신이 육신이 되신 예수님은 하나님의 형상 자체이시기(고후 4:4) 때문에 예수님을 믿는다는 것은 예수님이 바로 하나님의 형상인 것을 믿는다는 것이고 이를 다른 말로 하면 예수님이 하나님의 아들이심을 믿는 것이다. 이런 믿음에는 하나님의 형상을 사모한다는 전제가 깔려 있기 때문에 믿는 우리도 그렇게 변화되기를 소망한다는 것이고 그렇게 되기 위해서 구체적으로 성령을 구하는 것이다. 우리도 하나님의 본성을 소유한 하나님의 아들딸이 되기를 소망하는 것이다. 그 일을 위해 또한 예수님께 나를 의탁한다는 의미이기도 하다. 왜냐하면 실제로 우리에게 하나님의 형상을 회복시켜 주시는 분은 예수님이기 때문이다. 그러므로 예수님을 믿지 않으면 율법을 지킬 능력을 받을 수 없다. 이렇게 예수님을 믿음으로써 하나님의 본성을 죄인이 소유하게 되는 일은 특권이다.

그러면 예수님도 안 계셨던 구약시대에 이미 "의인은 믿음으로 말미암아 살리라"(합 2:4)고 선언하신 것은 무엇을 믿으라고 하신 것일까? 그것은 율법을 통해 드러난 하나님의 선하심과 죄인들을 위해 자신을 희생하시는 하나님의 가슴을 사모하고 그러한 하나님의 의를 자신의 삶에 이루어 주실 것을 믿으라는 것이었다. 결국 신약 시대에 예수를 믿는 것과 같은 일이다. 이 역시 사람이 에덴에서 잃어버린 하나님의 형상을 사모하고 구하라는 말씀이다. 신약시대에는 하나님의 형상이 우리 눈에 보이게 이 세상에 오셨으므로 예수님을 믿으라고 하는 것일 뿐이다. 구약시대의 믿음이나 신약시대의 믿음이나 성령을 사람의 심령 안으로 받아들이는 영적인 행위이기 때문에 본질적으로 같은 것이다. **복음의 요지는 우리에게 없는 이 우주의 유일하고 영원**

한 가치, 곧 하나님의 본성을 구하면 거저 주시겠다는 것이다. 세대주의에서는 구약과 신약의 믿음을 다른 것으로 해석함으로써 예수를 믿는 것이 마치 율법과는 관계 없는 새로운 일이고 이것이 새 언약이라고 오해하게 만들었다. 그러므로 바리새인들과 같이 자신들 눈앞에 나타나신 하나님(예수님)을 믿지 않으면서 구원을 소망한다거나 또는 구원을 받았다고 하는 건 치명적인 착각이다. 왜냐하면 그들이 믿는 하나님은 율법을 주신 창조주 그 하나님이 아닌 다른 하나님이기 때문이다. 현대의 많은 기독교인들처럼 예수를 믿는다고 하면서 **예수님과 같은 사람이 되기를 소망하지도 않을 뿐 아니라 될 수도 없다고** 생각한다면 그들이 믿는 건 예수가 아닌 다른 예수이거나 예수에 관한 사실 관계일 뿐이다. 예수님께서 자신을 믿으라고 하신 이유는 그 믿는 사람의 심령 안에 임하시기 위한 통로를 사람 측에서 제공하라는 것이었고 예수님의 임하심 자체가 바로 그 사람에게 의를 이루는 일이요, 과거의 죄를 사하시는 일이기 때문이었다. 예수의 이름을 믿는 것은(요 1:12) 자신도 그분과 같이 되기 위해 **예수님의 이름(품성) 안에 자신을 의탁하는**[142] 일이다.

하나님의 형상을 우리 안에 회복하는 이 모든 일들이 **예수님을 믿는 올바른 믿음을 통해서만** 이루어지므로 이렇게 회복된 하나님의 형상을 율법의 행위로 된 의가 아니라 **'믿음으로 말미암은 의(righteousness by faith)'**라고 하는 것이다. 사도 바울은 우리의 노력이나 행위가 아닌 **'믿음으로써 성령을 받아 의롭게 된다'**는 진리를 로마서나 갈라디아서 등에서 여러 가지 표현으로 반복적으로 강조하고 있다.

---

142) πιστεύουσιν(의탁하다) εἰς(안으로) τὸ ὄνομα(이름) αὐτοῦ(그의).

이는 그리스도 예수 안에서 아브라함의 복[143]이 이방인에게 미치게
하고 또 우리로 하여금 믿음으로 말미암아 성령의 약속(성령을 주셔
서 우리를 거듭나게 하시겠다는 약속)을 받게 하려 함이라 (갈 3:14)

사도 바울은 또한 **"믿음은 들음에서 난다"**고 하였다. (롬 10:17) 여
기서 듣는 내용은 "예수를 믿으라"는 권고의 말이 아니라 **말씀, 곧 율
법이다. 그러므로 율법을 깊이 묵상하여 그 신령하고 완전한 뜻을 알
지 못하면서 예수님을 말씀이 육신이 되신 하나님의 아들로 믿는다
는 것 또한 엉터리없는 얘기다.** 믿음은 들음에서 난다는 말씀은 말씀
(율법)을 묵상함으로써 믿음이 생긴다는 뜻이다. 그러므로 '입술로 시
인해서 구원에 이른다'는 명제는 말씀에 대한 깨달음을 전제로 하는
것이지 요즘 기독교인들처럼 율법이 무엇인지도 모르면서 교회의 분
위기 등에 반해서 피상적으로 예수를 믿는다고 시인하는 것이 아니
다. 중세 시대의 로마 가톨릭의 교황도 예수를 믿는다고 시인했다.

산상수훈은 율법을 주신 분께서 율법에 관해 직접 설명하신 내용
이다. 이를 묵상하고 그 가운데 기록된 말씀을 믿고 그 말씀의 정신
을 사모하는 일이 바로 예수를 믿는 일이다. 이는 갓난아이가 순수하
고 신령한 젖을 사모하는 것과 같다. 이 일이 우리를 **구원에 이르게**
할 것이다.[144]

---

143)   아브라함이 자신의 행위가 아닌 하나님을 믿고 순종함으로써 받은 복(=구
       원=생명).

144)   갓난 아기들 같이 순전하고 신령한 젖을 사모하라 이는 그로 말미암아 너희
       로 구원에 이르도록 자라게 하려 함이라 (벧전 2:2)

> *그러므로 **믿음**은 들음에서 나며 **들음**은 그리스도의 **말씀(=율법)**으로 말미암았느니라* (롬 10:17)

예수님을 알고 그분을 의지할 때 믿는 자에게는 순종의 열매가 맺힌다. 이런 믿음은 율법의 요구를 자연스럽게 이룬다. 즉, 거울은 우리에게 깨끗하라고 요구하는데 믿음은 우리를 깨끗케 하시는 그리스도와 하나 되게 한다. 그러므로 우리가 그리스도 안에 있을 때 거울이 필요 없게 된다. 그러나 우리가 거울을 버리기 전에 우리가 그리스도 안에 있는지 아닌지를 판단하려면 거울이 필요하다. 그런데 세대주의는 그리스도를 모르는 사람들에게 거울부터 깨라고 가르치는 이론이다. 거울은 더러운 것을 보여주는 방식으로 깨끗한 것이 어떤 것인지를 가르쳐 준다. 따라서 율법은 그리스도와 십자가를 가리키는 손가락이고 율법을 묵상하는 일은 그리스도의 피와 살을 먹는 일과 일반이다.

> 그가 또한 우리를 새 언약의 일꾼 되기에 만족하게 하셨으니 율법 조문으로 하지 아니하고 오직 영으로 함이니 **율법 조문은 죽이는 것이요** 영은 살리는 것이니라. **돌에 써서 새긴 죽게 하는 율법 조문**의 직분도 영광이 있어 이스라엘 자손들은 모세의 얼굴의 없어질 영광 때문에도 그 얼굴을 주목하지 못하였거든 하물며 영의 직분은 더욱 영광이 있지 아니하겠느냐 (고후 3:6-8)

우리가 사단이 만든 '세대주의' 이론에 속아서 그들 식의 **'예수를 믿는다'는 목적 없는 허구**를 핑계로 율법을 경시하고 불순종할 때 우리 자신이 사단으로 하여금 우리를 참소할 근거를 사단에게 제공하는 것이다. 이 얼마나 어리석고 비참한 일인가?

II.
영혼불멸설과 죽음

영혼(soul)과 영(spirit)의
개념들의 중요성

산상수훈은 천국 복음의 요체를 선포하신 내용이다. 천국이라는 것은 하나님의 통치 아래 있는 상태(그것이 사람, 장소, 조직, 사회 등 어떤 것이라도)를 말하고 있는 것인데 이를 죽어서 육체와 분리된 혼령이 가는 곳이라고 오해하고 산상수훈을 읽으면 그 뜻을 올바로 이해하는 것은 불가능하다. 그뿐만 아니라 영, 영혼, 사후 세계 등에 관한 통속적인 미신들을 진리라고 믿고 성경을 읽으면 하나님의 말씀의 의미가 부분적으로 또는 전체적으로 왜곡되기 쉽다. 사실 본 장의 주제와 산상수훈의 교훈은 직접적으로 관련되어 있지 않다. 하지만 영과 영혼이라는 용어에 대한 현대 기독교인들의 오해가 심각해서 성경 전체의 맥락과 산상수훈의 연결고리를 단절시키기 때문에 본서에서 다루기로 했다.

돌이켜 보면 사단은 사람에게 객관적으로 입증될 수 없는 영역에 관해 거짓말을 함으로써 사람들에게 혼동을 주어 왔다. 이렇게 함으로써 하나님 말씀의 의미를 정확하게 이해하는 것을 방해하는 데 대단한 성공을 거두었다. 그 대표적인 예가 진화론을 비롯한 인류의 기원에 관한 수없이 많은 거짓말들이다. 사실 창세기의 1장에서 3장까지의 내용을 성경에서 제거해 버리면 나머지 그 두꺼운 성경의 말씀들은 힘을 잃거나 무의미하게 된다. 그래서 사단은 이 부분에 해당하는 인류의 역사를 왜곡하는 데 온 힘을 기울여 왔다. 이 거짓말들은 과학이라는 가면을 쓰고 또는 설화라는 이름으로 또는 역사라는 얼굴을 하고 인류에게 제시되었지만 사람들은 그것들의 진위 여부에 진지한 관심을 가지지 않고 그저 받아들이거나 한 귀로 흘려 듣고 말았다. 창세 때 그 경이로운 장면을 목격한 사람은 하나도 없다. 그렇기 때문에 하나님의 창조 사역을 부정하고 진화론 같은 그럴듯한 거짓말을 해도 그 거짓됨을 입증하는 것은 불가능하다. 그래서 결국은 믿고 싶은 대로 믿게 된다. 그리고 사람들은 이 심각한 이슈에 관해 그에 걸맞은 심각한 관심도 없어 보인다. 오히려 마음 깊은 곳에서는 창조와 타락에 관한 진실을 부인하고 싶은데 그 핑계거리를 진화론이 제공하므로 진화론을 심각하게 검증하지 않고 받아들이는 것 같다.

칭조에 관한 거짓말처럼 객관적으로 입증하기가 불가능한 내표적인 또 다른 영역이 있는데 그것은 사후 세계에 관한 다양한 거짓말들이다. 이 세상에는 현재 살아있거나 죽은 사람들뿐 죽어 본 사람은 없다. 그리고 죽으면 그 사람은 흙으로 돌아가고 그 당일에 모든 사고가 정지된다(시 146:4[145]). 그러므로 사후 세계를 입증할 방법이 없다. 그래서 사후 세계도 거짓말하기가 매우 좋은 영역이다. 거짓말을 하고 우기면 별 방법이 없다. 사후 세계를 쉽게 이해하려면 우리가 태어나기 전에 어디 있었는가를 생각해 보면 된다. 아무리 생각해도 알 수 없다. 우리는 태어나기 전에 없었기 때문이다. 죽은 후도 마찬가지

---

145)   그의 호흡이 끊어지면 흙으로 돌아가서 그 날에 그의 생각이 소멸하리로다

다. 죽는다는 것은 없어진다는 것이다. 그래서 성경은 구원받지 못하고 죽어 흙으로 돌아가는 일을 '사망' 또는 '멸망'[146]이라고 하고 있다. 다만 심판의 부활 때 한 번 부활[147]할 뿐 그 후 다시 죽어서 영원히 멸절하게 될 뿐이다. 뿐만 아니라 사단은 공간을 초월한 영(靈)이기 때문에 마치 자신이 죽은 사람의 혼령인 것처럼 사람 앞에 나타나서 사람을 속이기 좋은 조건을 가지고 있다. 그래서 옛날부터 귀신을 보았다든가 조상 귀신이 나타나서 무슨 말을 했다든가 하는 얘기들은 그 사람들이 꾸며낸 얘기만은 아니다. 우리는 이런 비슷한 예를 이스라엘 초대 왕인 사울이 엔돌에 사는 무당을 통해 선지자 사무엘의 혼령을 만난 기록(삼상 28:8-25)에서도 볼 수 있다. 그러나 적어도 우리가 성경의 말씀을 진리의 말씀이라고 믿는다면 이에 근거해서 사후

---

146) 흙으로 돌아가고 그 창조가 취소되는 일을 멸망, 사망이라고도 하지만 다른 곳에서는 영벌이라고도 한다. 영벌은 영원히 뜨거운 지옥불에서 고통받는다는 뜻이 아니고 영원히 무의 상태로 돌아간 것을 의미한다. 살아서 생명을 누릴 수 있는데 없어졌으니 벌이이라고 표현한 것이다. 이런 표현은 하나님께서 우리의 구원을 간절히 원하신다는 애타는 심정의 표현이기도 하다. 과거 이스라엘이 타락해서 심판이 임박했을 때 하나님께서는 그들에게 선지자 이사야를 보내셔서 회개를 촉구하시지만 하나님께서는 선지자의 경고를 이스라엘이 듣지 않을 것을 아셨다. 그러나 이사야를 보내시는 일 외에는 하나님께서 하실 일이 없었다. 그때 하나님의 애타는 심정은 다음 말씀에서 읽을 수 있다.
가서 이 백성에게 말하기를, 참으로 너희가 듣되 깨닫지 못하고 참으로 너희가 보되 알지 못하느니라, 하며 이 백성의 마음을 우둔하게 하고 그들의 귀를 둔하게 하며 그들의 눈을 닫을지니 이것은 그들이 그들의 눈으로 보고 귀로 듣고 마음으로 깨달아 회심하여 고침을 받지 못하게 하려 함이라 (사 6:9, 10)
실상은 그들이 듣지 않고 보지 않는 것인데 하나님께서는 선지자에게 그들의 눈을 멀게 하고 귀를 닫으라고 말씀하고 계신다.
147) 그러므로 심판의 부활 전에 죽는 것은 예수님의 말씀대로 잠자는 것에 불과하고 진정한 사망은 심판의 부활 후의 사망 곧 둘째 사망이다. (본 장의 7-11을 참조하라)

세계에 관한 거짓말을 분별할 수 있다. 우리는 사람들의 말과 경험을 믿어서는 안 되고 오직 하나님의 말씀을 근거로 세계를 보아야 한다.

본 장에서는 현대 교회는 물론 중세 로마 가톨릭, 과거 유대 사회와 애굽 등 이방 종교에도 광범위하게 받아들여져 온 영혼불멸설의 거짓과 그 위험성에 대해 성경으로써 증명하고자 한다. 영혼불멸설의 창시자는 사단이기 때문에 사단의 영이 왕 노릇하고 있는 곳에서는 대부분 영혼불멸설을 믿고 있다. 그래서 전세계의 각종 종교와 샤머니즘은 영혼불멸설을 기반으로 그 교리들을 전개하고 있다. 우리 조상들이 전통적으로 지내온 제사의식도 영혼불멸설에 바탕을 둔 종교의식의 변형이라고 할 수 있다. 이집트의 피라미드는 고대 이집트인들이 믿었던 영혼불멸설에 근거해서 파라오의 사후를 위해 만든 건축물이다. 그런데 이런 거짓교리가 하나님의 영토인 기독교 안에도 들어와서 많은 사람들을 미혹하고 있다는 사실은 개탄할 일이 아닐 수 없다.

영(spirit)과 영혼(soul)이라는 단어를 한마디로 정의하는 것은 매우 어려운 일이다. 왜냐하면 실제로 성경에서 다양한 개념으로 사용되고 있기 때문이다. 그러나 소위 '귀신' 나오는 영화에서처럼 **육체와 분리되는 영혼(혼령)이라는 실체가 있어 죽을 때 육체와 분리되고** 육체는 썩어 흙으로 돌아가며 영혼은 천국과 지옥에 가서 상벌을 받는다는 가르침은 비성경적인 오류라는 것은 분명히 알 수 있다. 이러한 사상은 일반적으로 영혼불멸설이라고도 하고 넓은 의미로 샤머니즘의 한 부분을 이루고 있다. 이러한 오류를 진리로 믿고 있으면 성경을 읽을 때 말씀을 이상한 방향으로 해석하게 되고 성경 자체에 많은 모순이 발생하게 되는데, 이러한 모순 아닌 모순은 성경에 대한 우리의 믿음을 약화시키고 불합리한 내용이라도 무조건 믿으면 된다는 식의 가르침이 생겨나게 한다. 심지어 이러한 모순을 해결하기 위해 비성경적인 또 다른 거짓 교리들을 만들어내게 되는 병폐가 있으므로 이 문제를 성경을 통해 분명히 깨닫고 넘어갈 필요가 있다. 앞뒤가 맞지 않는 진술을 믿는 것은 강한 믿음이 아니라 오히려 분열병적인 정신병리에 가까운 것이다. "믿습니다!"라고 크게 외치는 함성 뒤에는 도저히 믿기지는 않는데 믿으면 구원받는다니까 억지로라도 믿고 싶다는 마음이 깔려있는 듯 보인다. 물론 영혼, 영, 사후세계에 관한 정확한 지식이 구원에 필수적인 것도 아니고 그렇게 깊은 관련은 없어 보이지만 사실은 매우 큰 걸림돌이 되고 있다. 그렇지 않아도 말씀을 정확히 깨달아 알아 예수님을 만나기도 어려운 시대에 영혼불멸설 같은 사단의 미혹적인 이론은 하나님의 말씀을 혼잡하게 만든다. 그리고 실제로 구원을 두려움과 떨림으로 이루어 가는 과정에 상당한 방해가 된다. 그리스도인으로서, 또 성경의 말씀을 갈구하고 사랑하는 구도자로서 우리가 이에 대해 무지한 것을 하나님께서 바라시지는 않을 것이다. 실제로 성경에서는 영, 영혼이라는 단어를 1,700회 가까이 사용하여 하나님의 뜻을 전달하고 있기 때문에 이러한 단어에 대한 오해와 무지(無知)는 하나님 말씀을 정확히 이해하는 일을 거의 불가능하게 만든다.

영혼불멸설이 주는
폐단들

영혼불멸설을 믿고 성경을 읽으면 다음과 같은 폐단들이 나타난다

첫째, 구원은 죽어서 천당에 가는 것이 아니라 인류가 타락 이후 잃어버린 하나님의 형상을 나의 심령 안에 다시 회복하는 것이다. **하나님의 모든 관심사는 이 문제에 집중되어 있다. 이 일을 위하여 율법을 주시고 선지자를 보내시고 또한 스스로 사람이 되셨다. 예수님께서 이 땅에 사시면서 십자가에서 돌아가실 때까지 사람들에게 보여주신 것도** 한마디로 하면 하나님의 형상이었다. 그리고 지금도 이 일을 성령의 역사하심을 통해 이루어 가고 계신다. 그러나 하나님의 본성은 우리의 본성과 반대되기 때문에 하나님의 본성을 받아들인다는 것은 나 자신의 본성을 부인하고 육신의 소욕을 십자가에 못 박으며 말씀에 순종하고 인내하는 과정을 통해 시간을 가지고 이루어지는 일이므로 하나님의 입장에서도 사람의 입장에서도 쉬운 일은 아니다 (하나님의 능력의 부족 때문이 아니라 인간의 죄에 대한 집착 때문에 쉽게 이루어지거나 단숨에 이루어지지 않는다). 그러므로 항상 말씀을 묵상하고 기도하면서 자신을 깊이 성찰하는 삶의 태도가 필요하다. 영혼불멸설은 이렇게 구원을 이루어 가는 과정과 노력을 무색하

게 만든다. 하나님께서는 나의 인격을 변화시켜서 하나님의 품성을 심어 주고 싶어 하시는데 영혼불멸설은 영혼이라는 나의 몸과 분리되는 또 하나의 다른 인격을 만들어 내서 하나님의 구원의 사역을 방해한다. 나는 죽어서 흙으로 돌아가고 그날로 모든 사고(생각)가 없어지는데(시 146:4, 시 104:29) 영혼불멸설은 흙으로 돌아가는 나 외의 또 다른 나(혼령)를 만들어서 이 '다른 나'가 천국에 간다고 믿게 한다. 이런 생각은 구원이 나의 삶을 통해 죄와 싸워 이겨 가는 과정 속에서 이루어지는 것이 아니라 어떤 행위(신앙 고백, 교회 출석, 봉사활동 등등)에 의해 자격증을 획득하고 죽어서 혼령이 천국에 가는 것이라는 결론을 내리게 한다. 그러므로 죄와 싸워야 한다는 생각이 들리가 없고 그렇기 때문에 죄 가운데서 삶을 영위하다가 죽음을 맞이한다. **구원이라는 것은 현세에서 우리 안에 하나님의 의(義)가 이루어지는 일이기 때문에 올바른 구원관을 가지고 있다면 자신의 삶에 성령의 열매가 맺히지 않을 경우 자신의 믿음을 성경으로 항상 점검하고 자기의 죄를 하나님 앞에 내어 놓고 통회하는 기도를 하게 마련이다. 이런 과정을 통해 바른 믿음 갖게 되고 두려움과 떨림으로 구원을 이루게 된다(빌 2:12). 자신의 삶의 모습은 자신의 믿음을 비춰보는 거울이 되고 하나님의 말씀은 또한 자기 삶을 비춰보는 거울이 되는 셈이다. 이런 과정을 거쳐 사람이 구원에 이르게 하시기 위해 우리들에게 말씀을 주신 것이다.** 그러나 구원이 죽은 후의 일이라고 믿으면 자신의 삶을 말씀에 비추어 깊이 성찰할 동기가 없어진다. 성경을 열심히 볼 일도 없다. 성경을 보아도 영혼불멸 같은 내세관을 가지고 있으면 말씀의 앞뒤가 맞지 않아서 말씀에 힘도 없고 재미도 없어진다. 그렇게 되면 성경은 성직자들의 전유물처럼 느껴지고 무조건 믿으면 된다는 생각만 든다. 이런 일들이 중세시대에 있었던 일이다. 결국 구원을 경험하지 못하게 만든다. 그러나 죽은 후에는 자신은 아무 데도 없는 존재이므로 왜 천국이 없느냐고 따질 곳도 따질 자아(自我)도 없다. 슬픈 일이다. 그들이 나중에 심판의 부활 때 일어나면 기억나는 것은 죽기 직전까지 자신의 삶 전체일 뿐 그 외에 어디에 가본 일은 없다. 그 뿐만이 아니라, 모든 사람이 그렇다고 할 수는 없지만 대부분의 경우, 죄 가운데 살면서 자신이 구원받았다고 믿고 교회에 가서 헌금하고 찬송했던 기억들뿐이다. 그래서 예수님께서는 이렇게 거짓 구원의 확신을 가지고 살던 사람들이 심판 때 슬피 울며 이를 갈이 있을 것이라고 하신 것이다(마 22:13, 마 24:51, 마 25:30). 이것이 영혼불멸설을 믿고 죄 가운데 살았던 대가이다.

둘째, 영혼불멸설은 또 하나 치명적 구원 방해 효과가 있다. 우리의 구원은 어느 날 교회에 가서 예수님을 믿는다고 신앙 고백을 하는 순간 이루어지는 것도 아니고, 평생에 걸쳐 이루어 가는 것도 아니다. 구원은 말씀을 통해 진리를 깨닫고 성령을 진심으로 올바른 동기에서 구할 때 우리 안에 예수님께서 내주하심으로써 이루어지는 것인데, 이러한 과정은 어느 정도의 시간이 걸린다. 예수님의 제자들도 3년 이상 걸렸고, 십자가의 강도도 모든 사람에게 버림받고 십자가에서 죽어가는 예수님이 구세주라는 것을 깨닫고 그 분을 완전히 의지하기까지는 오랜[148] 시간이 걸렸을 것이다. 이렇게 구원에 도달하는 시간

---

148) 많은 설교에서 이 사건이 마치 즉흥적인 사건인 것 같이 설교함으로써 청중들로 하여 입술로 신앙고백을 하면 그 즉시로 구원을 받은 증거로 생각하게 만든다. 물론 성경에는 이 강도의 과거에 관한 기록은 없으나 이런 해

은 사람마다 다르기 때문에 일률적으로 말할 수 없다. 하지만 구원은 예수님을 진심으로 알게 됨으로써 그분을 사모하고 그분에게 나를 완전히 의탁할 때 이루어진다. 이러한 과정들은 우리가 마음의 허리띠를 동여매고 깨어서 자신을 돌아보고 항상 기도하는 가운데 이루어지는데 이 일을 위하여 우리에게 힘을 주는 성경의 가르침은 '재림'의 위대한 교리이다. 그러나 영혼불멸설은 이런 예수님 재림의 위대한 진리를 훼손시킨다. 죽으면 영혼이 하늘에 가는데 굳이 재림을 기다리고 그때 예수님 앞에 설 수 있도록 준비할 필요를 느끼지 않게 된다. 현대 교회가 교리적으로는 예수님의 재림을 인정하면서도 실제로 재림의 때 예수님 앞에 설 수 있도록 구체적인 준비를 하지 않는 것은 영혼불멸설의 영향이 크다. **실제로 영혼불멸설과 예수님 재림과 부활에 관한 교리는 서로 상충하는 가르침인데 이 두 가지를 동시에 믿고 있다는 것은 성경 말씀을 진정으로 믿지 않는다는 증거인지도 모르겠다.**

석이 잘못된 것임을 성경의 다른 부분으로 얼마든지 증명할 수 있다. 우선 구원에 관한 본서의 제1장을 보아도 이런 해석은 잘못된 것이라는 성경 절들이 많이 인용되어 있고, 사도 바울의 고린도 교회 교인들에게 보내는 편지를 보아도 명확히 알 수 있다. 위 강도의 신앙 고백 때문에 예수님께서 낙원에 함께 있을 것이라고 선포하신 것이라고 가정하자. 그러면 고린도 교회의 교인들도 예수님을 믿기 때문에 당시 핍박의 시대에도 교회에 모인 사람들이었다. 사실 그들은 신앙 고백뿐만 아니라 실제로 십자가의 강도보다 더 많은 헌신을 했다. 십자가 강도에 관한 많은 달콤한 설교를 하는 목사들에 의하면 고린도 교회 교인은 당연히 구원받은 하나님의 백성이라고 선포되었을 것이다. 그런데 사도 바울은 이들에게 아직 구원받지 못했다고 선언한다. "너희는 아직도 육신에 속한 자로다 너희 가운데 시기와 분쟁이 있으니 어찌 육신에 속하여 사람을 따라 행함이 아니리요"(고전 3:3) 바울은 고린도 교인들이 아직 구원받지 못한 이유는 아직 죄를 이기지 못했기 때문이라고 선언하고 있다.

실제로 사람이 죽는다는 것은 하나님의 눈에는 그 사람이 잠깐 잠드는 것과 같다. 죽는 순간 모든 사고가 정지되고 본인은 의식이 없어지지만 하나님의 전능하신 능력으로 부활하는 순간에는 다시 의식이 돌아온다. **그러므로 모든 사람에게 있어서 그가 죽는 순간은 자신의 부활의 순간과 일치한다. 왜냐하면 죽은 후부터 부활의 순간까지는 그 기간이 30년이든 3,000년이든 그 사람에게는 없는 시간이기 때문이다. 다만 그 부활이 썩지 아니할 몸을 입고 일어나는 생명의 부활인지 아니면 썩을 몸을 입고 일어나는 심판의 부활인지는 그 사람의 생애에 따라 결정될 뿐이다.** 그러므로 하나님의 섭리는 모든 사람에게 공평하다. 사람이 약 80년 사는 동안 물질적으로 부유하게 살았느냐 아니냐 또는 사람들에게 칭찬과 존경을 받았느냐 아니냐 등의 문제는 정말 아무런 문제도 아니고 우리가 신경 쓸 가치도 없는 일임을 알 수 있다. 우리 인생은 우리가 하나님의 뜻 안에서 영원히 행복하게 살 것인가 아니면 내 뜻대로 살다가 다시 흙으로 돌아갈 것인가를 결정하는 기간일 뿐이다. 이 일을 위해 우리가 성령 없는 죽은 영혼으로 일시적으로나마 이 땅에 태어남이 허락되었다. 그러므로 재림을 준비하는 삶은 죽음을 준비하는 삶이다. 어떻게 죽느냐의 문제는 어떻게 사느냐의 문제이기 때문이다. **죽음의 순간이 곧 부활의 아침이라는 엄숙한 사실 앞에 우리는 우리의 삶을 정말로 진지하게 생각하지 않으면 안 된다.**

그러나 하나님께 감사한 것은 죽은 영혼으로 태어난 우리 모두에게 기회가 주어졌다는 것이다. 사는 동안 하나님과 하나가 되어 '산 영혼'이 될 기회가 주어져 있고 이렇게 우리가 산 영혼으로 거듭나는 일을 하나님께서 더 기뻐하신다는 사실이다. 이러한 우리 죄인들을 향한 하나님의 자비하심과 선하신 뜻과 애타는 심정은 십자가에 기록되어 우리들의 영혼에게 지금 이 순간에도 호소하고 있다. 요한복음 9장에 나오는 날 때부터 소경인 자가 세상에 태어남이 허락된 이유가 "하나님의 하시는 일을 나타내고자 하심"(요 9:3)이라는 뜻을 우리는 이제 깨닫게 된다. 바로 우리들의 이야기였다. 우리들은 날 때부터 영적으로 소경이요, 의(義)를 행할 줄 모르는 절름발이들이었다. 이렇게 걷지 못하고 보지 못하는 우리들이 이 땅에 태어남이 허락된 이유는 하나님의 능력으로 보게 되고 걷게 되기 위함이었다. 우리가 보게 되고 걷게 되는 일이 하나님의 하시는 일이 아니겠는가? 이 일이야말로 하나님의 영광이 아니겠는가?

> 이러므로 너희는 장차 올 이 모든 일을 능히 피하고 (재림의 때에) 인자 앞에 서도록 항상 기도하며 깨어 있으라 하시니라 (눅 21:36)

> 사랑하는 자들아 이 약속을 가진 우리는 하나님을 두려워하는 가운데서 거룩함을 온전히 이루어 육과 영의 온갖 더러운 것에서 자신을 깨끗하게 하자 (고후 7:1)

> 그러므로 나의 사랑하는 자들아 너희가 나 있을 때뿐 아니라 더욱 지금 나 없을 때에도 항상 복종하여 두렵고 떨림으로 너희 구원을 이루라 (빌 2:12)

> 그러므로 사랑하는 자들아 너희가 이것(새 하늘과 새 땅)을 바라보나니 주 앞에서 점도 없고 흠도 없이 평강 가운데서 나타나기를 힘쓰라 (벧후 3:14)

> 보라 내가 도둑 같이 오리니 누구든지 깨어 자기 옷을 지켜 벌거벗고 다니지 아니하며 자기의 부끄러움을 보이지 아니하는 자는 복이 있도다 (계 16:15)

신약성경에서의 모든 교훈은 결국 예수님의 재림 때 그 앞에 온전한 자로서 설 수 있도록 자신을 하나님의 능력을 힘입어 거룩하게 하라는 것이며, 항상 기도하고 깨어 있어 재림을 준비하라는 가르침으로 끝을 맺고 있다. 만일 죽어서 (육체와 분리되는) 영혼이 천국에 갔다면 예수님 앞에 이미 섰다는 애기인데 재림의 때에 또 그 앞에 설 수 있도록 준비하라는 명령은 의미 없는 명령이 되고 만다. 영혼불멸설은 이런 식으로 하나님의 말씀에 기운을 빼는 일을 한다. 요한 계시록도 일차적으로는 재림을 준비하게 하기 위해 계시된 책이다. 신약의 서신을 읽어 보면 초대교회 사람들은 자기들이 살아있을 때 예수님의 재림이 있을 것이라고 생각하고 예수님의 재림을 학수고대하고, 재림을 준비하며 살았다는 것을 알 수 있다. 그리고 그들이 진정으로 예수님의 계명을 지키는 삶을 살았다면 그들의 죽음의 순간은 바로 재림의 순간이 될 것이다. 이것이 하나님의 뜻이다. 그런데 죽으면 천당에 간다는 가르침은 '재림'이라는 진리의 위대성과 중요성을 훼손시킨다. 죽으면 천당 간다고 믿는 사람이 어떻게 재림을 심각하게 받아들이겠으며, 그때 예수님 앞에 설 수 있도록 준비하는 삶을 살겠는가? 더욱이 교회에 가서 신앙고백만 하면 구원받았다고 믿는다면 문제는 더욱 심각해진다. 위에 나열된 성경 구절에는 너희는 예수님을 믿는다고 입술로 시인했으므로 너희의 구원이 영원히 보장되었다거나 계속 죄를 범하더라도 예수님께서 계시니까 걱정할 것이 없다는 말은 암시조차도 없다.

셋째, 생명의 근원이신 하나님을 거절한 아담에게 "너는 흙이니 흙으로 돌아가리라"(창 3:19)고 분명히 말씀하신 하나님을 거짓말하는 분으로 만드는 일이다. 여기서 '너'는 아담의 육체만을 지칭하는 것이 아니라 아담이라는 전인격적 존재, 즉 아담의 육체는 물론 아담의 영(정신)을 모두 포함하는 아담이라는 존재 자체를 말하고 있다. 즉, 아담이라는 인격체는 육체와 정신을 모두 포함한 말이지만 아담의 정신은 넓은 의미에서는 육체에 속한 것이다. **정신은 뇌세포를 매개로 일어나는 생명 현상이고 이러한 '정신'은 짐승에게도 있는 생물학적인 현상일 뿐 육체와 분리되는 어떤 눈에 안 보이는 실체가 아니다. 하나님께서는 아담을 창조하실 때 흙으로 아담의 몸을 만드시고 하나님 자신의 영(성령)을 불어넣으셨지 아담의 육체와는 별개로 따로 아담의 혼령을 따로 창조하셨다는 기록은 없다. 하나님께서 창조하신 영들이 따로 있는데 그들이 천사들이다. 이 천사들 중에 하나님으로부터 스스로 독립한 천사들이 있는데 이들이 바로 마귀라고도 하고 사탄이라고도 하는 악령들이다.**

그러므로 아담의 정신 내지는 아담의 영은 몸에 속한 뇌세포의 생명 현상의 일부를 따로 떼어 부르는 용어에 불과하다. 이런 아담의 마음은 성령을 담을 수 있는 또는 성령과 관계를 맺을 수 있는 것이기 때문에 아담의 영이라고 부르는 것뿐이다. 그래서 어떤 사전[149]은 영을 하나님이 인간을 만나는 구체적인 장소 또는 하나님과 만나는 인간의 전인격적인 모습이라고도 정의한다. 아담에게 뇌가 없다면 성령과 관계를 맺을 수도 성령을 담을 수도 없다. 그러므로 인간의 뇌는 창조 신비의 극치라고 할 수 있다. 만일 아담이 죽어서 영(혼)이 육체와 분리되어 하나님 곁에 갔다면 하나님의 말씀대로 아담은 "흙으로 돌아간" 것이 아니라 하늘에 간 것일 것이다. 그리고 인격의 주체인

---

149) 바이블렉스 성경 원어사전

아담의 혼령이 천국이라는 곳에 가고 몸만 흙으로 돌아갈 것이면 "너는 흙으로 돌아가리라"고 아담에게 말씀하신 하나님은 문장력이 떨어지거나 중요한 것과 중요하지 않은 것을 구별할 줄 모르시는 분이란 웃지 못할 얘기가 된다. 아담은 930세에 죽었는데 이때 아담은 흙으로 돌아갔는가? 아니면 하늘에 갔는가? 여기서 또 한가지 모순이 발생하는데 아담이 죽어서 영혼이 천국에 갈 것이라면 아담은 선악을 알게 하는 나무의 열매를 먹지 말아야 하는 것이 아니라 **꼭 먹어야 하는 것이다.** 그래야 천국에 갈 수 있기 때문이다. 만일 아담이 하나님의 말씀에 순종하여 선악을 알게 하는 나무의 실과를 영원히 먹지 않았다면 아담의 영혼은 영원히 육체에 갇혀서 천국에 가지 못할 뻔했다는 우스운 결론에 도달한다.

넷째, 선악을 알게 하는 나무의 열매를 먹는다 할지라도 "너희가 결코 죽지 아니하리라"(창 3:4)고 말한 사탄의 말을 믿게 되는 것이다. 사단은 항상 오류를 섞어서 하나님의 말씀을 혼잡하게 하고, 사람들에게 혼란을 주며, 그럼으로써 하나님의 이름과 하나님의 백성을 훼방한다(계 13:6). 사탄은 이 거짓말을 합리화하기 위해서 죽어서 흙으로 돌아가는 사람들에게 영혼이라는 것이 따로 있으며 그 영혼은 불멸한다는 생각을 인류에게 심어 왔다. 그래서 이 세상의 거의 모든 종교에서 마치 약속이라도 한 듯이 이런 터무니 없는 사상을 아무 근거 없이 믿고 있다. 심지어 무신론자들도 은연중에 이런 사상에 젖어 있는 것을 볼 수 있다. 이런 사실들은 이 세상의 임금이 사단이라는 예수님의 말씀을 증명한다고 생각한다. 짐승은 흙으로 돌아가는데 왜 사람만 따로 불멸하는 영혼이 있어야 하는가? 사람이나 짐승이나 세포의 구성 성분은 동일한데 말이다.

교회에서 가끔 사후 세계를 경험했다고 주장하면서 간증을 하는 사람들이 있는데 이 사람들의 증언은 위에 언급한 "흙으로 돌아 가리라"는 하나님의 말씀보다는 "결코 죽지 아니하리라"는 사단의 거짓말을 옹호하는 증언이다. 그러므로 이러한 증언들은 남들의 주목을 받기 위해 거짓으로 꾸며낸 것 아니면 무의식 상태에서 꿈이나 환상을 본 것 둘 중 하나이다. 위와 같이 사후 세계를 경험했다고 주장하는 사람들은 그들의 말이 사실이라면 결국 자신들이 죽었다가 다시 살아난 부활을 했다는 주장을 하는 것과 다름이 없는데 이는 다음 예수님의 말씀과 정면으로 배치된다.

> 이를 놀랍게 여기지 말라 무덤 속에 있는 자가 다 그의 음성을 들을 때가 오나니 선한 일을 행한 자는 생명의 부활로, 악한 일을 행한 자는 심판의 부활로 나오리라 (요 5:28-29)

사후 세계를 경험했다고 주장하는 자들은 무덤에서 예수님의 음성을 듣지도 못했고, 영생할 몸으로 부활하지도 못했다. 그들이 진정 부활한 것이라면 심판의 부활인가? 아니면 생명의 부활인가? 도대체 성경과는 전혀 맞지 않는 주장들이 교회강단에서 선포되고 있는 것은 개탄할 일이다.

다섯째, 회개하지 않은 영혼이 죽어서 지옥이라는 곳을 가서 영원히 불타는 곳에서 고통을 받는다면, 이는 하나님의 품성을 잔인하고 우리 인간의 수준 정도 밖에 안 되는, 하지만 크신 능력이 있어서 인간이 잘 보여야 하는 존재 정도로 암묵적으로 가르치는 셈이 된다. 실제로 이러한 존재가 있는데 그가 바로 사단이다. 80년 사는 동안 죄 지었다고 영원히 불꽃 속에서 고통받으면서 살게 하는 것은, 하나님이 인간보다도 사랑이 더 없는 분이라는 얘기이다. 그것도 사람이 자기의 의지와 상관 없이 태어났고 하나님의 얼굴을 한 번도 보지도 못했는데 그 하나님의 뜻대로 살지 않았다고 영원히 불 속에서 고통 받는다는 것이 가당한 말인가? 필자를 포함해서 대부분의 독자들은 적어도 이러한 하나님보다는 더 자비로운 성품을 소유했을 것이다. 우리에게는 원수를 사랑하라고 하고서 자신은 영원한 복수를 한다면 이 또한 이율배반이다. 이런 식의 미신적이고 유치한 내세관은 예수님이 자신의 손을 십자가에 못 박는 사람들을 위해 기도하셨던 것마저 진심이 아니라 쇼였다는 메시지를 암묵적으로 주고 있다. 예수님의 손에 못 박았던 그들은 곧 죽어서 영원히 불타는 지옥 속으로 들어갈 것이기 때문이다.

여기서 치명적인 결과가 오기 쉽다. 예수님은 성령을 구하는 자에 성령을 주신다고 분명히 약속하셨는데(눅 11:13), 왜 주변에 성령의 열매가 맺힌 듯이 보이는 자가 드문 것일까? 그것은 예수님이 약속을 지키지 않아서가 아니라 성령을 진정으로 구하는 사람이 거의 없기 때문이다. 대부분의 기독교인들은 자신의 영달을 위해서 기도하지 하나님의 본성을 달라고 기도하지 않는다. 성령을 구하고 또 주시려는 목적은 기도하는 자의 육신의 안녕을 위함도 아니고, 기적을 행하게 함도 아니고, 방언을 하게 함도 아니고 오직 우리의 거룩함이다. 신의 품성에 참여하여(벧후 1:4) 성령의 열매를 맺고(갈 5:22,23) 그리하여 하나님의 거룩함[150]을 이루는 것이다(고후 7:1, 살전 4:3). **결국 성령**

---

150) 거룩함이란 내재적인 것이 아니라 다른 것과 구별되는 것이라는 주장을 하는 신학자들이 많다. 이런 주장은 반은 맞고 반은 틀리는 주장이다. 레위기 등에 나오는 거룩한 날, 절기, 성막의 기구들, 제사장 직분 등등은 그 안에

을 구한다는 것은 성령의 내재로 말미암아 나에게 예수님의 품성을 달라는 간절한 기도인 것이다. 그런데 하나님의 품성을 인간의 품성 정도로 알고 있으면서, 어떻게 하나님의 품성에 참여하게 해달라는 기도가 가능하겠는가? 그런 품성은 이미 인간이 가지고 있기 때문에 달라고 기도할 필요도 없다. 그 구하는 대상의 본질도 모르면서 어떻게 진실로 성령을 구하겠는가? 거룩함이 없는 이적은 모두 사탄으로부터 온 것이다. 병을 고쳐도 방언을 말해도 예언을 해도 심지어 순교를 해도 거룩함이 없으면 이 모든 일은 하나님께로부터 온 것이 아니다. 사탄은 심지어 하늘에서 불이 내려오게 하는 등 많은 이적을 행하여 택하신 자도 미혹할 것이다(계 3:13-14).

> 내가 **사람의 방언**과 천사의 말을 할지라도 사랑이 없으면 소리 나
> 는 구리와 울리는 꽹과리가 되고 내가 **예언하는 능**이 있어 모든 비

거룩함이 있는 것이 아니라 하나님을 위해서 하나님께서 구별해 놓으셨기 때문에 거룩하다 하는 것이고 내재적 거룩함은 하나님만이 가진 특성이라고 주장한다. 그러면 거룩한 하나님의 백성은 내재적 거룩함은 없고 단순히 세상과 구별됐기 때문에 거룩한 것인가? 그 본질은 세상 사람들과 같은 것인가? 원래는 세상 사람들과 같은 존재지만 하나님의 영이 그들의 심령 안에 내재하셔서 새로운 피조물이 됐기 때문에 당연히 내재적인 거룩함이 있어야 하는 것이다. 이런 신학적 이론은 창세기 2:7을 이해하지 못한 데서 출발한다. 아담은 지음을 받던 날 내재적인 거룩함, 곧 하나님의 형상을 소유했었고 그렇게 되는 장면이 바로 창세기 2:7이다. 아담은 이런 내재적 거룩함을 선악과를 먹음으로 소실했었고 이것을 다시 회복하는 것이 구원이다. 거듭난 사람은 그 안에 하나님의 영이 내재함으로써 내재적인 거룩함이 있는 것이다. 내재하시는 성령을 제외한 사람 자체에는 물론 내재적인 거룩함이 없다. 그래서 죄인이라고 부른다. 그러나 죄인이 예수님을 심령 가운데 모실 때 그 사람 전체가 내재적 거룩함을 가지게 되는 것은 당연한 일이다. 바울은 죄인이 성령의 내주함으로써 가지게 되는 거룩함을 영광이라고도 하고 비밀이라고도 하였다. "하나님이 그들로 하여금 이 비밀의 영광이 이방인 가운데 얼마나 풍성한지를 알게 하려 하심이라 이 비밀은 너희 안에 계신 그리스도시니 곧 영광의 소망이니라"(골 1:27)

*밀과 모든 지식을 알고 또 산을 옮길 만한 모든 **믿음**이 있을지라도*
*사랑이 없으면 내가 아무것도 아니요 내가 **내게 있는 모든 것으로***
구제하고 또 내 몸을 불사르게 내어 줄지라도 사랑(=거룩함)이 없으
면 내게 아무 유익이 없느니라 (고전 13:1-3)

이렇듯 교회의 타락은 교리의 타락과 서로 협력한다. 현대 교회가 세속화되었다는 사실을 인정하지 않는 사람은 거의 없을 것이다. 이런 세속화의 신학적인 근원은 세대주의 같은 허탄한 가르침과 구원과 칭의, 성화, 영화에 관한 교리의 타락에서 시작되었고 영혼불멸설 같은 잘못된 내세관도 이에 큰 역할을 했다고 생각한다. 우리가 성경의 모든 진리를 알 수는 없겠지만 구원에 필요한 핵심적인 부분에서 거짓을 믿어서는 말씀으로 깨끗하게 될 수 없다. 왜냐하면 우리는 순수한 하나님의 말씀으로만 깨끗하게 되기 때문이다(요 15:3). 이제 현대 교회에 깊숙이 잠식해 들어온 영혼불멸설의 거짓됨을 밝혀 본다.

영혼(네페쉬)과 영(네샤마, 루아흐)에 관한 창세기의 실마리

　성경에는 신약, 구약 통해서 영 또는 영혼이라는 단어가 1,700회 가까이 사용되었는데 영혼불멸이라는 기술은 전혀 없다. 다만 그런 의미로 생각하면서 이 단어를 읽는 경우가 많을 뿐이다. 기독교는 이렇게까지 미신화되어 있다. 일단 영과 영혼이라는 단어가 지칭하는 바를 명확히 하기 전에 선행되어야 할 일은 이 단어의 번역의 통일성이다. 우리말 영(靈)에 해당하는 히브리어 '**네샤마**' 또는 '**루아흐**'를 신약의 헬라어로는 '프뉴마'라고 일관되게 번역을 하고 있고 영어로는 'spirit'으로 번역하고 있다. 영어 번역 역시 거의 모든 경우에(100%는 아니지만) 일관되게 번역을 하고 있다. 그리고 우리 말로 혼(魂) 또는 영혼(靈魂)에 해당하는 히브리어 '**네페쉬**'는 헬라어로는 '프쉬케' 영어로는 'soul'로 번역을 하고 있다. 그러나 우리말은 영과 영혼을 혼용해서 사용함으로써 안 그래도 어려운 문제를 더 어렵게 만들고 있다. **우선 spirit을 영으로, soul을 (영)혼으로 통일해서 번역해야 이 단어들의 개념을 정립해 가는 데 도움이 될 것이다. 그리고 이 문제를 논의하기 전에 영혼 또는 영은 육체와 분리되는 별개의 실체라는 통속적인 고정관념부터 버려야 한다.**

어려운 문제에 부딪치면 그 해답은 창세기로 돌아가서 묵상하라는 권면이 있듯이 창세기를 보면 **본래 흙으로만 된 아담이 하나님의 영(靈)과 하나가 되는 장면**이 다음과 같이 기록되어 있다. 이 부분에서 영과 영혼의 성서적인 뜻을 유추할 수 있다. 흙에 생기를 불어 넣으신 것이 아니라 흙으로 사람을 먼저 만들고 그렇게 만드신 사람에 생기를 불어 넣으셨다는 것에 주목하라.

> 여호와 하나님이 땅의 **흙으로 사람을 지으시고 생기(breadth of life)**를 그 코에 불어 넣으시니 사람이 **생령(a living soul, a living being**, 번역의 오류?)이 되니라 (창 2:7)

여기서 생기 또는 breath of life는 '네샤마 하이'라는 히브리어를 번역한 것인데 '네샤마'는 **호흡, 바람, 영** 등의 뜻이고 '하이'는 **살아있음**을 뜻한다. 단순히 비인격적이고 물리적인 생명의 기운만을 지칭하는 용어가 아니다. 그러나 우리말 성경이나 영어 성경의 번역자들 역시 '네샤마 하이'를 비인격적인 물리적 에너지 정도로만 이해를 해서 '생기' 또는 'breath of life'라고 번역을 했다. 그러나 아담이 소유했던 '하나님의 형상'이라는 것이 하나님의 본성이라는 것을 이해했다면 이렇게 번역하지 않았을 것이다. 실제로 히브리어 '네샤마'에는 영(靈)이라는 뜻이 있으므로 '네샤마 하이'는 '생명의 영' 또는 'spirit of life'라고 번역했어야 했다. 여기서 '불어 넣다'로 정확히 번역된 '나파흐'라는 히브리어는 영어의 'blow'에 해당한다. 70인 역에서도 이 단어를 헬라어 ἐμφυσάω(엠퀴사오)라고 번역했는데 이 단어 역시 '불다'라는 뜻이다. 즉, 그 생명의 바람(네샤마 하이)이 하나님의 입에서 나왔다는 의미를 함축하고 있다. 하나님의 입에서 나온 바람은 공기가 아니라 성령이라는 사실에 동의하지 않는 사람은 없을 것이다. 결국 창세기 2:7의 말씀은 성령의 내주(內住)가 아담에게 일어나는 장면으로 성령 자체가 생명이시면서 인격(정신, 뜻)을 가진 주체이시므로 아담에게 생명의 정신(원칙, 인격[151])이 주어졌다는 의미이다.

또한 **하나님의 입**에서 나온 생명의 영은 하나님의 말씀이요, 율법의 정신임을 알 수 있다. 결국 로고스가 아담의 심령 안에 거하게 되었다는 뜻이다. 또한 생명의 영, 곧 말씀의 정신을 아담의 귀가 아닌 코에 불어넣으신 것은 아담의 머리로 이해해야 할 대상이 아니라 **가슴에 품고 있어야 하는 것임을 말해 준다.** 아담의 모든 생각과 행동의 동기가 되어야 하는 선하고 거룩한 품성의 원동력임을 암시하는 것이다. 그러므로 이 생명의 영을 잃어버리는 것이 죄인이 되는 것임을 이 짧은 문장이 암시하고 있다. 결국 하나님의 본성을 소유한 하나님의 형상으로 지음을 받는 장면을 묘사하고 있는 것이다. 왜냐하면 하나님께서는 각종 짐승들도 살아서 움직이고 나름의 지능을 가지고 활동을 하게 하시기 위해서 그들에게 '네샤마 하이'를 따로 불어넣지 않으셨기 때문이다. 동물들이 '네샤마 하이'를 불어넣지 않았는데도 살아서 움직이고 생각을 하는 것은 '네샤마 하이'가 단지 비인격적 생물학적 생명력이 아니라는 결정적인 증거다. 이로 보건대 '네샤마 하이'라는 용어를 단순히 생명의 기운만을 지칭하는 인격이 없는 어떤 물리적인 실체를 말하는 개념으로 이해하면 창조와 타락 그리고 구원

---

151)   이러한 원칙 내지는 정신을 사도 요한은 요한 복음에서 '로고스'라는 헬라어로 표현을 했는데 이를 '말씀'과 'word'라고 번역을 해서 역시 약간의 혼란을 주고 있다. 결국 창 2:7은 아담 안에 로고스가 내재하게 되는 장면을 묘사한 것이다.

의 섭리와 원칙을 정확히 이해할 수 없을 뿐만 아니라 영혼불멸설 같은 거짓 교리가 들어오는 문을 열어 주게 된다. **이 외에도 선악을 알게 하는 나무의 열매를 먹는 일이 왜 아담을 죽게 하는 일인지도 설명할 수 없게 된다(창 2:17).** 그래서 과일 하나 따 먹은 죄와 인류의 타락을 연결시키기 위해서 각종 이론들을 중세 시대부터 만들었다.

이 외에도 **예수님께서 타락 이후에 태어난 우리들을 '육(肉)에서 난 육(肉)'이라고 하신 말씀을 보아도 '네샤마 하이'가 성령이라는 것을 알 수 있다. 거듭나지 않으면 하나님 나라를 볼 수 없는 우리들이 '육에서 난 육'이라면 타락 이전에 하나님의 아들로 태어난 아담은 '영(靈)에서 난 영'의 존재라는 뜻이다.** 그렇다면 아담에게 성령이 부여되었다는 말씀이고 그러면 아담이 성령을 받는 장면은 창세기 2:7 밖에는 없기 때문이다. 그래서 예수님께서는 우리들에게 태초의 아담처럼 성령을 받아 다시 태어나라고 명하시는 것이다. **그리고 거듭남이라고 번역된 요한복음 3:3의 말씀은 헬라어 원어로는 '위로부터 태어남'이라는 뜻이다. 위로부터 태어난다는 것은 태초의 아담에게 있었던 것처럼 성령의 내주를 의미한다.**

'네샤마'와 같은 뜻을 가진 표현으로 창세기 7장 22절에는 '네샤마 루아흐 하임'이 쓰였다. 여기서 덧붙여진 '루아흐' 역시 호흡을 가능하게 하는 바람, 공기를 뜻한다. 이것은 구약성경에서 '성령'이라는 뜻으로 쓰이는 단어다. 이 '루아흐'를 70인 역에서는 대부분 '프뉴마'로 번역했다. 이렇게 성경 전체의 맥락을 놓고 보면 '생기'라고 번역된 히브리어 '네샤마 하이'는 동물에게는 불어넣지 않으시고 아담에게만 불어넣으신 하나님의 인격(품성)을 내포하고 있는 생명의 기운이고 이는 결국 **생명의 영**인 성령을 말씀하고 있음을 알 수 있다.

아담은 태어날 때부터 그 육신이 성령과 결합된 영적인 존재였으므로 영적으로 살아있는 존재(living being), 즉 살아있는 영혼(living soul, **네페쉬 하이**)이었다. 선악과를 먹은 날 성령께서 떠났으므로 그 날부터 영적으로 죽은 존재가 되었다. 인간은 본래 하나님의 형상으로 지음을 받았기 때문에 짐승들처럼 그저 육신만이 아니라 성령께서 거하시는 육신이어야 했다. 그래서 아담은 성령께서 거하시는 성전(聖殿)의 원형이었다. 선과 악을 알게 하는 나무의 열매를 먹는 사건은 아담이라는 성전에 거하시던 성령을 성전 자신이 거절하는 행위였으므로 성전의 자기 파괴를 의미하였다. 그렇게 아담의 범죄 직후 성령께서 아담의 몸을 떠나셨으므로 아담과 아담의 후손들은 성령의 내주함이 없는 짐승과 같이 그저 **육신**일 뿐이었다. 그들은 안에 선한 것이 없는 존재가 되었다. 그러나 사람의 육신은 본래 성령의 그릇으로 창조되었기에 성령이든 악령이든 영의 영향을 받는 존재다. 그래서 하나님께서 거하시던 그 자리에 **사망의 영**이 거처를 정하게 되었다. 그러므로 그들은 날 때부터 죄인이었고 율법을 범할 수밖에 없는 존재였다. 사단의 영이 지배하는 **고기 덩어리**가 어떻게 신령한 율법을 지킬 수 있었겠는가? 그들의 모든 생각과 계획이 악하기만 하였다. 이렇게 된 인간의 형편을 보시고 홍수의 심판을 결정하신 하나님께서는 다음과 같이 말씀하셨다. 이 말씀에서도 사람은 성령이 빠져나갔으므로 단지 육체일 뿐이라고 선언하신다.

> 여호와께서 이르시되 나의 영(성령, ruach, 루악)이 영원히 사람과 다투지 아니하리니 이는 그들이 **육신이 됨이라** (창 6:3, 한글 개역+흠정역)

창조의 과정을 잘 살펴보면 하나님께서는 짐승들은 그냥 말씀으로만 창조하셨고 짐승들의 육체 안에 성령(네샤마 하이)을 불어넣지 않으셨다.

> 하나님이 이르시되 물들은 **생물(네페쉬 하이)**을 번성하게 하라 땅 위 하늘의 궁창에는 새가 날으라 하시고 (창 1:20)

> 하나님이 큰 바다 짐승들과 물에서 번성하여 움직이는 모든 **생물(네페쉬 하이)**을 그 종류대로, 날개 있는 모든 새를 그 종류대로 창조하시니 하나님이 보시기에 좋았더라 (창 1:21)

> 하나님이 이르시되 땅은 **생물(네페쉬 하이)**을 그 종류대로 내되 가축과 기는 것과 땅의 짐승을 종류대로 내라 하시니 그대로 되니라 (창 1:24)

사람은 짐승들과는 달리 영적인 존재로 지어졌으므로 하나님의 영이 내주할 때 비로소 '네페쉬 하이(산 생명체)'가 되는 것이다. 그러나 짐승들은 성령의 내주가 없어도 '네페쉬 하이'가 되었다. 왜냐하면 그들은 원래 영적인 피조물로 계획된 존재가 아니었기 때문이다. **여기서 동물들에게도 아담에게 있어서는 '영혼' 또는 'soul'이라고 번역된 '네페쉬'라는 단어가 쓰였다. 이는 '네페쉬'가 육체와 분리되는 어떤 실체가 아니라 '생명체' 또는 '존재'라는 의미임을 알 수 있다.** 위 말씀들에서 '네페쉬 하이'를 한글 개역 성경처럼 '생령'이라고 번역을 하면 웃지 못할 문장이 된다. 따라서 창 2:7의 네페쉬 하이를 '생령'이라고 번역한 것은 영혼불멸설의 영향을 받은 오역(?)이라고 할 수 있다. 영어 성경에서 '네페쉬 하이'는 '살아있는 존재(living being)' 또는 '살아있는 영혼(생령, living soul)'으로 번역되어 있는데 이때 영혼이라는 의미는 인간의 정신을 염두에 둔 산 존재라는 의미로 이해하는 것이 제일 합리적이다. 만일 영혼이라는 단어를 육체와 분리된 어떤 실체라는 뜻으로만 사용한다면 '영혼'이라는 단어 대신 '존재'라는 단어를 사용해야 할 것이다. 그리고 아담에게 있어서 하나님과의 하나 됨은 언약에 의한 것이지 결코 하나님이 일방적인 강제로 의도한 것이 아니었으므로 선악과라는 제도가 사후에 아담에게 주어졌다. 이러한 사실도 '생기'라는 것이 비인격적인 물리적 실체만이 아님을 증거한다고 할 수 있다. 그러나 아담은 선악과를 먹음으로써 하나님과의 언약을 범했고 그리하여 선악과를 먹자마자 하나님께서 그를 떠나셨다. 즉시 영적인 존재인 아담은 하나님의 영이 아닌 다른 영에 의해 지배를 받는 존재가 되었다. '네페쉬 하이', 즉 **산 영혼이었던 아담은 생명의 영, 즉 '네샤마 하이'를 거절함으로써 죽은 영혼이 된 것이다.**

> 선악을 알게 하는 나무의 열매는 먹지 말라 **네가 먹는 날에는 반드시 죽으리라** (창 2:17)

예수님께서 부활 후 제자들에게 나타나셔서 그들에게 "숨을 내쉬며 [152] 성령을 받으라"(요 20:22)고 하신 장면은 흙으로 만든 사람에게 생기를 불어넣으시던 에덴 동산의 여섯째 날을 연상시킨다.

창조의 과정을 정리해 보면 다음과 같은 공식이 성립된다.

---

152) 이때에도 창세기 2:7과 같은 '불어넣다'라는 의미의 헬라어 ἐμφυσάω 를 사용했다.

사람 + 네샤마 하이 = 네페쉬하이

사람 + 생명의 영(성령) = 산 영혼(존재)

여기서 중요한 교훈은 사람은 성령의 내주가 없으면 그 자체로 아직
은 살아있는 존재가 아니라는 것이다.

영어	히브리어	헬라어	한국어	의미
spirit	루아흐 (377회) 네샤마 (24회)	프뉴마 (385회)	영[153] (영혼으로 많이 오역됨)	호흡, 바람, 성령, 영, 영과 교통하는 인간의 영적 마음
soul	네페쉬 (750회)	프쉬케 (105회)	영혼 (영으로 많이 오역됨)	생명체, 마음, 정신, 생명

그런데 이런 표현들이 번역하는 사람의 생각에 따라 **생기, 호흡, 생
물, 신, 영, 영혼, 생명, 목숨, 마음 등** 여러 가지로 일관성 없이 번역되
어 혼란을 주고 있다.

그리고 아담이 성령을 받은 후에 생령이 되었는데 생령으로 번역된
히브리어 '네페쉬 하이'는 **통일성을 위해 생령이 아닌 영어의 'living
soul'처럼 '산 영혼'으로 번역하는 것이 좋을 것이다.** 그러므로 창세기
2장 7절을 다음과 같이 단순화할 수 있다.

몸 + 영 = 영혼

---

153) 영혼불멸설은 영과 영혼의 차이를 성경을 근거로 설명할 수 없다. 그래서 영
과 영혼이라는 단어를 일관성 없이 혼용하고 있다. 그러나 헬라어와 히브리
어는 분명히 구별하고 있다.

이렇게 놓고 보면 난해한 절 중 하나인 사도 바울의 다음 권면을 명확히 이해할 수 있다.

> 평강의 하나님이 친히 너희를 온전히 거룩하게 하시고 또 너희의 온 **영**[154]**과 혼과 몸이** 우리 주 예수 그리스도께서 강림하실 때에 흠 없게 보전되기를 원하노라 (살전 5:23)

여기서 '혼'은 '영혼'의 준말로 헬라어 '프쉬케'를 번역한 것이다. '프쉬케'는 히브리어 '네페쉬'에 해당하는 단어로 우리의 생명 또는 전 존재를 말하고 있다는 것을 창세기를 통해 이해할 수 있다. 그리고 사도 바울이 흠 없이 보전하라는 영은 하나님의 영과 하나가 된 우리의 영이고 그 영을 흠 없이 보존하는 일은 그 안에 거하시는 성령을 소멸시키지 말라는 얘기이다. 영혼은 하나님과 나의 영이 하나 됨으로써 살아있는 존재가 된 그 영혼, 즉 생명을 말하고 있다. 그러므로 성경 전체에서 위의 단 한 구절을 놓고 사람은 영, 혼, 몸 세 가지 구성요소로 되어 있다고 주장하는 것은 너무나 단순 무식한 주장이 아닐 수 없다. 그리고 이런 주장을 하는 사람들은 영과 혼이 무엇이 다른지 또 몸(뇌세포의 작용)과는 무엇이 다른지 하나님께서 언제 영을 만드셨고 혼은 언제 만드셨는지 성경을 근거로 설명할 수가 없다. 우리는 어머니의 난자와 아버지의 정자가 만나서 만들어진 존재인데 언제 영이 생기고 혼이 생겼는지 알 수 없다. 결국 말씀을 미신화하는 이론일 뿐

---

154) 여기서 영은 성령이 아니라 성령과 교제하여 정결하게 된 우리의 영 곧 마음을 말한다. 영과 교제하는 인간의 정신을 또한 영이라고 표현하기도 하고 인간 자체가 영적인 동물이므로 인격체를 그냥 영이라고 말하기도 한다. 6의 4)를 참고하라.

이다. 위 구절에서 '혼'으로 번역된 헬라어 '프쉬케'는 신약성경 다른 부분에서는 생명이라는 뜻으로도 많이 쓰이고 있다. 예를 들면 다음과 같다.

> 그들에게 이르시되 안식일에 선을 행하는 것과 악을 행하는 것, **생명(프쉬케)**을 구하는 것과 죽이는 것, 어느 것이 옳으냐 하시니 (막 3:4)

그러므로 위의 구절도 '프쉬케'를 혼이라고 번역해 놓고 통속적인 미신대로 믿어 버리는 우를 범하지 않고 **'영과 생명과 몸'** 또는 **'몸과 마음과 생명'**이라고 번역하면 그 뜻이 명확해진다.

영혼
(soul, 프쉬케, 네페쉬)

통속적으로는 영혼이라는 개념은 죽으면 육체와 분리되어 존재할 수 있는 실체라고 알려져 있다. 하지만 성경에서는 영혼이라고 번역된 히브리어 '네페쉬'나 헬라어 '프쉬케'가 이런 의미로 쓰인 곳이 없다. 그러나 이원론적 세계관을 가졌던 고대 그리스의 철학자들은 '프쉬케'라는 단어를 몸과 구별되는 별개의 실체라는 의미로 사용했기 때문에 이런 편견을 가지고 성경의 '네페쉬'나 '프쉬케'를 '영혼'이라고 번역하고 그런 의미로 이해하는 우를 범하고 있다. 실제로 소크라테스, 플라톤 등이 믿었던 영혼불멸 사상이 초기 기독교 안에 들어와서 하나님의 말씀을 혼잡하게 만들었고 중세 암흑기 동안 교회에 깊이 뿌리 내리게 되었다.

역사적으로도 유명하고 기독교 저서들에서 자주 인용되는 교부들인 터툴리안(2세기), 키프리안(3세기), 어거스틴(4세기) 등은 북아프리카 출신의 교부들인데 이들은 모두 헬라 철학의 영향으로 영혼불멸설을 믿고 있었고 알렉산드리아를 중심으로 활동했다. 그래서 그런지 알렉산드리아 지역에 보관되어 온 원어 성경 사본에는 영혼불멸설에 맞게 콤마[155] 등을 삽입해서 본문을 각색한 사본들이 많다. 그러나 종교개혁을 주도했던 영국 옥스퍼드 대학의 교수 위클리프, 최초로 라틴어 성경을 영어로 번역해서 순교했던 틴테일, 마르틴 루터 등과 재세례파 기독교인(anabaptist)들은 이런 중세 교회의 영혼불멸설 교리를 반대했다. 반면에 불행히도 장로교의 창시자(?)인 칼빈은 영혼불멸설을 옹호했다.

이런 헬레니즘의 이원론적 인간관을 성경 말씀에 적용해서 이해하면 성경 말씀의 앞뒤가 하나도 안 맞는 것을 발견하게 된다. 뿐만 아니라 기원전 3세기경에 히브리어로 된 구약 성경을 당시의 헬라어로 번역한 70인 역 구약 성경은 히브리어와 헬라어의 특정 단어가 어떤 의미로 사용되었는가를 알 수 있는 결정적인 단서를 제공한다. 필자는 이 것도 하나님의 섭리라고 믿는다. 이런 배경으로 히브리어 '네페쉬'와 헬라어 '프쉬케'가 성경에서 사용된 의미를 해석해 보면 육체와 정신을 포함하는 ① 살아있는 **인간 존재 자체, 인격체**로시의 단위로 쓰이기도 하고 ② 그렇기 때문에 **단순 인칭 대명사**로 쓰이기도 하고 ③ **생명이라는 뜻**으로 사용되기도 한다. 또는 육체와 대비된 개념으로서의 ④ **정신, 마음**을 지칭하기도 한다. 실제로 이런 다양한 의미로 사용되었고 번역도 그렇게 하였지만 경우에 따라, 번역자의 주관에

---

155) 고대 헬라어에서는 콤마(,)를 사용하지 않았었는데 필사자들이 추후에 삽입한 사본이 많다. 그런데 이 콤마는 문장의 해석의 방향을 결정하기 때문에 잘못 찍으면 그 의미가 훼손된다. 그 예로서 본 장의 7-1), 9)를 참조하라. 알렉산드리아 사본은 이런 것 외에도 본문에 있는 단어를 삭제하거나 동사의 어미 또는 접속사 등을 바꾸어서 기록한 부분이 많아 그 신빙성을 인정받지 못한다. 그러나 안디옥 사본은 본문 그대로 보존된 것으로 인정받아 이 필사본들을 공용 본문(textus receptus)라고 하고 마틴 루터 등 종교 개혁 지도자들이 성경 본문으로 사용한 사본이다.

따라 '영혼'으로 번역해 놓고 육체와 분리되는 별개의 실체로 이해하는 경우가 많다. 그 결과 말씀의 의미가 불분명해진다.

한 가지 아주 흥미로운 사실은, 우리가 흔히 얘기하는 **마음이 아닌 몸(육체)**과 하나님으로부터 온 **성령**이 결합하면 살아있는 영혼이 되는 공식을 신약성경의 저자들도 의식하고 있었다는 것이다. 이 사실은 다음 성경 절을 통해 알 수 있다. 여기서 그들이 마음을 몸과 분리된 별개의 실체로 보고 있지 않다는 것을 알 수 있다.

> 그러나 예수는 **성전 된 자기 육체를** 가리켜 말씀하신 것이라 (요 2:21)

성전은 육체 안에 하나님께서 거하시는 모습을 말하는 것이지 몸과 분리된 마음(영, 영혼)이 따로 있어서 그곳에 하나님의 영이 거한다는 표현은 성경에 없다.

> **너희 몸은** 너희가 하나님께로부터 받은 바 너희 가운데 계신 **성령의 전인** 줄을 알지 못하느냐 (고전 6:19)

> 나의 간절한 기대와 소망을 따라 아무 일에든지 부끄러워하지 아니하고 지금도 전과 같이 온전히 담대하여 살든지 죽든지 **내 몸에서** 그리스도가 존귀하게 되게 하려 하나니 (빌 1:20)

'너' 또는 '너희 몸'이 성령의 전이라는 표현은 있어도 '영혼' 또는 '마음'이 성령의 전이라는 표현이 없다는 것이다. 이는 우리 마음과 몸이 분리되어 있지 않다는 것을 암묵적으로 의미한다. 몸이 없으면 마음도 없기 때문이다. 영혼불멸설은 몸과 마음이 별개라는 이원론적인 생각에 바탕을 두고 있고 윤회설 같은 황당한 미신도 결국은 같은 맥락의 세계관에서 나온 것이다. 그렇다면 성령께서는 우리 몸에 거하시는 것이 아니라 영혼에 거해야 할 것이 아닌가? 영혼불멸설의 자가당착 중의 하나가 영혼이라는 것이 몸과 분리된 어떤 실체라고 보는 것이다. 그런 식으로 생각하면 우리가 어머니 배 속에서 창조되기 전에 나의 영혼은 원래 있었다는 결론에 도달한다. 그래야만 우리가 죽은 후에 영혼이 따로 분리되어 천당, 지옥에 간다는 것이 설명이 된다. 아버지의 정자와 어머니의 난자가 만나서 나의 몸이 만들어졌고 그 몸이 바로 나의 정체성인데 이 몸과 분리되는 영혼은 언제 만들어졌단 말인가? 이는 곧 윤회설과 상통하는 이론으로 변질된다.

그러나 나의 정신은 모태에서 나의 몸이 만들어질 때 뇌세포가 만들어지면서 생긴 것이기 때문에 정신은 우리 몸과 분리되는 무엇이 아니라 우리의 몸을 매개로 발생하는 생명 현상일 뿐이다. **부모의 정자와 난자가 결합해서 만들어진 육체와 별개로 영혼이라는 것이 만들어진다고 생각하는 사람은 없을 것이다.** 아니면 난자와 정자가 결합할 때를 하나님께서 기다리셨다가 나의 영혼을 불어 넣었다고 생각하는 사람도 없을 것이다. 만일 그렇다면, 나의 어머니의 난자가 다른 정자를 만났다면 그때는 다른 영혼을 준비하셨다가 불어 넣는다는 웃지 못할 얘기가 된다. 그러면 우리 어머니가 만날 수 있는 정자의 종류는 이 지구의 남자의 수대로 약 30억 종류인데 이렇게 많은 종류의 영혼을 준비해 놓으셔야 한다는 말인가? 이런 설명을 받아들이는 것은 불가능하다. 물론 전자의 가정대로 생각해 봐도 나는 하나가 아니라 둘이라는 결론에 도달한다. 그렇다면 의와 죄와 심판에 관한 성경의 모든 교훈은 혼미해지게 되고 이것이 사단이 노리는 일이다.

그러나 **마음이라는 것은 뇌세포 속에서 일어나는 생화학적 반응을 매개로 나타나는 일종의 생명 현상이므로 마음은 몸과는 별도로 존재하는 다른 실체가 아니다.** 아담을 창조하실 때 아담의 몸 외에 마음이라는 것을 따로 만드신 일이 없다. 육체가 죽으면 마음이라는 것이 따로 존재할 수가 없다. 우리는 교통사고 등으로 뇌를 다쳤을 때 희미하게나마 의식을 가지고 있는 사람들을 본다. 영혼불멸설이 진리라면 이 사람들의 영혼은 이때 무엇을 하고 있는 것인가? 이 사람들의 영혼도 교통사고로 다친 것인가? 혼미한 의식을 가진 이 사람이 따로 있고 이 사람의 혼령은 따로 있는 것인가? 이때 이 사람의 혼령도 희미한 의식의 상태인가? 아니면 명료한 의식이 있는가? 이렇게 뇌세포의 손상으로 정신이 혼미해졌다는 사실은 정신이라는 것이 뇌세포의 활동을 매개로 한 생물학적 현상이라는 증거이다.

그리고 죽을 때 영혼과 육체가 분리된다면 왜 살아있을 때는 안 되는가? 왜 꼭 죽어야만 분리되는가? 이것도 설명할 수 없다. 창세기 1:20, 21, 24, 30의 생물, 생명은 모두 성경의 다른 부분에서는 '영혼'이라고 번역된 히브리어 '네페쉬'를 번역한 것이다. 포유류, 조류, 어류, 파충류, 양서류도 '네페쉬'라고 했는데, 네페쉬가 육체와 분리되는 영혼이라면 이들에게도 죽어서 육체와 분리되는 영혼이 있다는 황당한 얘기가 된다. 그리고 다음 구절에 생명이라고 번역된 '네페쉬'를 영혼이라는 말로 바꾸어 보면 역시 엉뚱한 결론에 도달하게 된다.

> 육체의 생명(네페쉬)은 피에 있음이라 (레17: 11)

> 피는 그 생명인 즉 네가 그 생명(네페쉬)을 고기와 아울러 먹지 못하리니 (신12: 23)

만일 우리가 죽을 때 영혼이 육체를 떠나 천국에 간다면 성경의 다음 말씀들은 거짓말이 된다.

> 그의 호흡이 끊어지면 흙으로 돌아가서 **그 날에 그의 생각이 소멸하리로다** (시146: 4)

> 주께서 낯을 숨기신 즉 그들이 떨고 주께서 그들의 호흡(루아흐)을 **거두신 즉 그들은 죽어 먼지(티끌, 흙)로 돌아가나이다** (시 104:29)

사실 우리 인간들은 하나님을 배제하면 정말 아무것도 아닌 존재들이다. 본래 '없는' 자들이다. 성령께서 우리 안에 내재하시지 않으면 우리는 그저 육체(흙)에 불과하다. 짐승과 본질적으로 다를 것이 없다. 그런데 인간을 영육합일체로 생각하는 세계관은 사람이 하나님과 관계없이도 어떤 내재적인 생명력이 있는 존재인 것 같은 인상을 심어주며 실제 이러한 세계관은 고대 그리스 철학자들의 생각이요, 세상의 수많은 종교의 세계관이다. 영혼불멸이라는 개념은 이런 세계관의 결과이다. 이런 세계관이 하나님의 복음과 결합할 때 우리는 복음을 듣고도 하나님의 영을 진심으로 구할 필요나 간절함을 느끼지 못하게 된다. **사실은 우리는 영육합일체로 계획된 존재들이고 육체와 하나가 되어야 할 그 영은 바로 우리에게 본래 없는 하나님의 영이다.** 그 하나님의 영을 아담이 거절했기 때문에 아담은 다만 육체만 남은 것이었고 그래서 죄인이라 불리는 것이다. 아담의 정신은 동물들이 가지고 있는 정신과 본질적으로 다를 것이 없다. 다만 그 지능이 짐승들보다 높을 뿐 오히려 그 안에 선함이 없으므로 하나님의 뜻을 행할 수 없는 악한 죄인이 되었다. 그리고 그 후손인 우리들 역시 아담의 육신의 유전자만을 물려받아 태어난 '육체'들일 뿐이다. 짐승이 자기 부모들로부터 육신의 유전자를 물려받아 태어나는 것과 일반이다. 이러한 엄중한 사실은 하나님께서도, 예수님께서도 선언하신 바이다.

> **너는 흙(성령이 없는 육체)이니** 흙으로 돌아갈 것이니라 (창 3:19)

> 여호와께서 이르시되 나의 영(성령)이 영원히 사람과 함께 하지 아니하리니 이는 **그들이 육신이 됨이라** (창 6:3)

> **육에서 난 것은 육이요** 성령에게서 난 것은 영이니 (요 3:6)

이렇게 성령을 잃어버린 인간을 바울도 육체라고 부르고 있다. 바울이 다음 말씀에서 인간을 육체라고 부르는 건 성령이 없으면 인간도 짐승과 다를 바가 없음을 의미한다. 만일 영혼불멸설을 믿고 이 구절을 읽으면 사람은 어차피 예수님을 믿어 성령을 받아도 율법을 지킬 수 없는 존재라고 오해하게 된다. (우리가 율법에 대해 이런 생각을 갖게 되는 것이 사단이 바라는 바이다) 그래서 믿어도 의로워지는 것이 아니라 믿음 때문에 죄인을 의롭다고 간주하신다는 이론이 생겨난다. 그래서 더 감사해하고 이것이 은혜인 줄 안다. 그러나 바울은 단지 '성령 없는 육체'로 태어난 우리들은 본래 율법의 요구를 성취할 수 없지만 우리도 성령을 받으면 율법의 요구가 우리 안에 이루어진다(롬 8:4)는 결론을 도출하기 위한 전제로서 이 말씀을 하는 것이다. 그래서 하나님의 심판대 앞에서 의롭다는 판결을 받는 방법은 인간적인 육체의 노력(율법의 행위)이 아닌 오직 믿음으로 성령을 받아 이루어진다는 뜻이다(롬 3:28). 아멘!

> 그러므로 율법의 행위로는 **어떤 육체도** 그분의 눈앞에서 의롭게 될
> 수 없나니 율법으로는 죄를 알게 되느니라 (롬 3:20, 흠정역)

이런 육체에 불과한 사람이 성령을 받으면 본래 하나님의 계획대로
영육합일체가 되고 이런 사람을 예수님께서는 영이라고 부르셨을 뿐
사람 자체가 영이라는 의미는 아니다. 부활하신 예수님 자신도 영이
아니라고 하셨는데 사람이 영일 리가 없다.

> 내 손과 발을 보고 나인 줄 알라 또 나를 만져 보라 영은 살과 뼈가
> 없으되 너희 보는 바와 같이 나는 있느니라 (눅 24:39)

인간은 단지 육체에 불과하다는 사실은 성전이라는 구조물을 통해
서도 잘 알 수 있다. 성전은 금, 은, 조각목, 놋 등 각종 건축 자재로
지은 건축물에 불과하지만 하나님의 영광이 그 안에 임해 있었기 때
문에 성전이라 불렀다. 그러나 하나님께서 성전을 떠나시면 그것은
단순한 건축물에 불과하다. 아담도 마찬가지다. 아담은 흙으로 만들
어졌고 그 아담 안에 성령께서 임재해 계실 때만 살아 있는 존재(네페
쉬 하야)이고 그 생명의 영(네샤마 하이)께서 떠나신 후에는 단지 육
체에 불과한 죽은 존재가 되었다(창 2:17). 성령께서 떠나시고 육체만
남은 아담은 하나님의 영광이 거두어진 성전 건축물과 같은 것이다.
그러므로 우리의 몸이 성전인 것이지 만일 영혼이나 영이 몸과는 별
개의 실체라면 그곳이 성전이라는 말씀이 성경에 있었을 것이다. 그러
나 없다.

영혼(네페쉬, 프쉬케, soul)이라는 단어가 사용된 예들을 정리해 보자.

1) 단순 인칭 대명사로 쓰인 예

어떤 시체(무트,[156]*) 네페쉬=죽은 영혼)에든지 가까이 하지 말지니*
그의 부모로 말미암아서도 더러워지게 하지 말며 (레 21:11)

이렇게 시체에도 영혼(네페쉬)라는 단어를 사용하였다. 영혼이 육체
와 분리되는 것이라면 어떻게 만질 수 있겠는가? '무트'는 '죽은'이라는
뜻이고 '무트 네페쉬'란 결국 죽은 사람이란 뜻이다.

내 영혼아 여호와를 송축하라 내 속에 있는 것들아 다 그의 거룩한
이름을 송축하라 내 영혼아 여호와를 송축하며 그의 모든 은택을
잊지 말지어다 (시 103:1-2)

내 영혼을 옥에서 이끌어 내사 주의 이름을 감사하게 하소서 (시
142:7)

*또 내가 내 영혼에게 이르되(I'll say **to myself**) 영혼아 여러 해 쓸*
물건을 많이 쌓아 두었으니 평안히 쉬고 먹고 마시고 즐거워하자 하
리라 하되 (눅 12:19)

***각 사람(프쉬케)**은 위에 있는 권세들에게 복종하라 (롬 13:1)*

2) '마음'이라는 뜻으로 쓰인 예

그 마음(his soul)이 깊이 야곱의 딸 디나에게 연연하며 그 소녀를
사랑하여 그의 마음을 말로 위로하고 (창 34:3)

---

156) 히브리어 '무트': 죽은

유대인들이 에워싸고 이르되 당신이 언제까지나 우리 **마음(프쉬케)**을 의혹하게 하려 하나이까 그리스도이면 밝히 말씀하소서 하니 (요 10:24)

그러나 순종하지 아니하는 유대인들이 이방인들의 **마음(프쉬케)**을 선동하여 형제들에게 악감을 품게 하거늘 (행 12:2)

제자들의 **마음(프쉬케)**을 굳게 하여 이 믿음에 머물러 있으라 권하고 또 우리가 하나님의 나라에 들어가려면 많은 환난을 겪어야 할 것이라 하고 (행 12:22)

이는 이 의인이 그들 중에 거하여 날마다 저 불법한 행실을 보고 들음으로 그 의로운 **심령(프쉬케)**이 상함이라 (벧후 2:8)

나의 의인은 믿음으로 말미암아 살리라 또한 뒤로 물러가면 내 **마음(프쉬케)**이 그를 기뻐하지 아니하리라 하셨느니라 (히 10:38)

바벨론아 네 **영혼(마음, 프쉬케)**이 탐하던 과일이 네게서 떠났으며 맛있는 것들과 빛난 것들이 다 없어졌으니 사람들이 결코 이것들을 다시 보지 못하리로다 (계 18:14)

3) '생명'이라는 뜻으로 쓰인 예

그러므로 내가 너희에게 이르노니 **목숨(프쉬케)**을 위하여 무엇을 먹을까 무엇을 마실까 몸을 위하여 무엇을 입을까 염려하지 말라 **목숨(프쉬케)**이 음식보다 중하지 아니하며 몸이 의복보다 중하지 아니하냐 (마 6:25)

또 우리 형제들이 어린 양의 피와 자기들이 증언하는 말씀으로써 그를 이겼으니 그들은 죽기까지 자기들의 **생명(프쉬케)**을 아끼지 아니하였도다 (계 12:11)

*그가 우리를 위하여 목숨을 버리셨으니 우리가 이로써 사랑을 알고 우리도 형제들을 위하여 **목숨(프쉬케)**을 버리는 것이 마땅하니라* (요일 3:16)

*인자가 온 것은 섬김을 받으려 함이 아니라 도리어 섬기려 하고 자기 **목숨(프쉬케)**을 많은 사람의 대속물로 주려 함이니라* (마 20:28)

*일어나 아기와 그의 어머니를 데리고 이스라엘 땅으로 가라 아기의 **목숨(프쉬케)**을 찾던 자들이 죽었느니라 하시니* (마 2:20)

*몸은 죽여도 **영혼(프쉬케=생명)**은 능히 죽이지 못하는 자들을 두려워하지 말고 오직 몸과 영혼을 능히 지옥[157)]에 멸하실 수 있는 이를 두려워하라* (마 10:28)

이 구절에서 예수님께서 주고자 하시는 교훈은 몸과 영혼이 분리되는 별개의 실체라는 것이 아니다. 육신의 생명(생물학적으로만 잠시 생존해 있는 생명)과 영의 생명, 곧 육신에 성령이 깃들어 있음으로 영생을 소유한 영적인 생명이 다르다는 것이다. 이 교훈의 말씀은 선악과를 먹은 후 생물학적으로는 살아 있는 아담에게 '죽은 자'라고 하신 하나님의 말씀과 같은 뜻이다. 또한 사람은 전자를 취할 수 있어도 후자는 어떻게 할 수 없다는 것이다. 따라서 여기서 영혼으로 번역한 '프쉬케'는 **'생명'으로** 번역해야 한다. 사실은 약간은 어려운 표현이지만 '존재'라는 의미이다. 창세기 2:7에서 사람에게 생명의 영을 불어 넣으시니 사람이 '산 영혼'이 되었다고 번역한 히브리어 '네페쉬 하이'는 70인 역에서 ψυχην ζωσαν(프쉬케 조산=살아 있는 프쉬케)이라고 번역했고 NIV에서는 living being으로 번역했다. **결국 사람의**

---

157) 여기 나오는 지옥의 문제는 본 장 7-11에서 고찰하기로 한다.

탄생과 관련하여 성경은 '네페쉬' 또는 '프쉬케'를 '존재'라는 의미로 **사용하고 있다. 예수님 말씀의 요지는 지옥 불에서 사람의 '존재' 자체를 멸하시는 분은 하나님이시지만 사람은 육신의 생명만을 취할 수 있다는 말씀이다.** 또는 정신으로 해석하기도 한다. 필자는 문맥상 전자가 더 잘 맞는다고 생각하지만 후자로 해석해도 큰 문제는 없어 보인다. 여기서 '프쉬케'는 '생명'이라는 의미로 쓰였음을 그 다음 말씀을 보면 알 수 있다. 이 말씀을 계속 설명해 내려가는 같은 문장인 마태복음 10:39에서는 28절에 쓰인 '프쉬케'의 의미를 생명이라는 뜻으로 사용하되 이중적으로 사용하고 있다. 즉, 28절에서 '몸'이라고 표현한 육신의 생명도 '프쉬케'라고 하고 있고 부활해서 누릴 영원한 생명도 '프쉬케'라고 하고 있다.

> 자기 목숨(**프쉬케**, 육체의 생명)을 얻는 자는 그것을(**프쉬케**, 육체의 생명과 영생을 동시에 의미, 중의법) 잃을 것이요, 나를 위하여 자기 목숨(**프쉬케**, 육체의 생명)을 잃는 자는 그것을(**프쉬케**, 육체의 생명과 영생을 동시에 의미, 중의법) 얻으리라 (마 10:39, 원어 성경 필자 사역)

원어 성경에는 '그것을'이라는 지시 대명사가 두 번 사용되었는데 우리말 성경에서는 생략되었고 이 문장에서 '그것'은 물론 '프쉬케'를 지칭한다. 결국 28절에서 '몸이 죽임을 당한다'는 것을 39절에서는 '프쉬케'를 잃는다고 표현하고 있는데 이때의 '프쉬케'는 육신의 생명을 말하는 것이 분명하다. 결국 28절에서 '몸'이라고 표현한 것을 39절에서는 '프쉬케'라고 하고 있다. 그렇다면 여기서도 같은 '프쉬케'를 28절에서처럼 '영혼'이라고 번역을 한다면, "자기 영혼을 얻는 자는 그것을 잃을 것이요, 나를 위하여 자기 영혼을 잃는 자는 그것을 얻으리라"라고 해야 한다. 그렇다면 28절과 정반대의 의미가 된다. 그러므로 여기서 프쉬케는 육신의 생명을 지칭함은 물론 28절에서 말씀하신 핍박자가 죽일 수 없는 '프쉬케'도 '프쉬케'라고 표현하고 있음을 볼 수 있다. 이때의 '프쉬케'는 하나님 안에 감추어진 영원한 생명을 말하는 것이 분명하다. 그러므로 같은 '프쉬케'를 28절에서만 '영혼'이라고 임의로 번역해 놓고 몸과 분리되는 또 다른 실체로 생각하는 것은 매우 미신적일 뿐만 아니라 예수님의 말씀을 전체적으로 이해하지 못한 결과라고 할 수 있다. 이렇게 이원론적인 세계관을 예수님 말씀에 적용하면 앞뒤가 맞지 않는다. 이는 다음 말씀에서도 '프쉬케'를 생명의 의미로 사용하신 것과 같다.

> 저희에게 이르시되 안식일에 선을 행하는 것과 악을 행하는 것, **생명**(프쉬케)을 구하는 것과 죽이는 것, 어느 것이 옳으냐 하시니 저희가 잠잠하거늘 (막 3:4, 눅 6:9)

> 자기 **생명**(프쉬케)을 사랑하는 자는 잃어버릴 것이요 이 세상에서 자기 **생명**(프쉬케)을 미워하는 자는 영생하도록 보존하리라 (요 12:25)

위의 두 구절에서도 마태복음 10:28에서 '몸'이라고 표현한 육신의 생명을 '프쉬케'라고 표현한 것을 볼 수 있다. 일반적으로 복음서의 다른 곳에서는 하나님과 하나됨으로써 오는 영적인 생명은 주로 '조에'라는 단어를 사용하였다. 그러나 예수님께서 실제로 사용하신 언어는 아람어이기 때문에 복음서 기자들의 주관에 따라 생명을 표현하기 위해 '프쉬케'와 '조에'라는 단어를 임의로 사용한 것으로 봐야 할 것이다. 그러나 마태복음 10:28에서는 일시적인 육신의 생명과 영원한 생명을 대비해서 후자를 '프쉬케'라고 하셨으므로 이를 '(영원한)

'생명' 또는 '존재'라고 번역하는 것이 옳다. 이 말씀은 그리스도를 위하여 핍박을 받아 육신의 생존이 강제로 중단될지라도, 그리스도 안에서 이미 주어진 그 영원한 생명(요 5:24,[158] 요일 5:11-12[159])은 핍박하는 자들이 빼앗지 못할 것이므로 두려워 말라는 말씀이다. 이 말씀에서는 예수님은 육체의 일시적인 생존을 생명이라 부르지 않고 그 육체의 영 안에 성령이 함께 하시는 것을 생명이라 정의하고 있으심을 알 수 있다.

다음 예도 생명이라고 번역했어야 할 것을 육체와 분리되는 의미의 영혼으로 잘못 번역한 예이다.

> 오늘 밤에 네 **영혼(프쉬케, 생명)**을 도로 찾으리니 (눅 12:20)
> 너희의 인내로 너희 **영혼(프쉬케, 생명)**을 얻으리라 (눅 21:9)

---

158)   내가 진실로 진실로 너희에게 이르노니 내 말을 듣고 또 나 보내신 이를 믿는 자는 영생을 얻었고 심판에 이르지 아니하나니 사망에서 생명으로 옮겼느니라

159)   또 증거는 이것이니 하나님이 우리에게 영생을 주신 것과 이 생명이 그의 아들 안에 있는 그것이니라 아들이 있는 자에게는 생명이 있고 하나님의 아들이 없는 자에게는 생명이 없느니라

영
(spirit, 프뉴마, 루아흐)

성령이라는 뜻을 가진 히브리어의 '루아흐(ruach)'는 본래는 **호흡, 바람, 기운**의 뜻을 가지고 있다. 그런데 이 단어는 호흡, 생기, 기운, 정신, 마음, 신(神, spirit), 영 등으로 번역되었다. 신약에서는 이에 해당하는 단어는 '프뉴마(πνεῦμα)'이고 영어는 'spirit'이다. 헬라어로도 프뉴마는 본래 바람, 호흡이라는 뜻이지만 보통은 거룩한(ἅγιος)이라는 형용사와 함께 성령이라는 뜻으로도 많이 쓰였다. 이 외에 악령(마귀)을 뜻하기도 하고 하나님에게서 받은 생명력, 생기라는 뜻이 있으므로 영혼과 마찬가지로 생명이라는 의미로 사용되기도 한다. 신약 영어 성경에서 **영(spirit)**은 보통 대문자 S를 써서 성령이라는 뜻으로 사용된다. **이외에도 영들과 교통하고 영향을 받는 인간의 정신 내지는 전인적 인격체를 그냥 '영'이라고도 한다. 이는 영을 받아들일 수 있는 인간의 마음속에 있는 그릇 또는 기관이라고 할 수도 있다. 이를 마음이라고 할 수 있지만 단순한 마음은 아니다. 성령이나 악령과 영적 관계를 맺을 수 있는 능력을 가진 '인간의 마음'을 말한다.** 영어 성경에는 대부분의 경우 spirit(영)과 soul(영혼)을 분명히 구별하여 사용하고 있으나, 한국어 성경에는 영을 영혼으로 잘못 번역한 부분이 많아서 혼란을 주고 있다. 그러면 영(프뉴마, 루아흐, spirit)의 사용 예를 살펴보자.

1) 호흡, 생명이라는 뜻으로 쓰인 예

다음 예들에서는 호흡이나 생명이라는 의미로 사용되었는데 여러 단어로 번역을 했다.

> 흙은 여전히 땅으로 돌아가고 **신(루아흐=호흡)**은 그 주신 하나님께로 돌아간다 (전 12:7)

> 그 **호흡(루아흐)**이 끊어지면 흙으로 돌아가서 당일에 그 도모(생각)가 소멸하리로다 (시146: 4)

> 나의 생명이 아직 내 속에 완전히 있고 하나님의 **기운(루아흐=호흡)**이 내 코에 있느니라 (욥27: 3)

이곳의 '기운'은 다름 아닌 '루아흐'인데 호흡이라는 뜻이다. 태어날 때 하나님에게 받았던 생명의 호흡이 하나님께로 되돌아간다는 표현인데 결국 죽는다는 의미이고 일반 짐승에게도 일어나는 동일한 현상이다. 다음 말씀만 보아도 영혼불멸설은 거짓임이 명백하다.

> 인생이 당하는 일을 짐승도 당하나니 그들이 당하는 일이 일반이라 다 동일한 **호흡(루아흐)**이 있어서 짐승이 죽음 같이 사람도 죽으니 사람이 짐승보다 뛰어남이 없음은 모든 것이 헛됨이로다 **다 흙으로 말미암았으므로 다 흙으로 돌아가나니 다 한 곳으로 가거니와** (전3: 19-20)

이 말씀을 보고 몸은 흙으로 돌아가지만 영혼은 천국이나 지옥에 간다고 주장하는 사람도 있다. 그러나 이것은 성경에 없는 말이고 자기 생각이며 영화나 소설에만 나오는 얘기일 뿐이다. 다음의 예에서는 생명(력)이라는 뜻일 뿐인데 '돌아오다'는 동사 때문에 이것을 육체와 분리되는 영혼으로 생각하는 사람들이 많다. 그렇다면 여기서 육체와 분리된 영(프뉴마)은 영혼(프쉬케)과 무엇이 다른 것인가? 생명이나 호흡이라는 단어에는 '돌아오다'라는 동사는 쓸 수 없는 것인가?

> 그 **영(프뉴마)**이 돌아와 아이가 곧 일어나거늘 예수께서 먹을 것을 주라 명하시니 (눅 13:55)

> 그가 권세를 받아 그 짐승의 우상에게 **생기(프뉴마)**를 주어 그 짐승의 우상으로 말하게 하고 또 짐승의 우상에게 경배하지 아니하는 자는 몇이든지 다 죽이게 하더라 (계 13:15)

2) 뼈와 살을 가진 존재와 대비되는 실체로서의 영(靈)

> 하나님은 영(프뉴마)이시니 예배하는 자가 신령과 진정으로 예배할지니라 (요 4:24)

'하나님은 영이시라'는 것은 인간은 영이 아니라는 것이다. 사람은 영과 교통하고 영이 깃들 수 있는 영적인 존재이지 영은 아니다. 성전 자체가 성령이 아닌 것과 같다.

> 내 손과 발을 보고 나인 줄 알라 또 나를 만져 보라 **영은 살과 뼈가 없으되** 너희 보는 바와 같이 나는 있느니라 (눅 24:39)

부활하신 예수님께서 영의 특징을 뼈와 살이 없다고 하셨고 자신도 **영이 아니라고** 하셨다. 사람은 뼈와 살이 있기 때문에 영이 아니다. 다만 성령께서 거하시는 성전으로 창조되었다. 그래서 성령이 깃들지 않은 사람을 예수께서는 '육(肉)에서 난 육(肉)'이라고 하셨다. 그러나 사단과 그의 수하들은 영이기 때문에 뼈와 살이 없다. 영은 영이지만 하나님과 관계 없는 악한 영들이다. 이런 악령도 '프뉴마'라고 한다. 그러나 '프뉴마'를 우리말 성경에서는 귀신으로 번역해서 마치 사람이 죽어 그 혼령이 따로 살아 있는 것 같은 인상을 준다.

> *귀신(영, 프뉴마)이 그를 잡아 갑자기 부르짖게 하고 경련을 일으켜 거품을 흘리게 하며 몹시 상하게 하고야 겨우 떠나 가나이다 (눅 9:39)*

> *이같이 여러 날을 하는지라 바울이 심히 괴로워하여 돌이켜 그 **귀신(프뉴마)**에게 이르되 예수 그리스도의 이름으로 내가 네게 명하노니 그에게서 나오라 하니 귀신(프뉴마)이 즉시 나오니라 (행 16:18)*

> *저물매 사람들이 **귀신(프뉴마)** 들린 자를 많이 데리고 예수께 오거늘 예수께서 말씀으로 **귀신(프뉴마)**들을 쫓아 내시고 병든 자들을 다 고치시니 (마 8:16)*

> *다 놀라 서로 말하여 이르되 이 어떠한 말씀인고 권위와 능력으로 더러운 **귀신(프뉴마)**을 명하매 나가는도다 하더라 (눅 4:36)*

3) 영(spirit)을 영혼(soul)으로 잘못 번역한 예들

여기서 영은 역시 생명, 호흡 내지는 생명의 기운을 뜻한다. 아래 말씀 중 "내 영혼을 아버지 손에 의탁하나이다"라는 말씀이 영혼 불멸의 증거라고 생각하는 사람도 있다. 이때 영혼으로 번역된 '프뉴마'가 생명의 호흡이라는 뜻이라는 생각은 하려고 하지도 않는다.

> 예수께서 다시 크게 소리 지르시고 영혼(프뉴마, 생명)이 떠나시니라 (마 27:50)

> 예수께서 큰 소리로 불러 이르시되 아버지 내 영혼(프뉴마, 생명)을 아버지 손에 부탁하나이다 하고 이 말씀을 하신 후 숨지시니라 (눅 23:46)

> 그들이 돌로 스데반을 치니 스데반이 부르짖어 이르되 주 예수여 내 영혼(프뉴마, 생명)을 받으시옵소서 하고 (행 7:59)

> 영혼(프뉴마, 영, 호흡)이 없는 몸이 죽은 것 같이 행함이 없는 믿음은 죽은 것이니라 (약 2:26)

4) 영과 교통하는 인간의 정신

인간 자체는 영은 아니나 영과 교제하고 영의 통제를 받기도 하기 때문에 영과 교제하는 또는 영을 담고 있는 인간의 정신을 그냥 '영'이라고 지칭하기도 한다. 그래서 영도 간혹 영혼처럼 인칭 대명사처럼 쓰이기도 한다. 선입관을 가지고 말씀을 읽을 때 혼동이 온다.

> 이스라엘에 관한 여호와의 경고의 말씀이라 여호와 곧 하늘을 펴시며 땅의 터를 세우시며 사람 안에 **심령(spirit)**을 지으신 이가 이르시되 (슥 12:1)

심령(프뉴마)이 가난한 자는 복이 있나니 천국이 그들의 것임이요
(마 5:3)

*너희는 다시 무서워하는 **종의 영(악령)**을 받지 아니하고 **양자의 영 (성령)**을 받았으므로 우리가 아빠 아버지라고 부르짖느니라. 성령이 친히 **우리의 영**과 더불어 우리가 하나님의 자녀인 것을 증언하시나 니 (롬 8:15-16)*

*사람의 일을 사람의 속에 있는 **영** 외에 누가 알리요 이와 같이 하나 님의 일도 하나님의 영 외에는 아무도 알지 못하느니라 (고전 2:11)*

*평강의 하나님이 친히 너희를 온전히 거룩하게 하시고 또 너희의 온 **영과 혼(생명)과 몸이** 우리 주 예수 그리스도께서 강림하실 때에 흠 없게 보전되기를 원하노라 (살전 5:23)*

*그러나 너희가 이른 곳은 시온 산과 살아 계신 하나님의 도성인 하 늘의 예루살렘과 천만 천사와 하늘에 기록된 장자들의 모임과 교회 와 만민의 심판자이신 하나님과 및 온전하게 된 **의인의 영들(인칭 대명사)과** 새 언약의 중보자이신 예수와 및 아벨의 피보다 더 나은 것을 말하는 뿌린 피니라 (히 12:22-24)*

*육으로 난 것은 육이요 성령으로 난 것은 **영(인칭대명사)**이니 (요 3:6)*

*형제들아 우리 주 예수 그리스도의 은혜가 너희 **심령에** 있을지어다 아멘 (갈 6:18)*

죽은 자의 상태

1) 창세기의 답

창세기로 돌아가 보면 역시 답이 명백하게 나와 있다. 하나님은 처음으로 죽는 사람인 아담에게 죽으면 어떻게 될 것인지를 분명히 말씀하셨다.

> 네가 흙으로 돌아갈 때까지 얼굴에 땀을 흘려야 먹을 것을 먹으리니 네가 그것에서 취함을 입었음이라 **너는 흙이니 흙으로 돌아갈 것이니라** 하시니라 (창 3:19)

2) 죽은 자의 상태를 묘사한 말씀들

> 사망 중에서는 주를 기억하는 일이 없사오니 스올(무덤)에서 주께 감사할 자 누구리이까 (시6: 5)

> 내가 무덤에 내려갈 때에 나의 피가 무슨 유익이 있으리요 **진토가 어떻게 주를 찬송하며** 주의 진리를 선포하리이까 (시 30:9)

> 주께서 죽은 자에게 기이한 일을 보이시겠나이까? **유령들이 일어나**

주를 찬송하리이까? (시 88:10)

Do you show your wonders to the dead? ***Do those who are dead*** *rise up and praise you?*

죽은 자를 유령이라 잘못 번역했지만 영어 성경은 죽은 자들이라고 번역을 했고 그들의 상태를 정확히 묘사하고 있다.

그의 호흡(루아흐)이 끊어지면 **흙으로 돌아가서 그날에 그의 생각이 소멸**하리로다 (시 146:4)

모든 산 자들 중에 들어 있는 자에게는 누구나 소망이 있음은 산 개가 죽은 사자보다 낫기 때문이니라 산 자들은 죽을 줄을 알되 죽은 자들은 **아무것도 모르며** 그들이 다시는 상을 받지 못하는 것은 그들의 이름이 잊어버린 바 됨이니라 (전 9:4-5)

네 손이 일을 얻는 대로 힘을 다하여 할지어다 네가 장차 들어갈 스올(무덤)에는 **일도 없고 계획도 없고 지식도 없고 지혜도 없음**이니라 (전 9:10)

스올이 주께 감사하지 못하며 사망이 주를 찬양하지 못하며 구덩이에 들어간 자가 주의 신실을 바라지 못하되 오직 산 자 곧 산 자는 오늘 내가 하는 것과 같이 주께 감사하며 주의 신실을 아버지가 그의 자녀에게 알게 하리이다 (사 38:18)

사실 죽은 자는 자신이 죽은 지도 모른다.

흙(인간의 육체)은 여전히 땅으로 돌아가고 영(루아흐, 호흡, 생명)은 그것을 주신 하나님께로 돌아가기 전에 기억하라 (전 12:7)

여기서 영은 사람의 영이 아니라 하나님께 부여 받았던 생명 내지
는 호흡을 말한다. 사람은 영이 아니라 육이다.

3) 죽음에 대한 예수님의 설명

> 들어가서 그들에게 이르시되 너희가 어찌하여 떠들며 우느냐 이 아
> 이가 죽은 것이 아니라 **잔다** 하시니 (막 5:39)

> 우리 친구 나사로가 **잠들었도다** 그러나 내가 깨우러 가노라 (요
> 11:11)

예수님께서는 죽어서 그 시체가 썩기 시작한 나사로를 가리켜 '잔다'
고 분명히 말씀하셨다.

4) 내세에 대한 예수님의 설명

> 이를 놀랍게 여기지 말라 **무덤 속에 있는 자가 다** 그의 음성을 들을
> 때가 오나니, 선한 일을 행한 자는 **생명의 부활**로, 악한 일을 행한
> 자는 심판의 부활로 나오리라 (요 5:28-29)

예수님은 이 말씀에서 분명히 죽은 자들이 **무덤** 속에 있으며
천국이나 지옥에 있다고 말씀하지 않았다. 만일 영혼이 천국에서
잘 지내고 있으면 굳이 부활을 할 이유도 없거니와 천국에 있는데 무
덤 속에서 어떻게 예수님의 음성을 들을 것인가? 그러면 예수님께서

재림하시기 직전에 천국에 와 있는 영혼들에게 "얘들아 나 재림할 것이니, 빨리 너희 무덤에 가 있어라"라고 할 것인가? 그렇다면 예수님의 음성을 천국에서 들은 것이지 무덤 속에서 들은 것도 아니다. 이렇게 영혼불멸사상과 예수님의 말씀은 양립할 수 없다.

> 나를 보내신 이의 뜻은 내게 주신 자 중에 내가 하나도 잃어버리지 아니하고 마지막 날에 다시 살리는 이것이니라. 내 아버지의 뜻은 아들을 보고 믿는 자마다 영생을 얻는 이것이니 **마지막 날에 내가 이를 다시 살리리라** 하시니라 (요 6:39-40)

예수님께서는 영생은 육체의 부활 후의 영생이라고 선언하신다. 만일 예수님을 믿은 자들이 죽어서 그 영혼(?)이 천국에 갈 것이라면 위와 같이 말씀하셨을 리가 없다. '나를 믿는 자는 죽으면 천국에 가리라고 말씀하셨어야 할 것 아닌가? **그뿐만 아니라 예수님께서는 십자가에서 돌아가신 날 천국에 가시지도 않았는데(요 20:17[160]) 어떻게 예수님을 믿는 사람들은 죽은 후 그 영혼이 천국에 간다고 생각할 수 있을까?** 예수님께서는 부활 후 하늘에 먼저 가셔서 믿은 자들의 처소를 예비하시고 예비가 되면 이 땅에 다시 오셔서(재림하셔서) 그들을 하늘로 데리고 가시겠다고 하셨다. **그렇다면 예수님께서는 아직 다시 오시지 않으셨으므로 천국에 간 사람은 아직 한 사람도 없는 것 아닌가?** 그리고 죽어서 영혼이 하늘에 가 있을 것이었으면 그들을 데리러 이 땅에 왜 다시 오시겠는가? 영혼불멸설은 이렇게 부활과 재림의 신앙과는 정면으로 모순된다. 그런데 이 둘을 동시에 믿는다고

---

160) 본 장 7-1)을 참조하라

주장하는 것은 이해가 되지 않는다. 그러면서도 부활절 행사를 그렇게 요란하게 하는 것은 진정으로 부활을 믿고 그것에 참여하는 것을 소망해서 그러는 것일까? 여기에 한술 더 떠서 부활 때문에 십계명 중에 제4계명[161]이 변했다고 주장하는 신학자들이 있다는 것도 불가사의한 일이다.

> 가서 너희를 위해 처소를 예비하면 **내가 다시 와서** 너희를 내게로 받아들여 내가 있는 곳에, 거기에 너희도 있게 하리라 (요 14:3)

다만 생명의 부활로 일어나는 육체는 지금 우리의 몸과는 다른 썩지 아니할 신령한 몸을 가지고 있는 것이지 영은 아니다. 그 신령한 몸이 어떠한 상태인지는 현재 우리가 알 수 없고 알 필요도 없다. 이런 문제를 가지고 논쟁을 하는 것은 우리의 구원을 위한 일도 아니고 하나님의 뜻도 아니다. 부활하신 예수님도 육체로서 부활하신 것이지 영이 아니라고 하셨고(눅 24:39) 예수님은 그 몸을 가지고 그대로 승천하셨다.

> (예수께서 하늘로) 올라가실 때에 제자들이 자세히 하늘을 쳐다보고 있는데 흰 옷 입은 두 사람이 저희 곁에 서서 가로되 갈릴리 사람들아 어찌하여 서서 하늘을 쳐다보느냐 너희 가운데서 하늘로 올리우신 이 예수는 **하늘로 가심을 본 그대로 오시리라** 하였느니라
> (행 1:10-11)

---

161)   제4장 4-5)를 참조하라.

그는 만물을 자기에게 복종하게 하실 수 있는 자의 역사로 우리의
*낮은 몸을 **자기 영광의 몸의 형체와 같이** 변하게 하시리라 (빌 3:21)*

5) 사도 바울의 견해

사도 바울 역시 죽은 자들을 의식이 없는 상태에 있는 자들이라고 말하고 있다. 이렇게 죽어서 그 몸이 흙으로 돌아간 사람을 잔다고 표현하는 이유는 언젠가는 심판의 부활이든 생명의 부활이든 다시 의식이 돌아온다는 뜻이고 또 그때까지는 아무것도 모른다는 뜻이다. 이것은 시편과 전도서의 말씀을 반복한 것이다(시 146:4, 전 9:4-5).

> 형제들아 **자는 자들에** 관하여는 너희가 알지 못함을 우리가 원하지 아니하노니 이는 소망 없는 다른 이와 같이 슬퍼하지 않게 하려 함이라 우리가 예수께서 죽으셨다가 다시 살아나심을 믿을진대 이와 같이 **예수 안에서 자는 자들도** 하나님이 그와 함께 데리고 오시리라. 우리가 주의 말씀으로 너희에게 이것을 말하노니 주께서 강림하실 때까지 우리 살아 남아 있는 자도 자는 자보다 결코 앞서지 못하리라. 주께서 호령과 천사장의 소리와 하나님의 나팔 소리로 친히 하늘로부터 강림 하시리니 그리스도 안에서 **죽은 자들이** 먼저 일어나고 그 후에 우리 살아 남은 자들도 그들과 함께 구름 속으로 끌어 올려 공중에서 주를 영접하게 하시리니 그리하여 우리가 항상 주와 함께 있으리라 (살전 4:13-17)

6) 그 밖에 죽은 자에 관한 묘사들

성경에서는 위의 말씀들 외에도 죽은 자들을 일관되게 잠자는 것으로 표현하고 있다. 죽은 육체와 분리되는 영혼이라는 개념은 없다. 특별히 다니엘 12:2에서는 땅의 티끌 가운데 자는 자들 중에 일부는 부활해서 영생을 얻고 일부는 부활해서 수치를 얻을 것이라고 명시하고 있다. 70인 역에서도 동일한 의미로 번역되었다.

> 땅의 **티끌 가운데에서 자는 자** 중에서 많은 사람이 깨어나 영생을 받는 자도 있겠고 수치를 당하여서 영원히 부끄러움을 당할 자도 있을 것이며 (단 12:2) και πολλοι των καθευδοντων(잠자고 있는 많은 자들) εν γης χωματι (땅의 티끌 가운데에서) εξεγερθησονται(부활하여) ουτοι εις ζωην αιωνιον(영생을 얻을 것이고) (70인역)

> 여호와께서 모세에게 이르시되 너는 너의 열조와 함께 **자려니와** 이 백성은 들어가 거할 그 땅에서 일어나서 이방신들을 음란히 좇아 나를 버리며 내가 그들과 세운 언약을 어길 것이라 (신 31:18, 개역 개정)

> 여호와 내 하나님이여 나를 생각하사 응답하시고 나의 눈을 밝히소서 두렵건대 내가 **사망의 잠을 잘까 하오며** (시 13:3)

> 솔로몬이 그의 조상들과 함께 **자매** 그의 아버지 다윗의 성읍에 장사되고 그의 아들 르호보암이 대신하여 왕이 되니라 (왕상 11:43)

> 땅의 **티끌 가운데에서 자는 자** 중에서 많은 사람이 깨어나 영생을 받는 자도 있겠고 수치를 당하여서 영원히 부끄러움을 당할 자도 있을 것이며 (단 12:2)

> 무덤들이 열리며 **자던** 성도의 몸이 많이 일어나되 (마 27:52)

> 무릎을 꿇고 크게 불러 이르되 주여 이 죄를 그들에게 돌리지 마옵소서 이 말을 하고 **자니라** (행 7:30)

> 이르되 주께서 강림하신다는 약속이 어디 있느냐 조상들이 **잔 후로부터** 만물이 처음 창조될 때와 같이 그냥 있다 하니 (벧후 3:4)

영혼불멸설을 지지하는 듯한 성경구절

1) 네가 나와 함께 낙원에 있으리라

> **이르되 예수여 당신의 나라에 임하실 때에 나를 기억하소서 하니 예수께서 이르시되 내가 진실로 네게 이르노니 오늘 네가 나와 함께 낙원에 있으리라 하시니라** (눅 23:42-43)
> *I tell you the truth, **today** you will be with me in paradise*

일반적인 영혼불멸설을 믿는 사람에게는 위의 구절은 너무나 당연한 구절이다. 예수님께서 돌아가시던 날 유월절 오후 3시에 예수님은 돌아가셨고 잠시 후 강도도 군병들에 의해 무릎이 꺾여서 죽었다. 그 강도는 그날 오후 늦게 예수님과 함께 하늘 나라에 가서 하나님을 대면하면서 행복하게 살았을 것이다. 그리고 2,000년이 지난 오늘도 낙원에 있을 것이다. 그러나 이를 받아들이면 부활의 아침 예수님께서 막달라 마리아를 만나서서 하신 말씀 중에 다음 말씀은 어떻게 이해할 수 있을까?

> 예수께서 이르시되 나를 만지지 말라(헬라어의 원 뜻은 '붙잡지 말라'이다) **내가 아직 아버지께로 올라가지 아니하였노라** 너는 내 형

제들에게 가서 이르되 내가 내 아버지 곧 너희 아버지, 내 하나님 곧 너희 하나님께로 올라간다 하라 하시니 (요 20:17)

또한 천사들도 예수님의 계셨던 곳을 낙원이라고 말하고 있지 않다.

*청년(천사)이 이르되 놀라지 말라 너희가 십자가에 못 박히신 나사렛 예수를 찾는구나 그가 살아나셨고 여기 계시지 아니하니라 **보라 그를 두었던 곳이니라*** (막 16:7)

*그가 여기 계시지 않고 그가 말씀하시던 대로 살아나셨느니라 **와서 그가 누우셨던 곳을 보라*** (마 28:6)

위의 세 구절을 보면 예수님은 유월절 십자가에서 운명하신 후 하늘 나라(?)에 가지 않으신 것이 분명하다. 예수님께서는 부활의 아침까지 아직 하늘에 가지 않으셨다고 직접 말씀하시고 있고 **천사들도 예수께서는 낙원이 아닌 무덤 안에 계셨다고 증언하고 있다.** 태초에 창조의 사역을 마치신 후 삼위 하나님께서 안식일에 쉬셨듯이, 예수님도 재창조의 사업(십자가에서 완성하신 구속 사업)을 마치신 후 안식일에 무덤에서 쉬신 것이다. 이런 성경상의 모순을 설명하기 위해 죽어 보지도 못한 사람들이 사후 세계에 관한 새로운 이론을 만들어내려고 할 것이다. 그러나 위의 모순은 번역의 오류에서 온 것이다. 물론 이런 오류가 생기는 데는 영혼불멸설이라는 선입견이 작용했다.

위 문장의 '오늘'이라는 부사는 '이르노니'라는 동사 아니면 '있으리라'는 동사 둘 중에 하나를 꾸밀 수밖에 없다. 우리 말이나 영어 성경 모두 '있으리라'는 동사를 꾸미는 것으로 해석하여 영어 본문에서 콤마를 '오늘' 앞에 찍었다. 그러나 이런 해석은 앞에서 살펴보았듯이 성경상 앞뒤가 맞지 않으므로 '오늘'이라는 부사는 '말하노니'라는 동사를 꾸밀 수밖에 없다. 이에 따라 영어 본문에서 today 앞에 있는 콤마(,)를 today 뒤에 찍으면 문장의 뜻이 전혀 다르게 바뀐다. 이렇게 번역해야 모순이 없어진다.

*I tell you the truth **today**, you will be with me in paradise.*
*내가 진실로 **오늘** 네게 **이르노니**, 네가 나와 함께 낙원에 있으리라*

그러면 예수님께서는 왜 '**오늘**' 이른다고 말씀하셨을까? 그것은 강도가 '**예수님 재림하실 때**' 자신을 생각해 달라고 했기 때문이다. 다시 말해 재림 때 가서 너를 하늘나라에 받아들일지 안 받아들일지를 결정하는 것이 아니라 **오늘** 이미 그에 대한 결정이 이루어졌다는 것이다. 즉, 내세의 운명은 현세가 결정한다는 교훈이 담겨 있는 말씀인데, 이를 잘못 해석하여 영어성경에 콤마를 잘못 찍었고 이 귀한 말씀을 영혼불멸설에 맞게 각색한 셈이 되었다. 원래 고대 헬라어에는 콤마를 사용하지 않았기 때문에 today(σήμερον, 세메론) 다음에 콤마가 없는 원어 사본도 많다. 이를 영어로 번역할 때 콤마가 찍힌 사본을 번역했고 이 필사자는 영혼불멸설의 고정관념을 가지고 자신의 사상에 맞게 today 앞에 친절하게 콤마를 찍은 것이다. 그리고 그것을 우리 말로 그대로 번역을 해서 오늘날의 성경이 되었다. 다음은 콤마가 없는 원어 성경의 본문이다.

Ἀμήν(amen) λέγω(tell) σοι(you) σήμερον(today) μετ(with) ἐμοῦ(me) ἔσῃ(be미래) ἐν(in) τῷ(the) παραδείσῳ(paradise)

(Stephanus Textus Receptus)

2) 부자와 거지 나사로의 비유

한 부자가 있어 자색 옷과 고운 베옷을 입고 날마다 호화롭게 즐기
더라 그런데 나사로라 이름하는 한 거지가 헌데 투성이로 그의 대문
앞에 버려진 채 그 부자의 상에서 떨어지는 것으로 배 불리려 하매
심지어 개들이 와서 그 헌데를 핥더라 이에 그 거지가 죽어 천사들
에게 받들려 아브라함의 품에 들어가고 부자도 죽어 장사되매 그가
음부에서 고통 중에 눈을 들어 멀리 아브라함과 그의 품에 있는 나
사로를 보고 불러 이르되 아버지 아브라함이여 나를 긍휼히 여기사
나사로를 보내어 그 손가락 끝에 물을 찍어 내 혀를 서늘하게 하소
서 내가 이 불꽃 가운데서 괴로워하나이다 아브라함이 이르되 얘
너는 살았을 때에 좋은 것을 받았고 나사로는 고난을 받았으니 이것
을 기억하라 이제 그는 여기서 위로를 받고 너는 괴로움을 받느니라
그뿐 아니라 너희와 우리 사이에 큰 구렁텅이가 놓여 있어 여기서
너희에게 건너가고자 하되 갈 수 없고 거기서 우리에게 건너올 수도
없게 하였느니라 이르되 그러면 아버지여 구하노니 나사로를 내 아
버지의 집에 보내소서 내 형제 다섯이 있으니 그들에게 증언하게 하
여 그들로 이 고통 받는 곳에 오지 않게 하소서 아브라함이 이르되
그들에게 모세와 선지자들이 있으니 그들에게 들을지니라 이르되
그렇지 아니 하니이다 아버지 아브라함이여 만일 죽은 자에게서 그
들에게 가는 자가 있으면 회개하리이다 이르되 모세와 선지자들에
게 듣지 아니하면 비록 죽은 자 가운데서 살아나는 자가 있을지라
도 권함을 받지 아니하리라 하였다 하시니라 (눅 16:19-31)

이 말씀의 교훈은 사후 세계에 관한 교훈이 아니다. 회개하는 데 기
적은 필요 없으며 하나님의 말씀(율법과 선지자)이면 충분하다는 것
이다. 말씀을 듣고도 회개하지 않는다면 죽은 자 가운데 살아나는 자
가 회개를 촉구하는 이적이 일어나더라도 회개하지 않을 것이라는 교

훈을 주기 위함이다. 반대로 말하면 이적을 보고 회개하고(?) 교회 출석하는 것은 겉으로 회개한 것처럼 보여도 중심에는 회개함이 없다는 뜻이기도 하다. 회개는 죄 가운데 있던 사람이 의가 무엇인지를 깨닫고 자신의 더러움을 보게 되어 의를 사모하여 죄를 떠나는 일이지 기적이 일어나는 곳으로 가는 일이 아니기 때문이다.

그러면 예수님은 왜 아브라함의 품에 있는 거지와 음부[162]에서 고통을 받고 있는 부자의 비유를 하셨을까? 이는 그 당시 유대인들이 복받은 자는 죽어서 아브라함의 무릎에 안기고(탈무드 Kiddushim 72a: in Soncino ed. 369) 구원받지 못한 자는 음부에서 고통을 받는다는 탈무드의 가르침을 통상적으로 믿고 있었기 때문이다. 그들의 내세관을 이용해서 위의 교훈을 가르치시려는 의도였던 것이다. 요즘도 사후 세계를 믿지 않는 무신론자가 기독교인을 비꼬면서 "지옥에 가 봤더니 장안에 유명한 목사들이 거기 다 모여 있다더라"라고 농담을 하는 것을 들어 보았을 것이다. 이것 역시 죽으면 지옥에 간다고 믿어서 하는 말이 아니라 기독교의 세계관을 빌어서 기독교를 비판하고 있는 것이다. 예수님의 이 비유도 마찬가지 경우다. 그 당시 바리새인들의 영적인 상태는 사후 세계에 관한 오류 때문에 그들이 암흑 가운데 있는 것이 아니라 모세의 율법의 본질적 정신에 무관심하고 무지한 것이 문제의 핵심이었다. 그리고 그들이 회개하는 데는 모세의 율법으로 필요충분하다는 교훈을 주시고 계신 것이다. 그들에게 있어

---

162)   원래 무덤을 지칭하는 단어인데 영혼 불멸 사상에 빠진 사람들은 이를 죽어서 가는 어떤 장소라고 확대 해석을 한다. 실제로 당시 유대인들도 이렇게 믿고 있었다. 그래서 예수님께서 그들의 내세관을 이용하셔서 회개에 대한 교훈을 주신 것이다.

서 사후 세계의 문제는 둘째 문제였다. 그들의 영적인 처지는 예수님께서 사후세계에 관한 교훈을 주시기 위하여 그들의 내세관에 관하여 지적하고 토론을 할 단계는 아니었다. 그들에게 필요한 것은 율법의 정신에 비쳐 자신들의 더러움을 깨닫는 것이었다. 예수님께서는 사람들의 언어와 문화를 최대한 활용해서 교훈을 주셨다. 이것은 모세 율법의 수많은 시민법을 보아도 알 수 있다. 예를 들어 모세 당시 일반적으로 받아들여지고 있던 이혼 제도나 일부다처제를 하나님께서는 금지하지 않으셨다. 그러나 그런 잘못된 제도 안에서도 하나님의 의를 최대한 행하라는 구체적인 규례를 주셨다. 그렇다고 해서 하나님께서 일부다처제와 (음행의 연고가 없는) 이혼 제도를 옳다고 인정하신다는 뜻은 아니었다. 그리고 그들이 이런 시민법을 통해 하나님의 의의 본질을 깨달으면 음행을 한 연고 없이 아내를 버리거나 아내를 복수로 얻는 것이 악이라는 것을 깨달을 것이었다.

마찬가지로 이들의 내세관을 문제 삼으셨다면 당시로서는 그들에게 불필요한 논쟁만 하다 끝나고 진정 꼭 필요한 교훈은 주실 수 없었을 것이다. 부활이 없다고 믿는 사두개인들과의 토론 내용이나, 죽은 자의 상태에 대해 잘 모르던 그 당시 유대인들에게 예수님께서 회당장의 딸의 죽음에 관하여 주신 교훈이나, 심지어 죽은 자들의 운명이 어떻게 될지 이해를 잘 못하고 있던 데살로니가 교인들에게 준 바울의 가르침들을 통해 이들의 사후세계에 관한 무지함을 읽을 수 있다. 이는 지금의 기독교인들과도 크게 다르지 않은 상황이다. 만일 이 비유에 나오는 사후세계에 관한 묘사가 비유가 아닌 사실이라면 다음과 같은 여러 가지 모순이 발생한다.

(1) 천국과 지옥의 주관자가 아브라함인 것으로 묘사되고 있다. 삶과 죽음의 주관자는 하나님이시고 천국과 지옥이 있다면 그곳의 주관자 역시 하나님이시다. 아브라함은 구원받은 죄인에 불과하다. 그러나 전통적으로 그 당시 유대인들은 구원을 받기 위하여 아브라함을 바라보았고 이러한 내용을 봐도 그들의 내세관이 미신에 기초한다는 것을 알 수 있다.

(2) 천국과 지옥이 서로 보이는 위치에 있는 것으로 묘사되고 있다. 예를 들어 난 예수님을 믿고 구원을 받아 천국에 갔는데 나의 부모님은 예수님을 믿지 않아 지옥에 갔다고 가정하면 나는 영원히 천국에서 아브라함의 품에 안기어 지옥에서 영원히 고통당하는 부모님을 보고 살아야 한다. 이것이 천국이겠는가?

(3) 죽은 자가 손가락과 혀와 눈을 가지고 있는 것으로 묘사되고 있다. 죽을 때 손가락과 혀와 눈을 포함한 인간의 육체는 썩어 흙으로 돌아가고 영혼이 육체와 분리되어 천국과 지옥을 간다고 하는 영혼불멸설의 가르침과도 모순이 된다. 그리고 죽어서 혼령이 살아서 지옥에 갔는데 목마름을 느낀다면 그곳에 있는 혼령들에게는 육신이 있고 그 육신에 물이 필요하다는 얘기다. 앞뒤가 안 맞는다.

(4) 위의 사후세계 묘사는 사람이 죽은 후 바로 심판이 이루어진다는 가르침을 주고 있는데 이는 예수님 자신의 말씀과 정면으로 배치된다.

인자가 아버지의 영광으로 그 천사들과 함께 오리니 **그때에 각 사람이 행한 대로 갚으리라** (마 16:27)

인자가 자기 영광으로 모든 천사와 함께 **올 때에** 자기 영광의 보좌에 앉으리니 모든 민족을 그 앞에 모으고 각각 구분하기를 목자가 양과 염소를 구분하는 것 같이 하여 양은 그 오른편에 염소는 왼편에 두리라 (마 25:31)

이를 놀랍게 여기지 말라 무덤 속에 있는 자가 다 **그의 음성을 들을 때**가 오나니, 선한 일을 행한 자는 생명의 부활로, 악한 일을 행한 자는 심판의 부활로 나오리라 (요 5:28-29)

내 아버지 집에 거할 곳이 많도다 그렇지 않으면 너희에게 일렀으리라 내가 너희를 위하여 거처를 예비하러 가노니 가서 너희를 위하여 거처를 예비하면 **내가 다시 와서** 너희를 내게로 영접하여 나 있는 곳에 너희도 있게 하리라 (요 14:2-3)

나를 저버리고 내 말을 받지 아니하는 자를 심판할 이가 있으니 곧 내가 한 그 말이 **마지막 날에 그를 심판하리라** (요 12:48)

주께서 호령과 천사장의 소리와 하나님의 나팔 소리로 친히 하늘로부터 강림하시리니 그리스도 안에서 죽은 자들이 먼저 일어나고 그 후에 우리 살아 남은 자들도 그들과 함께 구름 속으로 끌어 올려 공중에서 주를 영접하게 하시리니 그리하여 우리가 항상 주와 함께 있으리라 (살전 4:16-17)

보라 **내가 속히 오리니** 내가 줄 상이 내게 있어 각 사람에게 그가 **행한 대로 갚아 주리라**[163] (계22: 12)

(5) 그뿐만 아니라 예수님께서는 심판이 심판의 부활 때 이루어진다는 구체적인 실례도 들어 주셨다.

---

163) 행한 대로 갚아 주는 시점은 죽은 직후가 아니라 재림 때이다.

> **심판 때에** 니느웨 사람들이 일어나 **이 세대 사람을 정죄하리니** 이
> 는 그들이 요나의 전도를 듣고 회개하였음이거니와 요나 보다 더 큰
> 이가 여기 있으며 심판 때에 남방 여왕이 일어나 이 세대 사람을 정
> 죄하리니 이는 그가 솔로몬의 지혜로운 말을 들으려고 땅 끝에서
> 왔음이거니와 솔로몬보다 더 큰 이가 여기 있느니라 (마 12:41-42)

예수님의 비유를 글자 그대로 받아들인다면 니느웨 사람들은 예수
님 당시 아브라함의 품에 이미 안겨 있어야 할 것이고 당시 유대인들
은 몇 십 년 후면 '음부'라는 곳에 가서 정죄를 받고 고통 중에 있을
텐데 심판 때 니느웨 사람들이 부활해서 당시 유대인들을 정죄할 이
유가 없지 않은가?

위의 예수님의 내세에 관한 말씀을 바탕으로 다음 히브리서 기자의
심판에 관한 말씀을 보면 여기서 죽은 후의 심판 역시 당연히 심판의
부활 때 받을 심판을 말하고 있음을 알 수 있다.

> 한 번 죽는 것은 사람들에게 정해진 것이요 **이것 뒤에는 심판이 있**
> **으리니** (히 9:27)

그리고 이 최후의 심판의 장면은 다니엘서나 요한 계시록에도 나오
는데 예수님의 말씀을 빌고 보면 그 해석이 어려울 것도 없고 다양한
해석이 있을 수도 없다. 다양한 해석이 나오는 것은 예수님의 말씀을
믿지 않고 자기의 생각이나 통속적인 얘기들에 더 귀를 기울이기 때
문이다. 아래의 말씀 가운데, 심판의 장면들은 죄를 고집했던 사람들
(=죽은 자들)이 심판의 부활로 일어난 후에 그들의 행위가 기록된 책
(=생명 책과 반대되는 죄 책)에 따라 심판을 받고 죄와 사망과 함께
불 못에 던져지는 것을 묘사하고 있다. 이렇게 최후의 심판 때 부활

후 다시 죽는 것을 둘째 사망이라 하고 이후에는 다시는 죄가 이 우주에 없을 것이다.

> 그 왕좌들이 무너져 내릴 때까지 내가 보매 **옛적부터 계신 이가** 앉아 계시는데 그분의 옷은 눈같이 희고 그분의 머리털은 순결한 양털 같으며 그분의 왕좌는 맹렬한 불꽃 같고 그분의 바퀴들은 타오르는 불 같더라 불 같은 시내가 그분 앞에서 흘러나오고 천천이 그분을 섬기며 만만이 그분 앞에 서 있더라 **심판이 준비되고 책들이 펴져 있더라** (단 7:9,10, 흠정역)

> 또 내가 **크고 흰 왕좌와 그 위에 앉으신 분을 보니** 땅과 하늘이 그분의 얼굴을 피하여 물러가고 그것들의 자리가 보이지 아니하더라 또 내가 보매 **죽은 자들이** 작은 자나 큰 자나 할 것 없이 하나님 앞에 서 있는데 **책들이 펴져 있고 또 다른 책**이 펴져 있었으니 곧 생명 책이라 죽은 자들이 자기 행위들에 따라 책들에 기록된 그것들에 근거하여 심판을 받았더라 바다가 자기 속에 있던 죽은 자들을 내어주고 또 사망과 음부164)(스올=무덤)도 자기 속에 있던 죽은 자들을 넘겨주매 그들이 각각 자기 행위들에 따라 심판을 받았고 사망과 음부도 불 못에 던져졌더라 이것은 둘째 사망이니라 누구든지 생명 책에 기록되지 않은 자는 불 못에 던져졌더라 (계 20:11-15, 흠정역+개역 한글)

그리고 이 부자와 거지 나사로의 비유는 같은 누가복음 16장 14-18에 나오는 바리새인들에 관한 풍자이다. 바리새인들은 평생을 율법과 선지자의 글을 읽고 가르치며 살았는데 이들은 그 말씀을 듣고도 회개하지 않았다. 그러므로 죽은 자 가운데 살아나서 회개를 종용하는 자가 있을지라도 이들은 회개하지 않을 것이었다. 실제로 예수께서

---

164) 음부는 '스올'이라는 히브리어를 헬라어로 번역한 '하데스'라는 단어인데 무덤이라는 뜻이다. 이 문제는 본 장의 10), 11)을 참조하라.

많은 권능을 행하셨던 고을인 고라신[165]이나 가버나움 사람들도 회개하지 않아서 예수님께서 크게 책망하셨다(마 11:20-24). 서기관과 바리새인들이 예수님께 표적을 보여 주시기를 구하였을 때도 예수님은 "악하고 음란한 세대가 표적을 구하나 선지자 요나의 표적밖에는 보일 표적이 없느니라"(마 12:39)고 하셨다.

3) 변화산 사건

> 엿새 후에 예수께서 베드로와 야고보와 그 형제 요한을 데리시고 따로 높은 산에 올라가셨더니 그들 앞에서 변형되사 그 얼굴이 해 같이 빛나며 옷이 빛과 같이 희어졌더라 그때에 모세와 엘리야가 예수와 더불어 말하는 것이 그들에게 보이거늘 베드로가 예수께 여쭈어 이르되 주여 우리가 여기 있는 것이 좋사오니 만일 주께서 원하시면 내가 여기서 초막 셋을 짓되 하나는 주님을 위하여, 하나는 모세를 위하여, 하나는 엘리야를 위하여 하리이다 말할 때에 홀연히 빛난 구름이 그들을 덮으며 구름 속에서 소리가 나서 이르시되 이는 내 사랑하는 아들이요 내 기뻐하는 자니 너희는 그의 말을 들으라 하시는지라 제자들이 듣고 엎드려 심히 두려워하니 예수께서 나아와 그들에게 손을 대시며 이르시되 일어나라 두려워하지 말라 하시니 제자들이 눈을 들고 보매 오직 예수 외에는 아무도 보이지 아니하더라 (마 17:1-8)

변화산 사건은 예수님께서 요한, 야고보와 베드로만 데리시고 변화산에 오르셨을 때의 일이다. 모세와 엘리야가 나타나서 예수님과 대화를 했는데 이때 예수님의 몸이 신령한 몸으로 변화했다 하여 그 산

---

165) 가버나움 북쪽 4㎞에 있는 마을.

을 변화산이라 부르고 이러한 사실이 마태복음과 마가복음에 기록되어 있다. 영혼불멸설을 믿는 사람들은 모세는 요단강 건너기 직전에 죽었으므로 예수님 당시 그가 살아있었다면 육체가 없는 영혼일 것이라고 생각하고, 이를 영혼불멸설을 뒷받침하는 증거라고 주장한다. 그러나 이 또한 설득력이 부족하다. 엘리야는 분명히 육체를 가지고 승천했기 때문에 만일 그렇다면 육체를 가지고 승천한 에녹(창 5:24)이나 엘리야는 하늘에서 육체가 없는 수많은 영혼들과 한데 어울려 지낸다는 기이한 결론에 이른다. 엘리야는 눈과 코가 있는데 모세는 육체가 없는 영이므로 눈에 보이지 않는 존재일 것이다. 변화산에서 육체를 가진 예수님과 엘리야 그리고 육체는 요단 강가에 묻혀 있는 모세가 그 혼령만 따로 나와서, 이렇게 세 사람이 회동을 한 셈이 된다. 역시 무당이나 하는 수준의 얘기이다. 그러나 요한과 베드로는 예수님과 대화하는 살아있는 모세를 분명히 보았다고 기록하고 있다. 그렇다면 무엇이 진실일까? 영혼불멸설은 다른 여러 성경구절을 통해 봐도 도저히 받아들일 수가 없다. 아무래도 성경에는 기록이 없지만 하나님께서 모세가 죽은 후에 모세를 부활시켜서 하늘로 데려가신 것 같다. 이를 암시하는 성경 절이 있다.

> 천사 장 미가엘이 **모세의 시체에 관하여** 마귀와 다투어 변론할 때에 감히 비방하는 판결을 내리지 못하고 다만 말하되 주께서 너를 꾸짖으시기를 원하노라 하였거늘 (유 1:9)

위 말씀을 보면 천사 장 미가엘이(미가엘이 누군지는 다음에 논하기로 하고) 모세의 시체에 관하여 사단과 변론을 했다고 기록되어 있는데, 왜 미가엘이 마귀와 썩어 없어질 모세의 시체에 관해 변론했을까? 하나님께서 모세의 시체가 그냥 썩어서 흙으로 돌아가게 놔두실 것이었으면 그 시체에 관해 논할 이유가 없을 것이다. 이는 아마 미가엘이 이 땅에 내려와 모세를 부활시켜 하늘로 데려가려는데 사단이 와서 모세는 하나님께 범죄한(물을 내기 위해 반석을 두 번 침) 자이므로 부활시켜 하늘로 데려가는 것은 옳지 않다고 주장했을 것 같다. **영혼불멸설을 부정한다면** 모세는 부활하여 지금 하늘에 있는 것이 분명하다 왜냐하면 예수님 당시 모세가 살아있는 것을 요한과 베드로가 목격했고 이를 분명하게 기록했기 때문이다. 따라서 유다서의 이 구절은 모세의 부활 장면의 일부만을 기록한 것이라고 할 수 있다.

실제로 모세 외에도 예수님께서 십자가에서 돌아가실 때 부활한 의인들이 많이 있고 이들은 성경에 기록은 없지만 아마 승천해서 하늘에 있는 것 같다. 왜냐하면 무덤에 조용히 자고 있는 자를 일부러 부활시켜서 다시 늙어 죽게 할 이유가 없기 때문이다.

> 무덤들이 열리며 자던 성도의 몸이 많이 일어나되 예수의 부활 후에 그들이 무덤에서 나와서 거룩한 성(예루살렘)에 들어가 많은 사람에게 보이니라 (마 27: 52-53)

4) 제단 아래의 순교한 영혼들

> **다섯째 인을 떼실 때에 내가 보니 하나님의 말씀과 저희의 가진 증거를 인하여 죽임을 당한 영혼들이 제단 아래 있어 큰 소리로 불러 가로되, 거룩하고 참되신 대 주재여 땅에 거하는 자들을 심판하여 우리 피를 신원하여 주지 아니하시기를 어느 때까지 하시려나이까 하니** (계 6:6-11)

우선 제단은 성막 앞 뜰에 있는 놋으로 된 **번제단**으로 희생제물을 불에 태우거나 아니면 그것의 피를 뿌리는 곳을 말하기도 하고 아니면 지성소 휘장 앞에 있는 분향단을 말하기도 하는데 **분향단**은 기도의 제단을 상징한다. 성소 자체는 은혜의 왕국을 표상하고 있는 구조물이다. 하나님의 백성이 경험하는 모든 영적인 일들이 성소의 구조물과 성소 봉사로서 상징되고 있다. 번제단은 희생 제물의 피가 뿌려지고 희생제물의 육체를 태우는 곳이기 때문에 순교자가 있는 곳으로는 적당하지 않다. **순교자들은 예수님에 대한 믿음과 증거 때문에 억울하게 순교를 한 것이지 그들이 제물로서 죽임을 당한 것이 아니다.** 그렇기 때문에 희생 제물이 불태워지는 장소인 번제단이 이들이 있어야 할 장소는 분명 아니다. 그리고 순교자들이 기도를 하는 소리가 나는 것을 보아도 이 제단은 기도의 제단이다. 기도의 제단 아래에서 순교한 영혼이 울부짖는다는 것은 하나님께서 보시기에 그렇다는 의미이다. 순교한 영혼들은 우리들 보기에나 죽은 자들이지 하나님의 눈에는 살아있는 자들이다. 왜냐하면 그들은 영생을 소유하고 잠시 무덤에서 자고 있을 뿐이기 때문이다. 아브라함과 야곱과 이삭은 우리들 눈에는 죽은 자들이지만 하나님에게는 살아있는 자들이다. 하나님께서는 죽은 자를 살리시며 없는 자를 있는 자처럼 부르시는 분이시다(롬 4:17). 제단 아래의 부르짖는 소리는 순교 당하면서 죽어간 영혼들이 자신들의 억울한 죽음에 관해 하나님께 탄원한 기도를 말한다. 이는 하나님께서도 아우를 죽인 가인을 향하여 **"네 아우의 피 소리가 땅에서부터 내게 호소하느니라"**(창 4:10)라고 하신 것과 같은 비유라고 보면 된다. 실제로 피가 부르짖는 것이 아니라 하나님이 느끼시기에 그렇다는 문학적 표현일 뿐이다. 그러므로 여기서 '목 베임을 당한 영혼들'의 영혼은 단순히 인칭 대명사로 쓰인 것으로 '사람들'이라는 뜻이다.

또한 이 지성소 휘장 앞의 기도의 제단은 하늘에 있지 않고 땅 위에 있는 것이다. 이 자체가 상징임을 말하고 있다. 그뿐만 아니라 십자가 이후에는 이러한 손으로 만든 성전 제도는 폐지됐고 성전은 실제로 AD 70년에 파괴되었다. 성전 제단이라는 것은 땅에도 없고 하늘에도 없다. 이런 사실 역시 성전의 제단이 상징적이라는 것을 말하고 있다. 그리고 성전은 은혜의 왕국, 즉 하나님 나라(하늘)의 모형이지(히 9:23, 24) 영광의 왕국의 모형이 아니다. 따라서 순교한 영혼들이 만일 죽어서 어디를 간다면 그곳은 은혜의 왕국이 아닌 영광의 왕국이어야 한다. 은혜의 왕국은 죄인들을 거듭나게 하서서 그들을 하늘의 품성으로 바꾸는 곳이지 이미 구원받은 사람들이 죽어서 가는 곳이 아니다. 그러므로 은혜의 보좌(히 4:16)와 영광의 보좌(마 25:31)는 그 통치의 대상이 다르다. 영광의 보좌는 죄가 없는 세계를 다스리는 보좌이다. 천사들과 구원받은 사람들은 부활 후에 이 영광의 보좌 앞에 선다. 그러나 현재 이 세상에 살고 있는 죄인들은 그들 죄의 문제를 해결받기 위해 은혜의 보좌 앞으로 가서 '죄를 없이 하는' 은혜를 받아야 한다.

그 외에도 이들의 기도에 대한 응답으로 흰 두루마기를 주셨다(계 6:11). 그런데 영혼불멸설에 따르면 영혼은 뼈와 살이 없다. 따라서 이런 영혼에게 흰 옷을 준다는 것도 이 구절을 글자 그대로 굳이 해석하려고 한다면 어불성설이다. 이는 이러한 순교자들이 하나님의 말씀을 위해 죽기까지 순종함으로 하나님의 거룩함에 도달하였다는 비유의 말씀이라는 것을 알 수 있다. 이것도 역시 이 땅에 있는 은혜의 왕국에서 일어나는 일이다. 요한 계시록 전체에서는 예수님을 올바로 믿은 사람이 성령의 내주로써 예수님의 품성을 소유하게 된 일을 흰 옷을 입었다고 표현하고 있다. 이것은 아담이 범죄로 자기 안에 내주하시는 성령을 거절한 후 하나님의 품성을 잃어버렸을 때 벌거벗은 부끄러움을 느낀 것과는 반대의 상황을 말하고 있는 것이다.

> 이 일 후에 내가 보니 각 나라와 족속과 백성과 방언에서 아무도 능히 셀 수 없는 큰 무리가 나와 **흰 옷을 입고** 손에 종려 가지를 들고 보좌 앞과 어린 양 앞에 서서 (계 7:9)

> 내가 말하기를 내 주여 당신이 아시나이다 하니 그가 나에게 이르되 이는 큰 환난에서 나오는 자들인데 **어린 양의 피에 그 옷을 씻어 희게 하였느니라** (계 7:14)

> 보라 내가 도둑 같이 오리니 누구든지 깨어 **자기 옷을 지켜 벌거벗고 다니지 아니하며 자기의 부끄러움을 보이지 아니하는** 자는 복이 있도다 (계 16:15)

> 그에게 **빛나고 깨끗한 세마포 옷을** 입도록 허락하셨으니 이 세마포 옷은 성도들의 옳은 행실이로다 하더라 (계 19:8)

> 하늘에 있는 군대들(은혜의 왕국에 거하는 하나님의 전사들)이 **희고 깨끗한 세마포 옷을** 입고 백마를 타고 그를 따르더라 (계 19:14)

> **자기 두루마기를(옷을) 빠는 자들은** 복이 있으니 이는 그들이 생명 나무에 나아가며 문들을 통하여 성에 들어갈 권세를 받으려 함이로다 (계 22:14)

요한계시록은 심오한 영적인 진리를 주로 상징을 통하여 계시하고 있는 책인데 이들의 상징적 의미를 생각하지 않고 무조건 문자 그대로 해석을 하면 오히려 독이 된다.

5) 스올

이는 주께서 내 영혼을 스올에 버리지 아니하시며 주의 거룩한 자를 멸망시키지 않으실 것임이니이다. 주께서 생명의 길을 내게 보이시리니 주의 앞에는 충만한 기쁨이 있고 주의 오른쪽에는 영원한 즐거움이 있나이다 (시 16:10)
*Because you will not abandon me to **the grave** (NIV)*

위의 '스올'은 단순히 '무덤'이라는 뜻일 뿐이다. 무덤에 버린다는 것은 생명의 부활이 없다는 것이지 죽어서 혼령이 죽어서 가는 지옥에 버린다는 것이 아니다. 스올을 KJV에서는 '지옥'으로 번역했지만 NIV에서는 '무덤'으로 번역을 했고 '생명의 길'이라는 것은 나중의 부활 후의 영원한 생명이지 혼령이 천국에 가는 것이 아니다. 그러나 영혼불멸설을 믿었던 중세 가톨릭에서는 이 '스올'이라는 것을 죽어서 혼령이 가는 곳으로 오해하고 그렇게 가르쳤고 예수님 당시 유대인들도 그렇게 믿었다.

6) 깰 때

*나는 의로운 중에 주의 얼굴을 뵈오니 **깰 때**에 주의 형상으로 만족하리이다 (시17:15)*

여기서 '깰 때'가 '부활의 아침'을 의미하는 것이 분명한데, 이를 '혼백이 간 천국'이라고 가르치는 학자도 있다. 의로운 중에 부활한다는 것은 이미 살아있을 때 이미 의인으로 변화되었다는 얘기다.

7) 육체 밖에서

내 가죽이 벗김을 당한 뒤에도 내가 육체 밖에서 하나님을 보리라
(욥 19:26)
*after my skin [worms] destroy this [body], yet in my flesh shall I
see God* (KJV)
*after my skin has been destroyed, yet in my flesh I will see
God* (NIV)

위의 개정개역 판 한글 성경 구절을 영혼불멸설의 금과옥조로 삼는
사람들이 많다. 그런데 영어 성경은 그 반대의 묘사를 하고 있다. 이
는 사실은 피부병을 앓고 있는 욥이 피부병으로 피부가 다 벗겨진 후
라도 그 속에 있는 육체를 입고 하나님을 볼 것이라는 고백이다. 영혼
불멸과는 아무 상관이 없는 얘기다.

8) 아브라함의 하나님

**나는 아브라함의 하나님이요 이삭의 하나님이요 야곱의 하나님이
로라 하신 것을 읽어 보지 못하였느냐 하나님은 죽은 자의 하나님
이 아니요 살아있는 자의 하나님이시니라 하시니** (마 22:32)

이 구절을 가지고 아브라함과 이삭이 살아있으니 혼백이 천국에 가
있다고 생각하는 사람들이 많다. 그러나 예수님께서 왜 이 말씀을 하
셨는지 생각해 보면 이것이 잘못된 생각이라는 것을 금방 알 수 있다.
예수님이 사두개인들과 부활에 관해 논쟁을 하시던 중 부활이 없다
고 믿는 사두개인들에게 부활이 있다는 근거로 제시하신 말씀이다.

즉, 아브라함이나 이삭은 현재 너희들 눈에는 죽은 것으로 보이지만 이들은 마지막 때 부활하여 영원히 살 자들이므로 하나님에게는 살아있는 자들이요, 너희 눈에 지금 살아있는 자들도 회개하지 아니하면 하나님 눈에는 이들이 죽은 자라는 교훈을 주신 것이다. 예수님께서는 생물학적으로 살아있는 사람이라도 회개하지 않았으면 '죽은 자'라고 부르셨다.

> 또 다른 사람에게 나를 따르라 하시니 그가 이르되 나로 먼저 가서 내 아버지를 장사하게 허락하옵소서 이르시되 **죽은 자들**(회개하지 않고 살아있는 자들)로 자기의 **죽은 자들**(회개하지 않고 죽은 자들)을 장사하게 하고 너는 가서 하나님의 나라를 전파하라 (눅 9:59-60)

위 말씀을 영혼불멸설의 근거로 삼는다면 위 말씀 자체가 부활이 있을 것이라는 근거로서 하신 말씀일 수 없다. 그렇다면 사두개인들과의 부활에 관한 논쟁에서 예수님께서는 부활과는 아무 관계없는 말씀을 하신 셈이다.

9) 세상을 떠나서 그리스도와 함께 있는 것

> 내가 그 둘 사이에 끼었으니 차라리 세상을 떠나서 그리스도와 함께 있는 것이 훨씬 더 좋은 일이라 그렇게 하고 싶으나 내가 육신으로 있는 것이 너희를 위하여 더 유익하리라 (빌 1:23-24, 한글 개역)

이 말씀은 사도 바울이 감옥에서 사형 언도를 받을 수 있는 상황에서 빌립보 교인들에게 쓴 편지 중에 있는 말씀이다. 이 구절도 영혼불멸설을 믿는 사람들에 의해 위와 같이 잘못 번역되었다. 원어를 다시 번역해 보면 다음과 같다.

> *내가 세상을 떠났으면 하는 바람이 있지만 그리스도와 함께 있는 것이 **많은 사람에게** 훨씬 더 좋으니 그 둘 사이에 끼었노라. 그리고 내가 육신에 있는 것이 너희를 위하여 더 유익하리라*

사실 이 말씀은 영혼불멸설을 완전히 부정할 수 있는 근거가 되는 구절이다. 왜냐하면 세상을 떠나는 것과 살아서 그리스도와 함께 있는 것을 명확히 대비하고 있기 때문이다. 그래서 이 말씀을 영혼불멸론자들이 더 적극적으로 문법까지 무시해 가면서 왜곡했는지도 모른다. 이 말씀은 사도 바울이 고난의 세상을 떠나서 잠들고 싶은 바람도 있지만 육신에 살아 있어서 그리스도와 함께 있는 것이 대부분에게(또는 '많은 부분에 있어서') 더 좋다는 것이고 이렇게 자신이 살아 있는 것이 빌립보 교인들을 위해서도 더 좋은 일이라는 뜻이다. 그런데 영혼불멸설은 이 말씀을 반대로 해석하였다. 죽어서 천국 가서 그리스도와 함께 있는 것이 살아있는 것보다 더 좋다고 번역하고 있다. 영어 성경과 한글 개역 성경에서 "내가 죽은 다음에 그리스도와 함께 있는다"는 번역은 빌립보서 1장 20, 21절의 내용과도 모순이 된다. 왜냐하면 20, 21절에서 그리스도가 지금 바울의 몸에 살아 계신다고 말하고 있는데 위의 우리 말 성경 번역의 의미는 **현재는 살아있기 때문에 그리스도와 함께 있지 않지만 죽은 후에는 함께 할 수 있으니까 죽는 것이 더 좋은 일이라는 뜻이다.**

> *나의 간절한 기대와 소망을 따라 아무 일에든지 부끄러워하지 아니*

*하고 지금도 전과 같이 온전히 담대하여 살든지 죽든지 **내 몸에서** 그리스도가 존귀하게 되게 하려 하나니 이는 **내게(=내 안에)** 사는 것이 그리스도니 죽는 것도 유익함이라* (빌 1:2, 21)

이뿐만 아니라 사도 바울은 그의 다른 편지서들에서 죽은 자의 상태를 교인들이 모르기를 원치 않는데 그들은 모두 **잠자고 있다**고 말했다. 그렇다면 죽은 후 무의식 상태로 있을 바울 자신이 그리스도와 함께 있을 것이고 그래서 이 일이 더 좋다고 말하는 것도 사도 바울의 다른 글[166]과 정면으로 모순된다. 이렇게 모순된 형태로 성경을 번역해 놓았기 때문에 우리가 성경을 읽을 때 믿음이 약해지고 무조건 믿으면 된다는 식으로 흘러가게 된다. 정말 하나님은 앞뒤도 안 맞는 말씀을 주시고 우리 보고 무조건 믿으라고 하시는 분일까?

이런 오역의 원인은 23절에 원어 사본에 필사자가 임의로 찍은 콤마와 원어에는 있는 '바람(ἐπιθυμίαν)'이라는 단어를 수식하는 '세상을 떠나고자 하는'이라는 부정사의 형용사적 의미를 생략하고 영혼불멸설에 맞게 본문을 왜곡했기 때문이다. 전술했듯이 사도 바울이 이 편지를 쓸 때 헬라어에서는 콤마(,)라는 문장부호를 사용하지 않았다. 그러나 영혼불멸설을 믿었든 안 믿었든 필사자의 주관에 따라 이 문

---

166) 그러므로 너희 중에 약한 자와 병든 자가 많고 잠자는 자도 적지 아니하니 (고전11: 30)
    그 후에 오백여 형제에게 일시에 보이셨나니 그 중에 지금까지 대다수는 살아있고 어떤 사람은 잠들었으며 (고전15: 6)
    또한 그리스도 안에서 잠자는 자도 망하였으리니 (고전 15:18)
    보라 내가 너희에게 비밀을 말하노니 우리가 다 잠 잘 것이 아니요 마지막 나팔에 순식간에 홀연히 다 변화되리니 (고전 15:51)
    형제들아 자는 자들에 관하여는 너희가 알지 못함을 우리가 원하지 아니하노니 이는 소망 없는 다른 이와 같이 슬퍼하지 않게 하려 함이라 (살전 4:13)

장에 콤마를 사용함으로써 문장 해석의 구조를 바꾸었고 어법에도 안 맞는 문장이 되었다. 공용본문(textus receptus)에 있는 본래 콤마가 없는 문장은 다음과 같다.

τὴν ἐπιθυμίαν(바람) ἔχων(가지고 있는) εἰς τὸ ἀναλῦσα (세상을 떠나고자 하는) καὶ(**그리고, 그러나**)

σὺν Χριστῷ (그리스도와 함께) εἶναι(있는 것, 부정사)

πολλῷ (대부분에게, 여격, 명사적 형용사)

μᾶλλον(훨씬) κρεῖσσον·(**더 좋은, 주격, 중성**)

κρεῖσσον·(**더 좋은**)이라는 형용사는 주어를 서술하는 형용사이고 따라서 격은 **주격의 형태**를 띠고 있다. 그런데 이 형용사의 주어가 될 수 있는 어귀는 이 문장에서 σὺν Χριστῷ εἶναι(그리스도와 함께 있는 것, **부정사 현재형**)밖에 없다. 왜냐하면 다른 또 하나의 부정사 τὸ ἀναλῦσα(세상을 떠나다)는 εἰς라는 전치사의 목적어로 사용되어 εἰς와 함께 ἐπιθυμίαν(바람)을 꾸미는 형용사적 용법으로 사용되었기 때문이다. 뿐만 아니라 κρεῖσσον(더 좋은)이라는 **형용사의 성은 중성의 형태이기 때문에 중성의 주어를 취하고 있다는 증거인데** 중성의 명사 상당어귀 역시 εἶναι(있는 것, **부정사 현재형**) 밖에 없다. 그러나 ASV나 우리말 성경이 본문으로 사용한 원어 사본에는 다음과 같이 사도 바울이 찍지 않은 콤마가 찍혀 있다.

τὴν ἐπιθυμίαν(바람) ἔχων (가지고 있는, 분사)

εἰς τὸ ἀναλῦσαι καὶ σὺν Χριστῷ εἶναι

(세상을 떠나 그리스도와 함께 있고자 하는),

πολλῷ (대부분에게) μᾶλλον (훨씬) κρεῖσσον· 더 좋은, 주격)

그래서 ἀναλῦσαι(세상을 떠나는 것)과 σὺν Χριστῷ εἶναι(그리스도와 함께 있는 것)을 한데 묶어서 καὶ(그리고, 그러나)라는 등위 접속사를 원인과 결과의 접속사로 무리하게 해석을 하고 있다. 이렇게 해석을 하려면 '세상을 **떠나** 그리스도와 함께 **있는 것**'이라는 2개의 부정사가 ἐπιθυμίαν(바람)이라는 명사를 꾸미는 형용사적 용법으로 사용된 셈이다. 왜냐하면 '세상을 떠나고자 하는 것'이라는 부정사는 목적을 나타내는 εἰς라는 전치사의 목적어로서 εἰς와 함께 '바람'을 꾸미는 형용사적 용법으로 확실하게 쓰였기 때문에 '세상을 떠나는 것'과 '그리스도와 함께 있는 것'을 일련의 사건으로 해석하려면 '그리스도와 함께 있는 것'은 그 다음에 오는 '훨씬 더 좋다'는 형용시의 주어로 사용될 수 없기 때문이다.

  그러면 πολλῷ μᾶλλον κρεῖσσον(대부분에게 훨씬 더 좋다)는 술어의 주어가 없어져 버린다. κρεῖσσον의 본래 주어는 그리스도와 함께 **'있는 것 εἶναι(부정사)'**이었는데 이 부정사를 **'바람(ἐπιθυμίαν)'**을 꾸미는 형용사적 용법으로 사용을 했으므로 주어가 없어지게 되어 어법에 맞지 않게 된다. 그리고 '바람(ἐπιθυμίαν)'은 목적격의 명사이기 때문에 주격인 κρεῖσσον의 주어가 될 수 없다. 그럼에도 불구하고 주어가 살아 있는 것처럼 '그리스도와 함께 있는 것'을 주어로 해석하기 위해 원어에는 있는 '바람'이라는 단어를 꾸미는 것으로 해석하지 않고 생략하고서 별개의 문장을 새롭게 만들어서 '그리고 싶다'고 표현했다. 결국 문장의 구조를 무시하고 해석자가 원하는 의미를 만들어 낸 셈이다. 그리고 우리 말 성경과 영어 성경에서는 원어에는 있는 'πολλῷ (많은 사람에게, 대부분의 경우, 많은 부분에 있어)'라는 대명사적 형용사를 해석하지 않고 누락시키고 있다. 왜냐하면 죽어서 그리스도와 함께 있다고 해석을 하니까 이 일이 대부분에게 더 좋은 일이라고 하기에는 어색하기 때문인 것 같다. 이 단어를 누락하지 않고 해석을 하게 되면 이 세상 사람들 모두 빨리 죽어서 그리스도와 함께 있기를 바라야 한다는 결론이 나기 때문에 생략한 것 같다. 결국 사는 것은 큰 의미가 없고 죽어서 천국 가는 것이 좋다는 뜻이 된다. 그러면 모든 사람들에게 자살을 권장하는 뜻이 될 수도 있다. 끔찍하다.

그리고 이 문장의 끝 부분에 그리스도와 함께 있는 것이 '훨씬 더 좋다(κρεῖσσον)'는 **비교급 형용사**를 사용하였는데 이 비교의 대상은 이 문장에서 '세상을 떠나는 것' 외에는 다른 것이 없다. 그렇다면 '세상을 떠나는 것'과 '그리스도와 함께 있는 것'은 연속으로 일어나는 일련의 사건이 아니라 서로 대비되는 상반되는 일이라는 것을 알 수 있다.

또한 문장의 구조를 보아도 '내가 둘(사는 것과 죽는 것) 사이에 끼었다'는 주절을 꾸미는 ἔχων(having)이라는 '분사'가 있는데 주지하다시피 분사는 '둘 사이에 끼었다'는 주절의 의미를 설명해 주는 원인 내지는 그 결과로 해석을 해야 한다. 따라서 둘 사이에 낀 이유 또는 결과는 서로 상반된 두 개의 상황을 **가지고 있기**(ἔχων, **having**) 때문이라는 의미여야 한다. 그것은 바로 (세상을) 떠나고자 하는 바람이 있지만 (살아서) 그리스도와 함께 있는 것이 많은 경우에 있어서 그것보다 훨씬 더 좋다는 사실이다. 그러므로 세상을 떠나는 것이 그리스도와 함께 있게 되는 원인일 수 없다. 그리고 이런 해석은 심지어 같은 빌립보서의 다음 말씀과도 모순이 된다.

> 그러나 우리의 시민권은 하늘에 있는지라 **거기로부터(하늘로부터 오시는)** 구원하는 자 곧 **주 예수 그리스도를 기다리노니** (빌 3:20)

이 말씀은 하늘에서 오실 예수님의 재림을 기다린다는 뜻이다. 만일 바울이 죽어서 예수님과 함께 있을 것이기 때문에 그것이 육신을 입고 사는 것보다 더 좋은 일이라면 바울은 하늘에서 오시는 예수님을 기다릴 것이 아니라 일단 죽기를 기다려야 할 것이다. 그래야 예수님을 만날 수 있을 것 아닌가? 그리고 우리 몸이 영광의 몸으로 변화되기를 기다릴 이유도 없지 않겠는가? **위 말씀은 바울이 예수님 재림하실 때까지 예수님을 대면하여 만날 수 없다는 의미가 내포되어 있다. 다시 말해 바울이 죽은 후가 아니라 예수님 재림하실 때 비로소 예수님을 대면하여 만나게 되므로 그때를 기다린다는 의미다.** 그러므로 죽었기 때문에 혼령이 예수님을 만난다는 뜻의 번역은 이 말씀과 배치된다.

그뿐만 아니라 바울은 자기가 살아있을 때 재림이 있을 것이라고 믿었던 사람이기 때문에 자기가 죽어야 예수님을 대면한다는 생각을 할 수도 없다.

> 우리가 주의 말씀으로 너희에게 이것을 말하노니 주께서 강림하실 때까지 **우리 살아 남아 있는 자도** 자는 자보다 결코 앞서지 못하리라 (살전 4:15)

> 그는 만물을 자기에게 복종하게 하실 수 있는 자의 역사로 우리의 낮은 몸을 자기 영광의 몸의 형체와 같이 변하게 하시리라 (빌 3:21)

10) 옥에 있는 영들에게 전파하심

> *그리스도께서도 한 번 죄를 위하여 죽으사 의인으로서 불의한 자를 대신하셨으니 이는 우리를 하나님 앞으로 인도하려 하심이라 육체로는 죽임을 당하시고 영으로는(by the Spirit) 살리심을 받으셨으니 저가 또한 영으로(through whom) 옥에 있는 영들(spirits)에게 전파하시니라 그들은 전에 노아의 날 방주 예비할 동안 하나님이 오래 참고 기다리실 때에 순종치 아니하던(애써서 믿지 않던) 자들이라 방주에서 물로 말미암아 구원을 얻은 자가 몇 명뿐이니 겨우 여덟 명이라* (벧전 3:18-20)

영혼불멸설을 지지하는 사람들은 위의 구절을 명확히 이해하지도 못하면서 영으로 옥에 있는 영들에게 가서 전도를 했다고 하니까 막연히 영혼불멸설의 근거가 되는 구절로 여긴다. 위 구절의 핵심 요소들을 살펴보면 우선, 살리심을 받은 것은 성령에 의해서이다. 그리고 옥에 있는 영들에게는 성령으로 가셨다는 것이다. 영들을 상대해야 하므로 육체를 가지고 갈 수는 없는 일일 것이다. (옥에 있는 영들에게) '전파하다'는 원어로 κηρύσσω(케륏소)인데 이는 '전파하다'가 아니라 **선포하다**라는 의미이다. '옥에 있는 영들'에서 **옥은 무엇인가?** 이는 다른 성경 절에서 답을 찾을 수 있다.

> *하나님이 범죄한 천사들을 용서치 아니하시고 지옥에 던져(ταρταρόω 타르타로오; 타르타루스에 던지다)어두운 구덩이에 두어 심판 때까지 지키게 하셨으며* (벧후 2:4)

> *또 자기 지위를 지키지 아니하고 자기 처소를 떠난 천사들을 큰 날의 심판까지 영원한 결박으로 흑암에 가두셨으며* (유 1:6)

우선 신약성경에 지옥(hell)으로 번역된 단어는 다음과 같이 3가지의 서로 다른 단어들이 있다.

(1) γέεννα(게엔나): 예수님께서 직접 언급하신 최후의 심판 후에 던져질 장소인데 번역자들이 통속적인 믿음을 따라서 지옥이라고 번역했다. 본래는 '쓰레기 소각장'이라는 의미의 단어로 다음 단락에서 자세히 다루기로 한다.

(2) ἅδης(하데스): 이는 히브리어 '스올'에 해당하는 헬라어 단어인데 구약에서는 음부라는 말로 번역했고 본래는 단순히 '무덤'이라는 의미이다. 우리말 성경에는 '지옥'이라고 번역되지 않았었는데 최근 한글 흠정역에서는 지옥이라고 번역했다. 영어 성경에서는 버전에 따라 'hell'로 번역되기도 하였다. 무덤은 사람이 죽어서 가는 곳이기 때문에 스올 또는 음부를 죽어서 가는 곳으로 문학적으로 묘사한 성경 구절들을 사람이 죽어서 그 혼령이 가는 곳으로 받아들이는 우를 범하고 있다. 예수님 당시의 유대인들도 실제로 그렇게 생각하고 있었다.

네 지혜대로 행하여 그의 백발이 평안히 스올에 내려가지 못하게 하라 (왕상 2:6)

(3) **Tartaros(타르타루스):** 이 단어는 성경 전체에서 벧후 2:4에만 단 한 번 동사의 형태로 나오는 단어인데 고대 그리스인들이 악인들이 죽어서 벌을 받는 어둡고 깊은 지하 세계를 일컫는 명칭

으로 계시록 20:1의 '무저갱'이나 창세기 1:1의 '깊음(abyss)'과 비슷한 의미이다. 이는 악한 천사들을 가둔 별도의 흑암의 장소로 해석될 수 밖에 없다. 더 이상의 구체적인 정보는 성경에 없다.

천사들이 하늘에서 쫓겨나서 갇힌 곳이 '타르타루스'인데 이는 성경 상의 지옥인 '게엔나'와는 다른 곳이다. 옥에 있는 영들은 결국 '타르타루스'에 갇힌 악한 천사들, 곧 사단과 그의 무리들이라는 것을 알 수 있다. 물론 우리말 성경에 이 '타르타루스'가 '최후의 심판의 장소'를 의미하는 '지옥(게엔나)'으로 번역되어 혼란을 주고 있다. 이들이 또한 노아의 시대에도 하나님을 **애써 믿지 않았다고**[167] 말씀하고 있다. 예수님께서는 부활 후에 영으로 이들에게 가서서 예수님의 십자가에서의 죄와 불법에 대한 하나님의 의(義)의 영원한 승리를 선포하신 것이다.

11) 지옥($\gamma \acute{\epsilon} \epsilon \nu \nu \alpha$, 게엔나)은 어디를 말하는가?

이 단어는 히브리어 '힌놈의 골짜기'에서 유래한 표현인데, 힌놈의 골짜기는 구약시대에 어린 아이를 불태워 제물로 드렸던 장소이고 후일에는 '쓰레기 소각장'으로 사용된 곳이다. 그래서 항상 불이 있었고

---

167) 벧전 3:20에 '불순종했다'는 헬라어 단어 $\dot{\alpha}\pi\epsilon\iota\theta\acute{\epsilon}\omega$는 '애써(의지로) 믿지 않다'라는 뜻이 본래 뜻이고 이렇게 번역해야 할 것이다. 하나님께서 방주를 만들라고 사단에게 지시를 하신 것이 아니기 때문에 '불순종'이라는 표현은 혼란을 준다.

악취가 나던 곳이다. 예수님 말씀의 문맥을 보면 '최후의 심판의 장소'라는 의미가 분명하다. 그러나 그곳에서 육체와 분리된 혼령이 영원한 고통을 불꽃 속에서 받는다는 생각은 통속적인 미신일 뿐 성경에는 없는 소설 같은 개념이다. 예수님께서는 **몸을 죽인 후에 이를 지옥(불)에 던져 넣는다**[168]고 하셨고 이를 **열매 없는 나무를 베어 불살라버리는 것**[169]에 비유하기도 하셨다. 또한 예수님께서는 최후의 심판은 육체와 분리된 혼령이 받는 것이라는 말씀은 하신 적이 없고 오히려 **심판을 받기 위해 악한 자들이 육체를 입고 부활할 것(심판의 부활**[170])이라고 하셨다. 이 세 가지 말씀을 종합해 보면 만일 육체와 분리된 혼령이 지옥에 가서 영원한 불 속에서 고통을 받고 있다면 굳이 심판을 위한 부활을 할 이유가 없다. 또한 만일 심판의 부활로 일어난 자들을 죽인 후 또 그 혼령을 지옥 불에 던져 넣는다면 이것은 코미디 같은 얘기다. 그리고 **이 불은 영의 세계가 아닌 이 땅에 내릴 것이라고 성경 여러 곳에서 증언하고 있기 때문에 혼령을 던져 넣을 수도 없다.** 이렇게 사람이 죽은 뒤 그 혼령이 지옥에 가서 심판을 받는다는 교리는 예수님의 수많은 말씀들과 상반된다. 그렇기 때문에 예수님께서 말씀하신 지옥이라고 번역된 헬라어 γέεννα(게엔나)는 죽인 후 그 시체를 불태워 버리는 '화장터'의 개념으로 사용되었다는

---

168) 내가 내 친구 너희에게 말하노니 몸을 죽이고 그 후에는 능히 더 못하는 자들을 두려워하지 말라 마땅히 두려워할 자를 내가 너희에게 보이리니 곧 죽인 후에 또한 지옥에 던져 넣는 권세 있는 그를 두려워하라 내가 참으로 너희에게 이르노니 그를 두려워하라 (눅 12:4,5)

169) 아름다운 열매를 맺지 아니하는 나무마다 찍혀 불에 던져지느니라 (마 7:19)

170) 선한 일을 행한 자는 생명의 부활로, 악한 일을 행한 자는 심판의 부활로 나오리라 (요 5:29)

것을 알 수 있다. 실제로 예수님 당시에 예루살렘 서남부 지역에 있었던 쓰레기 처리 장소를 지칭하는 용어였다.

결국 지옥은 심판의 부활(둘째 부활) 후에 있을 계시록 20:9-10, 14의 마지막 때 불 못에서의 심판을 말하는 것이다. 지옥이 사람이 죽은 후에 육체와 분리된 혼령이 가는 곳이라는 말씀은 두꺼운 성경 전체에 단 한마디도 없다. 그럼에도 불구하고 수많은 기독교 지도자들마저도 이방 종교의 지옥이라는 개념을 그대로 받아들이고 있다는 것은 신비한 일이다. 옛날 소돔과 고모라에 내린 유황불은 심판의 부활 때 하나님의 초청을 거절하고 악의 길을 걸었던 사람들이 받을 최후의 심판을 미리 보여줄 목적으로 기록된 것이다. 그때에도 유황불이 내린 것은 최후의 심판 때도 유황불이 내릴 것임을 보여 준다. 다음 말씀들을 보아도 최후의 심판의 불은 이 땅 위에 내려오는 것이지 통속적인 개념의 지옥과 같은 영의 세계에 내리는 것이 아니다.

> **지금 있는 하늘들과 땅은** 주께서 같은 말씀으로 보관하여 간직하사 경건치 아니한 사람들의 **심판과 멸망의 날에 불사르기 위해** 예비해 두셨느니라 (벧후 3:7, 흠정역)

> **천 년이 차매** 사탄이 그 옥에서 놓여 나와서 땅의 사방 백성 곧 곡과 마곡을 미혹하고 모아 싸움을 붙이리니 그 수가 바다의 모래 같으리라 **그들(악인들)이 지면에 널리 퍼져** 성도들의 진과 **사랑하시는 성**(새 예루살렘 성)을 두르매 하늘에서 불이 내려와 그들을 태워 버리고 또 그들을 미혹하는 마귀가 불과 **유황 못**에 던져지니 거기는 그 짐승과 거짓 선지자도 있어 세세토록 밤낮 괴로움을 받으리라 (계 20:7-10)

위 말씀들은 보이지 않는 혼령의 세계가 아닌 **이 땅 위에서 있을** 최후의 심판의 장면을 묘사하고 있다. "**천 년이 차매**"라는 말은 요한 계시록 20:4-5의 말씀을 전제로 한다.

> 또 내가 보좌들을 보니 거기에 앉은 자들이 있어 **심판하는 권세를 받았더라** 또 내가 보니 **예수를 증언함과 하나님의 말씀 때문에 목 베임을 당한 자들의 영혼들과** 또 짐승과 그의 우상에게 경배하지 아니하고 그들의 이마와 손에 그의 표를 받지 아니한 자들(=의인들)이 **살아서** 그리스도와 더불어 **천 년 동안 왕 노릇 하니(그 나머지 죽은 자들은 그 천 년이 차기까지 살지 못하더라)** 이는 **첫째 부활이라** (계 20:4-5)

예수님의 재림 때 의인들이 부활(생명의 부활)을 하는데 이를 첫째 부활이라 부르고 있고 이들은 부활 후 1,000년 동안 악한 천사들(사단과 그의 수하들)과 죽은 자들의 죄에 대해 심판을 하며 왕 노릇 한다. 이러한 사실은 예수님께서 니느웨 사람들이 심판 때(재림 때) 부활해서 당시 유대인들을 심판할 것이라고 하신 말씀에서도 알 수 있다(마 12:41, 42).

> 우리가 예수께서 죽으셨다가 다시 살아나심을 믿을진대 이와 같이 예수 안에서 자는 자들도 **하나님이 그와 함께 데리고 오시리라** (ἄγω, 인도하여 가시리라) 주께서 호령과 천사장의 소리와 하나님의 나팔 소리로 친히 **하늘로부터 강림하시리니** 그리스도 안에서 죽은 자들이 먼저 일어나고 그 후에 우리 살아 남은 자들도 그들과 함께 구름 속으로 끌어 올려 공중에서 주를 영접하게 하시리니 그리하여 우리가 항상 주와 함께 있으리라 (살전 4:16-17)

> 보라 내가 너희에게 비밀을 말하노니 우리가 다 잠 잘 것이 아니요 **마지막 나팔에** 순식간에 홀연히 다 변화되리니 나팔 소리가 나매 **죽은 자들이 썩지 아니할 것으로 다시 살아나고** 우리도 변화되리라 이 썩을 것이 반드시 썩지 아니할 것을 입겠고 이 죽을 것이 죽지 아

니함을 입으리로다 (고전 15:51-53)

가서 너희를 위하여 거처를 예비하면 **내가 다시 와서** *너희를 내게로 영접하여* **나 있는 곳에 너희도 있게 하리라** (요 14:3)

그리고 그 나머지(=의인을 제외한 사람들=악인들)는 의인들이 천 년 동안 하늘에서(예수님께서 재림하셔서 마련하신 처소로 데려가시 겠다고 약속하셨다) 왕 노릇한 후에야 비로소 살아나는데(나머지 죽 은 자들은 천 년이 차기까지 살지 못하더라, 계 20:5) 이것이 둘째 부 활이라는 것을 알 수 있다. 그러므로 둘째 부활이야말로 심판의 부활 이 되는 것이다. 이들은 심판을 위해 부활해서 심판을 받고 다시 죽 어 지옥 불에 던져지는데 이것을 둘째 사망이라고 한다. 이렇게 의인 들의 부활 후 천 년 뒤에 있을 둘째 부활 후의 모습을 자세히 묘사하 는 것이 요한 계시록 20:7-15이다.

재림 때 일어나는 일은

(1) 의인을 제외한 모든 경건치 아니한 자들이 죽는다(계 19:17-18 계 20:5).

(2) 사단을 잡아 무저갱에 가두고 1,000년 후 악인들의 부활 때 잠 깐 놓인다. 그때 유황 불 못에 던져진다.

(3) 의인들이 부활한다(첫째 부활). 이들은 영원히 다시 죽지 않는 다. 둘째 사망이 이들에게는 없다(계 2:11, 계 19:6). 이 말씀으 로 심판의 부활(1,000년 후에 있을 악인들의 부활)로 일어난 자 들이 죽고 지옥 불에 던져지는 것이 둘째 사망이라는 것을 알

수 있다.

재림 후 천 년이 지난 후에는 둘째 부활, 즉 악인들의 부활이 있고 1,000년 동안 무저갱에 갇혔던 사단이 놓이게 되는데 이때 하늘에서 새 예루살렘 성이 내려온다(계 21:2). 그래서 이때 부활한 악인들(곡과 마곡)은 회개하지 아니하고 오히려 사단의 미혹 아래 새 예루살렘 성을 포위하고 그들과 전쟁을 벌이려고 한다(계 20:9). 이런 그들의 행동이 그들의 영원한 소멸이 합당하다는 증거가 될 것이다. 이것이 최후의 심판이다. 이때 하늘에서 불이 내려와 곡과 마곡(=악인들)을 소멸하는데 이것이 둘째 사망이라는 것을 알 수 있다.

그러므로 예수님께서 말씀하신 지옥 불은 이 땅 위에 재림 후 1,000년 후에 있을, 부활한 악인들을 영원히 멸절시키는 불이다. 이때 새 예루살렘 성 안에 있는 의인들이 성 밖에서 악인들의 시체들이 소각된 모습을 볼 것인데 이사야 선지자는 이를 다음과 같이 묘사하고 있다.

> *내가 만들 새 하늘들과 새 땅이 내 앞에 남아 있을 것 같이 너희 씨와 너희 이름도 남아 있으리라 여호와가 말하노라 여호와가 말하노라 월삭부터 다음 월삭까지, 안식일부터 다음 안식일까지 모든 육체가 내 앞에 나아와 경배할 것이요, **그들이 나아가서 내게 범법한 사람들의 사체들을 보리니 그들의 벌레는 죽지 아니하고 그들의 불은 꺼지지 아니할 것이요, 그들이 모든 육체에게 가증함이 되리라***
> (사 66:22-24, 흠정역)

이 말씀만 보아도 사람이 죽어서 그 영혼이 지옥에 가서 고통을 받는다는 교리는 거짓임이 분명하다. 이 말씀도 의인들이 새 하늘과 새 땅에서 영원히 심판받은 사체들을 보면서 살 것이라는 말씀이 아니라 둘째 부활(심판의 부활)과 유황불 심판 직후에 그 결과를 보고 죄의 끔찍함을 절실히 느끼게 될 것임을 의미한다. 또한 왜 그들이 심판의 부활을 했어야만 했고 왜 그들이 영원히 멸절되어야만 했는가를 깨닫게 해 주시겠다는 것이다. 그래야 하나님의 공의와 죄의 더러움을 뼛속까지 새겨서 다시는 이 우주에 죄가 들어오지 않을 것이라는 말씀이다. 그래서 의(義)에 거하는 바 새 하늘과 새 땅에서 의인들은 영원히 살게 될 것이다. 의는 하나님의 본성과 뜻에 따른 선한 영적 질서를 말한다. 이 질서는 피조물 모두의 행복을 보장하는 영원한 울타리가 될 것이다.

다소 복잡해 보이는 구속사의 시간표를 표로 정리해 보면 다음과 같다.

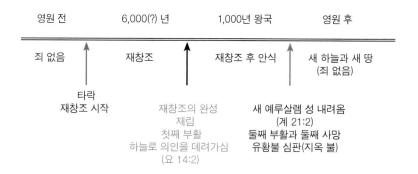

타락 후 6,000년경에 예수님께서 재림하신다는 예상은 할 수 있으나 성경상으로 언제 선악과를 먹었는지 알 수 없고 성경상의 연대도

지금의 로마력으로 다시 계산을 하면 오차가 있을 수밖에 없어서 정확한 재림의 날짜를 정하는 것은 불가능하다. 예수님께서도 알 수 없다고 하셨다.[171] 다만 시대의 조류를 보고 재림이 가까운 줄로 알라[172]고 하셨다. 따라서 성경의 흐름으로 보아도 그렇고 시대의 타락상을 보아도 인류 타락 후 6,000년경에 오실 것은 확실한 것 같다.

이런 계시록의 말씀과 예수님의 말씀을 종합해 보면 첫째와 둘째 부활 그리고 둘째 사망, 즉 최후의 심판의 성격을 알 수 있고 두 종류의 부활에 참여하는 사람들이 각각 누구인지 명확하게 알 수 있다. 그럼에도 불구하고 이에 대해 학설이 많은 이유는 구원론이 하나가 아니라 다양하기 때문이다. 여기에 더하여 재림이 두 번 있을 것이라는 세대주의의 소설 같은 계시록 해석이 혼란을 가중시키고 있다. 첫째 부활에 참여하는 자들은 '예수를 증언함(또는 예수의 증거)과 하나님의 말씀 때문에 목 베임을 당한 자들의 영혼들과 또 짐승과 그의 우상에게 경배하지 아니하고 그들의 이마와 손에 그의 표를 받지 아니한 자들'이라고 명시하고 있는데 이들은 결국 순교자들 아니면 하늘의 품성으로 거듭난 사람들이다. 그래서 요한계시록에서는 이런 사람들을 반복적으로 '흰 옷을 입은 사람들'이라고 증언하고 있다. 많은 **신학자들의 주장대로 '믿음으로 의롭다고 간주된 사람들'은 여기에 속하지 않기 때문에 성경에 없는 학설을 만들어 내야 한다. 하나님에**

---

171) 그러나 그 날과 그 때는 아무도 모르나니 하늘의 천사들도, 아들도 모르고 오직 아버지만 아시느니라 (마 24:36)

172) 무화과나무의 비유를 배우라 그 가지가 연하여지고 잎사귀를 내면 여름이 가까운 줄을 아나니 이와 같이 너희도 이 모든 일을 보거든 인자가 가까이 곧 문 앞에 이른 줄 알라 (마 24:32, 33)

의해 의롭다고 간주된 사람들은 신학자들의 관념 속에나 존재하는 자들일 뿐 실제로 인류 역사에 있어 본 적이 없기 때문에 계시록에는 언급조차 없다. 특히 '짐승의 표'는 '짐승의 이름[173]'이라고 하였으므로 짐승의 품성, 곧 거듭나지 못한 사람의 품성을 말하고 있다(구체적으로 계시록에서 짐승이 누구인가는 다른 지면에서 논하기로 하고 짐승이 하나님의 백성이 아닌 것은 분명하다). 성경에서 '이름'이 인격을 말하고 있다는 것은 모든 성경학자들이 동의하는 바이다. 그 **오른손(행실)이나 이마(정신)에 짐승의 표를 받는다는** 것은 그들의 행실이나 정신에 짐승의 이름(품성)이 기록되어 있다는 것이다. 그러므로 짐승의 표를 받지 않는 사람들이라 함은 그들의 품성이 사람의 품성에서 하나님의 본성으로 **거듭났다는 뜻이고** 이를 계시록에서는 "그들의 **이마(정신)에 어린 양과 그 아버지의 이름(품성)이 기록되었다**"(계 14:1)고 표현하고 있다. 이는 비단 예수님 재림 직전뿐만이 아니라 모든 시대를 통해서 하나님의 의를 구하고 성령의 내재로 거룩함을 이룬 모든 의인들을 지칭하는 말이다. 그러므로 "거룩함이 없이는 하나님을 볼 수 없다"(히 12:14)고 한 것이고 '물(말씀)과 성령으로 거듭나지 아니 하면 하나님의 나라를 볼 수 없다'고도 하신 것이다. **이렇게 성경에서는 창세기부터 요한 계시록까지 구원의 표준은 죄인이 성령과 하나 되어 하나님의 본성을 소유하게 되는 일이라고 일관되게 증언하고 있다.**

---

173) 그가 권세를 받아 그 짐승의 우상에게 생기를 주어 그 짐승의 우상으로 말하게 하고 또 짐승의 우상에게 경배하지 아니하는 자는 몇이든지 다 죽이게 하더라 그가 모든 자 곧 작은 자나 큰 자나 부자나 가난한 자나 자유인이나 종들에게 그 오른손에나 이마에 표를 받게 하고 누구든지 이 표를 가진 자 외에는 매매를 못하게 하니 이 표는 곧 짐승의 이름이나 그 이름의 수라 (계 13:15-17)

위 20절의 **곡과 마곡**[174]으로 표현된 백성은 '하나님을 대적하는 백성'이라는 의미로 사용되고 있다. 결국 최후의 심판 때 부활한 악인들을 말하고 있다. 이들은 심판의 부활 때 일어나 하나님의 백성을 대적하다가 불 심판을 받는다. 그 장소는 혼령의 세계가 아닌 바로 이 땅이라는 것이 명시되어 있다. 소돔과 고모라의 주민들도 산 채로 불에 들어간 것은 아닐 것이다. 그들의 생명을 거두신 후에 불이 내려 그 도시를 소멸하셨을 것이다. 이는 소돔의 주민과 같은 운명을 택한 롯의 아내를 보면 알 수 있다. 롯의 아내가 소금 기둥으로 변한 것을 보면 필자의 생각으로는 소돔과 고모라의 주민들도 소금 기둥으로 변한 뒤 불이 내렸을 것이다. 그래서 그 당시 소돔과 고모라 지역인 지금의 사해라는 호수는 소금물이고 그 바닥도 소금이다. 그런데 신비한 것은 모세는 이러한 사실을 어떻게 알았는지 그의 글에 이 사실을 기록하고 있다.

> **그 온 땅이 유황이 되며 소금이 되며** 또 불에 타서 심지도 못하며 결실함도 없으며 거기에는 아무 풀도 나지 아니함이 옛적에 여호와께서 진노와 격분으로 멸하신 소돔과 고모라와 아드마와 스보임의 무너짐과 같음을 보고 물을 것이요 (신 29:23)

예수님께서도 마지막 심판 때 지옥 불이 소돔과 고모라와 같을 것이라는 암시를 주신다.

---

174) 여호와의 말씀이 내게 임하여 이르시되 인자야 너는 마곡 땅에 있는 로스와 메섹과 두발 왕 곧 곡에게로 얼굴을 향하고 그에게 예언하여 이르기를 주 여호와께서 이같이 말씀하시기를 로스와 메섹과 두발 왕 곡아 내가 너를 대적하여 (겔 37:1-3) '곡'과 '마곡'의 정확한 개념을 이해하려면 에스겔 33-39장의 전반적인 이해가 필요하나 본 서에서는 생략한다.

> 거기(지옥)에서는 구더기도 죽지 않고 불도 꺼지지 아니하느니라.
> **사람마다 불로써 소금 치듯 함을 받으리라** (막 9:48-49)

여기서 '구더기'와 '불'은 시체를 소멸시키는 데 사용되는 도구다. 구더기가 죽지 않고 불이 꺼지지 않는다는 말씀은 악인이 죽지 않아서 영원히 고통을 받게 한다는 의미가 아니라 그들의 시체가 완전히 소멸될 때까지 불이 꺼지지 않고 구더기도 죽지 않는다는 말씀이다. 다음 말씀을 보아도 '불이 꺼지지 않는다'는 의미를 알 수 있다.

> 소돔과 고모라와 그 이웃 도시들도 그들과 같은 행동으로 음란하며
> 다른 육체를 따라 가다가 **영원한 불의 형벌을 받음으로** 거울이 되
> 었느니라 (유 1:7)

소돔과 고모라의 불은 유다서가 기록될 때 이미 꺼져 있었다. 또한 계시록의 다음 말씀을 보아도 짐승과 거짓 선지자가 아닌 일반 죄인을 산 채로 불 못에 던지는 일은 없을 것이라는 것을 알 수 있다. **예수님의 말씀대로 육신의 생명을 거두신 후에 그 시체를 소각한다는 말씀임이 명백해진다.**

> **짐승**이 잡히고 그 앞에서 **표적을 행하던 거짓 선지자**도 함께 잡혔
> 으니 이는 짐승의 표를 받고 그의 우상에게 경배하던 자들을 표적
> 으로 미혹하던 자라 **이 둘이 산 채로 유황불 붙는 못에 던져지고 그
> 나머지는 말 탄 자(예수님)의 입으로부터 나오는 검(말씀)에 죽으매**
> 모든 새가 그들의 살로 배불리더라 (계 19:20-21)

12) 고린도후서 5장

*5:1 만일 땅에 있는 우리의 장막 집이 무너지면 하나님께서 지으신 집 곧 손으로 지은 것이 아니요 하늘에 있는 영원한 집이 우리에게 있는 줄 아나니 2 과연 우리가 여기 있어 탄식하며 하늘로부터 오는 우리 처소로 덧입기를 간절히 사모하노니 3 이렇게 입음은 벗은 자들로 발견되지 않으려 함이라 4 이 장막에 있는 우리가 짐 진 것 같이 탄식하는 것은 벗고자 함이 아니요 오직 덧입고자 함이니 죽을 것이 생명에게 삼킨바 되게 하려 함이라 5 곧 이것을 우리에게 이루게 하시고 보증으로 성령을 우리에게 주신 이는 하나님이시니라 6 이러므로 우리가 항상 담대하여 몸에 거할 때에는 주와 따로 거하는 줄을 아노니 7 이는 우리가 믿음으로 행하고 보는 것으로 하지 아니함이로라 8 **우리가 담대하여 원하는 바는 차라리[175] 몸을 떠나 주와 함께 거하는 그것이라 9 그런즉 우리는 거하든지 떠나든지 주를 기쁘시게 하는 자 되기를 힘쓰노라** 10 이는 우리가 다 반드시 그리스도의 심판대 앞에 드러나 각각 선악간에 그 몸으로 행한 것을 따라 받으려 함이라*

위 구설도 번역이 명료하지 않아서 해석이 어렵다. 8설은 "빨리 죽어 육체와 분리된 영혼이 예수님께 가서 함께 지내고 싶다"라고 읽힐 수 있다.

우선 5:1의 장막이라는 헬라어 σκῆνος(스케노스)는 성전의 원형인 '성막'이라는 뜻이다. 우리 몸이 곧 하나님께서 거하시는 성전(성막)이므로 이는 결국 이 땅에 사는 동안의 우리의 육신을 말한다. 이는 5:6에서 '장막' 대신 '몸'이라는 단어로 바꿔서 사용하고 있는 것에서 더욱 확실히 드러난다. 5:1의 의미는 이 땅에서 육신의 생명이 다하면 부활

---

175) 원어 성경에는 '차라리'라는 뜻의 단어가 없다. '기뻐하다, 좋게 생각하다'라는 뜻의 동사 εὐδοκέω를 꾸미는 μᾶλλον(훨씬 더, 매우)라는 부사가 있는데 이 단어를 잘못 해석한 것 같다.

때(또는 재림 때) 죽은 자들이 썩지 아니할 육신으로 다시 살고, 살아 있는 자들의 육신도 썩지 아니할 것으로 입을 것이라는 의미이다(고전 15:52-53). 사도 바울은 자기가 살아있을 때 예수님께서 오실 것이라고 믿고 있었다는 사실을 감안해서 읽으면 더 이해하기 쉽다(고전 15:52에는 재림 때 부활의 장면을 죽은 자들과 살아있는 우리들의 경험으로 구분하여 설명하고 있다). 5:1의 '이 땅 위의 집'이 썩을 육신을 말하기 때문에 '하늘에 있는 영원한 집'은 썩지 아니할 몸을 말하는 것이 분명하다. 그래서 예수님의 재림의 날을 간절히 사모하고 있고 (5:2) 그때 썩지 아니함을 입지 못하는 자들로 발견되지 않으려 하고 (5:3) 재림을 탄식으로 기다리는 것은 단순히 썩을 육체를 버리는 것이 아니라 썩지 아니할 육체를 입기를 소망하는 것이고(5:4) 이를 이루게 하신다는 보증으로 우리에게 성령을 주신 것이다(5:5).

5:6과 5:8은 서로 평행절인데 번역이 불명료하게 되어 있다. 원어에 충실한 번역을 해 보면 이렇다. 5:6 이러므로 우리가 **담대히 행하여 아는 것은** (이 썩을) 몸에 거할 때는 **주님과 따로** 있는 것이고 (5:7 이는 우리가 믿음으로 행하고 보이는 것으로 행하는 것이 아님이라) 5:8 또 우리가 **담대히 행하여 기뻐하는** 것은 (이 썩을) **몸을 떠나** (썩지 아니할 몸을 입고) 주와 함께 거하는 것이라 5:9 그러므로 몸에 거하든 떠나든 주를 기쁘게 하는 자가 되라 5:10 왜냐하면 (썩을) 몸으로 행한 것에 따라 썩지 아니 할 몸을 입을지 여부가 결정되기 때문이다.

8절에서 '몸을 떠나 그리스도와 함께 있는다'는 표현은 육체와 분리되는 혼령이 되어 그리스도와 함께 있는다는 것이 아니라 재림의 날에 썩을 몸이 썩지 아니할 몸을 입는다는 의미라는 것을 그 전의 문장들의 내용으로 충분히 알 수 있다. 재림의 날에 썩을 몸을 떠나 썩지 아니할 몸을 덧입는다고 했지 몸이 없는 혼령이 된다는 얘기는 아니다. **예수님도 몸을 가지고 계신다.** 사도 바울은 빌립보서에서 재림의 날에 **우리의 몸을 그리스도의 영광의 몸과 같이 변화시켜주실 것**이라고 분명히 말씀하고 있다(빌 3:21). 결국 위 고린도후서 5:1-10의 말씀들은 바울과 그의 동료들이 죽을 때의 얘기를 하는 것이 아니라 재림의 때에 썩을 몸을 벗어버리고 영광의 몸을 덧입고 주와 함께 대면하여 함께 있을 것에 관한 소망의 메시지라는 것을 알 수 있다.

예수님께서는 변화산에서 요한, 야고보와 베드로에게 모세와 엘리야가 이런 영광의 몸을 입은 모습들을 보여 주셨고 이러한 모습 즉 **의인이 영광의 몸을 입고 영광의 몸을 입으신 그리스도와 함께 거하는 모습**을 보여 주실 것을 6일 전에 예고하시면서 제자들에게 "여기 있는 사람들 중에 **인자가 자기의 왕국에 임하시는 것**[176]을 볼 자들도 있을 것"이라고 하셨다(마 16:28-17:1). 이 변화산에서 그리스도께서 영광의 몸으로 변화되신(마 17:2) 일이 바로 우리들이 재림하실 때 경험할 바로 '썩을 몸을 떠나 하늘의 처소로 덧입는' 일을 미리 보여 주신 것이다.

---

176) 이 부분을 우리말 성경에서는 '왕권을 가지고 오는 것'이라고 번역하여서 위에서 말씀하신 6일 후 변화산에서 요한과 베드로가 본 것이 의인이 영광의 몸을 입고 그리스도와 거하는 예수님의 왕국의 모습이라는 것을 알 수 없게 하고 있다. 뿐만 아니라 예수님께서 왕권을 가지고 오는 모습은 재림 때의 모습인데 그들 중 이 모습을 죽기 전에 본 자들이 없으므로 예수님께서 거짓말 하신 것이 아니면 번역의 오류가 틀림없다. '오는'이라고 번역된 헬라어 단어는 ἔρχομαι인데 '오다'라는 뜻 외에도 '존재하다, 자신을 보이다, 나타나다' 등의 뜻도 있다. '왕권을 가지고'라고 번역된 ἐν τῇ βασιλείᾳ도 '왕국 안에' 라고 번역해야 오해의 소지가 없어진다.

결론적으로 고후 5:1-10의 말씀은 바울이 지난번 고린도 교회에 편지할 때 (고린도전서) 부활에 관해 교훈한 것(고린도전서 15장)을 보다 더 문학적이고 심미적인 언어로 다시 반복한 것에 불과하다. 이러한 재림의 소망은 사도 바울의 다른 글에서도 자주 반복되고 있다. 이런 표현의 유사성을 표로 정리해 보면 다음과 같다.

고전 15:44	고전 15:49	고전 15:53	고후 5:1	빌 3:21
육의 몸	흙에 속한 자의 형상	썩을 것	땅에 있는 장막 집=몸(고후 5:6, 8)	낮은 몸
신령한 몸	하늘에 속한 자의 형상	썩지 아니할 것	하늘에 있는 영원한 집	영광의 몸

고린도후서 5장	로마서 8장
이 장막에 있는 우리가 짐진 것 같이 탄식하는 것 (4)	우리까지도 속으로 탄식하여 (23)
이것을 우리에게 이루게 하시고 보증으로 성령을 우리에게 주신 이는 하나님이시니라 (5)	이뿐 아니라 또한 우리 곧 성령의 처음 익은 열매를 받은 우리까지도 (23)
과연 우리가 여기 있어 탄식하며 하늘로부터 오는 우리 처소로 덧입기를 간절히 사모하노니 (2절)	우리까지도 속으로 탄식하여 양자될 것 곧 우리 몸의 구속을 기다리느니라 (23)
이는 우리가 믿음으로 행하고 보는 것으로 하지 아니함이로다 (7)	보이는 소망이 소망이 아니니 보는 것을 누가 바라리요 (24)

13) 엔돌의 신접한 여인

엔돌이라는 지방에 한 무당이 죽은 사무엘의 혼령을 불러내어 사울 왕과 대화를 주선하는 장면이 기록되어 있다. 이를 보고 영혼불멸설을 당연히 받아들이는 경우도 있다.

구약성경에는 많은 곳에서 신접한 자(medium, 무당, 신(spirit)과 인간을 중개하는 자)를 믿지 말라고 쓰여 있다. 만일 삼상 28장의 기록처럼 엔돌에 사는 무당이 죽은 사무엘의 영을 불러낸 것이 진실이라면 신접한 자를 믿으라고 해야 할 것이다. 그런데 하나님께서 금령을 내리시는 이유가 무엇인가? **그리고 정말로 사무엘이 죽어서 그 혼백이 천국에 있다면 하나님께서 미워하시는 무당이 부른다고 바로 그곳으로 사무엘이 달려오겠는가?** 죽은 의로운 혼령들조차도 하나님의 뜻을 따르지 않고 무당의 명령에 복종한다는 웃지 못할 결론에 도달한다. 우리가 믿는다는 기독교는 이 정도로 미신화되어 있다. 하나님께서는 무당을 추종하여 스스로를 더럽히지 말라고 여러 번 명하셨다. 하나님의 명령을 심각하게 받아들이고 묵상을 했다면 사무엘이 무당이 부른다고 그곳으로 달려 왔다고 믿을 수 있을까?

> 너희는 신접한 자(medium)와 박수(spiritist, 심령술사, 최면술사도 이런 류에 속한다)를 **믿지 말며 그들을 추종하여 스스로 더럽히지 말라** 나는 너희 하나님 여호와이니라 (레 19:31)

성경에서는 사울이 블레셋과의 전투에서 패하고 죽은 이유 중 하나가 신접한 자(무당)에게 훈계를 청한 것이라고 말하고 있다. 그런데 사무엘의 육체와 분리되는 혼령이 정말로 있어 그 자리에 있었다면 사울은 신접한 자에게 물은 것이 아니라 사무엘에게 물었다고 기록되었을 것이고 그렇다면 이것이 사울에 대한 하나님의 심판의 이유일 수도 없다. 사무엘에게 묻는 것은 곧 하나님께 여쭙는 것과 일반이다. 왜냐하면 사무엘은 하나님의 뜻을 전하는 하나님께서 친히 지정하신 선지자이기 때문이다.

> 사울이 죽은 것은 여호와께 범죄하였기 때문이라 그가 여호와의 말씀을 지키지 아니하고 또 **신접한 자에게 가르치기를 청하고** 여호와께 묻지 아니하였으므로 여호와께서 그를 죽이시고 그 나라를 이새의 아들 다윗에게 넘겨 주셨더라 (대상 10:13-14)

예를 들어 십계명의 제1계명을 보면 "너는 나 외에는 **다른 신들**을 네게 있게 말지니라"(출 20:3)[177]라고 되어 있다. 이 계명만 보면 다른 신들이 있다는 얘기이다. 이 말은 하나님만이 유일신이 아니며 다른 신들도 있으므로 그 다른 신들을 섬기지 말라는 얘기로 들린다. 그러나 구약의 다른 구절들을 보면 이것이 무슨 의미인지를 알 수 있다.

> **그들의 신들을** 불에 던졌사오나 **그들은 신이 아니라** 사람의 손으로 만든 것일 뿐이요 나무와 돌이라 그러므로 멸망을 당하였나이다 (사 37:19)

> 내가 알려주었으며 구원하였으며 보였고 **너희 중에 다른 신이 없었나니** 그러므로 너희는 나의 증인이요 나는 하나님이니라 (사 43:12)

> 이스라엘의 왕인 여호와, 이스라엘의 구원자인 만군의 여호와가 이

---

177) You shall have no other gods before me. (NIV)

*같이 말하노라 나는 처음이요 나는 마지막이라 **나 외에 다른 신이 없느니라** (사 44:6)*

*사람들이 주머니에서 금을 쏟아 내며 은을 저울에 달아 도금장이에게 주고 **그것으로 신을 만들게 하고** 그것에게 엎드려 경배하며 (사 46:6)*

*무리가 나를 버리고 **다른 신들에게 분향하며** 자기 손으로 만든 것들에 절 하였은즉 내가 나의 심판을 그들에게 선고하여 그들의 모든 죄악을 징계하리라 (렘 1:16)*

위 구절들을 보면 제1계명의 '다른 신'이란 그 신들을 믿는 사람들의 입장에서 표현한 것이지 하나님 외에 다른 신이 있다는 얘기가 아니다. 따라서 엔돌의 신접한 자에게 나타난 사무엘의 영은 실제 사무엘의 육체를 떠난 사무엘의 영이 아니라 엔돌과 사울의 입장에서 그들의 언어로 기록을 하고 있는 것이다. 그때 나타난 사무엘의 혼령은 사실은 사단인데 그것을 사무엘의 혼령이라고 믿고 있었기에 그들의 언어로 묘사를 한 것일 뿐이다. 왜냐하면 그들은 죽은 자의 영을 불러낼 수 있고 대화도 가능하다고 믿었기 때문에 그런 일들을 벌이고 있었던 것이다. 사실 그들이 본 사무엘의 환상은 악령(사단과 그의 부하들)이 유한한 인간을 상대로 하나님의 말씀을 혼잡하게 만들기 위해 만든 사기극이다. 사울의 눈에는 사무엘의 영이 사울이 블레셋에게 패배할 것이라고 예언을 하지만 그 예언을 한 자는 바로 사단이다. 사울이나 블레셋이나 모두 사단의 지배 아래 있었으므로 사무엘의 얼굴을 한 사단이 자신의 뜻을 사울에게 말해 준 것에 불과하다. 이런 유사한 일들이 현대 사회에서도 많은 점쟁이, 무당, 최면술, 심지어 타락한 교회, 이방 종교 지도자들을 매개로 일어나고 있고 이들은 구약 당시의 신접한 자나 박수와 본질적으로 다르지 않다. 서울의 유명한 점 보는 집에 가면 그 동네 교회의 권사님들, 집사님들이 단골인 것을 볼 수 있다. 하나님의 백성의 지도자였던 사울이 했던 일을 오늘날 교회의 지도자들이 지금도 하고 있다는 사실은 인간의 본성과 세계관이 쉽게 바뀌지 않는다는 것과 이것을 바꿀 수 있는 믿음을 갖는 일이 쉬운 일이 아님을 새삼 느끼게 한다.

14) 하늘과 땅 아래에 있는 사람

하늘에나 땅에나 땅 아래에 있는 어떤 사람도 능히 그 책을 펴거나 들여다보지 못하더라 (계 5:3. 흠정역)

이 말씀을 보고 사람이 하늘에도 있고 땅 아래도 있으므로 각각 천당과 지옥에 가 있는 사람이라고 주장하는 사람도 있다. 이런 해석 역시 영혼불멸의 고정관념을 가지고 성경의 모든 문구를 그쪽으로 무리하게 몰아가는 주장이다. 만일 여기서 땅 아래 있는 사람들이 죽어서 지옥에 간 사람이라고 한다면 이 구절과 모순되는 다른 수많은 성경절들은 하나님의 말씀이 아니라는 것인가? 만일 이 구절을 영혼불멸의 근거로 삼는다면 그들은 마지막 때 무덤에서 예수님의 음성을 듣고 일어 날 것이라는 예수님의 말씀을 설명해야 한다(요 5:28). 그리고 왜 예수님은 죽은 나사로에게 하늘에서 내려오라고 하지 않으시고 무덤에서 '나오라'고 하셨는지도 설명해야 한다(요 11:43). 무덤에서 잠자고 있는 나사로와 하늘에 있는 나사로, 이렇게 둘이 있다는 뜻인가? 만일 그들에게 이 말씀을 설명하라고 하면 또 다른 이론을 만들어낼 것이다. 그 이론 역시 다른 성경 구절과 맞지 않을 것은 자명하다.

위의 말씀에 '어떤 사람도'라고 번역된 헬라어 οὐδείς는 영어로는 no one에 해당하는 단어로서 반드시 사람(human being)만을 지칭하는 것은 아니다. 헬라어로 사람이라는 단어는 ἄνθρωπος(안쓰로포스)이다. οὐδείς는 천사일 수도 있고 마귀일 수도 있다. 경우에 따라서는 짐승에도 쓰일 수 있다. 위 구절을 굳이 아무도 그 책을 펴 볼 수 없다는 것을 강조하는 문학적 표현으로 보지 않고 글자 그대로 해석한다 하더라도 하늘 위의 존재는 천사들이고 땅 아래의 존재는 옥(tar-taros)에 갇힌 악한 영들(사단과 그의 수하들)이다. 땅 위의 존재는 물론 사람이다. 이렇게 영혼불멸설이라는 고정관념은 하나님의 말씀을 왜곡하고 그 의미가 정확히 우리 심령에 새겨지는 것을 방해한다.

결론

    그러면 우리에게 이토록 많은 혼란을 주는 영혼불멸설의 기원은 어디에 있을까? 이런 거짓말의 기원은 전술했듯 사람이 하나님을 떠난다 하더라도 '결코 멸망하지 않을 것'이라는 사단의 거짓말에 있다. 창세기 1~3장의 생명에 관한 핵심 메시지는 1) 아담의 생명은 하나님께 있다는 것과 2) 아담은 그 생명의 소유 여부를 하나님을 거절하느냐 마느냐로써 스스로 결정할 수 있다는 것, 3) 아담은 생명의 근원이신 하나님을 거절했으므로 생명이 없는 존재가 되었다는 것이다. 그래서 하나님께서는 그분을 거절한 아담에게 '너는 (내재적인 생명력이 없는) 흙이니 흙으로 돌아갈 것'이라고 하셨다. 그리고 나머지 그 두꺼운 성경 전체의 기별은 생명이 없는 죄인이 되어버린 인류가 생명이신 하나님을 심령 안으로 받아들여 생명을 회복하라는 것이다. **그러나 영혼불멸설은 인간의 생명에 관한 이러한 성경의 가르침을 부정하고 인간에게는 하나님과 관계없이 내재적인 생명력이 있다는 가르침이다.** 그러나 사람이 죽어서 한 줌 흙으로 돌아가는 것이 눈에 보이므로 그 흙이 될 몸과는 또 다른 생명력을 가진 '혼령'이라는 입증할 수 없는 허구를 만들어냈고 결국에는 이원론이라는 철학적 사조(思潮)의 가면을 쓰고 사람들에게 다가왔다. 사단이 이런 거짓말을 사람들에게 집요하게 하는 이유는 성경의 근본 메시지를 흔들기 위해서이다. 나에게 내재적인 생명력이 있다고 믿으면서 어떻게 진실로 생명의 영인 성령을 구하겠는가? 생명의 법칙과 그 동력으로서의 성령을 구하는 것이 아니라 지옥에 가지 않고 천국에 가게 해달라는 목적으로 구하게 된다. 이것이 사단이 영혼불멸설을 교회 안에 퍼뜨리는 목적이다. 우리는 이미 영혼불멸설과 복음은 조화될 수 없다는 것을 여러 측면에서 보았다. 세계와 나에 대한 올바른 인식이 곧 진리이고 이 진리를 알 때 우리는 죄로부터 자유케 된다. 진리 곧 말씀을 묵상할 때 우리를 그 말씀에 순종하게 하는 믿음이 생기는 것을 우리는 경험할 수 있을 것이다.